조만수

프랑스 문학을 공부하였으며, 장 라신에 대해 석사 논문을,
그리고 토마 코르네유에 대한 박사 논문을 썼다.
충북대학교 프랑스언어문화학과 교수로서 프랑스 언어와
문학을 가르치며 연극에 대한 글을 쓰거나 드라마터그로서
연극 만들기에 참여한다. 남산예술센터 극장드라마터그,
국립극단 희곡우체국장 등을 역임하였으며,
<오슬로> <서교동에서 죽다> <햇빛샤워> <단테의 신곡>
등 40여 편의 작품에 참여하였다.
『프랑스 하나 그리고 여럿』『세계고전오디세이』『동시대
연출가론』 등을 공동으로 집필하였으며, 철학자 장-뤽 낭
시와 필립 라쿠-라바르트가 함께 쓴 『무대』를 번역하였다.
이외에도 짧은 수필집 『말을 낳는 아이, 애지니』를 썼다.

일러두기

책, 신문, 잡지의 이름은 『 』, 영화, 연극, 미술 등의 작품명은 < >로 표시했다.
인명과 지명을 비롯한 고유명사와 외래어 표기는 국립국어원 외래어표기법에
따랐으며, 관례로 굳어진 것은 예외로 두었다.

무대 위의 책

무대 위의 책

©조만수, 2022

1판 1쇄 펴냄 2022년 12월 30일
디자인 강초록
제작 북팩토리

펴낸이 박진희
펴낸곳 ㈜파롤앤
출판등록 2020년 9월 10일 (제2020-000195호)
주소 서울시 서초구 서초대로 396, 217호
이메일 parolen307@parolen.co.kr

ISBN 979-11-979099-1-7 03680

부모 위의 책

조만수 지음

파 롤 앤

차례

09.   **프롤로그: 무대 위의 책** 연극 비평을 위한 소론1

16.   **1부 작가론: 글자로 지어진 무대**
18.   고연옥, 길 위에 짓는 존재의 집
36.   고영범, 부재하는 몸에 대한 글쓰기
51.   박상현, 구조의 윤리학
66.   선욱현, 연극이 끝난 후
82.   장우재, 이야기 속으로 들어간 사람
102.   정영욱, 말과 시 그리고 문학과 연극

124.   **2부 연출론: 무대의 글쓰기**
126.   김광보, 절제의 미학
130.   김동현, 극장 안을 걷는 코끼리
134.   박근형, 일그러진 거울 속의 관객
138.   박상현, 구조의 안과 밖
142.   박정희, 연극의 안과 밖을 파고드는 시선
147.   배요섭, 연극의 지속과 삶의 윤리
151.   서재형, 동시성의 놀이
156.   양정웅, 먼 길을 돌아가는 여행자
160.   윤한솔, 과도함의 미학
166.   해석학적 연출, 텍스트 앞의 윤한솔
170.   이성열, 백수광부 되기
175.   임도완, 삶의 형식인 움직임의 포착
179.   최용훈, 역겨운 세상과 연극이라는 작은 유희

184.   **3부 담론의 무대**
186.   코로나 이후 연극하기의 조건
197.   탈-중앙화를 위한 몇 가지 전제들

연극, 찢어진 몸의 공동체 .208

대화, 말해지는 것과 말해지지 않는 것 .217

연극과 정치 : 분할의 경계 그리고 공동체 .226

문화 민주주의와 '불화'의 말들 .234

연극과 형이상학 : 들뢰즈의 '극화의 방법론'과 장-뤽 낭시의 '무대' 개념 .241

극장의 공공성 : 공공서비스 기관으로서 극장의 임무 .251

4부 무대의 안과 밖 .262

전준호 <그의 거처> : 작품, 나와 그의 무대화 .264

전소정 <원 맨 씨어터>, 액자화의 놀이 .270

무대 위의 텍스트, 전소정의 <햄릿> .277

강화정, 도약하지 못하는 고통의 몸 .283

크리에이티브 VaQi <비포 애프터>, 터치 마이 바디/터치 유어 바디 .287

섬 이야기 : 이야기와 정체성 .297

세상이라는 거대한 극장, 장소 특정적 연극 .302

보이지 않는 무대 .313

거리의 곡예사, 걷기의 수사학 .322

보이스 씨어터 몸소리 <도시소리동굴>, 소리로 변화하는 공간 .333

<버닝> 인문학과 모호한 말들 .339

<기생충> 너는 계획이 다 있구나 .344

<헤어질 결심> 붕괴의 두 가지 뜻 .349

5부 무대의 흔적 .356

기관 없는 신체, 그리고 '어머니-되기' .358

두 개의 텍스트, <처의 감각>과 <곰의 아내> .372

마법의 섬, 극장에서 : <예술하는 습관> .381

<바후차라마타>를 위한 드라마투르기 .389

394. 몸으로 기억하는 말, <말들의 무덤>

398. 끝의 반복, <사랑을 끝내며>

406. "모르겠어? 내가 하려는 건 너도 아는 얘기야" <죽지마나도따라아플거야>

410. 목적어가 없는 타동사 '욕망하다', <나는야 섹스왕>

415. 말과 연극, <우리 말고 또 누가 우리와 같은 말을 했을까?>와
      <누가 무하마드 알리의 관자놀이에 미사일 펀치를 꽂았는가?>

426. 거울 안의 늑대, <사람은 사람에게 늑대>

432. <원전유서>, 세상을 창조하는 문자

435. 절망의 노래, <나는 기쁘다>

439. 장난감이 되어 버린 세상, 목화의 <맥베스>

443. 나는 누구인가? 티엔친신의 <조씨고아>

447. 셰익스피어에 주석 달기, <맥베스 더 쑈>

451. 허깨비들의 <여행>

455. <릴레이>, 공간의 서술체

459. 안과 밖의 시선, <지상의 모든 밤들>

463. <보이체크> 모자이크: 장면 겹치기

473. 욕하는 세 가지 방식, <선착장에서>

483. 작가를 믿지 않는 연출가의 미덕, <그린 벤치>

488. 가수 김광석은 왜 죽었을까? <그때 각각>

495. 소름 끼치는 두 가지 경험: <거기>와 <차력사와 아코디언>

505. <제9요양소>, 권력의 이름—백만 송이 장미

512. **6부 책 속의 미로: 무대를 찾아서**

514. 오지를 향하여: 안치운의 『연극, 몸과 언어의 시학』

523. 안치운의 『연극, 기억의 현상학』을 함께 읽기 위한 메모

528. 또 한 권의 책, 안치운의 『연극비평의 미래』

534. **에필로그: 낯선 아름다움** 연극 비평을 위한 소론2

프롤로그:
무대 위의 책 연극 비평을 위한 소론 1

무대 위에 배우가 앉아 한 권의 책을 읽고 있다. 이 책은 그저 인물의 손을 채워 주는 무대 소품이 아니다. 이 책은 『햄릿』이라는 책 속에서 읽는 책, 그러므로 '책 안의 책'이다. 배우는 한 장 한 장 책장을 넘기며 책 속으로 빠져든다. '사느냐 죽느냐'라는 엄청난 운명의 질문 앞에서 이 인물은 그 답을 책 속에서 찾고 있는 것일까? 비텐베르크 대학교의 학생인 이 젊은이에게 책은 아버지의 죽음에 대한 복수와 관련된 현재의 고민을 해결할 수 있는 지혜를 줄 수 있을까?

그런데 그가 지금 읽고 있는 책은 과연 어떤 책일까? 그 책이 정말 궁금하지만, 우리는 알 길이 없다. 하지만 다행히도 무대 위에 우리처럼 궁금해하는 인물이 있어, 우리를 대신하여 질문한다. "무엇을 읽고 계십니까? 왕자님." 그러나 햄릿은 조급한 폴로니어스에게 모호한 답을 한다. "말, 말, 말." 이 불분명한 대답에 갑갑해진 폴로니어스는 이번에는 더 구체적으로 물어본다. "무슨 내용이냐고요?"

햄릿이 읽고 있는 책이 무엇인가라는 질문은 햄릿이라는 인물이 이후 펼쳐 갈 행위를 가능하게 하는 동인은 무엇인가라는 질문과 같은 것이다. 동시에 그 질문은 『햄릿』이라는 책 혹은 『햄릿』이라는 작품이 말하는 바가 무엇인가를 묻고 있다. 과연 무엇을 읽고 있길래 그는 죽음을 향해 나아갈까? 그리고 이 작품 『햄릿』은 과연 무엇을 말하기 위해서 광증에 가까운 분노를 쏟아 내는 젊은이의 이야기를 우리에게 들려주고 있는 것일까?

우리는 햄릿이 손에 들고 있는 텍스트가 무엇인지를 분명하게 알 수는 없다. 작가가 주인공이 읽고 있는 책이 무엇인지 알려 주지 않는 것은 그것을 모호함 속에 놓아두기 위해서일 것이다. 하지만 그것은 텍스트로부터 독자를 멀리 떼어 놓고 신비한 베일 속에 숨기 위해서가 아니라, 오히려 텍스트로 초대하는 방식이다. 독자로서, 배우로서, 연출로서 텍스트를 해석한다는 것, 그리고 그들의 무대적 해석의 결과를 다시 관객으로서 비평가로서 해석한다는 것은, 이 모호함 안으로 비집고 들어가는 것이다. 그것은 말과 말 사이의 말 없음 속으로 들어가는 것이며, 말과 말을 연결 짓기 위한 시공간, 몸, 움직임, 그리고 모든 물질적 요소들을 재배치하는 놀이에 응하는 것이다.

때로 말과 물질, 말과 몸을 대립적으로 파악하는 경향이 있다. 텍스트의 의미, 아니 작가가 고려했던 의미에 무대가 봉사하기를 강요받고 있다고 생각하는 경향이 그것이다. 실제로 공연보다는 문학이, 연출보다는 작가가 우선시되었던 오랜 시간이 있었다. 문학 분야 내부에서 텍스트의 해석이 작가로부터 자유로워지기 위해 걸린 시간보다 더 오랫동안, 연극은 문학적 해석 혹은 작가의 의도에 매여 있었다. 연출이 '원작 그대로를 살렸다'라는 표현은 이런 의미에서 무대를 텍스트에 봉사하도록 강요하는 태도를 잘 보여 준다. 이와 같은 태도와 결별하기 위해서 이미 아주 오래전에 바르트, 푸코 같은 이들은 '저자의 죽음'을 선언했다.

'말씀이 육신이 된다'면, 그 육신은 말씀의 표면이 아니라, 말로 발화되지 않은 모든 것들이, 발화하는 몸이 되기 위해, 구체적인 물질로 화한 결과를 말하는 것이다. 글이 몸이 되고, 텍스트가 무대가 되는 관계는 텍스트 그 자체가 아니라 텍스트의 심연을 우회해야 한다. 흔히 '서브텍스트 Sub-Text'라 부르는 것은 단지 텍스트의 상황을 가능케 하는 숨겨진 동인들을 가리킨다기보다는 텍스트의 '아래Sub', 텍스트의 '심연'을 지칭한다. 쓰여 있는 그대로를 작가가 설정한 의미의 망 그 자체라고 생각하는 것은 '말, 말, 말'처럼 절단되어 의미를 이루지 못하는 말들의 껍데기를 바라보는 것이다. 절단된 말과 말 사이에, 말해지지 않는 것, 보이지 않는, 들리지 않는 것을 발화하는 몸이 있다.

    햄릿이 들고 있는 책—그가 읽고 있으므로 폴로니어스나 관객에게는 보이지 않는 책—을 표면 그 자체로 이해하고자 한다면 책의 내용에 대한 햄릿의 대답은 납득할 수 없는 헛소리에 지나지 않을 것이다. 폴로니어스의 질문에 햄릿이 대답해 준다. 아니 읽어 준다고 해야 할까? "험담일세. 여기 비꼬기 좋아하는 어떤 놈이 말하기를, 늙은이들이란 흰 수염에 얼굴은 쭈그러들고, 눈에서는 빽빽한 송진과 아교가 흘러나오며, 팔푼이처럼 정신이 하나도 없는 데다가, 허벅지는 약해 빠졌다고 하는구먼." 하지만 폴로니어스는 해석자임을 자임한다. 그는 단지 말들의 표면만을 보지 않으려 한다. "분명 미쳤지만, 논리가 있군.Though this be madness, yet there is method in it." 그는 햄릿의 말이 어떤 일관된 논리 속에서, 하나의 방법론 속에서 구성되고 배치되고 있다고 생각한다. 불규칙한 요소들 사이에서 규칙을 찾아내는 것, 그것은 텍스트가 최초에 배치된 방식을 이해하는 것이며 이는 놀이의 규칙을 이해하는 것이다. 그리고 바로 여기에서 비평적 사유는 시작된다.

    그렇지만 놀이의 규칙을 아는 것은 놀이의 시작일 뿐이다. 작가의 상상의 무대 위에서 구축되고 배치되는 말과 말의 숨김의 관계가 하나의 체계를 지니고 있음을 이해하는 것은 그의 텍스트가 직조되는 씨줄과 날줄을 가정하는 것이고, 이 줄들은 마치 바둑판 위의 가로 세로의 선처럼 놀이가 펼쳐질 터가 된다. 연극을 위한 비평은 텍스트의 잠재적 기호와 감각의 두께를 읽는 것에 국한된 것이 아니라, 이를 읽고 물질화한 상상력을 통과하는 이중의 놀이이다. 문학 비평이 '해석의 놀이'라면, 연극 비평은 '해석에 대한 해석'의 놀이이다. 텍스트라는 놀이의 판 위에서 놀이의 주체는 구체적인 물성을 지닌 바둑돌을 놓는 이들, 즉 연출과 배우이다. 한 배우가 자신의 말과 몸과 자신이 점한 시공간을 흰 돌처럼 던지면, 그에 반응하여 상대 배우는 자신의 검은 돌을 놓는다. 흰 돌과 검은 돌의 갈등과 충돌의 놀이를 관객은 바라본다. 그런데 연극이라는 놀이는 바둑과 달리 승패를 위한 놀이가 아니다. 관객이 보는 것은 흰 돌과 검은 돌이 그려 내는 무늬이다. 바둑판 위에 흰색과 검은색의 바둑돌이라는 구체적 물성의 갈등과 충돌은 헤아릴 수 없는 무수한 조합과 배치의 놀이를 가능하게 한다. 그렇다고 일회의 놀이 속에서 돌들이 배치되는 무늬를 묘사하고 그 성취를 평가하는 것이 비평의 전부는 아니다. 객관적 증언자로서, 평가자로서의 비평가는 놀이의 밖에 있다. 그는 행위자가 아니다. 하지만 우리는 연극의 고유성이 관객을 행위자로 삼는다는 것이라는 점을 잘 알고 있다. 관객은 무대 위 전언의 수신자이기도 하지만 무대를 향한 전언의 발신자이기도 하다. 문자 매체, 영상 매체와 다르게 연극에서는 관객의 호흡과 반응에 무대가 영향을 받는다. 비평가라는 관객은 행위자로서 무대와 관계를 맺는다. 비평가는 무대 위에서 만들어진 배치의 무늬를 묘사하는 데 그치지 않고 그것에 '의미'를 부여하는 방식으로 행위자가 된다. 의미의 생산 주체는 무대에서 생산된 기호와 기호들의 생산자들이 아니라, 이 기호들을 바라보는 해석자이다. 그런데 해석자로서의 비평가의 행위는 어떻게 현재형의 무대에 영향을 줄 수 있을까? 해석자가 어떻게 생산자보다 앞서 올 수 있을까?

비평가는 <햄릿>이라는 공연을 보고 공연평을 쓰는 것에 앞서서 무대 위에서 햄릿이 읽고 있는 책을 쓰는 자이다. 그러므로 비평은 작품보다 먼저 쓰이고 동시에 작품보다 뒤에 쓰인다. 이미 쓰였으며 아직 쓰이지 않은 글을 햄릿이 읽고 있다. 이미 쓰인 글은 '원archi-연극théâtre'을 향하는 원-문자, 원-글쓰기이다. 그것은 기원 혹은 본질을 향하는 연극이며 글이다. 기원은 구체적 지점이라기보다는 지정되는 방향이다. 그러므로 기원을 향하는 글은 방향(sens)을 지시하며 의미(sens)를 부여한다. 비평이 현재 무대 위에서 책을 읽고 있는 햄릿 역의 배우에게 그가 읽는 바의 의미를 제공해 줄 수 있다면, 그것은 그 글이 인물이 행동할 수 있는 가장 기본적인 동인을 제시하기 때문일 것이다. '사느냐 죽느냐', 존재(To Be)와 비존재(Not To Be), 의미와 의미없음을 식별하게 하는 것이 원-글쓰기이다. 이처럼 기원으로서의 무대 위의 책은 말라르메의 '절대의 책', 혹은 블랑쇼의 '도래할 책'에 가까운 것이다. 원-글쓰기는 소리 내어 읽어 발화할 수 없지만, 반드시 기억해야 하는 글자이다. 그것은 유령의 전언이기도 하다. 복수를 해달라는 것이 유령의 전언이 아니다. 유령이 반복해서 말하는 것은 "나를 기억하라!"이다. 선왕 햄릿은 아들 햄릿에게 자신을 기억해 달라고 요구한다. 그를 기억하는 방식은 선왕 햄릿과 삼촌 클로디어스 왕의 두 초상화 사이에서 존재와 비존재, 삶과 죽음을 구분해 내는 것이다. 그리고 그 결과, 햄릿의 죽음 이후에 포틴브라스 노르웨이 왕은 햄릿을 기억하도록 조포를 쏘아 올린다.

이처럼 원-연극을 향하는 원-글쓰기로서의 비평은 쓰이지 않은 무대 위의 책을 쓰는 힘이다. 원-연극은 아르토가 말한 바 형이상학으로서의 연극을 향하며 대문자로서의 현전을, 말씀 자체인, 만져지지 않는 몸을 향한다. 비평은 작품보다 앞서서 이를 증언해야 한다. 그리하여 그 증언이 무대 위의 햄릿에게 그의 행위를 결정하는 데 유용한 레퍼런스를 줄 것이다.

작품보다 뒤에 쓰이는 비평은 무대 위 기호에 대한 비평가의 해석이다. 비평가는 무대해석자들의 작업을 보며 다시 자신의 해석의 의미망을 구성하기 위한 선택을 한다. 모호한 사물 속에서 무엇인가를 식별해 내고, 많은 요소들 속에서 무의미한 것들을 솎아 내고 의미 있는 것을 골라내는 것, 바로 그것이 비평(critique)의 그리스어 어원 크리네인krinein이 지시하는 바이다. 그런데 비평가는 객관적인 선택자라기보다는 자신과 무대창조자 사이에서 공통된 것들을 선택한다. 무대에 대한 비평은 만져지지 않는 몸이 아니라, 눈앞에 있는 몸에 대한 해석이며, 소문자로서의 현전에 대한 해석이다. 이 해석을 위해서 비평가는 무대를 통괄하는 개념을 제시해야 한다. 그러므로 그가 제시하는 개념은 바로 햄릿이 읽는 책, 무대 위의 책의 내용을 이룬다. 마치 색맹 검사표처럼 혼란스러운 색점이 촘촘히 박혀 있는 이 책 속에서 점들이 이루는 어떤 무늬는 하나의 의미를 만들어 낸다. 의도적이든 의도적이지 않든 간에 작가가 혹은 연출가가, 배우가, 그리고 모든 무대예술가들이 만들어 낸 기호들은 하나의 공연이 끝난 후 사라져 버리듯, 그것을 해석하는 비평 또한 하나의 해석을 만들고 사라져 버린다. 비평은 사라지는 연극을 시간 속에 붙들어 매기 위한 기록이 아니다. 비평은 공연에 대한 말 속에서 스스로를 소멸시킨다. 왜냐하면, 동일한 공연의 또 다른 날의 공연 속에서 비평은 또 다른 의미망을 구성하기 때문이다. 비평은 자신을 소멸시키면서 다른 자리로 계속 미끄러져 나감으로써 소멸하는 연극의 일부를 이룬다.

무대의 형이상학 속에서건, 구체적인 연극의 무대 위에서건 중심에는 '무대 위의 책'이 있다. 벨라스케스의 그림 <하녀들>에 대한 미셸 푸코의 해석에서 부재하는 그러나 희미하게 벽에서 빛을 발하는 거울 속의 왕의 형상이 그림의 해석의 중심에 있는 것처럼, 연극의 중심에는 햄릿이 읽고 있는 책이 있다. 텍스트란 드라마 혹은 포스트드라마라는 범주를 뛰어넘는다. 텍스트는 문학이 아니다. 발화된 언어는 글이 아니라 몸이다. 발화된 언어는 소리의 입자이며, 소리가 퍼져 가는 입자이며, 진동하는 공간이며, 소리를 만들어 내는 입이다.

부활한 예수의 몸에 난 구멍에 제자 도마는 손을 넣어 만져 본다. 그런데 그가 만진 것은 너덜너덜해져 구멍이 난 유기체로서의 몸이었을까? 그가 만진 것은 차라리 유기체를 관통하여 더 이상 유기체가 아닌 허공이 아니었을까? 구멍 즉 비어있음이지만, 존재하는, 감각될 수 없지만 감각되는 몸이 아니었을까? 연극에 대한 글은 구체적인, 그러나 동시에 구체적이지 않은 몸에 대한 글이다. 어디에도 없지만 조명이 켜지는 아주 짧은 순간 드러나고 사라져 버린 몸에 대한 글쓰기이다.

조명 아래서 구축되었던 모든 것들이, 연극이 끝나고 난 뒤에는 다 어둠 속에서 사라진다. 하지만 비평가는 어둠 속에서 쓴다. 어둠 속에서 그는 존재했던 물질들의 형상을 기억하는 것이 아니라, 찰나의 불빛 속에서 섬광처럼 보았던 말씀을, 부재 속에서 스쳐 간 있음을, 소문자 현전 뒤의 대문자 현전을 기억하기 위해서 글을 쓴다. 그리고 남는 것은 침묵뿐.

1부 작가론:

♦

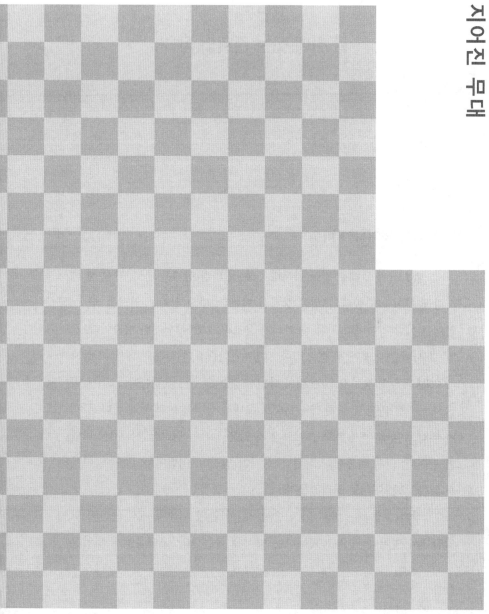

◆

글자로 지어진 무대

A BOOK ON STAGE

고연옥
길 위에 짓는 존재의 집

상자 벗어나기 마술

마술사가 무대로 걸어 나온다. 그는 커다란 상자를 열고, 그 안에 한 사람을 들어가게 한다. 그리고 상자를 닫는다. 다시 상자를 열었을 때, 그 안에는 사람이 아니라 동물 한 마리가 웅크리고 있다. 신기한 마술이다. 정말 그 사람은 어떻게 동물로 변한 것일까? 마술쇼의 관객은 혹시 이 상자에 어떤 속임수 장치가 있는 것이 아닐까 하는 의구심을 갖는다. 그러면 마술사는 이런 의심 많은 관객을 무대로 초대해 상자를 만져 보게 한다. 관객은 비집고 나갈 어떤 틈도 숨기고 있지 않은 상자의 견고함만을 새삼 확인할 뿐이다. 다시 마법이 시작된다. 상자가 열린다. 이번에는 그 안에 아무도 없다. 그는 어디로 사라졌을까?

작가 고연옥은 마치 이 마술사처럼 억압된 세계 속에서 인간이 그 억압에서 벗어나 자유를 획득하는 방식에 골몰한다. 고연옥에게 억압은 특정 상황의 인간에게 주어지는 예외적인 장애물이 아니라, 인간의 삶의 조건 그 자체이다. 억압으로부터 벗어나기 위해서 일반적으로는 두 가지 방식이 가정된다. 첫 번째는 억압의 공간 너머를 향하는 것이다. 낭만적 피안의 세계나, 수직적 상승이 가능한 기독교적 낙원 같은 공간이 그와 같은 곳이다. 두 번째 방식은 억압에 대항하여 승리할 수 없는 싸움을 지속하며 견디는 것이다. 시시포스처럼 싸움에서 승리하지 못한다고 하더라도 인간은 고통스러운 싸움의 지속 속에서 위대해진다. 그러나 고연옥은 이상적 피안에 대한 환상도, 위대함에 대한 믿음도 모두 경계한다. 고연옥은 주어진 조건으로서의 시공간을 일그러뜨려 억압의 틀을 벗어나려 한다. 존재의 조건으로 주어진 시공간을 다른 방식으로 인식하게 하는 계기는 '죽음'이다. "고통과 구원의 이중구조" "모성과 재생의 상상력"[1]으로 고연옥의 세계를 요약한 평론가 김성희의 지적처럼, 고연옥은 삶이라고 주어진 것을 죽음이라 정의하며, 죽음이라고 주어진 것을 생명의 시작으로 파악한다.

물리적인 탈주가 불가능한 삶의 조건이 주어졌을 때, 먼저 해야 하는 것은 이 조건 자체를 사유하는 것이다. 고연옥은 우리 삶의 조건으로 강제된 억압을 공간적으로 이해하는 것으로부터 자유를 향한 성찰을 시작한다. 고연옥의 주인공은 감옥에 갇힌 죄인이다. 수인(囚人)이라는 단어는 그의 세계를 설명해 주는 가장 기초적인 표상이다. 청송 보호감호소의 수인들을 다루는 <인류 최초의 키스>가 고연옥의 데뷔작인 것은 우연이 아닌 것이다. 인간(人)이 그를 가두는 사방의 틀(囗) 안에 있을 때 그는 더 이상 인간이 아니다. 인간의 조건을 박탈당한 그는 우리에 갇힌 짐승에 불과하다. 이것을 드러내는 것이 마술쇼의 첫 번째 단계이다. 인간이 되기 위해서는 억압하는 틀 밖으로 나가야 한다. <인류 최초의 키스>는 이처럼 억압에서 벗어나 인류로서의 존엄과 자유를 되찾는 시도에 관한 이야기이다. 이것이 마술쇼의 두 번째 단계이다. 공간에 대한 성찰은 인간이란 무엇인가에 대한 성찰과 잇닿아 있다.

성만: 이렇게 사는 게 인간이에요? 우린 저놈 말대로 버러지라구요.[2]

동팔: 인간은 인간으로서 도리가 있는 거야. (…) 내가 짐승하고 뭐가 다른가. 이걸 언제, 어디서든 생각해 보라구.[3]

　　인간 이하의 조건에 놓인 자들이 이 공간을 벗어나기 위해서는 그들을 가둔 이들과 싸워야 한다. 하지만 고연옥의 극은 사회적인 주제에 의도적으로 접근하고 있음에도 불구하고, '억압자' 혹은 '권력'과의 싸움을 극 전개의 주제로 내세우지 않는다. 또한 교묘히 가려진 권력의 참모습을 드러내는 것이 본질적인 관심사가 아니다. 사회적 조건으로서의 억압과 그 안에서의 투쟁을 밑그림 삼으면서도 고연옥의 궁극적 관심은 존재론적 성찰로 향한다. 고연옥은 세상을 바꾸려 하는 것이 아니라 세상과 삶에 대한 자신의 인식을 변환하고자 한다. <인류 최초의 키스>에서 억압자인 사회 보호 심의위원회의 위원들은 '깃털 없는 두발짐승' '한탄하는 동물' 등으로 인간을 정의한다. 그런데 그들의 극적 기능은 수인들에 대한 실제적 억압자에 한정되는 것이 아니다. 그들의 가장 중요한 의미론적 기능은 인간을 동물로 규정하는 데에 있다. 결국, 억압자와 피억압자의 대립은 '인간'에 대한 정의를 전유하기 위한 싸움이다. 고연옥의 작품이 매우 구체적인 갈등 상황에서도 관념성을 갖는 이유가 바로 여기에 있다.

　　구체적이고 사실적인 극 상황과 관념적 사유를 진행하는 인물의 불일치는 고연옥의 본질적인 특성이다. "극의 형식과 내용을 일치시키는 방법"에 대해서 연구해야 함을 당부받기도 할 만큼, 이와 같은 특성은 때로 불완전한 것으로 평가받기도 한다.[4] 분명 고연옥 작품의 한 축은 사실주의이다. 이 사실적 세계는 억압자들에 의해 구현된다. 청송 보호감호소의 가석방 심사를 위한 사회 보호 위원회의 인물들은 매우 구체적으로 극의 기능을 수행한다. 그들은 우리 사회에서의 억압의 양상을 뚜렷하게 목도하도록 한다. <웃어라 무덤아>에서의 이웃들, <일주일>에서의 형사들, <백중사 이야기>에서의 군인들, <발자국 안에서>의 쌀가게 손님들 모두 흔치 않은 사실적 생동감을 보여 주는 인물들이다.

그런데 억압당하는 인물들, 청송 보호감호소의 수인들, 강옥자 할머니, 강간살인 누명을 쓴 길수 등은 쉽게 납득할 수 없는 인물들이다. 그들은 추상적이고 관념적인 사고를 하며, 그들은 사회적 억압을 존재적 부조리와 연결 짓는다. 이처럼 고연옥의 작품에는 다른 방식으로 작동하는 두 세계가 있다. 그런데 이 두 세계의 어긋남을 우발적인 것으로 여기고 사실적인 세계가 관념적인 세계를 수렴하는 방식으로 읽으려 할 때 고연옥의 세계로부터 멀어지게 된다. 유독 김광보 연출과의 작업에서 고연옥 작품이 더욱 평가받는 이유는 바로 이와 같은 두 개의 이질적 세계의 공존이 고연옥 작품의 본질임을 그가 간파하고 있기 때문이며 연출 자신 또한 사실적 세계로부터 관념적 세계로의 비약을, 혹은 사실적 세계와 관념적 세계의 모호한 공존을 즐기기 때문이다.

제자리를 향하는 발자국

청송 보호감호소라는 공간은 <백 중사 이야기>에서는 병영으로, 그리고 <발자국 안에서>에서는 쌀가게로 변환된다. 이 공간은 초기 작품에서는 벽으로 막힌 폐쇄적인 공간으로 주어진다. 그렇지만 점차 벽이 사라지는 이후의 작품들에서도 본질적인 성격이 변하는 것은 아니다. 의미론적 함의는 변하지 않은 채 공간은 감옥으로부터 점차 확대된다. 고연옥의 공간은 본질적으로 벗어날 수 없는 공간, 그리고 그 내부에서 진정한 생명이 발아할 수 없는 공간이다. <가정방문>에서는 쓰레기 더미로 가득 찬 쓰레기 분리수거장이 공간으로 주어진다. <지하생활자들>에서는 황폐한 도시 전체, 그리고 <칼집 속에 아버지>에서는 아버지의 원수를 찾아 헤매는 세상 전체로 공간은 확장된다. 이 공간은 진정한 방식으로 살아 있는 생명이 없는 '죽음'의 공간이다. <칼디의 열매>에서 애실은 이 죽음의 공간에 대해 다음과 같이 말한다.

채소를 뜯고 싶어 딸네 집 베란다에 몇 번이나 씨앗을 심었는데, 자라지 않았어요. 채소는 물만 주면 자라는 것인데…. 내가 살던 곳은 죽지 않은 씨앗은 모두 싹을 틔웠죠.[5]

이처럼 고연옥의 공간은 '무덤'이며, 풀 한 포기 꽃 한 송이 피울 수 없는 사막이다. <내 이름은 강>에서도 광대가 오늘이를 처음 만난 곳은 "아무리 봐도 사람이 살 만한 곳이 아닌" 모래언덕이었다. 죽음의 공간에서 벗어나기 위해서는 우선 이 사막을 가로질러 나가야 한다. 멈추어 있으면 죽을 수밖에 없는 이 사막에서 살아 있는 생명, 살아 있는 인간으로 남아 있기 위해서는 계속 밖을 향하여 걸어야 할 것이다. 그렇지만 고연옥은 작은 한 발자국의 걸음을 통해 언젠가 사막의 끝, 무지개가 피어나는 땅에 도달하리라는 환상을 믿지 않는다. 성만과 학수는 감옥에서 나가지 못하며, 갈매는 아버지를 죽인 무사를 찾기 위해 천하를 돌아다녀도 그를 찾을 수 없다. <내 이름은 강> 극작의 모티프로 삼은 <오즈의 마법사>와 달리

고연옥의 세계에서는 도달해야 하는 목표지점으로서 희망의 무지개가 존재하지 않는다. 오히려 "무지개 뜨면 절대 못" 간다. "눈과 발이 저절로 무지개를 좇아가게 될 테니"[6] 말이다. 걸음은 사막을 가로지르려 하지만 사막에는 길이 없다.

긴 여정의 끝은 항상 제자리로 돌아온다. <내가 까마귀였을 때>의 누나가 말하듯 "이야기 속에선 어디든지 갈 수 있는데 현실에선 한 발자국도 나갈 수 없"는 것이다. <발자국 안에서>의 제목처럼 수많은 발자국으로 어지럽혀지지만, 결국 발자국은 다시 갇힌 공간 속으로 나를 되돌린다. 아니 어쩌면 <꿈꾸는 화석>의 김수한처럼 긴 여행을 했다고 생각하지만 사실상 수용소 공간에서 한 발자국도 나간 적이 없는지도 모른다. 끝없이 밖을 향해 걷지만, 이 움직임은 다른 곳을 향하는 것이 아니라 처음의 자리로 되돌아오는 회귀적 움직임이다. 그러나 제자리로 돌아오기 위한 발걸음이라 해도 이것은 허무한 여정이 아니다. <칼집 속에 아버지>에서 찬솔아비가 아들에게 말하듯 한 걸음을 내딛는 것이 자신을 유일하게 지켜 낼 수 있는 투쟁으로 제시되기 때문이다.

찬솔아비: 죽지 않으려면 싸워라. 한 걸음을 내딛는 것이 싸움이다.

그러나 만일 이 투쟁을 단지 자신을 억압하는 적과의 싸움으로 여긴다면, 여기가 아닌 다른 곳으로의 도달로 여긴다면, 찬솔아비처럼 빈집 변소에 거꾸로 처박히게 될 것이다. 투쟁은 공간적인 이동을 위한 것이 아니라 인간으로서의 존엄을 회복하기 위한 싸움이다. 그러나 그는 이 불가능한 시도로 인해서 시시포스처럼 위대해지지는 않는다. <인류 최초의 키스>에서 동팔이 가석방을 거부하는 것은 자유를 포기하는 것이 아니다. 이 공간 밖으로 나가는 것이 아니라 그에게서 주어진 비인간적인 조건 속에서 존엄을 향한 한 발자국을 내딛는 것이 문제이기 때문이다. 떠나고 싶어 항상 터미널 근처를 배회하지만, 자신의 사랑에 폭력으로 화답할 뿐인 남편 백 중사 곁으로 돌아오는 영자의 발걸음도 이와 같다. 그녀는 백 중사와 함께 그들의 집에서 인간답게 살고 싶다. 그것은 백 중사에게도 마찬가지이다. 영자와 결혼하기 전 중대장이 소개해 준 여자를 사랑했지만, 그녀는 "자식을 잘 기르기 위해선 도시로 가야 한다고 군인을 그만두라"고 하였다. 하지만 백 중사는, 그를 인간이 아닌 것으로 만드는 이 공간을, 역설적이게도 인간이 되기 위해서 벗어날 수 없다. <일주일>의 길수가 누명을 벗기 위해 발버둥 치는 것이 아니라 스스로 감옥에 갇히기를 선택하는 것도 같은 이유이다. 죄인이 되는 것, 바로 그것이 인간으로서의 존엄을 갖는 유일한 방법이기 때문이다.

길수: 억울해요? 이제 진짜 인간이 됐는데요. '나도 인간'이라고 일부러 말하지 않아도 되었는데요.[7]

억압자와 피억압자의 관계가 <백 중사 이야기>에서는 흥미로운 변화를 보인다. 백 중사가 다른 군인들에 대해 억압자로 기능하고 있는 것 같지만, 사실상 끝없이 인간이기를 갈구하는 것은 오히려 백 중사이다. 그는 "다른 곳에서는 쓸모없는 인간"이 되었겠지만, 이곳 군대에서 그리고 특히 자신을 특별히 총애하는 부대장 곁에서는 인간다운 존중을 받고 있다고 느낀다. 부당한 명령이라 할지라도 백 중사에게 명령은 "인간의 목숨을 가장 순수"하게 만들기 때문이다. 제대한 정 이병은 이제 취직을 했으며, 결혼해서 딸도 하나 있다. 정 이병이 지금 가지고 있는 것들은 백 중사가 그리도 갈망하던 것들이었다. 군인아파트, 교양 있는 부인, 그리고 좋은 아빠 노릇을 하는 단란한 가정은 백 중사가 꿈꾸었으나 끝내 제 것으로 하지 못한 것이다. 그렇지만 부대장의 명령이라면 그릇된 것일지라도 복종하며, 그의 횡령에 협조한다. 길수와 마찬가지로 백 중사도 인간이기 위해서 이처럼 죄인이 되는 것을 선택한다. 짐승 같은 병사와 인간이고자 하는 백 중사의 대립 속에서, 특이한 양상의 변이가 일어난다. 그것은 인간이고자 하는 백 중사가 '괴물'이 되어 간다는 점이다.

군인아파트 혹은 쌀집이라는 물질성의 공간이 괴물을 만들어 낸다. 그런데 괴물은 주인공이 맞서 싸워야 할 외부의 적이 아니다. 죄인의 단계를 지나, 고연옥의 주인공들은 괴물로 변해 간다. <주인이 오셨다>의 연쇄 살인마 자루, 그리고 <지하생활자들>에서의 뱀 인간이 그들이다. "내 평생 인간이 되기 위해 발버둥 쳤지만, 너희들은 너무도 쉽게 인간임을 포기했다"[8]라는 뱀 인간의 외침은 백 중사의 외침이라 해도 다를 바가 없다. <칼집 속에 아버지>에서 괴물의 모습을 상세히 살펴볼 수 있다.

"어렸을 때 이름은 등이 굽었다고 굽등이였답니다. 있는지 없는지도 모르는 착하고 조용한 아이였다지요. 열일곱 살 되던 해, 어머니와 두 여동생을 잔인하게 살해했는데, 어머니는 남편을 학대한 죄, 두 여동생은 어머니의 잘못을 방관한 죄에 대한 신의 처벌이라고 말했습니다. 당장 죽여야 한다는 사람들과 귀신에 들린 것이니 보호해야 한다는 주장이 맞섰지요. 결국 마을에서는 그의 처분을 신탁에 맡겼는데, 신은 만인의 죄를 혼자 짊어진 자라고 부르며, 죄를 사하는 것은 물론 영원한 생명까지 주었다고 전해집니다."[9]

일견 괴물은 주인공 갈매와는 별개의 존재로 보인다. 주인공 갈매는 아버지의 원수를 찾아 헤매는 길에서 검은등이라는 괴물에게 지배당하는 마을에 도달하여 괴물을 무력화한다. 갈매의 역할은 괴물을 죽이는 것이라기보다는 괴물의 실체를 보여 주는 것이다. 검은등은 "나무도 풀도 자랄 수가 없는 척박한 땅"으로부터 모든 물질적 풍요를 가능하게 하는 존재이다. "모두가 그분 주머니에서 나온 것이나 다름없"[10]을 정도이다. 그리하여 마을 사람들은 처녀의 '생명'을 바치고 괴물로부터 물질적 풍요를 얻어 내었다. 괴물은 이처럼 물질을 향한 욕망의 산물이다.

검은등은 항상 젊음을 유지하며 계속해서 처녀들과 결혼하였지만, 막상 갈매에 의해 주술이 풀리자 백 살이 넘은 초라한 노인에 불과하였다. 갈매는 검은등이, 그러니까 물질적 욕망의 세계가 거짓 시간이며, 거짓 생명임을 드러내는 것이다. 검은등은 종류와 숫자를 헤아릴 수도 없는 물건들로 가득 찬 <발자국 안에서>의 쌀집과도 같다. 이 물건들로부터 공간을 지키기 위해서는, 공간이 쌀집이 아니라 그림을 그리는 곳이 되기 위해서는 이 물건들을 존립하게 하는 욕망을 잘라 내야 한다. 그것은 외부 억압자와의 싸움이 아니라, 나의 욕망과의 싸움이다. 갈매는 검은등이 도망치도록 놓아준다. 그리고 정작 그가 찌르는 것은 갈매 자신이다.

> "…검은 강의 주술은 꿈 아래에 있는 꿈, 현실 그 위에 현실. 어쩌면 난 아직도 출구를 찾지 못한 것이죠. 역시 누군가와 싸우지 않고선 이곳을 빠져나갈 수 없는 것일까요. 그렇다면 내 마지막 상대는 한 번도 싸워 보지 않은 내 자신입니다."[11]

검은등이라 불리는 욕망은 현실이 아닌 거짓 꿈에 불과하면서도 현실을 지배한다. 하루하루 시간을 보내면 감옥에서 나갈 수 있다고 믿는 청송 보호감호소의 수인들, 그리고 하루하루 짐승처럼 웅크리고 지내다 보면 제대할 수 있다고 믿는 군인들의 욕망도 동일한 것이다. 그들은 '잠 없는 꿈'[12] 속에 빠져 있는 것이다. 그러므로 똥을 먹으며 죽어 가는 학수, 전 주인의 칼에 찔려 죽는 화가, 그리고 아버지의 원수를 갚기 위한 여정의 끝에서 자신을 찌르는 갈매는 모두 이 욕망을 파괴하고 생명을 되찾고자 한다. 동물로서의 자신을 발견하고 자신을 한없이 하찮은 것, 혹은 죄인으로 만드는 파괴의 움직임 속에서 주인공은 다시 인간으로 거듭날 수 있는 것이다. 이처럼 고연옥의 세계에서 죽음은 삶의 시간을 시작한다. 이제 죽음을 통해 이 공간에 생명이 움틀 수 있다.

> 부동산: 이곳은 한 사람이 자기 목숨을 걸고 지킨 공간입니다. 이 세상에서 단 하나뿐인 순수의 공간이죠. 모든 것을 밟아 없애 버렸지만, 동시에 새롭게 만들어진 공간이죠. 잿더미로 변한 폐허 속에서 움트는 새싹과도 같은 곳입니다.[13]

억압의 조건 밖으로 나갈 수 없다면, 이 조건 속에서 인간이 되는 방법은 이 조건 자체 속에서도, 혹은 이 조건에도 불구하고 인간으로 남아야 한다. 그것은 가장 미천한 것으로 여겨지는 상태에서도 인간이기를 멈추지 않아야 하는 것이다. 학수가 똥을 먹듯이 가장 미천한 상태에 입맞춤하는 것을 통해서 '인간'임을 확인하는 것, 그것이 '최초로' '사람'으로서 받아들여지는 경험, 즉 '인류 최초의 키스'인 것이다.

완전자의 타락 상태로서 '죄인'을 상정하고, 스스로 죄인임을 고백함으로써 '죄'를 벗고 다시 태어나는 기독교적 개념과 고연옥의 '죄'의 인식은 같지 않다. 죄를 벗고 초월적인 것, 숭고한 것이 됨으로써가 아니라 가장 더럽고 하찮은 것이 됨으로써 스스로를 자유롭게 한다는 점에서 고연옥은 기독교적 인식과 다른 방식의 인식 체계를 보여 주는 것이다. 죄지어 보잘것없는 상태가 바로 인간이 되기 위한 선결 조건이며, 죽음을 떨치고 새 생명을 얻는 것이 아니라 죽음을 통해서만 생명에 도달할 수 있다. <꿈꾸는 화석>의 김수한은 꿈속에서 사면받았지만 결국 자신이 전범, 죄인이라는 점을 인정한 후에야 다시 현실에서 삶을 얻는다. 결국, 고연옥의 인물은 인간이 되기 위해 동물이, 자유인이 되기 위해 죄인이, 높이 오르기 위해 지하생활자가 되는 것이다.

파괴하는 생성의 시간, 과거와 만나는 미래

<일주일>이라는 시간은 매우 상징적이다. 그것은 타인의 죄를 뒤집어씀으로써, 인간으로 대접받기를 원하는 길수와 그 동료들의 시간이었다. 그리고 그 시간은 성경에 그려진 천지창조의 시간이기도 하다. 성경적 시간은 온전히 창조의 시간이었지만, 고연옥의 일주일은 항상 파괴가 선결되는 창조의 시간이다. '일주일'은 길수에게 자기 자신을 파괴하여 인간으로 재탄생시키는 시간이다. 파괴하는 생성의 시간이 시작되기 이전에 시간은 움직이지 않는다. 공간적으로는 폐쇄성, 불모성이 죽음이라면, 시간성의 측면에서는 부동성이 바로 죽음이다. 죽음의 시간은 앞선 시간과 뒤에 올 시간 속에서 존재가 변화를 겪지 않는 시간이다.

"보이지 않는 곳에서는 시간도 멈추는구나. 그래서 죽는 거구나."[14]

그러므로 고연옥이 제기하는 인간 조건은 죽음의 공간과 그 안에서 움직이지 않는 시간인 것이다. 멈추어진 시간은 물리적으로 정지된 시간이 아니다. 멈추어진 시간은 삶이 더 이상 진행하지 않는 시간이다. 하루하루가 지나가는 것, 그것은 시간의 흐름이 아니다. 징역 10년, 보호감호 7년, 그리고 재심사를 거쳐 다시 3년이 연장되어 도합 13년의 세월 속에서 학수에게 그 시간은 쌓여도 그에게 자유를 가져다주지 못하는 의미 없는 것이었다. 아무리 산술적으로 시간을 헤아린다고 해도 이 시간은 멈추어 서 있는 것이다. 자유와 생명을 주지 않는 일상의 시간은 죽은 시간이다. <칼디의 열매>에서 영은도 일상적인 시간의 허구성을 간파한다.

"또다시 밤이 찾아오고 아침이 오는 것도, 계절이 바뀌고, 거짓말처럼 똑같은 계절이 찾아오는 것도 교묘한 속임수였어요. 그런 걸 시간이라고 믿게 하는 눈속임에 지나지 않았다구요. 진실을 감추고 묻어 버리려는… 언젠가 스스로 포기하도록 만드는…. 결국 세상의 모든 것은 지워지고 잊힌다고 믿게 만드는 그런 속임수이죠."[15]

<백 중사 이야기>에서 병사들 또한 시간에 갇혀 있다. 그저 산술적인 시간이 가기를 기다려 복무 기간을 마치고 사회로 되돌아가면 이 시간에서 벗어날 수 있을 것이라 그들은 생각한다. 그러나 이 불모의 시간은 그들이 군대라는 공간을 벗어난다 해도 그들을 놓아주지 않는다. 자신들이 속해 있는 시간에 뿌리내리지 않고 그저 그 시간 위에서 부유하면서 시간의 흐름을 보내려 했던 그들은 여전히 동일한 시간과 '함께' 둥둥 떠다니고 있다. 억압의 공간과 불모의 시간은 동일하다. 그 시공간은 그것과 함께하는 주체와 불가분의 것이다. 제대 후 길거리에서 우연히 마주친 정 이병과의 대화를 통해 이 병장은 이를 깨닫는다. 군대 생활이라는 죽은 시간을 통해 정 이병은 자신이 저항하던 억압의 논리를 자신의 것으로 만들었다. 그시절로 되돌아갈까 봐 악몽을 꾸곤 한다지만, 이제 억압의 시공간을 만들어 내는 것은 그 자신이다. "시간만 때우고 가면 끝인 줄 알지만… 여기서 만들어진 또 다른 자신을 데리고"[16] 왔기 때문이다. 짐승이 아닌 인간을 만드는 시간, 생명을 틔우는 시간이 아니라면 모든 것은 이 시간 내에서 정지해 있는 것이다. 이 시간의 한쪽으로 물러선 금자는 물리적 시간의 흐름에도 불구하고 부동성에 갇힌 존재의 모습을 제대로 볼 수 있다.

이 병장: 그럼 시간은 뭘 합니까?

금자: 비처럼, 밀물처럼. 사막의 바람처럼 있는 듯 없는 듯 살다가 아주 서서히 모든 걸 제자리로 옮겨 놓지.[17]

삶을 방기하면서 시간과 함께 흘러가면서, 부동성의 세계에 갇히는 대신, 백 중사는 삶을 자신의 것을 삼기 위해서 시간을 붙들고자 한다.[18] 제대하여 떠나가야 하는 이 병장 또한 잠시라도 부유하는 시간 속에서 "잠시라도 나무가 되어" 뿌리를 내리고 싶어 한다. 시간을 소유하고, 시간 속에서 뿌리를 내리기 위해서는 시간을 기억해야 한다. 망각 속에서 지워지지 않는 시간을 소유해야 한다. 최초의 기억을 간직해야 하는 것이다. 그러므로 자유를 향한 움직임은 고연옥의 상상체계 속에서 공간성의 측면과 마찬가지로 시간성의 측면에서도 회귀적이다. 진정한 시간은 일상적 시간의 흐름을 되돌리는 시간이다. 그 시간은 탄생의 시간으로 회귀하는 움직임을 갖는다. 회귀하기 위해서는 탄생의 시간의 좌표를 잊지 않아야 한다.

<내 이름은 강>에서 작은 물방울에게 '오늘이'라는 시간성을 표현하는 이름을 부여하듯이 고연옥에게 시간은 물의 성질을 갖는다. <인류 최초의 키스>에서 학수는 물과 시간이 쉼 없이 흐른다는 점에서 동일한 것임을 지적한다. '오늘이'라는 현재형의 이름으로 '원천강'이라는 근원적 시간을 찾아가듯이, 현재형으로서 존재를 자유롭게 하는 것은 근원적 시간으로의 회귀를 통해서이다. 강을 거스르는 물고기가 자신이 태어난 강의 상류에서 새 생명을 낳고 죽듯이, 회귀는 죽음을 생명과 바꾸기 위한 움직임이다.

<인류 최초의 키스>에서 성만과 일행이, 그리고 <일주일>에서 길수와 삼식이 일행이 배를 타고 떠나는 것은 이처럼 시간의 물길을 역류하기 위해서이다. 갈매가 그 긴 여정의 끝, 꿈속에서 고향을 찾아가듯이, 그리고 <내가 까마귀였을 때> 또한 잃어버렸던 아이가 다시 집으로 되돌아오는 이야기인 것처럼 회귀의 시간은 고연옥 작품 도처에 존재한다. 회귀적 시간이란 결국 '최초'의 시간으로의 복귀이며, 이는 죽음을 통해서만 도달할 수 있다. <내가 까마귀였을 때>에서 식구들이 동반 자살을 시도했고, 막내

만은 살리기 위해 그를 버린 것이라는 것을 알게 됨으로써 되찾은 아이와 나머지 가족의 갈등이 해결될 실마리를 찾는다. 아이를 버렸던 최초의 시간으로 회귀했을 때, 죽음이 삶을 낳기 위함이었음을 자각하게 되는 것이다. 그리고 떠나간 아이가 다시 제자리로 돌아오는 시간, 과거이면서 미래인 이 순간을 연극의 시간은 기다리고 있는 것이다. 그것은 '내가 까마귀였을 때'라는 과거형의 어둠과 미래형의 빛이 섞여 드는 시간이다.

고연옥은 이처럼 죽음을 받아들임으로써 생명의 근원적 의미, 자유를 획득하는 세계를 그리고 있다. 죽음을 받아들이지 않을 때, 싸움을 계속할 때, 떠남을 지속할 때, 시간은 파열되고 몸은 조각난다. 찬솔아비는 좋은 곳으로 간다고 어른을 따라 떠나갔으나 "빈 강으로 조각조각 잘린 친구들의 몸이 떠내려"[19]온 어린 시절 꿈을 이야기한다. 기독교의 신을 열심히 믿었지만, 구원받지 못한 채 죽은 성만이 학수 앞에 나타나서 "명도 못 채운 내 시간들이 조각조각 잘려 떠내려가는 걸 봤어요."[20]라고 말한다. 파열된 주체는 죽음이라는 개념 앞에서 이를 사유하고 체화하면서 다시 생명으로 태어나는 과정을 거친다. 다시 돌아와 죽음을 맞이하는 최초의 공간은 무덤이며 동시에 자궁인 공간이다. 무덤과 자궁은 공간인 동시에 그 자체가 끝과 시작이라는 시간의 상징이다. 그것은 한 개체의 탄생이라는 최초의 시간으로서의 과거와 현재가 조우하는 시간이며, 또한 새로운 탄생을 통해 미래로 열린 시간이다. 회귀의 지점은 그러므로 모든 시간성이 수렴되는 지점이다.

고연옥의 세계에서 걷는 행위, 싸움의 행위, 멀리 가려 하는 행위는 남성성을 지닌다. 그것은 아버지의 복수를 위해 세상을 떠도는 행위로 요약된다. 그것은 죽음 같은 세상에서 삶의 투쟁 과정이지만, 자신의 삶마저도 죽음으로 몰고 가는 행위이다. 그것은 이성이라는 이름으로 사유하는 세계이다. 여성 작가임에도 불구하고 유독 남성성이 강한 테마를 즐겨 사용한다는 평가는 바로 이와 같은 측면을 지적하는 것이다. 그러나 고연옥 세계의 다른 한 축은 되돌아가는 행위로 구성된다. 그것은 고향으로, 어머니의 자궁으로 되돌아가려는 행위이며 죽음을 통해서 더 큰 생명을 얻는 행위이다.

고연옥의 세계는 결국 이처럼 모성의 세계를 향한다. 끝이 새로운 시작의 출발점이 된다. 잠재태인 배아 상태에서 몸의 기관들이 바로 이곳에서 발생한다. <주인이 오셨다>에서 자루는 어머니를 죽이기 위해 집으로 돌아온다. 그는 세상을 온통 죽음으로 채우고 다시 할머니와 아버지마저 죽인다. 그러나 그 할머니와 아버지로부터 가장 혹독한 고통을 당한 어머니 순이는 할머니의 시체를 끌어안고 오열한다. 그리고 오열하면서 그들의 죽은 사지에 입맞춤한다.

> 그때 순이는 자루를 뿌리치고는 울면서 바닥을 기어간다. 그리고 쓰러진 금옥의 얼굴을 자신의 얼굴에 비비며 서럽게 운다. 그녀의 머리끝에서 가슴, 배, 손과 다리, 무릎, 발까지 온몸에 입을 맞춘다. 자루는 그 모습을 충격적으로 바라본다. 그때 경찰은 자루를 생포한다. 자루는 아무런 저항도 하지 못한다.[21]

죽음의 세계에서 돌아온 자루는 죽은 사지에 입맞춤하는 어머니를 만난다. 모성의 세계를 자루는 파괴하지 못한다. 그리고 죽은 자들의 사지에 입맞춤하는 순이의 입술은, 죽은 시간 속에서 조각났던 자루의 사지, 자루라는 파열된 주체를 온전한 주체로 거듭 태어나게 한다. 진짜 시간은 자궁 속에서 생명이 자라나는 시간이다. 그것은 일상의 몸 안에 비롯되는 태초의 시간이며. 미래의 삶을 위한 과거의 시간이며, 엄마라는 과거에 속한 시간과 아이의 미래의 시간이 함께 뛰는 시간이다. <칼디의 열매>의 영은은 이것을 '진짜 시간'이라 부른다.

영은: 나도 배 속에서 아기를 키워 봤어요. 진짜 시간이 무엇인지. 어떻게 흘러가는지 잘 알고 있다구요.[22]

죽음과 삶이 포개지는 그곳에서, 죽음과 삶의 대화가 시작된다. 이제껏 전혀 별개의 것으로서만 인식되던 두 세계의 언어가 서로에게 다가간다. 자루가 엄마 순이의 아프리카 언어를 배우고, 순이는 이제껏 두려워만 했던 한국인들의 언어를 배워 대화한다. 사형 집행을 앞둔 자루가 엄마와 나누는 그의 생애의 첫 대화는 자루를 낳기 전 엄마가 꾸었던 태몽에 관한 것이다. 죽음이 삶을 낳고, 다시 삶이 죽음이 되는 이 반복의 과정은 신화처럼 이미 무한한 과거의 시간 속에 반복된 시간이며, 그만큼의 미래 속에서 반복될 시간이다.

순이: 아싼데 아산테사나(고마워 정말 고마워). 너에게 꼭 해주고 싶은 말이 있었어. 네가 내 태 안에 있을 때 평생 꿔 본 적 없는 아주 좋은 꿈을 꾸었지. 얼마나 높은지 그 꼭대기가 항상 눈으로 덮여 있단다. 우린 평생을 그 산만 바라보며 살길 바랐다. 그 산에서 왔고, 다시 그 산으로 갈 것으로 생각했으니까. 그런데 꿈속에서 그 산이 갑자기 일어서더니 성큼성큼 걸어서 사막을 지나고 바다를 건너 나에게 왔단다. 나의 몸속으로 말이야. 너를 만난 후, 매일 매일 신께 감사드렸어. 다시 여기 와서 산을 찾아갔더니 그곳에 너의 얼굴이 있었지. 넌 이미 그곳에 와 있었던 거야. 사랑하는 아들아. 언젠가 널 꼭 다시 만날 수 있길 신께 기도할게.[23]

길 위에 짓는 존재의 집, 이정표

회귀의 움직임이 도달한 지점이 죽음과 삶이 만나는 '진짜 시간'이 흐르는 지점이라면, 죽음 앞에서 삶을 재구축하는 작업은 죽음과 함께 존재가 영원히 기거할 집을 짓는 것이다. 죽음이 기거하는 집은 무덤이며 동시에 그곳은 삶이 잉태되는 집인 자궁이다. 이 두 시간이 공존하는 공간인 집에서 존재는 수인이 아니라 '주인'이 되어야 한다. 집이 단지 삶을 물질적으로 채우는 공간이라면, 존재는 수인에 불과하며, 강옥자 할머니처럼 집이 제 무덤이 될 것이다. 혹은 백 중사처럼 자신의 집에서 주인이 아닌 '손님'이 될 것이며[24], 집 안에서도 "사막 한가운데"처럼 "모래바람 소리"[25]가 들릴 것이다.

　　고연옥은 <내가 까마귀였을 때>의 형처럼, 그리고 <웃어라 무덤아>의 소년처럼 길 위에 집을 짓는다. 아니 길과 집이 서로 다른 것이 아니다. 고연옥에게서 길은 항상 최초의 지점으로의 회귀를 인도하는 이정표이다. 이와 같은 이정표로서의 길 위에 짓는 집이 바로 '탑'이다. 이정표는 그 자체로 의미를 지니지 않고, 무엇인가를 지시하는 기호로서만 의미를 갖는다. 탑은 현생의 육신이 안식을 구하는 장소가 아니라 죽음과 삶이 만나는 장소, 즉 "다음 생에 잘 태어나게 빌어 주는"[26] 것이다. 탑은 무거운 돌이지만 무게를 거스르고 하늘을 향한다. 땅에 속하면서 하늘을 향하는 탑은 죽음이 삶이 되는 곳을 향하는 이정표인 것이다.

　　탑 이외에도 고연옥의 작품 속에서 땅에 속하면서 동시에 하늘을 향하는 것이 있다. 그것은 바오밥나무이다. "땅 아랫부분은 악마가 만들고, 윗부분은 하나님이 만드셨다"라는 이 나무는 "주인처럼 버티고 서"[27] 있다. 죽음과 생명, 땅과 하늘은 실상 하나이면서도 당연한 연속체는 아니다. 탑 그 자체가 극락이 아니라 탑의 그림자가 닿는 곳이 극락인 것이다. 또한 '달이 물로 걸어오는 것'은 달 그 자체가 아니라 달의 그림자를 물이 품을 때이다. 죽음이 이 불연속의 심연을 건너서 삶을 가리키는 그 지점에 이정표처럼 꽃이 핀다. 더 걸을 수 없는 부동의 존재에게 영원한 삶의 시간을 지시하는 꽃이 핀다. 과거와 미래의 긴 시간을 압축하면서, 자신이 지시하는 저곳과 닮은 한 세상이 열린다.

마술쇼의 마지막에 항상 마술사가 꽃 한 송이를 모자에서 꺼내는 것처럼.

고영범
부재하는 몸에 대한 글쓰기

"내 속엔 내가 너무도 많아. 당신의 쉴 곳이 없네."라는 노래 가사가 있다. 타자가 들어설 자리를 조금도 마련할 수 없을 만큼 자신에게만 몰두한 자아의 모습을 탄식하는 노래 <가시나무>이다. 굳이 비교해서 이야기해 본다면, 작가 고영범의 자아는 '가시나무'와 정반대의 모습을 보여 준다. 그는 내 속으로 타자를 자꾸 끌어들인다. 그러나 타자를 자아 안으로 끌어들이는 것은 타자를 '사랑'이라는 이름으로 즉각적으로 포용하는 것은 아니다. 타자와 나의 융합이 궁극적인 목표라 할지라도 이를 위해서는 '나'가 더 이상 '나'만으로서 존재하기를 멈추고, 내 안에서 타자와 융합하고 변환하는 과정을 겪어야 한다. 고영범은 이 과정을 '착란'과 '분열'로 제시한다. 그리하여 고영범의 '나' 속에는 나이면서 또 내가 아닌 것들이 너무도 많아서 나도, 당신도 쉴 곳이 없다.

착란과 분열은 작가 고영범에게 글쓰기의 한 방법론이다. 견고해 보이는 자아, 혹은 그 자아가 소속된 사회, 그리고 그 자아가 일부를 이루는 이야기, 역사 등등은 착란과 분열의 방법론을 통해서만 비로소 본 모습을 드러낸다. 그리고 이 분열과 착란의 방법론을 통해 자아는 타자와 융합된 새로운 자아를 형성하기를 기대할 수 있다.

고영범의 글쓰기 방법론으로서의 착란과 분열은 혼란 속으로 스스로 들어서는 것이기도 하지만 동시에 혼란을 최초에 발생시키고 추이를 관찰하는 외부적 시선을 필요로 한다. 나의 분열과 착란을 겪으면서 이를 다시 외부로부터 바라보는 나는 동일시와 거리 두기를 함께 사용하는 그의 극작적 시선이면서 동시에 재미(在美) 작가로서 그의 삶의 조건이기도 하다. 한국인의 삶을 외부에서 겪는 것은 한국과 미국, 그리고 그가 떠나오기 이전의 한국과 현재의 한국 사이의 시공간적인 균열을 감수해야 하는 일이다. 미국과 한국의 공간적인 거리는 시간의 흐름을 다른 방식으로 겪게 한다. 80년대 대학을 다닌 한 세대의 경험을 가장 중요한 경험으로 기억하기에 시대가 바뀌고, 나라가 바뀌어도 그는 여전히 그때의 경험을 반추한다. 한 세대가 지향했던 가치는 퇴락하고 그보다 앞선 세대의 가치 또한 쇠락해 가는 그의 극 공간 속에서 시간은 미래를 향해 흐르지 못한다.

대학로에 작가의 이름을 처음으로 알린 작품 <태수는 왜>에서 고영범은 '오레스테스'의 이야기로부터 모티프를 가져온다. 아버지인 아가멤논을 죽인 어머니 클리타임네스트라를 살해한 오레스테스의 자리에 태수를 놓는다. '비극'이 성립하기 위해서는 비극적 '과오'가 발생해야 한다. 그리스 비극에서의 '과오'란 인간 존재의 불완전성을 지시하며, 기독교적 맥락에서는 이를 '죄'라는 개념으로 이름 짓는다. 어머니를 살해한 태수가, 굳이 그럴 필요가 없음에도 불구하고 자신이 모친을 살해한 죄인임을 자백하게 함으로써, 태수의 이야기는 불완전성에 대한 자기 고백의 이야기가 된다. 작가 자신이 동일시하는 한 세대의 불완전성, 그리고 그 세대가 단죄해야만 하는 앞선 세대의 죄에 대해서 말하기 위해, 고영범은 '비극'이라는 형식이 필요했다. 그런데 <태수는 왜>의 특이점은 태수를 그의 친구 필수와 관계 맺게 하는 방식에서 관찰된다. 친구임에도 불구하고, 이름 끝 돌림자가 같은 태수, 필수로 명명함으로써 이 두 인물을 다르지만 같은 하나의 단위로 묶으려 하고 있다. 자아를 둘로 분열시키고, 다시 하나로 만들려는 고영범의 극작 방식은 첫 작품에서부터 그의 글쓰기 방식의 중심으로 기능한다. 시위 현장에서 필수가 쓴 시를 대신 낭송했던 태수는 체포된다. 군대에서 필수는 보안사에서 근무하는 태수를 도와서 병사들의 사상교육 관련 문건을 작성한다. 미국 유학 시절 필수는 태수의 논문을 대신 써준다. 사상적 진보와 보수가 한 몸을 이루고, 문학적 이상주의와 현실의 밥벌이가 한 몸을 이룬다. 친구라지만 서로를 증오하는 두 인물의 삶은 하나의 공모적 단위를 이루게 된다. 그런데 이번에는 한 편의 소설을 함께 쓴다. 태수의 이름으로 발간되는 이 소설은 태수가 초안을 쓰고, 필수가 이를 윤색하는 방식으로 쓰였으며, 태수의 돈으로, 필수의 출판사에서 출판된다. 형사 동호는 태수의 모친살해사건을 해결하기 위한 단서를 찾기 위해 태수의 소설을 읽는다. 허구의 소설을 통해서 현실 속 사건의 진실을 찾으려 하는 독자 동호의 행위는, 허구적 글쓰기의 현실적 힘에 대해 말해 준다. 소설은 태수의 범죄는 물론, 태수의 자살까지도 미리 말하고 있다. 특히 태수의 체포 이후 필수가 혼자 고쳐 쓴 태수의 죽음에 대한 부분은 글쓰기의 주체와 행위의 주체가 같지 않지만 결국 하나임을 알려 준다.

아버지를 죽인 어머니가 태수의 손을 잡고 자신의 가슴을 찌르게 하는 것은 태수로 하여금 죄인임을 부인하지 못하게 하는 다짐을 위한 것이다. 죄 많은 아버지가 선행을 통해서 쉽게 죄로부터 멀어지는 것을 용서하지 않듯이 태수가 스스로의 삶을 정당화하는 것을 허락하지 않는 움직임이다.

> 어머니는 갈비뼈와 갈비뼈 사이의 옴폭한 지점을 왼손의 손끝으로 짚고 그 자리에 칼을 갖다 대고는 말했다. 날 죽여 줘. 그렇게 쉽게 해방되려고 하지 마. (고개를 갸우뚱하더니) 그렇게 쉽게 도망치려고 하지 마. 너 혼자 선량한 인간으로 살아갈 생각은 하지 마라.

그런데 태수의 죄는 무엇일까? 태수의 죄는 필수의 죄와 다르지 않다. 그들의 죄는 쉽게 타협하는 삶을 산 것이다. 민주화를 주장하면서도 기회가 생길 때마다 그들은 타협했다. 돈과 타협하고, 지위와 타협한 한 세대의 삶의 불완전성을 이 작품은 태수를 통해 질문하고 있다. 태수는 왜, 우리는 왜 이처럼 살았는지를. 글을 쓰는 행위는 쉽게 도망치지 않고 스스로를 죄와 끊임없이 대면시키는 행위이다. 태수와 필수가 서로의 글쓰기를 고쳐 가면서 서로의 비겁함을 지속적으로 확인하는 과정이 그들의 소설 쓰기 방식이다. 그 행위를 통해서만 둘은 서로를 용서할 수 있다.

<이인실>은 분열과 착란을 거쳐 융합되는 자아의 변이 과정을 보다 명확한 도식 속에서 보여 준다. 그저 같은 이씨 성을 가진 두 인물에서, 서류상의 사촌으로, 그리고 동일 인물 행세를 하는 사기극을 거쳐, 지룡의 아픔을 자신의 것으로 갖게 되는 일련의 과정이 이 작품의 극 전개 과정이다. 분열되었다가 다시 하나가 되는 자아의 모습을 극 공간 그 자체로 시각화한다. 제목이 보여 주듯이 '이인실'은 두 사람이 함께 입원해 있는 하나의 공간이다. 병실로 제시되어 있듯이 고영범이 인물을 놓아두는 공간은 건

강한 자아가 위치하는 공간이 아니다. 교통사고 후유증을 과장하여 보상금을 많이 받아 내려는 심산으로 입원 중인 이진석과 겨드랑이 암내가 심하여 수술로 이를 제거하기 위해 입원한 탈북인 이지룡이 병실을 나눠 쓰고 있다. 수술 중 지룡이 사망하자 가족이 없는 지룡을 위해 보증인 사인을 했던 진석은 지룡에게 돈 많은, 그러나 아직 지룡을 만난 적이 없는 큰어머니가 있다는 사실을 알게 되고 그 재산을 노리고, 지룡 행세를 한다. 진석이 지룡 행세를 함으로써 하나의 몸속에서 분열된 두 개의 자아가 제시된다. 진석의 바람과는 달리, 지룡의 큰어머니는 실상은 월북한 지룡 아버지가 남쪽에 놓아두고 온 부인이며, 그녀는 자신을 버리고 간 남편을 원망하기에 남편이 북에서 얻은 자식 지룡을 받아들일 수 없다. 그런데 지룡 행세를 하는 진석 즉 지룡-진석의 진정한 극 중 역할은 표면적으로 드러난 사기꾼의 역할이 아니라 큰어머니가 지닌 미움을 그리움의 토로로 바꾸어 놓는 데 있다. 혹시 아버지가 임종할 때 자신을 찾지 않으셨느냐고 묻는 큰어머니에게 지룡-진석은 '거짓말'을 한다.

광호모: …혹시 말이다, …날 찾지는 않으시더냐? 광호 엄마랄지, 재동 사람이랄지, 아니면 그냥 그 여자, 그 사람이라고라도.
진석: ….
광호모: 괜찮아, 사실대로 말해 봐.
진석: …예.
광호모: 찾으셨어?
진석: …예, 찾으셨어요.
광호모: 어떻게?
진석: 그냥… 그 사람을 …찾아봤으면 좋겠는데 찾기 어려울 거라고….
광호모: 정말 그러셨니?

진석: …예.

광호모: 정말?

진석: …예, 정말로요.

광호모: 거짓말.

진석: ….

광호모: 네가 그래도 나쁜 놈은 아닌 거 같아 다행이다.

사기꾼 진석은 거짓말에 의해서 선한 인간으로 평가받는다. '허구'의 이야기가 그의 삶에 정당성을 준다. <태수는 왜>에서 태수와 필수가 함께 쓰는 소설처럼 지룡-진석이 만들어 내는 '허구'는 분열된 두 자아를 합쳐 주는 계기로 작용한다. 진석의 사기극이 두 자아 사이를 교묘하게 옮겨 다니게 하는 것이라면, 이제 지룡-진식이 만들어 내는 '허구'는 두 자아 간의 경계를 허문다. 태수와 필수가 함께 쓰는 소설이 현실 속에서의 진실보다 더 진실에 가까운 것이었듯이, 지룡-진석의 거짓말은 현실에서의 미움을 녹여 내고, 큰어머니가 지룡-진석을 광호의 이복형제로 인정하게 만든다. 다시 말해서 진석을 지룡으로 인정하게 한다. 그런데 진석의 입장에서 두 자아가 합쳐지기 위해서는 진석이 자신의 자아 속으로 타자인 지룡을 진정으로 받아들여야 한다. 진석은 큰어머니의 죽음 이후 술에 취해 이제껏 잘 구사하지 못해 애를 먹었던 함경도 사투리 억양을 자유롭게 사용한다. 마치 죽은 지룡을 접신하듯이 지룡의 내밀한 이야기가 귀에 들린다. 이처럼 지룡인 척 행세하는 사기극을 그만두고자 하는 순간, 그는 지룡을 자신 안에서 받아들이는 것이다. 머리를 다친 그는 스스로 이진석이라고 부르지만, 이제 그는 원래의 자신과는 '다른 사람'이다. 그는 이지룡의 아픔을 공유하는, 그리하여 지룡과 하나가 된 이진석이다.

의사: 지룡씨 아직 주무세요? (…) 자기가 아직도 다른 사람 같아요?

진석: …예….

의사: 다른 사람 누구요?

진석: …예….

의사: 예 누구요?

진석: 이… 진… 석….

의사: 이진석이요? (두 사람을 둘러보며) 누군지 아세요?

이진석의 자아는 '이인실'이라는 공간 자체가 된다. 그런데 공간이 자아의 내면을 시각적으로 대체하는 이와 같은 방식은 <방문>에서 더욱 강화된다. <방문>은 유달리 길고 세심한 무대 묘사 지문으로 시작한다.

왼쪽에 이층집. 오른쪽에 마당. 우리는 이 집의 뒷면을 보고 있다. 이 집은 미국 대도시의 교외 지역에 가면 흔히 볼 수 있는, 앞마당은 좁고 옆과 뒤의 마당이 넓은 단독 목조 주택이다. 마당에는 피크닉 테이블이 놓여 있고, 집과 마당을 둘러싸고 다 쓰러져 가는 가슴 높이 정도의 울타리가 뒤쪽으로 둘려 있다. 그 울타리 오른쪽 구석에 울타리 자체와 별반 구분이 되지 않는 낡은 문이 달려 있다. 집과 울타리 사이에 좁은 통로가 있다. 그쪽으로 가면 집의 정면이 나오게 될 것이다. 마당에서 집으로 통하는 문을 들어서면 바로 부엌이다. 부엌에는 관객석과 마당을 향해 큰 창문이 뚫려 있다. 부엌으로 들어가는 문 위에 이 층 침실로 통하는 베란다가 붙어 있다. 한때는 산뜻한 서양식 목조 건물이었을 집은 외벽의 페인트가 군데군데 벗겨지는 등, 전체적으로 쇠락한 느낌이다. 좁은 마당에는 어울리지 않게 큰 너도밤나무가 한 그루 서 있어서, 집과 마당 전체가 그 나무의 그늘 아래에 들어 있다. 너도밤나무의 위쪽으로 나무판자들이 몇 조각 녹슨 못에 박혀 있고 그 위로 짓다 만 것 같은 트리하우스.

<방문>이라는 제목이 알려 주듯이 미국에서 사는 진영이 오랜만에 한국의 아버지 집을 방문하는 이야기이다. 미국이라는 외부로부터의 시선

으로 바라본 안의 풍경은 작가가 거리 두기를 하며 관찰하는 우리 삶의 현재 모습이다. 하지만 작가가 그려 낸 무대의 풍경은 현실 그 자체는 아니다. 그가 어린 시절 자라온 이 집은 보통 우리식 양옥 이층집에 앞마당이 있는 것과는 달리 뒷마당이 있는 미국식 2층 목조 건물이다. 마당에 있는 커다란 너도밤나무와 그 위에 걸쳐진 트리하우스를 가진 집은 현실 속에 존재하는 집이라기보다는 미국 잡지나 영화를 보고 상상 속에서 그려 보았던 이상형으로서의 집이다. 집은 그저 집인 것이 아니라 '미국'이라는 단어가 주는 모든 가치들을 이상으로 삼았던 한 시대의 '허구적 상상력'의 구조물이다. 반공이라는 신념으로 무장한 보수 교단의 목회자라는 설정 또한 구시대의 허구적 상상적 구조물의 중요한 일부이다. 그런데 어린 시절 행복하게 유지되던 이 허구적 상상력의 구조물은 돌아온 진영의 눈에는 되돌릴 수 없을 만큼 쇠락해 버렸다. 진영이 말하듯이 "밑이 다 삭아서 망치질 몇 번으로 될 일이 아니"기 때문이다. <이인실>이 남과 북이라는 동일자이면서 타자인 관계를 다루고 있다면, <방문>은 아버지와 아들 즉 동일자이며 타자인 세대 간의 관계를 다룬다. 그런데 고영범은 세대 갈등을 다루면서 아버지와 이데올로기적 대립을 이루는 작은 아들 진영을 극 갈등의 중심에 놓지 않는다. 공산주의 때문에 북의 고향을 떠나왔으며 이제 교회를 개척하고, 번듯한 2층 양옥에 살게 된 아버지와 운동권 출신으로 미국에서 다큐멘터리 영화를 제작하는 아들의 대립은 작가의 입장에서는 흥미로운 관찰의 대상이 아니다. 진영은 <방문>에서 아버지를 만나 보지도 못한다. 차라리 작가는 같은 교회의 원로 목사인 아버지와 그를 이어 담임 목사를 맡은 아들의 닮은꼴의 삶에 주목한다. 고영범의 세계 속에서 선과 악으로 구분되는 확연한 대립의 세계는 없다. 그는 항상 닮은꼴들의 차이점에 주목한다. 우리 사회의 세대적 갈등의 가장 큰 축인 경제개발 세대와 민주화 세대의 갈등을 다루면서 이처럼 대립의 축을 이동시키는 것은 작가가 주로 닮은꼴로 이루어진 가족이라는 공동체 안에서 극을 전개하는 것과 무관하지 않다. 사회적 대립의 두 축은 작가에게는 어찌 되었든 간에 하나의 공동체 내부의 갈등이다. 그렇기에 이 갈등은 하나가 다른 하나를 제압하는 것이 아니라, 더 이상 기능하지 못하는 낡은 상상적 체계의 '무화'를 아픈 마음속에서 준비하는 과정에서 드러난다. 고영범은 이번에는 분열이나 착란이 아니라, '치매'를 방법론적으로 활용한다. 평생 지켜 온 가치 체계로서 '믿음, 사랑, 소망'이 분노와 저주와 한탄으로 바뀌는 시점에서, 작가는 이 낡은 가치 체계를 무화시킨다. 치매는 자신을 이루는 모든 가치 체계를 망각하게 한다. 하지만 작가는 이 낡은 가치 체계의 행위자를 추방하지 않는다. 큰아들 진석 자신도 치매에 걸렸다. 동성애자라는 사실 때문에 아버지로부터 저주를 받지만, 그는 아버지를 모시고 요양병원으로 들어간다. 아버지를 품고, 아버지와 함께 망각의 세계 속으로 무화되기를 선택한다. 아버지를 객관적으로 평가한다면 진영처럼 "아버지는 나쁜 놈이었어."라고 말해야 할지 모른다. 하지만 아버지를 자신 속에 담고 무화되어 가는 진석은 다른 평가를 한다. 진석은 자신과 아버지를 분리하지 않는다.

진영: 형은 어떤 사람이었어?

진석: 아버지는… 매일 울었어. 우는 사람이야.

진영: 아버지 말고, 형 말이야. 형.

진석: 우는 사람. 우는 사람.

진영: 형!

진석: 우린 이런 식으로 끝나는 거야.

고영범에게 자주 관찰되는 '애도'의 테마는 단지 대상에 대해 감정적으로 공감을 표현하는 것을 의미하는 것이 아니다. 애도는 진영이 말하는 모하비 사막의 공중전화처럼, 대상의 부재를 통해 대상과 공동의 몸을 형성하는 것이다. 다시 말하자면 함께 부재를 감각하는 것이다. 아버지가 북한의 고향을 떠나 남하하면서 찾았던 것, 그리고 진영이 한국을 떠나 미국에서 찾고자 했던 것은 다른 것이 아니다. 그것은 행복하고 의미 있는 삶이다. 하지만 그 행복하고 의미 있는 삶은 역설적이게도 구체적인 모습을 가질 때 낡고 쇠락해 가는 일시성을 지닌다. 시간 속에서 2층 양옥은 쇠락하고, 사랑은 저주로 변한다. 오랜 시간을 견디는 행복하고 의미 있는 삶은 마치 한 번도 제대로 완성되어 본 적 없는 트리하우스 같다. 지상이 아닌 하늘에 지어진 이 집은 처음부터 부서진 채로 있었기에 오랫동안 남아 있을 수 있다. 그리고 바로 이런 트리하우스 때문에 혜원은 이 집을 굳이 사들이는 것이다. 트리하우스는 진영이 모하비 사막에서 찾고자 했던 공중전화와도 같다. 공중전화 부스는 사라졌지만, 공중전화에 부여된 전화번호가 남아 사람들은 세계 각지에서 그 번호로 전화를 걸어 서로 연결된다. 사라진 공중전화 부스는 물리적으로 만져지지 않지만, 부재 속에서 존재하는 하나의 몸을 형성한다. 하나의 몸이 존재하기 위해서는 그것의 사라짐이 전제되어야 한다. 천국도, 하나님도 모두 사라짐이 전제되어야 한다.

<이인실> <방문>에 이어 고영범은 또다시 공간을 전면으로 내세운 작품을 발표한다. 공연에서 <에어콘 없는 방>이라는 제목으로 발표되었지만 벽산희곡상 수상작으로 선정되었을 당시의 작품명은 <유신호텔 503호>였다. 실존 인물인 주인공 피터 현은 1975년 독립유공자인 아버지 현순 목사의 유해를 국립묘지에 안장하기 위해 미국에서 조국을 방문했으며,

유신호텔 503호는 그가 머무는 호텔방이다. 시간적으로는 1975년 서울에서의 며칠을 가정하는 것이지만 실상 유신호텔 503호에는 1930년대부터 1975년에 이르기까지 긴 시간의 파편이 섞여 든다. 작가는 이 작은 방안에 한 인간의 삶과 그를 둘러싼 세계를 모두 욱여넣는다. '유신'이라는 단어가 말해 주듯, 그의 삶의 시간 모두를 욱여넣은 이 공간은 독재, 억압, 감시, 차별의 공간이다. 억압의 벽 속에 욱여넣어진 삶이 터져 나갈 듯 열기를 더하기에 이곳을 에어콘 없는 방으로 부르는 것이다. 터져 나갈 듯 들끓는 이 혼란의 공간은 착란을 겪는 노인 피터 현의 머릿속이기도 하다. 착란 속에서 이 노인은 젊은 시절의 자신과 마주한다. 원대한 꿈이 있던 젊은 시절의 피터는 제정신조차 제대로 가누지 못하는 이 초라한 노인과 대면한다. 너무도 다른 이 자아는 서로가 하나라는 것을 어떻게 인정해야 할까? 젊은 피터 현은 초라한 자신의 미래의 삶을 평가해야 한다. 아니 논리적으로는 젊은 시절의 자신의 모습에 견주어 현재의 초라한 모습을 노인인 피터 현이 평가해야 한다. 그는 한 개인의 실패 앞에, 하나의 세대의 실패, 하나의 세계관의 실패 앞에 서 있다.

> 피터: 난, 난, 내가 할 수 있는 모든 걸 다 했어. 난, 난, 조국을 해방시키기 위해서 싸웠고, 인민의 자유를 위해서 싸웠어! 가족을 부양하기 위해서 싸웠어! 벽에 부닥칠 때마다 온몸으로 부딪치면서 싸웠어!
>
> 젊은 피터: 그랬나요? …하지만 지금 내가 보고 있는 건 환각에 빠져 있는 주정뱅이예요.
>
> 피터: 난, 난, 아… 아… 아! (무언가 할 말이 있는 것 같으나 말이 되어 빠져나오지 못한다)

피터는 자신의 삶에 대해 무슨 말을 할 수 있을까? 부모님의 유해를 국립묘지에 안장하는 기념식에서 피터 현은 짧은 연설을 해야 한다. 다시 한번 글쓰기가 문제가 된다. 유신호텔 503호에서의 시간은 실제는 짧은 연설문을 작성하기 위한 시간이었다. 찢어 내고 찢어 내면서 그는 짧은 연설문을 거듭 고쳐 쓴다. 이 연설문은 현순 목사의 유해 안장을 구실로 피터 현이 자신의 삶, 자신의 세대의 실패를 평가하는 글이지만, 동일하게 고영범 작가 자신이 <에어콘 없는 방>이라는 허구의 이야기를 통해서 자기 세대의 실패를 평가하는 글이기도 하다. 옛 시대에 속하는 피르스가 잠긴 건물에 남아 있다는 것을 잊어버린 <벚꽃 동산>과 달리, 피터는 '잊지 않을 것'을 당부한다.

"너희들은 잊지 말어라. 어데서 살고 무슨 일을 하든지 네 나라를 사랑하고 네 나라의 자유독립을 위하야 생명을 받쳐라." 이 받은 사상은 아직도 잊지 않고 살아갑니다.

실제 잊지 않아야 할 것은 조국 사랑과 자유독립이라는 거창한 단어들이 아니다. 자유독립과 조국이라는 단어는 <방문>에서의 아버지가 트리하우스로 올라가는 계단에 써넣은 '믿음, 소망, 사랑'이라는 단어와 같이 쇠락하는 것이다. 정작 잊지 않아야 하는 것은, 이 말을 하는 피터 현의 몸이다. 그는 재가 된 부모의 유해를 안고 있다. 그는 부모와 하나가 된 몸이다. 그가 바수어져 가루가 된, 그리하여 이제 더 이상 삶답지 않게 된 삶과 그는 하나를 이룬다. 유신호텔 503호라는 억압의 공간을 나서기 위해 바쉬져 버린 그 실패의 삶을 잊지 않아야 한다. 잊지 않는 것은 단지 기억 속에 담아 놓는 것을 말하는 것이 아니다. 잊지 않는 것, 그것은 글을 쓴다는 것이며, 글 속에서 거듭 분열하며 착란하고 괴로워하는 것, 그리하여 그 모든 실패를 자신의 것으로 하는 것이다. <서교동에서 죽다>에서도 또다시 주인공은 미국으로부터 가족들을 방문하기 위해 귀국한다. <에어콘 없는

방>에서 젊은 시절의 자신과 직면했듯이, <서교동에서 죽다>에서도 과거의 자신과 조우한다. 작가는 <서교동에서 죽다>에서 진영의 조카 도연을 통해서 '분열과 착란의 극작 방법론'을 구체적으로 제시한다.

> 도연: 자, 엄마가 있고, 아빠가 있어요. 사람은 시간과 공간 속에서 살잖아요. 제가 하는 건, 엄마 아빠가 같이 산 시공간을 하나의 거대한 김밥이라고 생각하고, 잘 드는 칼로 그 단면을 자르는 거예요. 그러니까, 특정한 시공간에 있는 엄마와 아빠한테 가는 지도를 만드는 거죠. 일곱 살 때 엄마 아빠랑 같이 과천 동물원에 갔던 적이 있어요. 어린이날. 녹번동 살 때였고, 전철을 타고 갔어요. 그 길을 가능한 한 그대로, 세밀하게 복원하는 거예요.
>
> 진영: 그게 기억하는 거하고 어떻게 달라?
>
> 도연: 기본적으로 같아요. 하지만 기억은 내가 마음속에서 그 길을 가는 거지만, 이건 그 길을 가는 나를 지켜보는 거예요.

도연이 제시하는 방식은 시공간을 배치하고, 그 안으로 들어가는 것이면서 동시에 거리를 두고 나를 지켜보는 것이다. 나는 나와 만나고, 나를 느끼면서 또 나를 벗어난다. 그런데 <서교동에서 죽다>에서는 <방문>이나 <에어콘 없는 방>에서처럼 공간을 단 하나의 강력한 이미지로 압축하지 않는다. 이 작품에서 공간은 현실이 아니라 이미 조작 가능한 허구로 제시되기 때문이다. 극의 서두에 주인공 진영은 해설자로 등장해서 무대의 배치를 설명한다. 도연이 설명하는 것처럼, 진영은 시공간을 무대 위에 배치하고, 그 안에서 인물로서 등장하는 동시에 해설자로서 등장한다. 그런데 이 작품 속에서 나이든 50대의 진영은 10대의 자신과 만나지만, 진영이 정작 분열되고 다시 융합해야 하는 자아는 과거의 자신이 아니다. 그가 만나고자 하는 것은 자기 때문에 죽은 동생 진수다. 치매에 걸린 어머니는 과거 진영이 개에 물린 사건을 진수가 개에 물렸다고 기억하며, 손녀 도연을 진수라고 부르기도 한다. 이제껏 이중으로 분열되었던 양상이 처음으로 진영, 진수, 도연으로 삼중의 분열을 이룬다. 도연의 존재가 이채로운 것은 작가 자신의 세대와 그 앞세대의 대립을 보여 주었던 이제까지와는 다르게 처음으로 작가보다 뒷세대, 즉 미래의 세대가 등장하기 때문이다. 과거를 향해서만 흐르던 고영범의 시간이 이제 미래를 향해 흐를 수 있는 단초를 보여 주는 것이다. 미래의 시간을 만들기 위해, 작가는 죽은 진수에게 다시 삶을 불어넣어야 한다. 서교동에서의 죽음을 이야기하고, 그 죽음이 진수의 죽음과 더불어 자기 자신의 죽음, 즉 새로운 삶을 열어 갈 가능성의 죽음을 말하면서 동시에 반대로 망각의 저편으로부터 진수를 불러옴으로써 작가는 새로운 삶의 가능성을 제시한다. 진영은 아버지에 반항하다가 진수에게 연탄을 가는 일을 대신 맡겼고 진수는 그 때문에 죽었다. 다시 말해 거짓투성이인 앞선 세대에 대해 항거한다는 믿음 속에서 진영과 진영의 세대는 미래의 삶의 가능성을 상실해 버렸다. 작가는 이에 대해 죄의식을 요구한다. 이 죄의식은 <태수는 왜>에서 태수의 어머니가 태수에게 요구한 것이다. 진수를 기억 속에서 소환하는 것은 그 죄의식을 놓지 않는 것이며, <서교동에서 죽다>라는 글을 쓰는 이유는 그 죄의식과 대면하기 위해서이다. "어머니는 내가 죽였어요."라고 고백하는 태수처럼, "진수는 내가 죽였어요."라고 작가는 진영을 고백하게 하는 것이다. 글쓰기는 '믿음, 소망, 사랑', 혹은 '조국과 자유독립' 같은 견고해 보이지만 쇠락하고 지워지는 문자가 아니라 '거짓, 비열함, 폭력으로 가득 찬' 폐허 속으로 다시 들어가는 행위이며 이 폐허를 통과할 때만 다시 삶이 가능하다.

> 진영: 기억 속의 자기를 찾아가겠다는 생각도 어쩌면 네 세대에서나 가능해진 일일 거야. 네 엄마나 할머니나, 우린 그 안이 온통 폐허라서 다시 들어가기가 무서워.
>
> 도연: 하지만 거기서 살아 나오셨잖아요. 다시 들어가도 다시 살아 나올 수 있어요.

그의 작품 속에서 처음으로 고영범은 희망에 대해서 말한다. 편의점에서 알바를 하면서 데스크 위에 올려놓은 노트북 위로 도연은 무엇인가를 쓴다. 삼촌과 엄마와 아빠의 삶의 폐허를 바라본—아니 암으로 쓰러져가는 엄마의 삶을 할머니의 착란 속에서 겪은—이후 도연은 무엇인가를 쓴다. 고영범 작가는 도연의 컴퓨터 속에서 무엇을 쓰고 싶어 할까?

진영: 제가 얘기했던가요? 무언가를 쓰고 있는 젊은이처럼 아름다운 게 없어요. 저는 성공하지 못한 거 같지만, 저 애는 어쩌면 자기가 보고 있는 거, 자기가 쓰고 있는 것 덕분에 구원받을지도 모르겠다는 생각이 들어요. 그런다고 해서 이미 고정되어 버린 과거를 실제로 바꿀 수는 없겠지만요. 그랬으면 좋겠습니다. 희망이라면 아마 그런 게 희망이겠죠.

박상현
구조의 윤리학

작가 박상현은 자신 앞의 사물과 세상을 정면으로 바라보지 않는다. 그는 세상을 비스듬히 바라본다. 왜냐하면, 그는 사물의 반듯한 겉모습을 믿지 않기 때문이다. 비스듬한 시선은 세상의 매끄러운 표면에 균열을 낸다. 유리창같이 투명한 세상은 깨어지고, 그는 이 깨진 조각을 들고 원래와는 다른 밑그림으로 조각들을 이어 붙인다. 원래부터 있던 조각이 아닌 다른 조각들까지 섞어 넣기도 하고 깨어진 조각의 안쪽이 밖으로 향하게 붙이기도 한다. 이처럼 조각 이어붙이기 놀이를 하면서 그는 우리에게 그가 이어 붙일 그림에 관해서 이야기해 준다. 그런데 박상현은 유연하게 이야기를 풀어 가기보다는 더듬거린다. 그가 더듬거리는 이유는 이야기꾼으로서의 그와 그 이야기 속의 인물과 그리고 이야기를 거리를 두고 바라보는 비평적 자아가 혼재하기 때문이다.

만일 소설이었다면, 그는 전지적 시점에서 이 모든 입장들을 유연하게 아우를 수 있었을 것이다. 하지만 그는 소설가적 욕망을 지녔음에도 불구하고, 대화체로만 발화하는 희곡의 작가이기를 선택했기에 말을 더듬는 것이다. 그의 작품에서 서사적 화자의 존재를 찾는 것은 어려운 일이 아니다. 이 서사적 화자는 <자객열전>에서처럼 해설자의 목소리로 나타나거나, <4천일의 밤>의 민 기자나 <405호 아줌마는 참 착하시다>에서의 사진작가 문진수처럼 관찰자로 나타난다. 이 서사적 화자는 재현적 이야기의 한 축을 담당하는 인물이기도 한데 그의 이야기는 관객에게 직접 향하는 듯하면서도 극 중의 다른 인물에게 향하며, 동시에 내적 독백에 머물기도 한다.

박상현 희곡의 특이한 것은 이처럼 서로 다른 이야기의 방식이 절대 독립적이지 않게 중첩되어 있다는 점이다. 그리하여 그가 세상을 고발하고 질타할 때, 이 질타의 목소리를 내면의 반성적, 사유적 목소리가 제어하며, 또 때로 허구 속의 미끈한 목소리로 유혹하고자 할 때 거친 현실의 절규가 들려온다. 이 중첩은 작가 자신이 스스로 정의하듯 구조적 글쓰기, 혹은 구조주의적 글쓰기라 부를 수 있을 것이다. 그는 직접적으로 말하지 않는다. 구조들이, 구조들의 충돌이 극을 이끌어 간다. 박상현은 이 충돌의 조작자이며 이 때문에 그의 이야기는 형식을 통해서만 발화된다.

박상현 작품의 원형질 <진과 준>

<진과 준>은 발표 시기가 가장 빠른 작품은 아닐지라도 박상현 작품의 가장 원형질적 형태를 지니고 있다. 아직 희곡과 소설이 완전히 분리

되지 않은 카오스의 상태를 보여 준다. <진과 준>의 1장은 소설을 쓰고, 서술 부분을 지워 내 대화체 부분만을 남겨 놓은 듯하다. 더욱이 형식상 두 인물의 대화로 이어지고 있는 듯하지만, 이 대화는 반드시 두 인물의 것이 아니며, 동일 시간, 동일 상황이 아닌 대화가 스며들고 있다. 말과 말은 불연속이며 동시에 연속적이고 교환되는 듯하지만 홀로 메아리가 되어 울려 퍼진다.

소설과 희곡이 혼란스러운 하나의 덩어리를 이루는 이 연극에서, 박상현은 '진'과 '준'이라는 두 타자를 시간과 공간을 넘어 하나의 덩어리로 묶으려고 시도하고 있다. 이는 분리된 두 존재를 분리 이전의 존재로 영원히 하나로 만들려는 시도이다. 그러나 '두 존재의 영원한 사랑의 결합'이라 할 덩어리는 온전한 하나가 아니다. 그것은 불구의 상태이다. 하나이면서 여전히 둘인 이것을 작가는 샴쌍둥이라 칭한다. 이미 헤어진 연인은 나의 현재 속에서 함께하지 않는다. 연인은 과거 속에 살며, 혹은 나의 꿈속에, 나의 욕망 속에 산다. 그러므로 연인은 나와 다른 차원에서 나와 함께 머문다. 나와 타자, 진과 준은 다른 시간, 다른 차원 속에서 하나를 형성한다. 이 불구의 상태는 단순히 진과 준이라는 남녀의 결합을 넘어서 내가 너가 되고 너가 내가 되는 존재적 결합의 상태이다. 박상현은 사랑하다가 헤어진 연인의 이야기를, 보편적이며 존재론적 결합의 이야기로 탈바꿈하려 한다. 그리고 그 결합은 때로 사회, 정치적 영역으로까지 확장된다. 멜로드라마적 상황에서 출발하여 박상현은 더듬거리며 말을 곱씹고 곱씹어 하나의 신화를 만들어 낸다.

메콩강의 기원에 관한 이야기가 단순한 이야기가 아니라 '신화'의 차원을 획득하는 것은 그것이 시간을 넘어서는 이야기이기 때문이다. 짧은 사랑의 이야기가 거듭되는 시간의 이야기로 탈바꿈한다. 주어진 짧은 삶의 시간을 넘어서기 위해서는 시간의 한없는 수레바퀴 속으로 들어서야 한다. 그 수레를 움직이는 것은 고통이지만, 그로부터 삶을 지속해야 하는 이유가 생겨난다. 진과 진, 너와 나, 남과 여, 있음과 없음, 남과 북, 가진 자와 가지지 못한 자, 구경거리이면서 숭배의 대상이 되는 존재가 이 만남을 위한 끝없는 움직임을 만든다. 마지막 장인 '론도'의 춤은 윤회의 원을 그리며 돈다. 결코, 만나지 못하는 두 세계가 두 가지 상이한 리듬—슬로우 슬로우 퀵 퀵—을 타고 도는 춤 속에서 하나로 조화를 이룬다. 불완전함, 불구성 그 자체가 조화의 조건이 된다. 그 조화는 평화로운 것이 아니라 고통스러운 것이고 견디는 것이며, 그 때문에 아름다운 것, 혹은 선(善)한 것이다.

비스듬한 시선 <4천일의 밤>

<4천일의 밤> 또한 4천일의 밤이라는 시간을 거슬러 올라가 죽음과 삶이라는 건널 수 없는 두 차원에 속한 이들을 하나로 이어 주는 이야기이다. <진과 준>에서 이 이야기를 무질서한 혼돈의 덩어리로부터 들려주었다면, <4천일의 밤>에서는 민홍기 기자라는 관찰자를 통해서 거리를 두고 이를 지켜본다. 그런데 <4천일의 밤>의 소재에 작가 박상현이 다가가는 방식이 매우 흥미롭다. 우리 현대사에서 중요한 사건 중 하나인 12.12 군사 쿠데타와 관련된 소재를 대하면서, 작가는 이 소재의 사회, 정치적 의미를 정면으로 다루지는 않는다. 그는 이 사건의 한구석에서 당시 정병주 특전사령관의 비서 실장직을 수행하다 총격전에서 사망한 김오랑 소령과 그 미망인의 이야기에 주목한다.

정면을 향한 것이 아닌 비스듬한 시선은 외적인 사건의 내면을 파고

든다. 그것은 사회적 사건이 개인의 내면에 새겨 넣는 그림을 읽는 것과도 같다. 김오랑 소령의 미망인 백영옥의 죽음을 둘러싸고, 아니 생전의 백영옥이 12.12 사태의 주역들을 상대로 손해배상 청구 소송을 제기했다가 소송을 취하한 사건을 둘러싸고, 이에 연루된 인물들은 각기 다른 거짓 담론을 만들어 낸다. 정치, 사법, 언론, 종교 등 한 사회의 가장 힘 있는 집단들이 백영옥이라는 개인에 대해 거짓 증언을 할 때, 이 거짓 증언은 동일 집단이 12.12 사태에 취하는 태도와 동형의 것이다. 그리고 거짓은 그 자체로 거짓의 치졸함을 드러내는 것이 아니라, 진실한 또 다른 담론과의 충돌을 통해서 드러난다.

다시 한번 박상현은 '신화'로서의 이야기를 제시한다. 그것은 생전의 김오랑이 백영옥에게 보냈던 편지와 서약서이다. 효과적인 멜로드라마적 장치로 활용될 수 있는 죽은 남편의 젊은 시절 편지와 사랑의 서약서를 박상현은 감정의 고양을 위해 사용하지 않는다. 그것은 거짓 담론과 충돌할 진실의 담론이다. 그 글들은 시간을 뛰어넘고, 죽음을 뛰어넘는 것이기에 신화이다. 또한 그것이 신화인 것은 지켜 내지 못한 미래에 대한 다짐이기 때문이다. 세상의 거짓을 폭로하기 위한 것이 아닌 내적인 순수함을 지키기 위한 다짐이기에 박상현의 신화는 윤리성을 지닌다.

부재하면서 동시에 존재하는 <405호 아줌마는 참 착하시다>

사진작가 진수는 자신이 사는 아파트의 맞은편 204동의 9세대를 정기적으로 사진에 담는다. 이 작업을 통해 진수는 일종의 사진 소설을 쓰고자 한다. 그가 생각하는 사진 소설이란 이미 존재하는 이야기에 사진이 삽화 역할을 하는 것이 아니라, 사진을 통해서 사진의 대상에 대해 자유로운 상상의 이야기를 부여하는 것이다. 그의 사진은 중산층의 삶의 표면을 담는다. "옛날에 옛날에 한 남자가 있었다… 옛날에 한 여자가 있었다… 한 남자와 한 여자가 있었다… 한 남자와 한 여자와 한 아이가 있었다… 집이 있었다… 자동차가 있었다… 빌딩이 있었다." 모든 이야기는 이처럼 항상 '있음'으로부터 시작한다. 그러나 거듭되는 대상을 찍어 나가면서, 진수는 대상의 표면에 다가가고 그 표면에 균열을 냄으로써, 내면을 담는 하나의 신화와도 같은 이야기를 도출하는 박상현의 도식을 구현해 간다.

405호를 찍은 사진 속에서 진수는 하얀 얼룩 같은 것을 발견한다. 그것은 발이다. 그 전날에는 없었지만, 바로 어떤 시기부터 나타나는 이 얼룩을 통해 405호가 사망한 시기를 짐작할 수 있다. 한 여자가 있어야 할 그곳에 이제 한 여자가 없는 것이다. 이제 사진은 없는 것, 결핍된 것을 이야기한다. 204동 505호의 지호와 은희는 결혼 9년 차에 처음으로 집을 장만했다. 더욱이 오랫동안 실직상태에 있던 남편 지호가 취직을 했다. 하지만 이들은 아이가 생기지 않는다. 그들은 이 결핍을 메우기 위해 입양을 고려하고 있다. 305호 아주머니는 얼마 전 아이를 잃어버렸다. 그녀는 이 아이를 찾기 위해 아이 이름을 부르며 아파트 단지를 맴돈다. 벌써 석 달 전에 사망한 405호의 시체 썩는 냄새가 굳게 닫혀 있는 아파트 유리창 사이를 비집고 들어온다. 없음이, 결핍이 이제 있음의, 충만한 물질성의 공간에 스며든다. 있음과 없음의 섞임 혹은 더 엄밀히 말하자면, 없음에 의해서만 의미를 지니는 있음에 관한 이야기가 구축된다. 진수는 사건을 겪은 후 경찰 진술을 하다가 405호와 관련된 사진 소설을 새롭게 쓴다. 그것은 빛이 닿으면 몸이 없어지는 공주에 관한 것이다.

"이제 그녀는 낮에는 마음 놓고 마을 여기저기를 돌아다니고, 밤이 되면 온 성안에 불을 환하게 밝혀 놓는 겁니다. 그래서 마을 사람들은 그 성엔 늘 불이 밝혀져 있지만 성주는 어느 날 갑자기 사라진 거로만 아는 겁니다. 그렇게 되자 언제부턴가 마을엔 저만이 성주를 만나 보았다는 사람들이 나타나기 시작했어요."

공주는 그러므로 부재하면서 동시에 존재한다. 그녀를 만나는 것은 이 부재하는 현존을 겪는 것이다. 그것은 결핍으로서의 존재이다. 만일 결핍을 채우기 위해서 결핍을 상쇄하기 위해서라면, 이 부재하는 현존과 만날 수는 없을 것이다. 그녀를 만나기 위해서는 부재함 그 자체, 다시 말해서 그녀의 결핍 그 자체를 통해서 만나야 한다. 타자와 소통하는 방법은 타자의 결핍을 통한 것이며 그렇기에 아이를 잃어버린 305호의 결핍, 아이 없이 혼자 살다 외로움에 자살했을 405호의 결핍을 이해하는 것이다. 이미 죽은 405호와의 만남 혹은 그녀와의 섹스는 이처럼 결핍의 이해를 통한 타자와의 소통에 대한 은유이다.

'착하다'는 윤리적 판단이다. '405호 아줌마는 참 착하시다'라는 낙서를 쓴 것은 아이이다. 그리고 이 작품은 부재하는 아이에 관한 것이다. 결핍된 것이, 부재하는 것이 윤리성을 만든다. 아파트 호수로 표현된 인물, 우리 사회의 중산층 혹은 중산층적 욕망을 지닌 모든 사람은—405호 아줌마는 이 욕망의 대상이다—부패한 시신처럼 썩은 내를 풍긴다. 이들이 '착할' 수 있다면, 그들의 삶이 윤리성을 지니고 행복할 수 있다면, 그리하여 그들의 삶이 아름다워질 수 있다면, 그것은 그들이 현재 갖고 있지 못한 것에 근거해야 한다. 약간은 추리극처럼, 또 조금은 신비한 영적 체험의 이야기처럼 호기심을 자아내는 <405호 아줌마는 참 착하시다>는 이처럼 비스듬히 중산층의 존재론적, 사회적인 윤리성의 문제로 향한다.

그 낙서를 보면서 나도 모르게 빙긋 웃었던 것 같아. 왜 웃었을까? 그때는 405호에 산다는 여자에 대한 호기심 때문이라고 생각했지. 대체 어떤 여자일까 하는…. 하지만 돌이켜 보니까 꼭 그런 이유만은 아니었던 것 같애. 그보다는, 그 누구인지는 몰라도, 난 그때 낙서를 쓰고 있는 아이의 모습을 상상했던 거야. 그 아이는 아무도 몰래 그 글씨를 썼을까? 아니면 여럿이 보는 앞에서 또박또박 썼을까? 그리고 왜 그런 낙서를 쓰게 됐을까? (사이) 모르지. 그렇지만 아무튼 아이들의 마음은 다 그렇게 착하고 순진한 것일 테지.

결핍에 대하여, <모든 것을 가진 여자>

<모든 것을 가진 여자>는 결혼한 여인이 옛 애인과 만나는 멜로드라마이다. 혜영은 결혼 9년 만에 옛 애인을 찾아가고 그와 몇 차례 만나지만 다시 가정으로 돌아간다. 그녀의 외도가 드러나 가정은 예전과 같지 않다. 그녀는 이제 갑자기 늙어 버린 자신을 발견한다. 이 작품은 착하고 능력 있는 남편과 사랑스러운 아이들, 그리고 두 채의 집을 가진 이 중산층의 여인, 이 모든 것을 가진 여인의 '결핍'을 다루고 있다는 점에서 <405호 아줌마는 참 착하시다>의 연장선상에 있다.

결핍되지 않은 것과 결핍이 대립 항으로 제시된다. 결핍되지 않은 것은 현실이며, 결핍을 느끼고 그 결핍을 메우려는 욕망은 꿈이다. 카피라이터인 남편이 히트시켰던 광고 문안("내 집, 내 남편, 내 아이들, 그리고 나의 자동차, 어나더. 어나더를 가진 여자는 모든 것을 가진 여자")이 현실을 지시한다면, 애인 성우가 쓴 소설 『모든 것을 가진 여자』의 현실에서 아무것도 가지지 못한 주인공은 꿈의 공간에만 머문다. 이처럼 분리된 두 대립 항을 여주인공은 겹쳐 보려 한다. 현실 속에서 꿈을 이루는 것, 그것은 그녀에게는 남편과 살면서 애인과의 관계를 지속하는 것이다. 그런데 꿈

꾸던 관계가 이루어지면 그것은 이내 현실이 되고, 이제는 현실로, 가정으로, 아이에게로 되돌아가기를 꿈꾸게 된다.

그런데 이처럼 현실과 꿈을 계속되는 액자화의 관계로 만들지만, 그 액자화가 심연의 깊이 속으로 의미를 두껍게 하기보다는 마치 반복 속에서 작아지는 러시아 인형과도 같은 것이 된다. 왜냐하면 결핍을 겪는 것 그 자체가 아니라, 이 결핍을 채우는 것이 문제 되고 있기 때문이다. 마지막 인형을 꺼내면 그 안쪽은 텅 비었다. 텅 빔은 결핍이 아닌 공허이다. 결핍은 욕망과 꿈의 기초지만, 텅 빔은 허무의 공간이다. 결핍 속에서 죽은 405호 아줌마의 대칭형이 바로 후회하며 늙어 갈 뿐 죽지도 못하는 '모든 것을 가진 여자'이다.

미제 화장품을 파는 여인의 방문은 처음과 끝이 있는 이 이야기의 시간성을 뒤틀어 놓는다. 여인은 혜영의 미래로부터—혜영이 극 종반에 남편과 싸워서 멍이 들었던 시점—아직 시골로 이사 가기 전 서울에 살 즈음, 그러니까 이 극의 진행 시간보다 앞선 과거의 시간으로 찾아온다. 그녀는 혜영에게 시간을 되돌릴 수 있다면 가장 후회스러운 순간을 다시 살 수 있도록 해주겠다는 제안을 한다. 다시 후회하는 순간 되돌아간 시간의 두 배만큼을 늙어 버린다는 조건의 내기이다. 하지만 이러한 조건과 세부의 조건들에 앞서 이 여인의 기능은 시간과 그 시간 속에서의 경험을 확장하는 것이다. 그녀는 과거로, 그리고 미래로 시간을 확장하면서, 혜영과 동일한 삶을 반복한다. 혜영의 경험은 여인에게 굴절되어, 앞선, 그리고 뒤이어 올 많은 사람에게 반복될 경험이 된다. 405호 아줌마는 부재한다. 하지만 '모든 것을 가진 여자'는 도처에 있다. 뒤틀린 시간은 안이 곧 바깥인 뫼비우스의 띠처럼, 시간을 초월하는 듯하지만, 실제로는 미로처럼 닫힌 공간을 맴돌 뿐이다. 시간은 초월되지 않고, 미로 속에서 먼지처럼 쌓여 간다.

고통스럽게 우스꽝스러운 칼날 <자객열전>

<자객열전>은 정치적, 사회적 담론이 강하게 드러나는 작품이다. 2001년 9월 11일 미국 세계무역센터 폭탄 테러 사건, 그리고 이어 전개된 테러와의 전쟁이라는 강력한 집필 계기가 있으며 주요 인물은 백범 등 역사적 인물이다. 하지만 <4천일의 밤>에서처럼 사회적 주제를 주변적 개인의 삶 속에서 내재화하는 방식을 사용하지는 않는다. 그렇다고 정치적 주장을 직접적으로 외치는 것은 더욱 아니다. '자객' '독립운동가' 혹은 '테러리스트'라는 주제어를 중심으로 작품을 단순화한다면 우리가 자랑스러워하는 이봉창, 윤봉길 등 독립운동가들과 우리가 위험시하는 체첸 혹은 이슬람 테러리스트들이 결국 다를 바 없다고 주장하는 듯 보인다. 그러나 이와 같은 선동성을 전면으로 부각하기에는 작품의 구조가 비효율적일 만큼 복잡하다. 달변과 웅변이 필수적으로 요구되는 자리에서 박상현은 말을 더듬고 있는 셈이다.

그는 '자객' '독립운동가' '테러리스트'라는 단어를 동의어로 곧장 제시하기보다는 이들이 동일한 의미의 망을 이루고 있음을 스스로 납득하는 과정을 보여 주고 있다. 극작가로서 박상현이 이들 단어를 동의어로 납득한다는 것은 바로 자신이 바라보는 세상, 그리고 자신이 읽는 세상을 자신의 글쓰기를 통해 살아 내기를 원하는 것이다. 세상을 책 안에 담는 것은 어쩌면 모든 작가에게 공통된 자세인 듯하지만, 박상현에게 그것은 자세뿐만이 아니라 글쓰기의 형식이자 내용이다.

그는 <자객열전>의 한 구절처럼, '책 모양의 폭탄'을 만드는데, 그 폭탄은 적을 향해 터지기보다는 책 속에서 터지게 되어 있다. 만일 박상현의 이 '책 폭탄'이 외부를 향해 던져진다면, 그것은 자신의 이야기 속에서처럼 반복되는 불발탄이 되고 말 것이다. 실제로 백범과 빈 라덴을 동일시하는 선동성에도 불구하고, 이러한 정치적 함의는 전혀 세상의 관심을 끌지 못했다. 불발되는 백범의 수제 폭탄들처럼 연극이라는 폭탄은 세상의 얼굴에 가벼운 생채기만을 낼 수 있을 뿐이다. 안을 향한 폭발은 책을 파괴하는 것이 아니라, 책 안의 글자들을 깨운다. 글자들은 진동을 얻고 최초에 쓰였을 때의 울림을 획득한다. 그러므로 <자객열전>은 고서로서의 『사기』 중 '자객열전'을 패러디하여 현실의 테러리스트들을 설명하는 작품이라기보다는 현재와의 상관관계를 각인시키면서 앞선 작품들을 다시 써내는 행위이다.

이처럼 <자객열전>은 독서 행위와 글을 쓰는 행위 그리고 삶의 상관성 속에서 구축되고 있다. 독서의 대상은 『사기』 중 '자객열전'의 몇몇 일화이며, 김구의 『백범일지』이고, 『러시아 혁명사』 그리고 작가가 평소에, 그리고 이 작품을 구상하기 위해서 읽었던 많은 글들이다. 글 안으로 글이 들어가고, 글이 육체가 되는 방식은 엠마 골드만이 전혀 다른 일화에 속하는 제시 헤프만을 상기하게 하거나, <자격열전> 속 인물인 아랍 여인이 『죄와 벌』의 소냐를 상기시키는 엠마 골드만의 일화를 낭송하는 방식 등으로 구현된다. 『사기』 중 '자객열전'이 대부분 서사적 화자를 통해 낭송되다가 어느 순간 왕 사장과 장 소저에 의해 재현되는 것 또한 한 방식이다. 극 속의 시간 속에서 아직 쓰이지 않은 『백범일지』가 종종 인물들에 의해 인용되는 것도 마찬가지이다. 더 정확히 말한다면 이 속에서 『백범일지』는 인용되는 것이 아니라 바로 그 자리에서 쓰이고, 태어나는 것이다.

새롭게 태어나는 글들 속에서 유독 각각의 에피소드를 하나로 묶어주는 목소리가 들린다. '형가' 일화의 한 구절인 "바람 소리 쓸쓸하고 역수는 차갑구나. 장사 한번 가면 다시 오지 못하리니"가 바로 그것이다. 이는 백범, 이봉창, 윤봉길, 그리고 아랍 여인에게 이르기까지 다양한 인물들의 대사 속에서 반복된다. 결의를 다지는 비장함은 스스로에게 폭탄을 던지는 테러리스트, 스스로의 표면과 언어를 비스듬히 칼로 베어 내는 자객의 그것이다. 조양자의 옷을 얻어 그것을 칼로 베는 것으로 원수를 갚는 셈 친 '예양'의 일화처럼 이 비장함은 현실이 아니라 하나의 의식이다. 잘라 냈지만 여전히 매달려 있는 이봉창의 손가락처럼, 혹은 잘라 냈으나 다 자르지 못해 매달려 있는 백범의 허벅지 살점처럼 그것은 우스꽝스럽고 고통스러운 것이다. 분명 코미디의 형식을 띤 이 우스꽝스러운 자객들의 이야기는 그 속에 이처럼 고통스럽게 윤리성을 제 몸으로 각인하려는 노력을 담고 있다.

증식하는 폭력 <싸이코패스>

<싸이코패스>는 <자객열전>과 마찬가지로 정치적 함의를 강하게 드러내는 작품이지만, 극작의 방식은 <진과 준>에 더 가깝다. 하지만 <진과 준>이 시공을 달리하는 전혀 관련 없는 에피소드를 하나의 신화로 수렴하고 있다면, <싸이코패스>는 동일한 것으로 여겨지는 것들에게 다른 이름을 부여하는 방식을 취한다. 표면적으로 <싸이코패스>는 박정희 전 대통령의 시해 상황을 조폭들의 하극상 상황으로, 몽몽몽 남매 일화에서는 상호 출자를 통해 몸집을 불리는 재벌의 행태를 근친상간적 상황으로 가볍게 패러디하는 방식을 취한다. 에리카, 김용철 등의 인물들을 실명으로 거론해 가면서까지 현실에 대한 공격성을 구체화하고 있다. 그러나 <자객열전>의 공격성이 직접적인 사회적 맥락에서는 미미했듯이 <싸이코패

스>의 이 표면적 공격성 역시 그 자체로서는 전혀 기능하지 않는다.

'싸이코패스'라는 제목처럼 이 작품은 더 분열적이다. 박상현의 공격성은 표면적으로 드러난 공격의 대상을 직접 향하지 않는다. 박상현은 고유명사화된 대상을 일반명사로 분해, 분열, 증식시킨다. 그들의 이름은 연쇄살인마 '명보'나 '푸른 수염'이 아니다. 그들은 '사촌 오빠' '지난 학기 담임 선생님' '새아버지' '원조 교제하던 아저씨'이다. 이는 우리 이웃 속에 선한 얼굴로 숨어 있는 악인을 식별하기 위한 것이 아니다. 오히려 폭력의 보편성을 드러내고자 하는 것이 "이야기의 깊은 뜻"인 것이다. 푸른 수염을 응징하기 위해 달려온 오빠들의 자리에 위치한 사람들을 박상현은 응징자라기보다는 푸른 수염의 경쟁자, 대체자로 규정한다. 누나를 겁탈하는 보육원장 아버지를 응징하는 두식이 형이 실상은 또 한 사람의 겁탈자인 것이다. 진정 가장 아픈 폭력을 행사하는 자는 이처럼 드러난 가해자가 아니다. 훗날 누나가 고백하듯이, 누나가 벽돌로 내리찍은 것은 보육원장도, 두식이 형도 아니다. 누나가 폭력을 당하는 와중에도, 솥바닥을 긁어 제 밥을 챙겨 먹는 동생을 더욱 폭력적으로 느꼈던 것이다. 누나를 지켜 내기보다는 제 밥에 더 골몰했던 그 동생이 훗날 연쇄살인마가 되는 것은 우연이 아니다.

철저한 응징을 요구하던 연쇄살인 피해자들이 명보 박물관을 설립하고자 하는 것 또한 '명보'의 또 다른 증식이다. 그들은 자신들이 피해자인 이 폭력을 보존, 기록하며 이를 상업화시킴으로써 자신들의 삶을 영위하고자 한다. 폭력이 삶의 존속을 위한 조건이 된다. 모든 이가 피해자이며, 모든 이가 가해자인 이 보편적 폭력 앞에서, 새둘이 엄마가 명보를 용서하겠다고 하는 것처럼 '죄 없는 자가 돌로 죄인을 치라'고 말할 수는 없다. "많았지 벽돌은!"이라고 외치듯, 그 많은 벽돌만큼 돌을 내리쳐야 할 것이다. 하지만 두식이나 명보가 말하듯 거짓 대상을 향해서가 아니라, 폭력을 보편화하고 있는 자기 자신을 향해 내리쳐져야 한다. 폭력의 보편성을 보고 겪는 것, 그것이 바로 명보가 말하는 격물치지, '사물을 있는 그대로 파악하여 앎에 이르는 것'이다. 폭력적인 세상에서 이 폭력을 멈추게 할 방도가 있는 것일까? 작가는 "알고 싶어요"와 "알 수 없어요"를 반복한다.

"바람 소리 쓸쓸하고 역수는 차갑구나. 장사 한번 가면 다시 오지 못하리니"라는 구절이 <자객열전> 속에서 여러 목소리로 들려오는 것은, <진과 준>의 도입부에서 다수의 인물 목소리가 뒤섞이는 것을 상기시킨다. <자객열전>의 제목이 알려 주듯이, 박상현은 여러 가지의 이야기, 여러 개의 목소리를 전한다. 이 목소리들은 '동일하면서도 다른 것'을 이야기한다. 그리고 그것은 분명 지시되고 있지만 존재하지 않는 결핍된 것, 부재하는 것에 관한 것이다. 부재하는 그것은 이 목소리들의 부딪힘 속에서만 존재한다. 그러나 이정표는 분명하다. 가야 할 방향을 지시하는 것, 그것은 분명 그 부재를 '4천일'이 넘도록 고통스럽게 견디어야 할 윤리적인 명령이다. <진과 준>에서 작가는 서로 다른 것이 하나가 되는 이 부재하는 지점을 향한 움직임을 기표와 기의를 연결 짓는 행위로 표현한다. 거듭되는 연결의 움직임 속에서, 이 발화 행위의 더듬거림 속에서 의미는 풍요해지고, 빙빙 헤매면서 조금씩 그 지점에 더 가까워진다.

'구안사 가는 길'이라는 오래된 나무 팻말을 보고 차를 세웠어. 걸어가면서 생각했지. 구안사. 평안함을 구한다. 절 이름 같지 않다. 구안사. 눈을 구한다. 사랑의 장기 기증 운동인가. 아니 눈을 구한다 함은 지혜를 얻는다는 거겠지. 깨달음에 이른다. 절 이름 같다. 구안사. 아홉 개의 눈. 괴물 아닌가. 힌두스럽다. 아니다. 아홉 개의 눈을 가졌으니 보지 못할 것이 무엇일까. 하찮은 미물, 중생의 작은 고통 다 볼 수 있겠지. 자비의 극치로구나. 구안사. 거북의 눈…. (<진과 준>)

타자의 고통에 눈감고, 나의 삶의 경제적 지속과 성장에만 관심을 기울이는 것을 폭력이라 규정한다는 점에서, <싸이코패스>는 중산층 삶 속에서 의미의 부재를 이야기하던 <405호 아줌마는 참 착하시다>와 동일한 주제를 담고 있다. 405호 베란다 창문을 열고 시체 썩는 악취를 맡듯이, 자신의 '밥'을 위하여 우리가 타자에게 향하는 폭력에 대해 작가는 '마치 농담처럼' '가장 평범한 한마디 언사'를 꽃피우듯 던진다. 폭력을 멈추게 할 앎, 궁극의 언어 그 자체는 아니라 할지라도, 그에 이르기 위해서 반드시 거쳐야 할 언어를 박상현은 내뱉는다. 그것은 자기를 향하는 폭력을 견디는 언어이다. 내가 다시 폭력의 자리에 서지 않으면서 무딘 칼로 헤집는 그 폭력에 맞서는 고통의 언어를 벼리는 것이다.

　　"아아아아아, 아퍼, 씨발놈들아…!"

선욱현
연극이 끝난 후

그때 조명은 서서히 암전된다.

이렇게 연극이 끝난다. (<고추 말리기>)

선욱현은 희곡의 말미에 종종 '연극이 끝난다'라고 적는다. 끝날 때 끝난다고 쓰는 것은 당연한 듯하지만, 이는 이제까지의 모든 것이 연극이었음을 명시적으로 드러내는 매우 적극적인 선언이다. 무대 위에 펼쳐진 모든 것은 연극에 불과하다는 것이다. 그리고 마침내 그것을 끝내기 때문에 더 이상 허구가 아닌 것이 시작됨을 천명하는 것이다. 이처럼 선욱현이 연극을 만드는 것은 역설적이게도 그것을 허물기 위해서이다. 그는 허물기 위해 집을 짓는다.

연극 허물기

선욱현이 허물고자 하는 연극은 현실을 허구를 통하여 왜곡하는 연극이다. <황야의 물고기>에서 온라인 동호회 회원들이 서부시대라는 오프라인 카페에 모여 진행하는 서부극 놀이가 바로 그것이다. 전파상 강 씨가 폴리를, 양복점 김 씨가 요셉을, 이병석이 존을 연기하는 가짜 서부극이다. 외견상 이러한 연극은 <황야의 물고기>처럼 황당하고 비사실적인 외형을 쓰고 있을 것 같지만 실상 허구로서의 연극은 우리가 쉽게 포기하지 못하는 연극이기도 하다. 그것은 현실 안에서 해결하지 못하는 해결책을 허구 속에서 찾으며, 현실 안에 존재하지 않는 유토피아를 허구 속에서 건설하기 때문이다. 그러므로 이 허구를 부수는 것은 유토피아를 부수는 것이다. 보안관 역할을 맡고 있으면서 동시에 작가이기도 한 존은 허구로서의 연극을 만드는 일에 충실하다. 이 허구에서 선은 항상 악에 승리한다. 보안관은 정의의 사도이며 악으로부터 마을을 지켜 낸다. 그가 이 허구의 이면에 존재하는 현실의 추악함을 들추려 하면 참여자들의 거센 저항을 받는다. 누구도 이 환상을 깨고 싶어 하지 않는다.

요셉: 진짜 삶이 좋아?

폴리: 혹시 냄새나는 쪽방 살아 봤어요? (…)

다니엘: 난 여기 오면 내가 정말로 살아 있는 것 같아요. 난 진짜 여기가 좋아요. (미소)

존: (다니엘에게) 이건 놀이일 뿐이야. 아무도 안 봐. 여기서 너 배우 된 거 아냐! 밤새도록 놀아 봐야 니가 돌아갈 곳은 냄새나는 자취방이야.

다니엘: …(기분이 나빠진다) (…)

요셉: (존에게) 자네가 우리한테 그렇게 얘기할 권한 없어. 자네야말로 진짜 존인

줄 알아? 자넨 우리 삶 하나도 건드리지 못하지만 존은 달라. 우리 모둘 구할 수 있는 사람이야. 자넨 멋진 서부극을 쓰고 존을 연기하면 돼. 그게 자네 일이야.

<장화홍련 실종사건>에서 정동우 또한 <황야의 물고기>에서의 존과 같은 위치에 선다. 그는 철산의 사또로 부임하여 장화와 홍련의 실종사건을 수사하고 한양에 보낼 사건 수사 보고서를 작성한다. 그런데 존의 희곡처럼, 정동우의 수사 보고서 또한 하나의 허구적 시나리오이다. 사또 정동우는 철산 사람들 모두가 연루된 추악한 성매매의 범죄를 숨기고 계모 허 씨와 허 씨의 아들 장쇠를 장화와 홍련의 죽음의 책임이 있는 천인공노할 악인으로 만드는 왜곡된 보고서를 작성한다. 이 보고서는 극중극 형식으로 구현된다. <황야의 물고기>에서 서부극 놀이라는 극중극 형식을 사용하듯이 선욱현은 <장화홍련 실종사건>에서도 극중극 형식을 사용한다. 선악의 이분법과 순결주의에 기초한 허구의 극이 재현된다. 왜곡된 세계에서는 항상 순수하고 순결한 가치가 지켜진다.

> 이극렬: 비로소 이 마을의 아리따운 처자, 장화가 순결한 처녀로 기록되었사옵니다. 흉녀 허 씨의 천인공노할 음모와 계략에 아직까지도 치를 떨 따름이옵니다.

작가이며 배우이고, 연출가인 선욱현은 존의 자리에서 연극을 사유한다. 그는 허구로서의 연극을 허물기를 원한다. 그는 연극을 만들어 내고 다시 그것을 허물어 낸다. 그런데 이처럼 허구로서의 연극을 허무는 것은 연극적 맥락의 밖에서 볼 때 유토피아에 대한 허구적인 상상물들을 허무는 것과 같은 것이다. 우리가 살아가는 세계 속에 유토피아는 없으며, 연극은 현실의 도피처가 아니다. 일견 순진하고 따뜻해 보이는 선욱현의 연극은 실제로는 이처럼 단호한 비관주의에 기초하고 있다. 그의 연극이 순진해 보이는 것은 그 순진함을 허물기 위해서 스스로 순진함의 외피를 둘렀기 때문이다.

선악의 구별이 분명한 이 순진한 세계를 선욱현은 어린이의 세계로 규정짓는다. <해를 쏜 소년>에서 오영신의 작품 <해를 쏜 소년>은 어린아이들을 위한 동요 극이었음을 주목해야 한다. 일본을 해, 원숭이의 위치에 놓고, 조선을 소년, 호랑이의 위치에 놓는 이 연극은 악으로서의 일본과 선으로서의 조선을 구분한다. 물론 조선과 일본의 역사적 관계 속에서 판단할 때 피해자인 조선을 선의 위치에, 그리고 가해자인 일본을 악의 위치에 두는 것을 당연시하는 것이 일반적이다.

그런데 선욱현이 파악하고 제시하는 현실 관계는 이처럼 이분법적이지 않다. 오영신을 모함하여 체포당하고 고문당하게 한 것은 조선인 동료 박순임이고, 오영신의 생명을 구한 것은 자발적으로 일본 학병으로 참전하는 구로다이다. 선욱현의 구성 속에서 주목해야 할 것은 오영신의 이 라디오극이 방송되지 못한다는 점이다. 무대 위에서 연극화되는 것은 오영신의 동요 극이 아니라 모든 진실을 알게 된 이미경 피디가 상상해 보는 장면이다. 선욱현은 선/악의 명확한 구분에 기초한 어린이의 환상 같은 허구의 세계로 이루어진 연극을 허물고 있다. 그렇다고 선욱현이 구로다의 삶의 태도를 옹호하는 것은 전혀 아니다. 다만 선욱현이 이 마지막 연극을 통해서 보여 주고자 하는 것은 구로다-조민규가 결합해 있는 이 모순적 결합체이다.

서로 말 없는 목례들을 나누며 모두 퇴장하고, 이미경 혼자 남는다. 다시 낡은 원고 뭉치를 내려다본다. 「해를 쏜 소년」. 이때 어두운 무대 한쪽이 밝아지면 학병 차림으로 무릎을 꿇고 있는 구로다가 보인다. 정면을 보며 얘기한다.
구로다: 시치로 형사님! 저, 구로답니다. 기억하시겠습니까? 경성방송국에서 뵀었죠. 전 잠시 후면 남지나해로 떠납니다. 몸은 조선 사람으로 태어났지만, 조국 일본을 위해 이 한 몸 바치기 위해, 한 점의 망설임도 없이 배에 오를 겁니다. (…) 시치

로 형사님! 떠나기 전에 처음이자 마지막으로 부탁드릴 게 있어서 이렇게 형사님을 찾아왔습니다. 영신이를 살려 주십쑈.

어린이극의 다른 버전은 <카모마일과 비빔면>이 취하고 있는 낯간 지러운 사랑 이야기이다. <카모마일과 비빔면>은 전형적인 멜로드라마이다. 관우와 유인의 만남과 결혼 생활은 선욱현 작품에서 예외적이라 할 만큼 낯간지러운 멜로물의 전형성을 보여 준다. 그런데 선욱현이 시도하는 것은 멜로드라마를 만드는 것이 아니라 그것을 허무는 것이다. 그들의 첫 만남의 대사 속에 연극 지문을 넣은 것은 우연이 아니다. 그는 이것이 연극 임을 다시 확인시킨다. 연극적 지문을 그들은 대사로 삼는다. 괄호 안에 있어야 할 것을 괄호 밖으로 발성해 냄으로써, 그들의 말은 과장된 연극이 된다.

유인: 가로 열고 유인이 일어나 관우 쪽으로 간다. 가로 닫고. (실제로 간다)

관우: 가로 열고 관우 돌아본다. 가로 닫고. (실제로 돌아본다)

유인: 가로 열고 유인이 잠시 관우의 눈동자를 뚫어지게 바라보더니, 키스한다. 부드럽고 감미롭고 진하다. 가로 닫고.

두 사람의 순수한 사랑 이야기에서 허물어야 하는 것은 사랑의 순결함 그 자체이다. 왜냐하면 두 사람의 순수한 사랑은 삶 속에서 지속 가능하지 않은 환상이기 때문이다. 멜로드라마를 허물기 위해서는 상대방에게 부여했던 이상적인 면모를 무화시켜야 한다. 첫사랑인 남자 선배와의 외박 사건 이후 남편 관우는 아내 유인을 칼로 찌르는 연극을 한다.

(관우가 유인의 배를 찔렀다. 정확한 말로 하면, 칼은 유인의 몸을 비켜서 허공을 갈랐다. 유인이 못 믿고 바라본다. 내려다본다. 칼이 자신을 관통했다고 느낀다. 그리

고 이어 관우가 한 번 더 찌르는 시늉을 한다)

(유인이 점점 주저앉게 된다)

관우: 죽어. 내 앞에서 죽어. 보고 싶다. 내가 사랑했던 유인이가 죽어 가는 거.

아내 유인도 남편의 노트북 속에서 불륜의 사진을 찾아내고는 관우에게 농약을 먹여 죽이는 연극을 한다. 이처럼 순수성을 스스로 죽이는 것은 <황야의 물고기>에서의 표현에 따른다면, 이제껏 "강물이었다고 생각하던 곳이 황야임을 깨닫는 것과 같은 것이다." 현실을 왜곡하는 연극 안에 있을 때, 존과 빅터, 소년과 원숭이, 관우와 유인처럼 한낱 배역에 불과하다. 어린아이의 연극 세계, 동화 같은 세계로부터 나가기 위해서는 배역을 떠나야 한다. 연극을 허무는 연극, 이것이 진짜 연극이다.

존: 이건 전혀 다른 서부극이에요. 동화가 아니라 진짜. 이해 못 해요?

존의 연극 속에, 연극에 참여하지 않는 아내 은숙이 등장하면서 이제 존은 더 이상 존으로만 존재하지 못하게 된다. 그러나 그는 온전히 현실 속의 이병석으로만 존재하는 것도 아니다. 구로다-조민규처럼, 존-이병석의 결합체에는 연극과 현실이 혼재한다. 진짜 연극은 연극적 환상의 순수 공간이 아니라 혼합의 공간 속에서 구축된다. 은숙이 들어섰을 때 존은 이미 써놓은 텍스트를 빅터에게 넘긴다. 그리고 이제 그는 이병석의 자리에서 아내에게 말한다. 그렇다고 그가 완전한 현실 속에 있는 것은 아니다. 현실의 그가 연극 안에서, 이제껏 연극 속에서 발설되지 못했던 현실 속의 진실을 말한다.

이병석은 2년 전 예고 없이 아내의 직장에 찾아갔다가 아내가 그녀의 정부와 함께 즐거워하는 모습을 목격했다. 그 후 말없이 집을 떠났고,

영문도 모른 채 그를 사방으로 수소문하던 아내가 마침내 카페 서부시대로 찾아온 것이다. 그는 차마 현실 속에서 말하지 못한 진실을 연극 속에서 말한다. 연극 속에 선/악의 구분과 순수한 사랑이 아니라, 오염된 현실이 밀려 들어온다. 존이 연극 안에서 죽는 것은 더 이상 순수성의 허구를 연기하는 배역으로 그가 존재하지 않는다는 것을 말해 준다. 연극을 허무는 방법은 연극 안으로 현실을 가져오는 것이다.

이병석 이제 총구는 정면, 객석을 향한다.
그리고 시선은 은숙에게로. 그리고 또 총구를 자신의 머리에 댄다. 그리고 어두워지는데, 어둠 속에서 총성 한 방이 울린다. 탕!

자학적인 폭력의 공동체

선악의 축을 따라 이분법적으로 구축되는 세계가 허구적인 세계라면, 선욱현이 파악하는 바 그대로의 세계의 모습은 어떤 것일까? 이를 위해 선욱현은 아주 간단한 방법을 선택한다. 그는 우리 일상생활 속에서 볼 수 있는 가장 기본적인 물건 하나를 제시한다. 이 물건이 세계와 맺는 관계는 무엇인가? 선욱현은 그 답을 위한 연극적 실험을 제시하고자 하는 것이다.

밝아지면 무대 중앙에 의자 하나가 놓여 있다.
의자.

여기 의자가 하나 있다. 일반적으로 연극에서 의자는 하나의 소품에 불과하다. 사물은 하나의 허구적인 이야기 속에서 도구에 불과한 것이지만, 사물과 관련을 맺는 다양한 행위자들의 갈등 속에 놓일 때 진정한 의미에서 극이 구동하기 시작한다. 선/악의 이원론의 단순한 관계를 벗어나 갈등의 관계 속에 놓인 사물은, 선욱현이 실험하는 방식의 극단적인 단순성에도 불구하고 우리 사회의 복잡한 면모를 설명해 주기에 충분하다.

우선 의자의 기능은 사람이 앉기 위한 것이다. 그런데 이 의자는 그것을 만든 장인에게는 하나의 작품이다. 혼을 담은 작품은 굳이 예술이라 칭하지 않더라도 단지 상품으로 환산되기를 거부한다. 그런데 의자를 파는 상인에게 이것은 명백히 상품이며 돈이라는 가치로 환산된다. 또한 이 의자에 매료된 사람에게는 객관적인 값어치와 관련 없이 소유하고 싶은 욕망의 대상이기도 하다.

그런데 선욱현이 이 의자를 연극적 공간 속으로 가져갈 때, 동시에 여러 가지 기능을 만족시키던 의자의 서로 다른 속성은 갈등적 관계를 드러낸다. 의자를 만든 문선미, 의자를 파는 가구점 주인 문덕수, 그리고 길을 가다가 우연히 본 그 의자에 반해 그것을 갖고 싶어 하는 강명규, 더불어 공짜로 받은 물건에 다시 값을 치러서는 안 된다는 강명규의 아내 송지애 사이에서 첨예한 갈등이 일어난다. 선욱현의 글쓰기 목표는 이 갈등을 첨예화하는 데 놓인다. 선욱현은 이 갈등을 마치 무협지에서처럼 비현실적인 차원으로까지 고양한다.

문덕수: 여간해서 피바람은 멈추질 않았다. 의자 하나가 몰고 온 바람이 강호 전체를 초토화시켰다. 하긴 언제 강호가 평화로웠던 적이 있었던가. 욕망과 야욕의 드라마는 언제 막을 내릴 것인가. 오늘, 또 한 사내가 피바람을 뚫고 이곳에 이르렀다.

강명규가 등장한다. 협객의 모습. 물론 칼을 들었다.

이 갈등에서 특이한 점은 각기 다른 이유로 의자와 관련을 맺는 인물 중 그 누구도 다른 인물에 비해 더 옳거나 그르지 않다는 점이다. 그뿐만 아니라 인물들은 선악의 축을 따라 배치되지도 않는다. 의자를 상품으로 여기는 문덕수를 의자 자체를 욕망하는 강명규보다 더 악하게 제시하지 않는다. 단지 의자를 둘러싼 이 갈등의 관계망에서 각각의 인물이 서로에게 점차 과도하게 폭력적으로 되어 간다는 점을 주목해야 한다. 옳고 그름이 명확하지 않은 세계의 진실은 세계를 이루는 다양한 행위자 사이의 갈등 관계 그 자체이다. 이원론적 세계로부터 이제 다수성의 폭력의 세계로 옮겨 온다. 이 속에서 세계를 온전히 자신의 것으로 갖는 것은 불가능하다. 강명규는 절규하며 외친다. "의자 하나 갖기가 이렇게 힘든 거야?"

이야기의 전개 없이 갈등 상황만이 제시됨으로써 극은 마치 부조리극의 외형을 지니는 듯하다. 그러나 이를 굳이 부조리라 부를 필요는 없다. 갈등 속에서 증폭된 폭력을 겪는 것, 그것은 우리의 일상적인 현실 그 자체이기 때문이다.

<의자는 잘못 없다>와 매우 유사한 배치를 보여 주는 <절대 사절>의 경우 이 점이 더욱 두드러진다. 신문을 넣지 말라는 주희의 지극히 정당한 요구는 신문보급소 총무에게 전혀 받아들여지지 않는다. 보급소 총무는 주희의 남편에게는 선량한 청년의 모습을 보이지만, 주희에게는 배를 걷어차서 아이를 유산시킬 정도로 폭력적이다. 신문사에서 쫓겨난 이후에도 이사한 주희 가족을 찾아가 신문 보기를 강요하기도 한다. 총무라는 인물을 이처럼 거의 악마적인 성격으로 구축하지만 선욱현은 악으로서의 총무와 선으로서 주희의 대립을 만들지 않는다. 주희는 그 시작의 동기에 있어서 차이가 있을 뿐 총무와 비슷한 폭력성을 보여 준다. 처음부터 주희는 신문보급소 총무의 인격을 무시하고, 그에게 욕설을 퍼부으며, 급기야 가스총을 쏘고, 신문보급소에 불을 지르기에 이른다.

등장인물들은 시작 이전부터 자신에게 가해지는 폭력에 대한 분노

로 가득 차 있다. 주희의 폭력에 상응하여 총무의 폭력성도 커진다. 또한 총무에 대한 다른 인물들의 폭력성도 커진다. 남편 또한 총무의 정체를 파악하고 다른 보급소 사람들을 끌어들여 그를 응징하게 하는 잔인성을 드러낸다. 그리하여 총무는 다른 보급소 직원들의 폭력으로 인해 장이 파열돼 죽음에 이른다. 등장인물들의 자발적 욕망과 상관없이 그들은 폭력의 생산자이며, 이 폭력은 끝없이 증폭되어 모든 이들을 희생자로 만든다. 중요한 것은 옳고 그름이 누구에게 있는지 모를 이 폭력 속에서 모든 사람이 희생자라는 점이다. 이 점이 바로 현재 우리 사회에 대한 선욱현의 진단이다.

<거주자 우선 주차구역>에서도 이와 같은 관계는 반복된다. 표면적으로는 공황 장애를 앓고 있는 아내가 차도를 건너지 않게 배려하려는 민규를 박 사장이 별반 동기 없이 악의적으로 괴롭히는 것처럼 보인다. 하지만 박 사장이나 민규 모두 이미 선행하는 폭력을 겪었음이 암시되어 있다. 박 사장의 폭력만큼이나 민규의 저항 또한 폭력적이다. 그는 자신이 배정받은 주차구역을 지키기 위해 벤치나 화분을 가져다 놓고, 나중에는 드럼통과 쇠사슬까지 동원한다. 그리고 급기야 박 사장과 칼부림을 한다. 그런데 싸움은 결국 슈퍼집 남편의 죽음으로 종결되었고, 박 사장도 칼에 찔려 폐에 구멍이 나고, 민규의 아내는 병원에 입원하고 실어증에 빠진다. 이처럼 선욱현의 극 속에서는 증폭되는 폭력 속에서 모든 인물이 서로에 대해 가해자이자 피해자인 세계가 그려지고 있다.

<내 맛이 어때서>에서 이만근은 천사를 보는 사람이다. 그렇기에 그는 선인의 자리에 있는 듯하다. 하지만 <내 맛이 어때서>라는 연극의 극 행위는 이만근의 수호천사가 천사로서의 빛을 잃어 가는 과정이다. 좋은 재료로 품질 좋고 맛있는 김밥을 10년째 만들어 오던 이만근은 오 사장

의 임실할머니김밥에 밀려 급기야 임실할머니김밥의 프랜차이즈 대리점을 운영하는 처지에 놓인다. 하지만 프랜차이즈 사업은 이윤 대부분을 본사가 가져간다. 이와 같은 이야기에서 희생자인 이만근은 선인, 오 사장은 악인으로 제시되는 듯하지만, 심층에서는 선악의 관계가 이처럼 단순하지 않다. 이만근은 임실할머니김밥의 비법을 빼내고 이에 오 사장의 어머니가 돌아가시는 비극을 만든다. 폭력을 필연적인 것으로 강요하는 이 세계에서 이만근도 오 사장도 모두 가해자이며 피해자이다.

지옥도의 풍경

그렇다면 이러한 폭력은 무엇으로부터 비롯되는 것일까? 하지만 선욱현은 선행하는 폭력을 규명하는 것에 관심을 두지 않는다. 분명 그 폭력에는 근원이 있다. <피카소 돈년 두보>에서 돈년이 겪는 고통의 근원은 모항에서의 경험 때문이었다. 모항은 광주의 은유이다. 현재의 폭력성의 근원으로, 혹은 선행하는 폭력 중에서 가장 혹독한 폭력으로 광주를 지시하는 것은, 선욱현의 입장에서는 그것의 역사적 의미를 되새기기 위한 것은 아니다. 다만 광주는 저 멀리 원경에 자리한 폭력의 근원이다. 선욱현이 관심을 두는 지점은 폭력이 현재 삶의 일상 속에 자리 잡고 있다는 점이다.

<의자는 잘못 없다>의 의자, <절대 사절>의 신문, <내 맛이 어때서>의 김밥, <거주자 우선 주차구역>의 주차장 등은 가장 일상적인 경험과 관련 있는 것이다. 이 일상성 속에, 마치 이발사의 면도칼처럼 예리한 폭력이 내재하고 있으며, 따라서 그 폭력성이 하루하루의 삶을 고통스럽게 하는 것이다. 결국 우리 사회는 자신들의 폭력이 아닌 선행한 폭력에 의해 유발

된 폭력성으로 서로에게 폭력적으로 대응하는 일종의 폭력의 자학적 공동체를 이루고 있는 셈이다. 이와 같은 사회에서는 사소한 일상에서 자신이 욕망하는 것을 성취하는 것, 주차 구획 하나를 갖는 것, 의자 하나 갖는 일조차 절대 쉬운 일이 아니다. 민규가 비록 원하는 자리는 아니더라도 길 건너편의 거주자 주차구역을 확보할 수 있었던 것은 그 주차구역을 가지고 있던 사람이 사업이 망해 떠났기 때문이다. 정기 구독을 하던 신문을 끊을 수 있는 소비자로서의 당연한 권리가 신문보급소 총무의 입장에서는 절대 받아들일 수 없는 절박한 위기의 징후인 것이다.

결국 폭력이란 우리 사회 안에서 최소한의 욕망을 성취하며 살아가기 위해 겪어야 할 혹독한 조건이다. 그 조건이 혹독할수록 사람들의 대응은 필사적이다. 아주 사소한 것에 있어서도 목숨을 걸어야 할 만큼 필사적이다. 폭력이 증폭되고 강화되는 것은 바로 이 때문이다.

슈퍼 남: …주차 가지고 왜… 이 사람들 사정이 있어…!

박 사장: 그래! 주차 하나 가지고 쪼잔하게, 드럼통 가져다 놓고, 이게 뭐야? 내가 하고 싶은 말이야. 걔 왜 그런대?

슈퍼 남: 다른 자리 다 놔두고 이 사람 자리만 가지고 왜… 응?

박 사장: 이 새끼가 날 건드리니까!

이 혹독한 삶의 조건을 만들어 낸 원인, 폭력의 근원은 저 멀리 원경에 소문으로만 존재할 뿐 정작 내게 폭력을 행사하는 것은 나와 동일한 조건에 놓인 이웃이다. 괴물은 폭력의 근원인 보이지 않는 세력이 아니다. 나를 건드리는 타자, 불안한 삶의 조건 속에서 나의 기본적 욕구의 성취를 저지하는 타자가 나의 입장에서 괴물이다. 이러한 위기의 삶의 조건을 선욱현은 '빙하기'라 정의한다. <빙하기 2042>의 주인공 가족은 소리만으로 엄습해 오는 괴물에 대해 공포를 느끼고 있다. 언제부터인가 이 괴물이 사람들을 잡아먹는다는 소문이 퍼졌다. 괴물은 없고, 바로 지하세계에 사는 사람들이 지상의 사람들을 잡아가는 것이라고 사람들은 말하기도 한다. 그러나 정작 이 가족의 막내가 납치되어 죽게 되었을 때 아버지는 알게 된다. 그것은 괴물도, 지하세계의 사람들도 아닌 그들과 똑같은 지상의 사람들, 그들의 이웃이었다는 것을.

> 아버지: 니 말이 맞았다. (들고 있던 그 피리를 불자 괴물 소리가 난다) 이걸 불고 다니며 괴물 흉내를 낸 거야.
>
> 장남: 그럼 역시 지하세계 사람들인가요? 총소리도 못 들었는데요?
>
> 아버지: 지하세계 사람들도 아니었어. 우리처럼 이 언 땅을 돌아다니는 놈들이었어.

모든 타인과의 폭력적 투쟁에 놓인 우리 사회의 인물들에게 가족은 그들이 지켜야 할 마지막 보루이다. 그러나 허씨 부인을 지키려는 장쇠의 노력이 수포이듯이, 빙하기의 가족들이 막내를 지켜 내지 못하듯이, 폭력이 가족의 내부로 들어서는 것을 막을 길이 없다. 그리고 그 폭력은 우리 가족을 향한 타인의 폭력이기도 하지만 때로 가족 내부의 폭력이기도 하다. <돌아온다>에서 술집 '돌아온다'의 주인 아들은 아버지에게 반말과 욕설은 물론 폭력을 행사하는 패륜아이다.

> 아들이 아비의 멱살을 놓는다.
> 주인 남자는 아들의 뺨을 친다. 순식간이었다.
> 아들은 여지없이 반격한다. 곧바로 아버지의 배를 걷어찬다. 그리고 아버지 몸 위로 올라가 마구 아버지를 때린다. 화영이 뜯어말린다. 청년도 아들을 떼어 내려 한다. 할머닌 이 지옥의 공간을 벗어나려 한다. 느린 걸음으로 이 지옥도를 벗어나려고 한다. 참으로 지옥도의 풍경이 펼쳐진다.

사회의 행위자 상호 간의 폭력이 이제 가족 구성원 서로의 폭력으로까지 확대될 때, 그것은 실로 지옥 같은 모습이다.

어둠 속의 글자

연극이 허구의 이야기가 아니고, 현실의 광포함을 극복하고 미래의 유토피아에 대한 약속이 이루어지는 곳이 아니라면 무엇일 수 있을까? 선욱현 연극은 허구를 허물고, 순결한 세계의 도래에 대한 믿음마저 무너뜨리고, 서로를 향한 폭력만이 난무하는 지옥도에 이르렀다. 그는 폭력을 행하는 자신, 그리고 폭력의 희생물이 되는 자신을 확인하게 한다. 선욱현이 자신이 만들어 낸 이 지옥도의 세계를 관객 앞에 드러내는 것은 이 지옥 같은 세계의 작동 방식을 고발하기보다는 그 속에서 관객이 스스로와 마주 서기를 원하기 때문이다. 타인의 폭력을 멈추게 하기 위해서는 타인을 향한 나의 폭력을 멈추어야 한다. 폭력을 행하는 나의 모습과 마주 서야 한다. <돌아온다>에서 식당 주인은 아들에게 폭력을 당하고 들여다본 거울 속에서 자신에게 버림받은 아버지의 모습을 본다. 늙고 초췌한 그 모습은 자신이면서 아버지였던 것이다. 그것은 가해자와 희생자가 같은 존재임을 확인하는 것이다.

혼자 남은 주인 남자, 힘들다, 물을 마시려 한다. 물병엔 물이 없다. 물을 찾다가 문득 거울을 본다. 너무 때가 묻어 보이지도 않는 거울. 식당 주인은 수건을 가지고 닦는다. 얼마 안 남은 물을 수건에 묻혀 닦는다. 그러다 문득 거울에 비친 자신을 본다.

주인 남자: 아버지! 여기 계셨어요? 내 머리맡에 계셨네.

<돌아온다>의 공간은 선욱현이 이 모든 폭력에 대한 사유 끝에 다다른 연극의 정의를 지시하고 있다. '돌아온다'는 이 술집 액자에 적혀 있는 글씨이다. 그리고 이 글씨를 보면서 이 술집에서 막걸리를 마시면 기다리던 사람을 만난다고 사람들은 말한다. 그렇지만 사실 이 술집에서 그리운 사람을 기다리는 사람들 누구도 실제로 기다리는 사람을 만나지 못한다. 선욱현은 이 바람이 이루어지는 허구로서의 연극을 원하지 않는다. 선욱현이 원하는 것은 기원의 실현이 아니라, 그 기원을 통해서 폭력적 조건에 놓인 황폐한 삶을 치유하는 것이다. 선욱현은 이를 '고해' 혹은 '업장을 푸는 것'이라 부른다. '돌아온다'라는 글씨가 쓰인 술집에서 술을 먹으면 바람이 이루어진다는 것은 무엇을 의미하는 것일까? 술집 '돌아온다'에는 이 집 옛날 주인의 이야기가 있다.

이 집 옛날 주인 얘기에요. 할머니 어렸을 때. 일제 때 얘기지 뭐. 여자는 노래를 하고 남자는 재주를 넘고 전국에 약을 팔고 다녔다던데, 금슬이 그렇게 좋았대요. 근데 남자가 허리를 다쳐서 몸져누운 거야. 여자 혼자 전국으로 약을 팔러 돌아다녔는데 어느 날 여자가 안 돌아온 거예요. 연락도 없이. 사람들은 여자가 돌아다니다 바람나서 그랬을 거라고 하는데, 이 남자는 분명 무슨 사고가 난 거라며 걱정만 하다가 결국 배가 곯아 죽었대요. 여자는 나중에 보니까 신원불상 변사자 처리돼서 연락이 왔고. 난 이 집에 그 부부가 귀신 돼서 있다고 생각이 들어요.

의자, 김밥, 주차구역과 달리 이야기는 소유하는 것이 아니다. 이야기를 내 것으로 만들기 위해서는 이야기가 품은 가치를 믿어야 한다. '돌아온다'라는 글씨의 힘을 믿는 것, 그것은 그 가치의 현실적 실현에 대한 바람이 아니다. 믿음은 가치가 현실에서 무력함을 확인하는 그 순간을 지나힘을 발한다. 이야기 속의 부부가 귀신이 되어, 비록 서로 만나지 못한다고 하더라도 이 공간에 함께 살고 있다고 선욱현은 믿는다. 현실 속에서 패배하는 힘들이 여전히 자신이 생각하는 가치를 믿는 공간이 있다고 선욱현은 생각하는 것이다.

이 공간은 <장화홍련 실종사건>에서 사건의 조사를 담당했던 사또의 부관 윤경근이 칠보를 찾으러 나섰던 산속과 같은 공간이다. 산속에서 윤경근이 본 것은 사건의 전모를 알고 있다는 칠보가 아니다. 그가 본 것은 '어둠'이었다. 그리고 어둠 속에 익숙해지면 서서히 사물들이 보이기 시작한다. 허구를 부수고, 서로가 서로에게 가해자인 지옥 같은 세계를 지나 그 안에서 관객이 자신의 모습을 확인하면서 선욱현의 연극은 끝난다. 그러나 그 끝 이후에 관객은 연극이 끝난 극장의 어둠 속에서 무엇인가 볼 수 있을 것이다. 그 무엇은 이곳에 존재하지 않는 것이며, 선욱현의 어휘 속에서는 '그리운 것'이다. 연극은 그렇게 어둠 속에서 더 이상 존재하지 않는 것을 그리워하는 것이다. 어둠 속에서 글자들이, 이야기가 살아난다.

문덕수: 그 남자는 그 의자를 보고 반한 것에 만족해야 했다. 그 의자를 갖지는 못했다. 그래서 그 남자는 그 의자를 많이 그리워했다.

문덕수는 책을 다 읽은 양, 마지막 페이지를 덮는다. 그리고 안으로 들어간다.
무대는 서서히 어두워지고, 홀로 남은 의자에 잠깐 빛이 남아 있더니,
그도 잠시,
무대는 완전히 어두워진다.

진짜로 연극이 끝난다.

장우재
이야기 속으로 들어간 사람

구라와 액션의 결합

장우재는 이야기꾼이다. 그는 구조에 천착하지도 않으며, 알레고리를 만들어 내려 하지도 않는다. 인간의 본성을 차갑게 파고들어 가기를 원하지도 않으며, 추상적 관념에 매달리지도 않는다. 시적 언어를 주조하고자 하는 욕망도 그에게는 그리 크지 않다.

무엇보다 장우재는 이야기를 하고 싶어 한다. 그리고 그의 이야기를 듣는 것은 재미있다. 장우재는 시골 장터에서 사람들을 가득 불러 모으는 약장수의 입담을 지니고 있다. <화성인 이옥>에 등장하는 '전기수'처럼 그는 우리에게 허구의 이야기를 실감 나게 들려주기를 원한다. '전기수'라는 직업이 소설을 읽어 주는 사람인 것처럼, '이야기'란 극 장르보다는 소설 장르에 더 가까운 개념이다. <햇빛샤워>에서 광자에 대한 이야기가 여러 화자의 진술에 의해 구축되듯이 이야기꾼 장우재는 서사적인 특성을 기본으로 삼는 작가이다. 하지만 그것은 서사극적 특성을 그의 글쓰기에서 발견할 수 있다는 것이 아니라, 이야기가 품고 있는 내용을 전달하는 것을 무엇보다 중요하게 여기는 작가라는 것이다. 그는 무엇인가 할 말이 있다. 그 말을 최소한의 발화 속에서 어떤 방식으로 배치해야 하느냐는 극의 형식적 고민 이전에 그에게 무엇보다 중요한 것은 전달하고자 하는 이야기의 내용이다.

그런데 이 탁월한 이야기꾼이 들려주는 이야기에 매번 우리가 빠져들지만, 사실상 그의 이야기는 어딘가 결여된 논리의 빈칸이 있다. 때로 그의 이야기는 어처구니없는 설정을 기초로 하기도 한다. '실직한 후 돈을 벌기 위해 킬러가 되려는 남편을 위해 스스로 첫 번째 희생물이 되기를 자청하는 아내의 이야기'(<악당의 조건>), '아들을 참수한 테러리스트를 비난하기를 거부하는 마약 중독자 아버지의 이야기'(<미국아버지>), '고등학생 건물주가 세입자들에게 월세를 받기는커녕 월급을 주면서 함께 살아가는 이야기'(<여기가 집이다>), '부산에서 1953년에 떠난 열차가 시간의 벽을 뚫고 2014년의 서울에 도착하는 이야기'(<환도열차>), '이름도 바꾸고 승진도 해서 잘살아 보려던 백화점 여점원이 난데없이 칼부림하고 파멸하는 이야기'(<햇빛샤워>)….

그럴듯한 이야기를 믿게 만드는 것은 쉬운 일이지만, 누가 들어도 믿기 어려운 이야기를 믿도록 하는 일은 쉽지 않다. 그런데도 장우재는 항상 믿을 수 없는, 그러나 동시에 그럴듯한 이야기를 우리에게 건넨다. 장우재의 세계를 '순정과 위악'으로 풀어낸 장성희는 <이 형사님 수사법>에서 "말도 안 되는 세상, 말도 안 되는 수사법으로 돌파합시다."라는 작가의 변을 보면서 이때의 '수사법'이라는 단어를 형사가 '조사'하는 방식이 아닌 '레토릭'으로 읽기를 권한다. 즉 순정과 위악이라는 글쓰기의 방식으로 말도 안 되는 세상을 돌파하려는 것이 장우재의 세계임을 정확하게 지적하고 있는 것이다.[28] 이와 같은 논리적 공백은 순진한 글쓰기로부터 비롯된다기보다는 분명 작가 장우재의 선택의 결과이다.

논리적 공백이 있는 그의 이야기는 빈번하게 신파극이라 할 만한 정서를 품고 있기도 하다. <차력사와 아코디언>에 독자나 관객이 끌리는 것이 바로 신파극적 정서지만, 사실상 장우재는 신파적 정서가 주는 따뜻한 휴머니즘 그 자체를 즐기는 것은 아니다. 장우재 작가는 신파적 정서에 기대는 글쓰기를 "쿵쾅거리고 그저 한숨밖에 안 나오는 이야기"(<화성인 이옥>), "글도 아닌 잡설" "사람 가슴을 흔들고 먹먹하게 하는 이야기"라 부른다. 그는 신파적 정서가 지닌 위험과 약점을 명확히 인지하고 있는 것이다. 그럼에도 불구하고 장우재는 신파성을 자신의 세계의 한 부분으로 가져가고자 한다. 믿어지지 않고 논리적인 구멍이 있는 이야기의 세계, 그리고 그 세계를 채우는 신파적 정서는 그의 글쓰기의 결과물이 아니다. 이것은 그가 글쓰기를 시작하는 조건이다. 이는 그가 파악하는 우리 삶의 조건이기 때문이다. 합리적인 추론으로는 납득할 수 없는 일들로 가득 찬 세계, 그리고 그 세계를 견디기 위해 요구되는 자기 연민의 감정 과잉, 이것이 현실 속 우리의 모습이며, 장우재는 바로 이 같은 우리의 모습에 대해 '이야기'하고 싶어 한다. 우리의 현실은 이미 극화된 세계이다.

그런데 우리의 이야기를 하는 방식으로 장우재는 '희곡'이라는 장르를 선택했다. 그가 희곡이라는 장르를 선택한 것은 우리의 현실적 조건을 벗어나기 위해, 다시 말해서 '이야기'를 벗어나기 위해서이다. <악당의 조건>에서 건달 길남의 대사는 이야기로부터 시작하여 그 한계를 벗어나기 위해 '극'이라는 행위를 요구하는 장우재 글쓰기의 특징을 요약하고 있다.

길남: 내가 하나 가르쳐 줄까. 태식이는 원래가 구라꾼이야 이빨만 깠다 하면 구라

지. 어렸을 때부터. 하지만 인생은 이빨만 갖고는 안 되거든. 액션이 받쳐 줘야 되거든.

기억이, 환각이, 꿈이 현실 속에 들어와 이야기에게 이야기를 벗어날 수 있게 몸을 준다. 이야기는 이제 단지 구술되는 것에 머물지 않고 몸을 얻어 무대 위에서 일어선다. 일어선 몸은 행위를 한다. 그 행위는 이야기를 벗어나는 행위이다. '구라'가 '액션'을 만나는 것이다. '구라와 액션'의 결합을 장우재 식으로 말하자면 바로 '차력사와 아코디언'이다. 아코디언의 이야기와 차력사의 몸이 결합했을 때 장우재 연극은 비로소 힘을 얻는다. 이야기가 서사라면, 몸은 '극'이다.

이는 글쓰기의 빈 구멍을 연극 무대의 물질적 언어로 메운다는 원론적인 원칙을 확인하려는 것이 아니다. 극이 '연극성'을 갖는 것이 당연한 것이다. 하지만 장우재의 방식 속에서 연극이 환기될 때, 그것은 연극이라는 장르의 가장 기본적인 특징을 묻기 위해서이다. "인간의 힘은 어디서 오는가?"라는 아코디언의 대사는 "연극의 힘은 어디서 오는가?"라는 다른 질문을 함께 품고 있다. 연극은 무엇이길래 현실의 황당함을 삶다운 것으로 만들어 낼 수 있는 것일까? 신파극, 혹은 막장극과 같이 믿을 수 없는 이야기를 어떻게 진정 삶다운 것으로 바꾸어 놓는 것일까? 연극이 현실을 극복하는 것은 한낱 속임수이며 자기 위안인가? 그것이 아니라면, 과연 연극은 어떻게 세계를 변화시킬 수 있는 것일까? 이처럼 장우재 연극은 '연극'에 대한 질문으로 이루어진다. 연극에 대한 연극이기 때문에 장우재 작품은 항상 '극중극'을 품고 있다.

연극의 연습

구라를 행위로 만들어 허구에 진실을 부여한다고 할 때, 그것은 그저 하나의 이야기를 무대로 가져가는 것으로 쉽사리 달성되는 것은 아니다. 연극적 행위는 사실 그 자체로 허구이기도 하다. 연극을 하는 행위는 '연극'이라는 단어 그 자체가 의미하듯이 '짐짓 꾸며 낸 거짓 현실'이기 때문이다. 이야기가 허구이듯이, 연극도 결국 허구이기는 마찬가지인 것이다. 그렇다면 연극은 어떤 방식으로 허구성으로부터 벗어나는가?

<차력사와 아코디언>에서 장우재는 두 개의 연극을 제시한다. 하나는 약을 팔기 위한 쇼로서의 연극이다. 준배가 차력을 하면서 사람들을 현혹하고, 상화가 약을 파는 형식이다. 양숙과 써니는 이들을 보조한다. 약장수의 쇼에 극적인 요소를 삽입한 악극 형식의 연극을 시도한다. 그리고 또 다른 연극은 양숙이 써니를 상대역으로 삼아 연습하는 입센의 희곡 <인형의 집>이다. 양숙은 비록 지금은 약장수 보조를 맡고 있지만 연극배우 출신이며 항상 무대로 돌아갈 것을 꿈꾼다. 약장수의 쇼와 정통 연극이라는 이 두 가지 형태의 연극은 서로 대척점에 있지만, 장우재는 이 두 가지 연극 모두 결국 허구임을 인식한다. 연극은 속임수이다. 양숙이 준배에게 묻는다.

"가르쳐 줘. 그 손에 칼 넣는 거 어떻게 해? 속임수지?"
양숙이 연습한다는 <인형의 집> 대본을 읽어 보던 아코디언 상화는 대본을 집어 던지면서 말한다.
"가만 보면 다 사기야. 연극."

이 두 연극이 모두 거짓인 것처럼, 그들이 간절히 바라는 그들의 꿈 또한 허구임을 장우재는 보여 준다. 차력사 준배는 아코디언 상화를 배신하고 양숙과 함께 돈을 들고 도망쳐서 치킨집을 차리고 오순도순 살아 보기를 희망한다. 상화는 중국까지 가서 기어이 집 나간 부인을 찾아내 아이와 함께 다시 행복하게 살 수 있다고 믿는다. 하지만 마치 동화 속 이야기의 결말처럼 '행복하게 사는' 그들의 꿈은 이미 현실적으로 가능한 것이 아니다. 무대를 꿈꾸는 양숙은 준배가 제안하는 초라하고 작은 행복을 받아들일 수 없으며, 상화는 그 넓은 중국에서 부인을 다시 찾을 수 없을 것이다. 그는 약장수라는 생업을 접고 부인을 찾기 위해 중국에 갈 수조차 없을 것이다.

감당할 수 없는 현실 속에서, 자기만족의 위로를 주는 꿈의 허구성을 장우재는 잘 알고 있으며, 연극이 이처럼 현실을 호도하는 위안이 될 수 없음 또한 알고 있다. 현실에 대한 허구적 위안은 쇼이며, 삼류 연극이다. 그리고 '언젠가'를 향해 끝없이 유예되는 양숙의 <인형의 집> 또한 꿈에 불과하다. 연극은 현실의 고통을 위안하는 해결책이 아니다. 연극의 힘은 현실을 극복해 내는 현실태로 주어지지 않는다. 무대에서 극복된 현실은 허구이다. 차라리 다음의 구절처럼 연극의 힘은 '우리는 우리는' 하며 차마 발설되지 않는, 하지만 반복되는, 잠재태 속에 있다.

써니: "인간의 힘은 어디서 오는가. 이것은 약이 아닙니다. 단지 키토산입니다. (…) 키토산을 과신해도 안 됩니다. 너무 기대해서도 안 됩니다. 다만 우리는 우리는.

단지 연극인 연극, 일 회의 찬란함 속에서 사라지는 연극이 아니라, 매일 계속 반복되는 연극, 바로 이것이 장우재의 연극이다. 그것은 공연을 위해 연습되는 순간의 연극이다. 연습은 연극의 의미를 찾아가는 과정이다. 그렇기에 장우재 연극 속의 인물은 항상 연습하고 있다. 제시한 두 가지 연극을 이들은 각기 연습한다.

양숙: 연습 잘했어?

써니: 응.

양숙: 얼굴이 왜 그래?

써니: 아니.

양숙: 우리도 연습하자.

이때 상화는 자신의 삶과 전혀 상관없고 이해할 수도 없는 외국 연극인 <인형의 집>에서 남편에 대한 실망과 환멸을 토로하고 집을 나가버린 자신의 부인을 발견한다. 그리하여 그가 연극이 다 사기라고 말하며 대본을 던져 버리는 그 순간, 오히려 그는 연극이 자기 삶의 고통스러운 진실과 닿아 있음을 인식한다.

해결하거나 위로하는 대신 연극은 고통을 다시 겪게 한다. 연극을 연습한다는 것은 회피하고 싶은 진실을 다시 사는 것이다. 그러므로 장우재에게 연극을 연습하는 것은, 상화가 놀음판에서 속임수를 써서 잘렸다가 봉합한 손가락으로 아코디언을 연주하기 위해 고통을 참으며 연습하는 것과 같다. 연극은 속임수를 고통으로 상쇄하는 것이다. 연극은 망각의 거부이며, 고통의 반복이다. 현실을 '행위'를 통해서 이해하는 방식이 연극이라고 할 때, 이 이행의 방식은 일회적으로 완료되지 않는다. 이것은 계속되는 과정이다. 과정으로서의 연극은 반복되는 과정, 즉 공연을 위한 연습이다.

고통을 반복하는 것은 어쩌면 일종의 강박증이다. <7인의 기억>의 인물인 수정에 따르면, 과거의 강박적 기억은 "죽어도 죽어도 살아나는 좀비들" 같다. 강박증이 된 고통의 기억은 삶을 삶답지 못한 것으로 만든다. 하지만 연극이 행하는 고통의 반복은 오히려 정신병리 현상으로서의 강박에서 벗어나기 위한 시도이다. 연극은 고통을 반복함으로써 삶을 되돌려 준다. 실재하는 고통에서 벗어나기 위해서는 연극이라는 허구적 공간에서 고통과 다시 조우해야 한다. 허구에 불과한 꿈으로 완전히 도피하지 않기 위해서 고통을 망각 속으로 넣어서는 안 된다. <7인의 기억>은 이처럼 망각으로 들어가지 않기 위한 연극적 시도이다.

코러스: 기억도 곧 사라져 가 살려면 다 지워야 해.
수정: 아냐, 난 기억해 다 붙잡을 거야. 놓치지 않을 거야.

<7인의 기억> 역시 극중극을 품고 있다. <7인의 기억>은 이 작품 속에서 연습하는 공연의 제목이다. 그러므로 이 작품은 연극의 연습 과정 자체가 극을 구성한다. 50대 중반에 이른 등장인물들은 고교 홈커밍데이에서 공연할 연극을 연습한다. 그들이 공연할 작품은 고교 시절 유신반대를 위한 유인물을 제작, 유포했다가 구속되었던 자신들의 이야기를 다루고 있다. 38년 동안 이들은 정독주보 사건을 잊고 살아왔다 하지만 그들 중 한 사람인 서종태만은 이 사건을 잊지 못한 채 살아왔다. 군인이었던 서종태의 아버지가 아들을 경찰서에 신고함으로써 동료들이 체포되었으며, 결국 아버지 지인인 군 실력자의 도움으로 훈방되었던 것이다. 서종태는 그 죄책감을 평생 지고 살아가며, 그 때문에 정신적으로 불안정한 삶을 살았다. 친구들은 다 잊고 살아가는 듯하지만 그들의 일상적 삶의 중간중간, 서종태에 대한 안부가 항상 등장하듯이, 연극이란 우리의 삶 속에서 안부처럼 잊히지 않는 자리이다. 연극은 서종태의 자리, 잊지 않는 자의 자리이다.

추달오: 나 애 낳았다. 아들이다. 자알 생겼다.
변희석: 종태 연락 왔냐.
민대치: 나, 종태 봤다. 여전히 좀 그러더라.
정낙영: 야, 얼굴이나 보고 살자.

방수연: 가을이다.

정우림: 봄이다. (…)

추달오: 근데 종태 연락 왔냐.

그러므로 연극은 '종태'처럼 고통 속에서 분열된 자리이다. 하지만 정작 서종태는 이 연극 연습에 배우로서 참여하지 않는다. 그리고 또 한 사람, 이 과거로부터 여전히 자유롭지 않은 인물 김병준이 있다. 이들의 선배였던 그는 사건 당일 학교에 우연히 들른 것이 화근이 되어 경찰에서 고초를 치렀다. 월북한 가족이 있어 경찰에서 오해를 한 때문이다. 김병준은 경찰서에서 웃고 있던 정독주보 관련자들에게 모욕감을 느꼈으며, 이 모욕감을 평생 간직하고 살아왔다. 현재 엔터테인먼트 회사 사장인 그는 뮤지컬 배우인 서종태 딸의 캐스팅에 제동을 건다. 그는 이제, 과거에 자신에가해졌던 이유 없는 폭력의 행사자가 되고자 하는 것이다. 김병준에게 서종태가 찾아가 사과를 하지만, 김병준은 이를 받아들이지 않는다. 과거에 뿌리박고 있는 고통을 현재에서 해결할 방법이 없다.

그런데 장우재는 이것이 연극 속에서, 아니 더 정확히 말한다면 연극의 연습 속에서 해결 가능하다고 생각한다. 서종태는 연습실을 찾아와 친구들의 연습을 바라본다. 그러다가 종로경찰서 장면에서 돌연 서종태는 연극 연습에 합류한다. 그는 김병준을 훈방하는 형사 역을 맡는다. 잔뜩 얻어맞아 혼이 나간 김병준 역을 맡은 대학원생이 우스꽝스럽게 거수경례를 붙이는 장면에서 형사인 서종태는 웃으며 연기한다.

서종태: (웃으며) 째끼… 그러니까 뭐하러 그날 학교에 가가지구….

그리고 그 순간 실제 김병준이 연습실에 들어선다. 장우재가 위치시킨 서종태는 극중극 속에서는 형사이며, 실제로는 서종태라는 개인이다. 서종태는 이때 김병준에게 사과한다.

> 서종태: 김병준 씨. 미안합니다. 그때 웃어서 (…).

김병준은 이 순간 비로소 서종태의 사과를 받아들인다. 현실에서는 받아들이지 않던 서종태의 사과를 연극 연습 중 받아들이는 이유는 무엇일까? 그것은 바로 서종태가 극 속에서는 형사의 역할을 맡고 있었기 때문이다. 김병준이 정작 사과를 받아야 하는 것은 국가권력이지 그때 같이 끌려와 철없이 웃고 있던 후배들이 아니었다.

서종태는 극과 현실의 중첩된 위치에서 말한다. 그는 국가권력의 자리에서, 그리고 동시에 현실 속의 피해자 서종태의 자리에서 사과하는 것이다. 김종태는 절대로 받지 못하는 국가의 사과를 이 허구의 자리, 그러나 현실 속에 존재하는 일상의 자리에서, 그리고 자신에게 폭력을 행하는 국가와 동일한 방식으로 자신에게 모욕감을 주었던 당사자들에게서, 허구적인 당시 상황의 재현 속에서 받고 있는 것이다. 그리고 마침내 그는 그 사과를 받아들인다. 연극은 이처럼 현실을 넘어서는, 현실이 제시할 수 없는 치유의 경험을 제시한다. 장우재는 이 '치유의 경험'이 연극적 허구에서의 자기만족적인 위로와는 다른 것이라 믿는다. 세상 전체를 바꿀 수 없다 하더라도 연극이라는 특정한 공간에서 고통을 실제로 치유하기를, 소박하지만 끈질기게 소망한다.

연극 vs 연극

연극이 망각으로 밀려가는 고통의 기억을 되살리는 장치로서 기능하는 것은 <미국아버지>에서도 마찬가지이다. 물론 <미국아버지>는 연극과 관련된 주제를 다루는 작품은 아니다. 하지만 빌의 환각 속에서 과거의 장면이 재연되는 방식은 극중극을 사용하는 방식과 다를 바 없다. 환각 속의 빌은 과거 젊은 시절의 자신인 빌리를 본다. 그는 자신의 삶을 거리를 두고 보면서 동시에 그 삶을 환각 속에서 다시 산다. 그가 바라보는 것은 단지 젊었던 시절의 자신과 자신을 둘러싼 사람들이 아니다. 그가 바라보는 것은 자신이 살아온 세계 전체이다. 그는 자신이 살아온 체제 자체가 '환영 놀이'에 불과하다는 것을 안다. 자본주의 세계에서 추구하는 삶은 거짓된 연극이다. 월 스트리트에서 일하며 자본주의의 가장 높은 곳으로 올라가려다가 굴러떨어진 그는 이제 자신이 이 거짓 연극의 한 배역이었음을 명확하게 깨닫고 있다.

> 빌: (월에게) 인생은 거대한 사기극이야. 특히 이놈의 자본주의는 더. 넌 지금 사기극에 말려들고 있는 거고.

자본주의 세계라는 현실 속에서 미국의 대통령 레이건이 빌에게는 "대통령 역할을 했던 영화배우"였던 것이고, 사람들은 한낱 "호두까기 인형"에 불과하다. 빌은 세계라는 거짓 연극의 무대 구조를 설명하기에 이른다.

> 자, 여긴 월드 트레이드 센터 92층에 있는 TLC 코트야. 난 여기에 서 있고 내 앞에는 9명의 위원들이(객석을 가리키며) 반원형으로 앉아서 날 바라보고 있어. 나를 심판하기 위해서 그들 뒤로는 성조기와 그 외에도 3개의 깃발들이 병정처럼 서 있고 그 뒤로 자랑스러운 뉴욕시의 노란 마크가 있고 내 옆엔 내 숨소리까지 기록할

카메라가 있어. 그리고 내 정면에 그놈이 앉아 있어. 데이빗. 내 차례가 되자 그놈은 옆에 위원들하고 나직이 떠들면서 쟨 내 친구다, 오래된 동료다, 한때 월 스트리트에서 일했다 그러고 있어. (…)

자유와 정의와 평등이란 말을 만들었던 놈들. 그 뒤에 숨어서 인간의 가장 나약한 부분을 자극하며 자본주의를 돌렸던 놈들. 그리고 그 장사치들보다 더 위에서 그걸로 온몸을 꽁꽁 무장하고 있는 정치가 놈들. 그놈들이 나에게 백기를 들고 투항하라고 말하는 자리가 그 자리였다고.

빌은 개인택시 기사 영업증을 따기 위한 인터뷰에서, 이 거짓 연극의 한 배역을 다시 수행하는 것을 거부한다. 그렇지만 그가 현실 속에서 이 거짓 연극 같은 세상에 대해 승리할 수 있는 방법은 없다. 그는 마약의 환각 속에서 위안을 찾고자 한다. 끊었던 마약을 다시 복용하고, 마약의 환각 속에서 젊은 시절 그의 환영을 만난다. 그런데 환영 놀이의 세계에 나타난 또 다른 환영은 같은 성격을 지니고 있지 않다. 환영 놀이 속의 환영은 위안이 아닌 고통을 준다. 그리고 이 환영은 사라지지 않는다. 현실이 환영의 놀이를 즐기는 것이 아니라, 환영이 현실에 개입한다. 이 환영은 빌이 선택한 삶과는 다른 선택이 가능함을 말해 준다. 그리고 이 환영을 제거하는 것, 그것이 다름 아닌 자기 자신임을 알게 한다. 환영 놀이로서의 연극은 그것을 알게 한다. 이제 죽여야 하는 것은 환영을 죽이는 자기 자신임이 명확해진다. 자본주의라는 환영 속에서 살아왔던 자신을 죽임으로써, 다른 가능성을 지닌 미래에 환영을 지켜 낼 수 있다.

<환도열차>에서 장우재는 현실의 막장극적인 성격을 드러내는 데 주력한다. 최양덕은 6.25 전쟁이 끝나고, 동업자였던 한상해의 이름으로 남아 있는 허가권을 자기 것으로 삼기 위해 한상해로 살아간다. 그 와중에 한상해를 아는 사람들을 하나씩 죽이고 그는 재벌이 된다. 이것이 장우재가 6.25 이후 우리 근대사를 요약하는 방식이다. 그것은 한마디로 막장극

이다. 장우재가 파악하는 우리의 현실은 6.25가 끝난 직후 부산에서 출발하여 서울을 향해 떠난 환도열차가 60년의 세월을 뚫고 2014년의 서울에 도착한다는 설정만큼이나 황당무계한 것이다. 우리는 막장드라마를 살고 있는 것이다.

> 지순: 맞아요. 이건 다 이야기예요. (…) 안 그러면 어뜨케 이런 일이 있을 수 있애요? (…) 맞애요. 나도 이야기예요. 누군가 지금 막 꾸며내고 있는 이야기 속에 들어와 있어요.

미국 NASA에서 파견한 한국계 조사관 제이슨 양의 눈에는 이 현실이 조작된 멜로드라마로 보인다. 그리하여 그는 환도열차가 60년이라는 세월을 거슬러 도착한 이 사건을 누군가가 조작한 허구라고 의심하고 있다. 막장극이든, 멜로드라마든 간에 이 현실의 연극성의 본질은 그 속의 인물들이 자신의 본질적 정체성이 아니라 껍질, 배역으로 살아간다는 데 있다. 이 이야기 속에서는 누구도 자기 자신으로 살아가지 않는다. 최양덕은 한상해로, 김동교는 한동교로, 양지성은 제이슨 양으로, 이지순은 정인숙으로 살아간다. 한상해는 이렇게 "막 바뀌면서 살아"가는 것이 "아주 잘 사는 거"라고 말한다.

그런데 장우재는 <환도열차> 속에 다른 연극을 삽입한다. 그것은 강석홍이 지순과 지순의 오빠에게 들려주는 <눈먼 왕 이야기> 즉 <오이디푸스 왕>이다. <오이디푸스 왕>은 인간이 그 모든 외적인 변화와 오해와 속임수에도 불구하고 자신의 본질과 정체성을 찾는 이야기이다. 그런데 장우재는 오이디푸스라는 인물의 두 가지 속성을 분리한다. 하나는 자기 자신이 누구인지 모른 채 맹목적인 삶을 살고 끝내 이 때문에 눈에서 피를 흘리는 존재이다. <환도열차>에서 이 역할을 수행하는 것은 한상해이다.

한상해는 우리 근대사 자체를 대변하는 인물이며, 근대사의 맹목성을 표현한다.

오이디푸스의 또 다른 면모는 그의 이름의 뜻처럼 '부은 발'을 가진 존재론적 고통의 존재이다. 그는 다리를 절고 있다. 그리고 이 역할은 제이슨 양이 맡는다. 그는 한국 조사관에게 걸어차여 다리를 전다. 그는 조국에 대한 배신감 속에서 양지성이라는 자신의 정체성을 거부하고 미국인이 되기를 선택했지만 '환도열차'에 대한 보고서 작성이 완료된 후 다시 한국에 남기로 한다. 한국에 남는다는 것은 거짓 이야기를 꾸며 내고, 픽션을 만들기 좋아하는 이 막장 같은 세계에 남는 것을 말한다. 그는 모든 픽션이 배제된 팩트만으로 구성된 객관적인 보고서를 만들고자 하지만, 그렇게 하지 못했다. 그는 이제 이야기 속으로 들어가야 한다. 그러나 그가 살아야 할 이야기 속 역할은 이 막장의 이야기 속에서 또 다른 이야기를 하는 역할이다. 그것은 강석홍의 역할이기도 하다. 그것은 강석홍이라는 인물이 살아가는 방식을 다시 사는 것이기도 하면서 동시에 더 중요한 것은 이야기꾼으로서 살아가는 것이다. 그는 이야기 속에서 이야기를 하는 역할을 맡게 되는 것이다. 그는 이야기 안으로 들어간다.

이야기 안으로 들어가기

이야기 안으로 들어가는 것은 무엇을 말하는 것인가? <화성인 이옥>에서 전기수는 다음과 같이 되묻는다.

길주: 처음 듣는 이야기란 말이다. 전에 그런 이야기를 짓는 사람을 들어 본 적이 없어. 이야기 만드는 사람의 자유.

전기수: 당연하지. 그 사람은 아예 글 속으로 들어가 버렸으니까.

길주: 자꾸 이상한 소리만 할래?

길주: 보아하니 글 짓는 사람 같은데 글 안으로 들어가는 것도 모르오?

길주: 사람이 어떻게 글 안으로 들어가?

이야기 안으로 들어가는 것은 이야기하는 바를 살아가는 것이다. 이야기가 꿈이라면, 이야기 안으로 들어가는 것은 꿈 안으로 들어가는 것, 꿈을 사는 것이다. 꿈 안으로 들어설 때 자유를 얻는다. 그것을 장우재는 "마음과 몸을 합치는 것"이라 부른다. 그런데 이때 마음과 몸을 합치는 방법은 마음에 품고 있는 꿈을 몸의 세상에서 펼치는 것이 아니다. 반대로 몸이 마음의 세계로 들어가는 것이다. 마음의 세계, 이야기 안의 세계는 "임금이 사는 한양"이 아니라, "외로이 떨어진 바닷가 매화나무 아래"이다. 그리고 그곳을 <여기가 집이다>에서는 '집'이라고 선언한다. 그곳은 현실에서는 고시원에 불과한 곳이다. 장 씨에 따르면 이곳은 가짜 집, 허구의 세계이고, 그는 사람들이 여기를 벗어나 진짜 집, 현실로 가기를 원한다. 다른 고시원에 비해 현격히 싼 이 고시원에서 사람들이 잠시 쉬어서 현실로 나아갈 힘을 얻기를 바라는 것이다.

그런데 고시원의 새 주인 동교가 이 고시원을 '집'이라고 선언하면서 사람들이 여기 고시원을 현실로 받아들이기 시작하자 장 씨는 이 집을 불태우고 싶어 한다. 그렇지만 장우재는 위안의 공간으로서의 집을 주장하지 않는다. 집은 꿈이, 그러므로 이야기가 성취되는 예외적인 공간이다. 하지만 집은 절대 자폐적인 환상의 공간이 아니다. 이옥이 "외로이 떨어진 바닷가 매화나무 아래"의 집에서 만물에 관한 이야기를 썼듯이, 갑자고시원에 살고 있는 사람들은 자신들의 꿈을 이야기한다. 꿈을 이루는 공간이 아니라, 꿈을 이야기하는 공간을 '집'이라 부르는 것이다. 중요한 것은 이곳은 이야기가 지속되는 공간이라는 점이다. 마음과 몸이 합쳐지는 것은 글자와 삶이 합쳐지는 것과 같다. 갑자고시원에는 지금은 돌아가신 이 집 주인 할아버지가 써놓은 액자가 있다. 그 안에는 쓸 고(苦) 자가 쓰여 있다. 고통스러운 몸들이 이야기를 통해서 고통스러운 삶을 사랑하는 '소리의 향연'으로 만든다. <화성인 이옥>도 장우재는 전기수의 입을 통해 동일한 말을 한다.

전기수: 아픔은 그것을 이야기로 만들 때 견딜 만해진다. 그렇게 얘기합디다. 그 사람.

고시원을 나가서 아내와 함께 잘살아 보겠다는 다짐을 했던 신 씨가 이내 자립에 실패하고 돌아온다고 하더라도, '여기가 집'임을 선포한 사람들은 계속 꿈을 이야기한다. 세상을 바꿀 수 없다 하더라도, 세상을 견디는 행위로서의 이야기는 계속되는 것이다.

심연 앞에서

<햇빛샤워>에 이르러 장우재의 글쓰기는 중요한 변화를 보여 준다. 장우재는 이제껏 '연극'이라는 틀로 세계를 파악하고, 이 세계에서 견디는 방식으로 다시 '연극'을 제시했다. 그런데 <햇빛샤워>는 세계 인식의 틀로서 '연극'을 제시하지 않는다. 표면적으로 '연극'이라는 테마를 다루지 않는 <여기가 집이다>조차 고시원이 집을 대체하는 방식이 연극이 세계를 대체하는 방식을 가정하고 있다는 점에서, '연극'이라는 인식의 틀을 벗어나지 않는다. 그런데 <햇빛샤워>는 앞선 작품들과 다른 방향을 향한다.

장우재는 커다란 싱크홀 앞에 선다. 싱크홀은 우선 사회적 상징이

다. 가장 취약한 사회적 계층이 빠져들 수 있는 위험이 싱크홀이다. 이 속으로 빠져들지 않기 위해 그들은 분투한다. 작가 장우재는 항상 '사회'로 시선을 보내왔다. 그런데 <햇빛샤워>에서 처음으로 장우재는 개인 내면의 헤아릴 수 없는 심연을 바라본다. 처음에는 사회적 상징으로 여겨지는 이 싱크홀은 점차 이 같은 사회적 조건 속에 놓인 개인 내면의 상징이 된다.

작가는 광자를 바라보는 여러 시선을 소개한다. 광자는 어떤 이에게는 "한데서 피는 꽃" 같고, 또 다른 이에게는 "쌍년"이며, 또 어떤 이에게는 "건강한" 사람이고, 또 "근태가 아주 성실한 직원"이다. 그런데 광자는 이 모든 조각의 모자이크가 아니다. 장우재에게 광자는 어두운 심연이다. 이 심연의 어둠 속을 들여다보아야만 광자에게 햇빛이 과연 무엇을 의미하는 것인지, 그리고 왜 광자가 그토록 바라던 개명과 승진을 이룬 순간 모든 것을 무화시키는 칼부림을 했는지 이해할 수 있다.

광자는 이름을 바꾸기를 원했다. 이광자라는 이름 대신 이아영이 되고 싶어 했고 적지 않은 대가를 지불하고 개명을 한다. 이미 <환도열차>에서 확인했듯이, 최양덕이 한상덕이 되고, 양지성이 제이슨 양이 되듯 이름을 바꾸는 것은 삶을 연극으로, 개인을 배역으로 만든다. 인물은 그가 입었다 벗어 버리는 의상처럼 지속되는 두께 없이 가벼워진다. 그가 백화점 의류매장의 매니저가 되기를 원하는 것은 우연은 아니다. 이 가벼운 존재가 죽어 버린 삶 앞에서 춤을 춘다. 매니저가 되고 싶은 광자는 과장 앞에서 혼신의 힘을 다해 섹시한 춤을 춘다. '댄싱 인 더 다크.' 이름을 바꾸면서 관객 앞에서 춤을 추는 것, 광자의 삶은 여전히 연극이다. 과장은 그것을 허상, 시뮬라시옹이라 부른다.

광자가 그녀의 방에서 핫 청반바지 차림으로 그 음악에 맞춰 춤을 추고 있다. 아까 그 과장이 빤스 차림으로 이를 보고 있다.

흔한 아이돌의 뇌쇄적인 춤을 따라 하는 듯 잘 추지는 못하지만 열심이다.

춤이 끝난다.

과장: (박수)

그런데, 광자는 한순간 칼을 움켜 들고 이 모든 연극을 끝낸다. 이아영이라는 새로운 이름이 약속하는 삶을 포기하는 그 순간 연극은 끝이 난다. 이제 연극이 아닌 삶이 시작된다. <햇빛샤워>는 연극을 끝내는 연극이다. 그러므로 광자는 광자라는 이름을 받아들여야 한다. 광자라는 글자를 자신의 삶으로 받아들이는 것, 그것은 마음과 몸을 합치는 것이며, 이야기 안으로 들어가는 것이다. 광자는 더 이상 화투 놀이의 패 혹은 미친 광인을 연상시키는 이름이 아니다. 기표로서만 존재하며 그 안으로 기의들이 잠시 머물다 떠나는 자리가 아닌, 광자는 자신의 원래의 뜻, 빛 광(光) 이름 자(子), "빛나는 사람"이 된다. 그는 배역이 아닌 사람이기를 선택한다. 그는 백화점의 화려한 조명을 바라보는 것이 아니라, 스스로 빛이 되어야 한다. "빛나는 사람"이 되기 위해서 광자는 무엇을 해야 하는가? 비타민 D 부족으로 골연화증을 앓고 있는 광자에게 필요한 것은 햇빛이다. 햇빛을 몸에 바르는 것, '햇빛샤워'를 하는 것, 그것은 그녀를 온전한 사람으로 만들어 줄 것이다. 어둠의 심연에서 그녀는 스스로에게 주어진 이름 '빛나는 사람'을 만들어 내야 한다. 무엇이 배역이 아니라 사람을 만드는가? 광자 자신이 말한다.

"관계라고 사람은. 그게 없으면 사람이 아니라고."

연극 같은 세계에서 살아남기 위한 이해관계가 아닌, 아무 관계가 없는 타자 동교와의 관계 속에서 광자는 해답을 찾는다. 동교의 죽음의 이유, 그리고 그를 이은 광자의 죽음의 이유는 표면적으로 드러나지 않는다.

그러나 그것은 극작의 결점이 아니다. 평자들에 의해 때로 두 인물의 죽음이 극작에서의 비약으로 지적받았지만, 이 작품은 싱크홀, 즉 헤아릴 수 없는 심연에 관한 이야기임을 잊어서는 안 된다. 장우재는 광자에게서, 그리고 동교에게서 표면에서 쉽게 파악할 수 없는 어둠의 심연을 본다. 광자가 동교와 관련을 맺기 위해서는 동교의 심연을 들여다보아야 한다. 광자의 브래지어를 갖고자 하는 동교의 욕망을 읽어야 한다. 그것은 무조건적인 사랑의 실천자로서의 엄마에 대한 갈구이다. 그러므로 조건 없는 사랑을 나누는 작은 실천인 연탄 나눔의 성격을 변질시키는 구청의 요구를 동교가 받아들이지 못하는 것은 당연하다. 더욱이 모성에 대한 갈구로 얻어낸 광자의 브래지어가 의붓엄마에게 발각되어 오해받는 상황은 동교에게는 모성의 아름다움을 훼손하는, 감당할 수 없는 사건이다.

동교의 심연은 광자의 심연이기도 하다. 광자에게 결핍된 것은 동교가 갈구하는 모성의 모습이다. 자신에게 무책임했던 엄마, 그러나 "빛나는 사람"이라는 이름을 준 엄마의 '향기'를 요구하는 동교에게 브래지어를 내어 준 것은—스스로 깨닫지 못하지만—광자가 기꺼이 모성의 가슴이 되어 준 행위이다. 동교의 죽음 이후 동교와의 관계를 묻는 형사에게 마치 베드로가 예수를 부인하듯 그들의 관계를 부인했던 광자가 돌연 동교의 모성이기를 거부하고, 동교라는 이름이 아닌 '검은 머리 짐승'으로 그를 호명하는 동교 엄마에게 칼부림을 하는 것은 '관계'를 부인하지 않는 '사람'이기 위해서, 그리고 조건 없이 모든 것을 다 베푸는 모성이 되기 위해서, 그리하여 동교에게, 그리고 자신에게 빛이 되기 위한 행위이다.

인물의 심연으로부터 한 줄기 빛이 솟아오른다. 어둠의 세계에서 스스로 빛이 되는 광자처럼, 이제 거짓 연극의 세계에서 장우재는 스스로를 하나의 극장으로, 하나의 연극으로 만드는 인물을 구축하기 시작했다. 세계와 싸워 이겨 내는 거대한 이야기가 아니라, 세계 속에서 버텨 내고, 세계의 어둠 속에서 자신을 지키는 빛이 되는 연극의 지속이 장우재가 들여다보는 심연의 모습이다. 사바세계에서 구름을 뚫고 하늘로 오르는 거대한 산이 아니라 작은 수많은 봉우리로 이루어진 고원처럼 천 개의 어둠 속에서 천개의 '빛'을 길어 올리는 것이 장우재가 연극을 하는 이유가 된다. 그것은 천일의 밤 동안 이야기를 멈추지 않음으로써 생명을 지켜 내는 '천일 야화'를 지어내는 것이다.

정영욱
말과 시 그리고 문학과 연극

문학적인 것과 연극적인 것

준비과정에서부터 여러 가지 문제점을 드러냈던 2004년 서울연극제에서 가장 혹독한 평가의 대상이 되었던 작품은 극단 대하의 <버들개지>(김완수 연출)였다. 관객들은 작품의 줄거리를 따라가기 힘들어했고 지루하게 느껴지기만 하는 인물들의 한탄을 공감해 내지 못했다. 사건도 긴장도 없는 이 무대를 일상에서 들어 보지 못한 생경한 언어가 채워 나가는데 이 언어들은 늘어진 버드나무, 초가지붕, 꽃다리 등 사실적인 무대 장치와 섞여 들지 못하고 그저 넋두리가 되어 허공에 부딪히다가 자갈돌처럼 무대 위에 나뒹굴며 삐걱거리는 소리를 냈다.

99년 부산일보 신춘문예 희곡 부문에 <토우>가 당선되어 부산 가마골 극장에서 첫 상연을 하고, 두 번째 작품 <버들개지>를 서울연극제 초청작으로 문예회관 대극장에 올린 젊은 작가 정영욱에게는 이 흔치 않은 기회가 도리어 이후의 글쓰기를 위한 큰 시련으로 다가온 듯하다. 젊은 세대 작가 중에서 드물게 섬세하게 언어를 닦고 보듬을 줄 아는 작가라는 긍정적인 평가는 그러나 "상당히 문학적일 수는 있으나 전혀 연극적이지 못하다"(김미도, 「비연극적 언어, 개념 없는 연출」, 『한국연극』, 2004년 6월)라는 평가 앞에서 이내 지워지고 만다. "대사뿐만 아니라 작품의 구조도 비연극적"이라고 평가된 이 작품은 급기야 희곡 선정에 있어서 서울연극제의 공신력 자체를 문제 삼는 계기가 되기도 한다. 그런데 공연으로서 <버들개지>의 실패가 과연 희곡 자체가 지닌 "연극 언어로서의 치명적인 약점" 때문이었을까?

연출가 김완수는 이 작품에 스스로 애착을 느낀 이유를 무대를 통해 설명해 내지 못했다. 그는 이 작품을 부분적으로만 만져 보았을 뿐, 작품 전체를 관통하는 언어와 상징을 버거워했다. 그 때문에 그는 단지 몇 가지 상징을 읽어 내는 데에 만족했으며 그것을 바탕으로 서정적인 밑그림을 그린 후에 그 그림 속에서 언어가 연극의 옷을 입고 저 스스로 살아 움직이기를 바랐는지도 모른다. 그는 산문으로 그림을 그렸을 뿐 시를 형상화하지 못했으며 대화만으로 상황을 만들어 나갔을 뿐 독백을 극 상황 속에 놓지 못했다. 더욱이 과거와 현재가 동일한 시점 속에서 혼재할 때 중첩된 시간의 깊이를 평면적으로 이해했다. 결국 그가 버거워했던 것은 우리가 흔히 '문학적'이라고 단정하는 정영욱의 특별한 언어 그 자체였다. 작가 정영욱의 언어를 이해하기 위해서 그리고 정영욱의 희곡에 대한 평가를 바라보면서 오랫동안 품어 왔던 한 가지 질문을 해본다. 정말 문학적인 것과 연극적인 것은 희곡이라는 장르 속에서—공연에서가 아니라—대립하는 것인가?

희곡이라고 하는 문학의 특수한 장르에 '문학적'이라는 관형어는 역설적이게도 매우 불편한 어감을 준다. 이는 희곡이 하나의 잠재태로서 무대 위에서 연극적인 방식으로 형상화될 때에만 충만한 의미를 획득한다는 기본적인, 그리고 당연한 가정 때문이다. 그러므로 '문학적'인 희곡은 연극화될 수 있는 잠재태로서의 결함을 지닌 것으로 여겨질 수 있다. 그렇다면 이때 '문학적'이라는 표현은 희곡적이라기보다는 문학의 다른 장르 즉 시나 소설적인 면모를 지닌 것을 지칭한다. 그런데 희곡이 시나 소설과 구분되는 것은 그것을 이루는 언어의 결의 차별성보다는 대화체로 이루어진 그 형식 자체에 있다. 물론 대화체로 이루어진 하나의 글이 희곡으로서 기능하기 위해서는 그 안에 극 행위라는 것이 존재해야 한다. 그러나 극 행위란 드라마나 사건 등과 혼동되어야 할 것이 아니다.

극 행위란 '갈등'의 동의어다. 그러므로 갈등을 내포한 모든 대화체의 글은 희곡이라 지칭될 수 있다. <버들개지>가 대화체로 이루어진 갈등을 내포하고 있는 작품인 이상 이 작품은 올올이 하나의 희곡이며 결코 소설이나 시가 아님은 당연하다. 그럼에도 불구하고 <버들개지>가 "연극 언어로서 치명적 약점을 지니고 있다"는 것은 무엇을 말하는 것일까? 그것은 일차적으로 <버들개지>의 대사가 일상적인 대화로 이루어지지 않았기 때문이다. <버들개지>의 대사는 등장인물들 간의 대화 상황에서조차 거의 독백에 가깝다. 그 때문에 표면적인 극 상황을 파악하기 위해서는 "관객들에게 이중 삼중의 해독 과정을 요구"하며, 이 해독 과정을 연출가가 효과적으로 구현해 내지 못할 경우 "인물들의 한탄과 넋두리"가 "지독히 감상적이고 청승맞은 주절거림으로 되풀이되는" 것으로 보이게 된다. 게다가 독백화된 대사는 결과적으로 일상적 대화보다 은유를 더 많이 내포하므로 무겁고 부자연스럽게 보인다.

그런데 이처럼 부자연스러운 독백이 요구되는 필연성에 주목해야 할 필요가 있다. 그것은 이 작품을 가로지르는 것이 시간 그 자체, 혹은 그 시간 속에 흘러가 버려서 이제는 볼 수도 만질 수도 없는 것과의 대화이기 때문이다. 하나의 등장인물과 그의 대화 상대자로서의 다른 등장인물이 있다 하더라도 등장인물은 과거 속의 다른 화자에게 말을 걸거나 혹은 과거 속의 자기 자신에게 말을 건넨다. 그러므로 이 대사는 독백이면서 독백이 아니고 대화이면서 대화가 아니다. 정영욱의 언어가 지닌 시적인 면모는 대사가 지닌 은유와 상징 혹은 고운 어휘의 선택 때문이 아니라 바로 이와 같이 보이지 않는 것에 말을 거는 특유의 대화 방식으로부터 생겨난다. 그리고 이와 같은 시적인 면모는 결코 연극적인 것과 대립하지 않는다. 연극이라는 것이 결국 보이지 않는 것을 우리의 눈앞에 보여 주는 것이 아닌가?

희곡에서 그 자체로서 연극적인 언어란 존재하지 않는다. 그 안에는 단지 언어가 있을 뿐이며 삶의 무늬가 제각기 다르듯이 언어 또한 그것을 사용하는 이마다 다른 무늬를 지니고 있을 뿐이다. 연극이 그 언어 중 하나만을 연극의 언어라 인정한다면 유감스럽게도 연극은 풍요로운 삶과 언어를 갖지 못할 것이다. 만일 우리가 연극의 언어라는 것이 진정으로 존재한다고 말하고 싶다면 그것은 말의 언어 그 자체가 아니라 물질화된 언어를 지칭하는 것이 되어야 한다. 이 물질화된 언어는 무대 위에 존재한다. 그것은 말뿐만 아니라 구체적인 사물이며, 움직임이며 한숨이며 숨결이며 무대 위의 그 모든 것이다. 말을 물질로 만드는 것, 시를 보고 만지게 하는 것 그것이 연극의 언어일 것이다.

<토우>, 뚫린 가슴 구멍 속의 공간

<버들개지>의 극 서술 구조가 의도적으로 쉬운 독해를 방해하고 있다면 그보다 몇 해 앞서서 발표된 <토우>에서 정영욱은 극 구성을 단단하게 매듭지을 수 있는 극작가로서의 능력을 이미 보여 준 바 있다. 신춘문예가 요구하는 사실적인 구성과 언어를 끌어안으면서도 <토우>는 이미 <버들개지>에서 관찰되는 정영욱만의 세계의 실마리를 드러내고 있다. 주제의 측면에서 그것은 가족 성원들 간의 진정한 사랑을 되찾는 것이다. 그런데 이 사랑의 대상은 죽음의 저 건너편에 존재한다. 그러므로 정영욱의 작품에서는 시간성이 중요한 모티프로 등장한다. 죽음 혹은 과거에 속하는 시간은 등을 돌리고 서 있는 시간이기에 그 시간을 껴안으면 허공만이 잡히는 시간이다.

그렇지만 정영욱에게 이처럼 등 돌린 과거의 시간은 그저 그리움 속에서 그 거리감을 넋 놓고 바라보며 한탄하거나 망각해 버릴 수 있는 시간이 아니다. 과거와 현재는 서로 반대 방향으로 흐르지 않는다. 정영욱의 시간은 벽에 걸린 오래된 벽시계처럼 함께 늙어 가는 시간이다. 이 시간에서는 시침이 조금씩 현재형으로 앞으로 나아가면 그만큼 과거의 시간도 현재의 나와 함께 앞으로 나아간다. 미래의 시간을 갖기 위해서는 항상 과거의 시간을 껴안아야만 하며 결국 삶이 죽음을 껴안아야 하는 독특한 시간이다. 그 때문에 과거와 죽음, 과거의 상처를 망각하게 되면 현재가 삶으로 기능하지 않고 숨어 버린다. 머물지 않고 흘러가 버리는 시간, 그러나 여전히 현재의 곁에서 머무는 이 시간은 결코 숨어 살지 않는다.

그러므로 시간이 생명이 되기 위해서는 끊임없이 과거를 반추해야 하며, 과거에서 화해하지 못했던 갈등을 현재에서 화해시켜야 한다. 이는 죽음과 화해하는 것이기에 늙어 가는 삶에 새로운 삶, 새로운 생명을 가능케 한다. 시간성에 대한 탐구가 <버들개지>에서 본격적으로 탐구될 것이라면, <토우>에서는 시간에 대한 인식을 공간화하는 방식이 매우 흥미롭다. 인물 간의 대립과 이 대립을 표현하는 몇 개의 상징적 이미지들은 무대 위에서 공간적 조형성으로 치환될 수 있도록 구조화되어 있다. 이들 이미지 중 중심 이미지는 남편과 자식을 잃고 살아가는 어머니의 가슴에 뚫린 구멍이다.

> 엄마: 그리운 건 아무도 막을 수 없는기데이. 내버려 두면 세월 따라 아무는 거라 카드만… 가심에 뚫린 구녕에 바람은 불어 쌓고… 뻥 뚫린 구녕이 새살로 메워질라카믄(도리질한다) 고만한 세월에… 쉬운 기 아니제.

허전하게 뻥 뚫려 바람 불고, 항상 젖어 있는, 그리고 바로 그것으로 아이를 거두어 기른 모성의 가슴은 내면의 상징이며 그 안에 두 죽음을 묻고 있기에 쉽게 들여다볼 수 없는 깊고 어두운 공간이다. 하지만 <토우>의 첫 지문에 나오는 무대의 공간지시는 무대 자체가 가슴속에 뚫린 구멍의 안을 들여다보게 해주는 것임을 알게 한다.

> 무대는 집 마루이다. 흔히 그러하듯 탁자 하나와 삼인용 긴 의자 하나, 작은 의자 하나가 놓여 있고 그 뒤로는 앞마당이 훤히 보이는 큰 창이 하나 나 있다. 그 너머 어딘가에 연못 하나 있을 테고(우리 눈엔 띄지 않는) 그 곁엔 마주 타는 그네 하나 있을 것이다. 옆 한쪽에 나무로 만든 낡은 의자와 탁자가 보인다. 창은 하늘의 기후는 물론이고 집을 드나드는 사람을 미리 보게 해준다. 창 오른편 탁자에는 진흙 인형이 여러 개 놓여 있으나 형상이 그리 분명해 보이지 않는다. 그 맞은편 탁자 위에는 산호초가 유리 상자에 담겨 있고 벽에는 호랑이 카펫이 걸려 있다.

결국 어머니 가슴의 구멍은 집 마루와 마당의 전경을 연결하는 커다란 창이다. 그러므로 마루의 공간이 현재의 공간이라면, 창 너머 마당은 가슴에 묻어 놓은 시간, 즉 과거에 속하면서 끝없이 현재의 시점에서 보이는 그런 공간이다. 줄거리와 극 진행은 현재의 시점, 즉 마루의 공간에서만 진행된다. 간혹 무대가 과거의 시점을 나타낼 때조차 그것은 단순한 플래시백에 의한 과거 시점의 현재이므로 두 공간을 아우르는 복합적인 시간성을 보여 주지 않고 마루의 공간만이 주로 활용된다. 복합적인 시간성이 문제가 되고 있는 작품에서 극 진행이 주로 현재형 혹은 과거형 속의 현재로 이루어진다는 것은 줄거리를 따라가는 작업이 갈등의 표면 구조 속에만 머무르게 된다는 것을 의미한다.

해영, 민영, 수영은 자매이다. 선장이었던 아버지는 십수 년 전에 바다에서 폭풍을 만나 돌아가셨다. 첫째 딸인 해영은 태어날 때부터 손발이 곱은 채로 태어났으며 스무 살이 훨씬 넘었지만 세 살배기 정도로밖에 자기표현을 할 줄 모르는 장애자이다. 해영은 진흙을 빚어 투박한 인형을 만드는 것으로 소일한다. 둘째인 민영은 손위의 병신 언니를 부끄러워하며 유달리 언니에게만 사랑을 쏟는 엄마에게 반발한다. 막내인 수영은 그런 둘째 언니를 이해하지 못한다. 민영은 결혼하면서 친정과 인연을 끊었고 그사이 해영은 죽었으며, 극의 출발과 끝의 시점인 현재, 민영이 결혼 후 처음 친정으로 돌아와 자기 딸의 첫돌을 준비하고 있다. 민영의 딸은 죽은 언니의 이름과 같은 해영이다. 이와 같은 극 설정 속에서 극 행위를 관통하면서 갈등을 화해로 이끄는 사건은 발생하지 않는다. 줄거리와 극 진행의 차원에서 본다면 표면적으로 극 갈등은 해소되지 않은 채 그대로 남는다. 하지만 민영과 수영 그리고 민영과 엄마 사이에 갈등 해소의 직접적인 확인이 없었음에도 불구하고 이 작품의 결말은 이들의 표면적인 대립을 넘어 삶과 죽음과 같은 더 큰 대립 항마저도 화해시켜 버린다.

이를 보다 구체적으로 관찰하기 위해서는 표면적인 대립 항과 근본적인 대립 항을 나누어 생각해야 한다. 표면적인 대립 항은 민영과 해영이다. 해영은 자기표현을 할 줄 모르므로, 그리고 해영은 전체 네 개의 장 중 단 한 장인 2장에만 현재형으로 등장하므로, 해영은 언니를 두둔하는 수영에 의해서만 민영과 대립한다. 그런데 1, 2, 4장에 걸쳐 무대 위에서 '왝왝거리고 돌아가는 선풍기'처럼 신랄하게 벌어지는 이들의 대립은 엄마에게는 커다란 관심의 대상이 아니며 처음부터 해영이 민영에게 적의를 품지 않았으므로 해영을 대신한 수영과 민영의 대립은 이야기의 표면에만 머무는 거짓 대립에 불과하다.

더욱이 수영은 해영을 위해서, 그리고 해영을 향한 엄마의 젖은 가슴을 위해서 민영과 대립하지만 결코 수영은 해영과 엄마를 진정으로 이해하지 못한다. 수영은 해영이 민영의 흰 웨딩드레스에 묻힌 젖은 진흙은 마를 때까지 기다렸다가 털어 내면 그만이라고 말하면서 민영에게 대들지만 시간이 지나도 가슴에 묻은 흙은 마르지 않으리라는 것을 알지 못한다. 수영이 갈등의 진정한 깊이 안으로 들어서지 못하는 것은 그가 항상 현재형으로 사유하며, 현재형의 공간에만 머물고 있기 때문이다. 그는 자기 생각에 이제는 거의 말라가는 엄마의 젖은 가슴을 민영이 다시 젖게 할까 봐 노심초사하지만("이제 엄마의 젖은 세월, 말려 줄 사람이 여기 우리밖에 더 있겠냐구…") 여전히 젖어 있는 채로 남아 있기를 원하며, 젖은 채로만 가능한 화해의 시간을 알지 못하는 것이다. 그는 이 작품의 가장 중요한 시간성을 구성하는 두께를 가진 과거를 바라보면서 흘러가는 시간성을, 혹은 작가의 표현대로라면 '늙어 가는 시간'을 몸으로 깨닫지 못하는 것이다.

그렇기 때문에 수영의 공간은 항상 마루에 머물며 마당의 공간에 들어서지 않는다. 단 한 번 첫 장면에서 수영은 해영처럼 마당에서 흙인형을 만들다가 들어오지만 그가 놀던 마당은 연못이 바싹 말라 버린 공간이 었음을 상기해야 한다. 반면에 민영은 수영과 대립할 때는 수영과 마찬가지로 과거의 시간을 망각 속으로 넣어 햇빛에 말려 버리기를 원하는 듯하지만("그렇다고 되돌릴 수 있는 게 아니잖아? 가고 나면 그뿐이야… 사람도… 시간도…"), 민영은 "흙마른 자리에 자국이 오래오래 지워지지 않는" 것을 알고 있다. 더욱이 민영은 망각의 마른자리는 젖은 흙보다도 더 보기 좋지 않다는 것을 알고 있다.

민영: 엄마, 들어올 때 보니까 연못이 다 말라서 보기 흉하더라구요… 물이끼까지 바싹 말라서 그런가?

민영과 수영의 표면적인 대립의 저편에서 엄마의 시선은 항상 창문 너머 마당 쪽으로 향해 있거나 난파로 죽은 아버지의 상징인 유리병 속에 든 산호초에, 그리고 해영의 유품인 흙인형에 쏠려 있다. 결국 근본적으로 화해시켜야 할 대립 항은 아버지와 해영이다. 아버지는 "성치 못한 첫 딸은 보기 딱해서 그런지 정이 안 가" 했고 민영을 제일 좋아했다. 그러나 아버지가 해영을 미워한 것은 아니다. 다만 표현하지 못했을 뿐이다. 이처럼 표현하지 못했던 사랑을 표현하고 확인케 해주는 것이 화해의 방법인데 아버지는 물론 해영도 이미 산자가 아니므로 이 두 사람을 화해시킬 도리가 없어 보인다. 엄마는 해영의 유골을 바다에 뿌려 아버지가 누워 있을 바다로 흘러가 아버지 품에 안기기를 바라지만, 아버지가 누워 있는 바다는 산호초가 사는 따뜻하고 얕고 투명한 바다가 아니라 엄마의 가슴 구멍처럼 그 끝이 보이지 않는 어둠에 싸인 깊은 바다이므로 그곳에서 해영이 아버지를 만날 수 있을지 알 수 없다. 결국 해영과 아버지가 만나기 위해서는 깊은 바닷속, 물기 젖은 엄마의 가슴 저 깊은 공간, 마당의 공간으로 들어

가야 한다.

그 공간으로 들어서는 것은 민영이다. 3장의 무대와 시간성은 매우 복합적이다. 마루는 여전히 돌상을 준비하는 현재의 시간이며, 동시에 과거의 한 시점 즉 민영이 결혼한 후 집을 떠난 그다음 해 겨울, 요양원으로 간 해영의 죽음을 알리는 전화가 오던 날이기도 하다. 이 두 시간의 저편, 마당의 시간은 시집가서 이제는 만삭이 된 민영이 해산까지 겪는 시간이기도 하다. 바다이며, 젖은 가슴인 마당에는 계속 비가 내린다. 집과 절연했으나 민영은 실제로는 집 마루에서는 겪지 못했던 시간을 겪으며 그 젖은 시간을 다시 마루의 공간으로 퍼 올릴 것이다. 민영에게 이 시간은 아버지의 기억을 좇아 바닷속을 헤매는 시간이다. 그리고 민영은 마당의 공간에서 겪는 이 바다를 마루의 현재 공간으로 향하게 한다.

마당의 민영, 계속 그 꿈자리에 머문다.
민영: (눈을 지그시 감고 있다) 나 열 살 때였나. 아버지, 바다에서 풍랑을 만나셨지. (눈을 떠서 마루 안을 본다. 어느새 마루 안은 바다가 되었다. 파도가 풍랑을 만든다) 커다란 배의 몸체가 깊숙하게 가라앉는 게 보여. (어린아이처럼 부른다) 아버지… 아버지… 거긴 깊숙한 곳이에요… 가다가 끝이 보이지 않으면 곧장 뒤돌아서 걸어 나오면 된다고 엄마가 그랬어요. 아버지… 아버지… 배와 함께 풍랑에 잠긴 우리 아버지… (마루에 가득하던 바다는 사라지고)

민영의 시간은 또한 제 몸 하나 가누기 버거워하던 언니의 무거운 몸뚱이를 겪어 보는 시간이며, 오랜 기간 동안 배불러 오다 줄어 가는 배를 기쁨으로 매만져 가듯이, 오랜 미움을 사랑으로 바꾸는 시간이기도 하다. 또한 스스로 엄마가 됨으로써 엄마 가슴에 뚫린 구멍을 제 몸으로 익히는 시간이다. 결국 이 시간은 죽은 언니를 제 구멍에서 잉태하고 순산해 내는 시간이다. 시간과 공간의 이러한 중첩은 삶과 죽음을 구체적으로 중첩하고 화해시킨다. 해영의 죽음을 알리는 전화가 오는 바로 그 순간, 민영은 해산을 하며, 이윽고 마당으로부터 "해영의 넋은, 예쁜 여자아이처럼 민영의 등에 업혀 마루 안을 들여다본다."

4장에서는 표면적으로 민영과 수영이 여전히 다투고 있지만, 3장에서 민영이 이미 화해시킨 두 세계가 엄마에게 그리고 독자와 관객들의 눈앞에 육화되어 나타난다. 마루에 엄마가 아버지의 영정과 해영의 사진 없는 영정을 나란히 옮겨 놓을 때 초인종이 울린다. 사위와 손녀 해영이가 오는 소리이다. 심층 구조의 갈등과 그 해소가 이제 표면 구조 속으로 단숨에 승화된 모습으로 솟아오르는 순간이며, 죽음의 세계에서 아버지와 해영이 살아 나오는 순간이다. 물론 그것은 실제로는 사위와 손녀지만, 3장에서 민영에게 업힌 죽은 혜영의 모습보다도 훨씬 구체적으로 중첩된 모습이다. 수사의 군더더기 없이도 정영욱은 이 마지막 대사를 통해서 죽음과 삶을, 과거와 현재를, 환상과 현실을 중첩하는 진정 '연극적'인 언어를 빚어낸다.

엄마: (마당 그 너머를 본다. 꿈이라도 꾸는 듯) …오는 길이 젖어서 지쳤는가배… 어쩐 일이고… 해영이가 즈그 아버지 품에 안겨 자는갑다. 흙비가 억수로 퍼붓드마는 흘러흘러 큰 바다에서 만났능가… 흠빡 젖었대이… 그런갑다. 준 만큼 도로 받는 거리 이 세상인갑다. (서서히 눈물 꽃이 피어 온다) 지난 꿈에서 보는 것 모냥 와이래 반갑노.

<버들개지>, 흔닥거리는 시간

<버들개지>를 위한 작가의 글에서 정영욱은 자신이 희곡을 쓰는 이유는 말이 시가 되고 다시 시가 말이 되게 하기 위함이라고 적었다. 말은

일상의 언어이며 즉각적으로 소통이 가능한 의미를 지녔다. 그런데 시란 말 혹은 단어보다 이전의 것, 즉 사물이나 관념 그 자체와 닮았다. 다시 말한다면 시는 사물의 의미가 아니라 사물의 생명을 표현한다. 시가 된 말을 대화 속에 넣는다는 것은 화자가 청자에게 의미가 아니라 사물 자체를 건네는 것이다. 일차적으로 정영욱은 그리움에 대해 말한다. '나는 돌아가신 아버지를 증오했다고 생각했지만 사실은 항상 그를 사랑했었고, 지금도 그를 사랑하므로 몹시 그가 그립다' '나는 일찍 죽은 아들이 그립다' 등이 그가 말하는 바이다. 흔히 주제라고 부르기도 하는 이 말을 조금 상세하게 풀어서 말한다면 다음과 같은 줄거리를 형성한다.

천상은 걸궁패로 유랑 생활을 하며 집을 돌보지 않는 아버지 때문에 어머니와 찢어지게 가난한 생활을 했다. 옷 공장의 아이롱사가 된 천상은 미싱사 유순과 결혼하여, 도시의 변두리 농촌에 집을 얻고 욱이와 연이를 낳아 기르면서 살아간다. 욱이와 연이는 집 근처 꽃 다리 밑에서 자갈을 가지고 놀거나 버드나무 가지로 그네 타기 놀이를 하며 자랐다. 어쩌다 간혹 집에 들르는 아버지를 천상의 아이들은 반기지만 천상은 외면한다. 그러던 세월 속에 어느 여름 천상의 아버지가 죽고, 재가 되어 다시 훨훨 산천을 여행하고 싶다는 유언에도 불구하고 천상은 아버지를 영원히 제 곁에 묶어 두고 싶어 아버지를 매장하고 산소를 만든다. 그러나 아버지의 산소는 훗날 홍수에 쓸려 갈 것이다. 같은 해 아홉 살 된 어린 아들 욱이가 장독대에서 사고로 죽고 만다. 그로부터 십 년의 세월이 흐르고, 천상과 유순은 아들을 잃은 회한에 술에 젖어 살아가고, 이제 처녀가 된 연이는 욱이를 죽게 한 것이 아버지 책임이라고 천상과는 대화를 끊고 산다. 그해 홍수가 날 것을 대비해서 관에서는 집을 떠나라고 하지만 천상은 구멍 난 지붕만 땜질하고 있다. 큰비가 내리고 천상과 유순은 홍수에 쓸려 가고 연이만 남는다.

　하지만 이렇게 요약된 줄거리는 여전히 말 혹은 산문의 범주 안에 있다. 버드나무, 꽃 다리, 초가지붕, 장맛비, 노을, 걸궁패의 음악이 이러한 줄거리와 어우러지면 제법 서정적인 그림이 그려질 테지만 이것만으로 시가 만들어지는 것은 아니다. 그렇다면 시는 어디에 있는가? 정영욱이 시라고 정의하는 것은 대사를 이루는 언어의 모양새를 말하는 것일까? <버들개지>의 대사를 이루는 언어는 분명 일상적으로 우리가 말하는 방식과 다르게 은유를 품고 있다. 1막 1장에서 자갈돌로 돌무덤을 만들고 노는 어린 연이와 욱이의 대화는 <버들개지>의 대사를 이루는 언어의 구사 방식을 잘 보여 준다.

　욱이: 누야… 돌마다 색깔이 다 달라야?

　연이: 바람 많이 맞은 놈은 허연 거고 햇빛 많이 쐰 놈은 누런 거고 구름 아래 많이 앉은 놈은 검은 거고. (…) 해가 빨주노초파남보헌티 놀고 오라고 땅으로 내려보내믄 여그 저그에 앉아 짝짜궁험서 놀다가 밤이 되믄 다믄 올라가잖여….

　욱이: 그려서?

　연이: 노란색허고 짝짜궁하던 놈은 밤새 노란색이 보고 잡아서 울다봉게 노랗게 물들은 거이고….

　욱이: 빨간색이랑 술래잡이하던 놈은 밤새 빨간색이 보고 잡아서 울다봉게 빨갛게 물든 거이다?

　이 구절은 햇빛과 돌무덤, 삶과 죽음, 움직이는 것과 부동의 것의 이미지를 대비시키면서 한 이미지가 다른 이미지 속에 '보고 싶다'라는 술어의 형식으로 각인되어 있음을 보여 준다. 그런데 이 문장들은 그 안에 담고 있는 색깔만큼이나 곱게 단장된 수식을 지니고 있으나 여전히 '저녁 무렵

자갈돌은 이제는 사라진 햇살을 그리워한다'라는 산문을 이루고 있을 뿐이다. 만일 우리가 정영욱의 글쓰기가 이처럼 고운 결의 산문을 다듬어 낼 수 있는 능력에 의지할 것이라고 믿는다면, 정영욱의 글쓰기는 문학적일 수는 있어도 연극적일 수는 없다는 단정만큼이나 이 작가의 세계를 제한하는 것이다. 그러나 정영욱은 대사의 언어를 다듬는 것과는 다른 방식으로 말을 시로 만들어 낸다.

시가 의미가 아니라 사물의 본질적인 모습 혹은 사물의 생명을 전달하는 것이라면 '그립다'라는 말이 시가 되기 위해서는 그리움 그 자체, 또는 그리움을 이루고 있는 작은 입자들을 전달해야 한다. 그리움은 한 시간성과 그것보다 앞선 시간성 사이의 간격으로부터 발생한다. 그러므로 시 속에서 화자로부터 청자에게 건네지는 것은 이와 같이 벌어진 시간의 틈새이다. 이 시간의 간극을 메우고 과거와 현재를 한순간에 단단히 묶어 고정하려 해도 틈은 계속 벌어지고 그 사이로 시간은 버들개지처럼 흩어져 버린다. 결국 그리움이라는 말을 시로 변환시키는 작업은 이러한 시간성을 조작해 내는 방식에 있다.

<버들개지>는 전체 2막으로 구성되며 이는 다시 각각 4장으로 나뉜다. 작품의 시간은 천상 아버지의 죽음과 욱이의 죽음이 있던 해로부터 천상이 홍수에 떠내려가는 해 사이의 십 년을 주로 오간다. 물론 천상 아버지의 죽음 이전의 욱이와 연이의 유년 시절, 그리고 모두 죽고 나서 남은 연이의 시간은 십 년의 세월을 앞뒤로 조금씩 확장한다. 작품의 현재형의 시간은 마지막까지 살아남아 지난 시간을 관찰하는 연이의 시간이다. 연이는 1막 1장에서 유년의 마을을 회상하면서 꽃 다리 한쪽에 서 있으며 2막 마지막 장에서 천상과 유순이 꽃 다리 저편의 세상으로 넘어갈 때도 그들

을 배웅하며 서 있다. 이처럼 연이는 현재로부터 과거를 향한 몇 겹의 동심원의 가장 바깥 원에 위치하면서 과거의 사건들을 회상하고 관찰하는 지점에 있다. 그 안에는 천상과 유순이 욱이를 잃고 방황하는, 무대 위에 가장 오랫동안 현존하는 시간의 동심원이 존재하며 또 그 안으로 젊은 시절의 천상과 유순, 그리고 10년 전 아버지와 욱이의 죽음이 있던 시간이 존재한다. 물론 그보다 안쪽에는 연이와 욱이의 행복했던 유년의 시간이 있으며, 무대 위에 현존하지는 않지만 대사 속에서 발화되는 천상의 가난했던 어린 시절의 시간, 그리고 천상의 어머니와 아버지의 만남이 가장 안쪽 동심원에 자리하고 있다.

그런데 이처럼 여러 겹의 시간성이 중첩되는 것 그 자체는 매우 일반적인 방식이다. 정영욱에게서 발견되는 특별한 시간성은 이처럼 중첩된 시간성의 경계가 지워지는 방식에 있다. 마치 잔잔한 물에 돌을 던지면 안으로부터 여러 겹의 동심원의 물살이 생겨나다가 안쪽의 동심원이 밀려나가 바깥쪽의 동심원을 지워 내며 흔들리는 파장만을 남기듯이 과거의 시간이 또 다른 과거 혹은 현재와 어지럽게 흔들리며 섞여 버린다. 물에 비친 이미지는 물살의 흔들림을 따라서 조각나고 일그러진다. 뒤섞인 시간은 질서정연하게 정돈되지 못하고 비약한다. 그것은 더 구체적으로 말하면 회상하는 나와 회상되는 과거의 내가 한 무대 위에 존재한다는 것을 말한다. 이는 때로 단순한 관찰자와 관찰되는 자로 서로 교류 없이 나타나기도 하지만, 때로는 현재의 내가 과거의 나와 만나 함께 이야기하기도 한다.

연이는 과거 자기 모습의 순수한 관찰자로 나온다. 회상하는 처녀 연이는 회상되는 유년의 연이와 동일한 공간에 놓이지 못하며, 과거의 자신과 욱이에게 말을 건넬 수 없다. 하지만 유순과 천상은 자신들의 젊은 시절 모습의 관찰자이기도 하지만, 술에 취해, 혹은 명반 가루의 독에 취해 끊임없이 반추하는 과거의 상념으로 직접 들어가 과거의 한 시점을 과거의 자신들과 함께 다시 산다. 아니 그것은 정돈된 회상이 아니라 착란 속에 찾아오는 이미지이므로 자신이 과거로 들어간다기보다는 오히려 과거가 살아서 내게 다가오는, 두 눈을 뜨고 꾸는 꿈이다. 1막 3장, 버드나무 아래에서 술에 취한 유순은 젊은 시절 이 마을로 처음 찾아들던 자신과 가족을 만난다. 그들은 유순에게 마실 물을 청하며 빈집이 있는지를 묻는다. 대사가 겹치면서 환상 속의 나와 현재의 내가 둘이며 하나가 된다.

유순: 아그들이 참말로 이뻐요.

젊은 유순: 아그들 땜시 살지라.

유순: (젊은 유순의 대답과 겹친다) 아그들 땜시 살지라. (혼잣말처럼) 두 눈 뜨고 꾸는 꿈도 다 있는가….

유순은 착란 속에서 자신이 처음으로 현재 사는 집으로 찾아들 때를 다시 겪고 있는데 현실에서 그는 취해서 혼자 집에 들어서는 것이며, 무대 위에 현존하지만 그의 환상 속에만 존재하는 젊은 시절 가족의 모습은 천상에게 보일 리 없다. 유순의 늦은 귀가와 음주를 나무라는 일상적이고 사실적인 대화가 오가다가 유순의 등에 업힌 누렁개가 모티프가 되어 천상은 유순의 착란 속 과거로 들어선다.

장대비 쏟아붓는다.
그곳에 서 있는 다부진 사내와 자그마한 여자, 각각의 손을 잡고 선 어린 남매… 처마 밑으로 비긋고 섰는데… 남자, 천상을 향해 목 인사를 한다.
순간, 지나간 시간이 이만치 다가선다.
천상, 고개를 휘감는다.
천상: (숨, 한길 아래로 떨어지며) 이 먼 일이여? 뜨고 꾸는 꿈도 다 있능가? 얼씨구

가라 가라 등 떠다미는갑네.

이처럼 천상과 유순의 착란 속 과거가 겹쳐지면 비로소 이제껏 암시되었을 뿐 구체적으로 보여 주지 않았던 10년 전의 사건이 펼쳐진다. 그런데 비록 이들이 착란 속에서 보는 과거가 그들 앞에 실제의 모습으로 펼쳐지고 있다 하더라도, 그리하여 그들이 과거를 다시 살고 있다 하더라도, 그들은 그리움과 회한 속에서 꺼내 온 이 과거의 시간에 대해 여전히 무력하다. 되돌릴 수 없는 것이 눈앞에 있기에, 이 무력함은—결국 이 무력함은 시간에 대한 무력함이다—더욱 절박해진다. 2막 3장은 10년 전 욱이가 죽던 순간을 되풀이한다. 장맛비에 마당에 남은 식구들이 이리저리 제 일에 바쁜 순간, 장독 뚜껑을 닫으러 장독대에 올라간 욱이는 독 안으로 빠져든다. 젊은 유순은 이를 보지 못하고 착란 속에서 과거를 바라보는 늙은 유순이 이를 바라보지만 욱이를 잡을 수 없다.

욱이, 마당 뒤편 장독대 계단을 오른다. 젊은 유순, 욱의 이름을 부르고 욱이 대답한다. 장독대 앉은 유순, 명반 독기로 부푼 입. 오지 말라 말하려 하나 말할 수 없고, 장독을 제 몸으로 덮으려 하나 덮을 수 없고. (…)

유순: 아그야… 안 듣고 뭐하냐? (뻗은 손 끝 물끄러미 본다) 손 내밀믄 똑잡히다… 참말… 나는 여그 있고 너 거그 젊은 으미가 부릉게 답혀라… 또 맹글믄게… 내려가라 안 허냐? 장은 또 맹글믄 뎅게… 글믄 뎅게….

과거의 한 장면을 살면서도 결코 눈앞의 과거에 개입할 수 없는 이 무력함에 대한 절박한 인식은 그리움이라고 하는 것을 그저 그립다고 말하는 넋두리로서가 아니라 두 손 휘젓고, 뒹굴고, 소리 지르는 몸통 그 자체가 되어 버리게 한다.

<토우>에서 현재와 과거가, 현실과 꿈이 마루와 마당이라는 분할된

공간으로 존재하면서 종국에 합쳐졌다면, <버들개지>에서는 한 공간 속에 혼재하는 이 두 시간성이 쉽사리 화해되지 않은 채 점점 더 간격을 벌려간다. <토우>가 죽음으로부터 삶으로 나아가는 시간을 그리고 있다면 <버들개지>는 삶으로부터 죽음으로 나아가는 시간을 그리고 있기 때문이다. 다시 말해서 <토우>의 민영이 죽은 언니를 자신의 배로 다시 잉태하면서 죽음에 생명을 다시 불어넣는 것과 달리, <버들개지>의 천상은 그와 대립했던 죽은 아버지를 죽음을 통해서만 다시 만나 화해할 수 있기 때문이다.

회상과 착란 속에서 다시 살려 낸 과거는 '살아 있는 화석'과도 같다. 결국 회상 속에서 다시 만난 것, 다시 살려 낸 것은 그리움의 대상이 아니라 그것을 그리워하는 나 자신일 뿐이다. 그리움의 대상은 실제로 화해를 위해서 아무 말도 해주지 않는다. 천상은 아버지에게 "배암 몸뚱이맹이 길고 긴 시월 동안… 참말 먼 생각허믄서 살았는지… 저승문 열어젖혀 물어볼 길"이 없다. 혹여 착란 속의 아버지가 말을 건넨다 하더라도 그 말은 천상에게는 "허벌나게 듣던 소리"일 뿐이다. 동일 공간에 위치하면서도 소통되지 않는 이 두 시간은 2막 2장에서 매우 상징적으로 표현된다. 장면은 임종에 즈음하여 집을 찾은 아버지와 천상의 대화를 보여 준다. 사실상 이 장면은 2막 1장에서 늦은 봄 천상의 집을 찾은 천상의 아버지가 천상을 만난 직후인지, 아니면 여름이 되어 다시 천상의 집을 찾았는지 분명치 않은 시점이다. 지문에는 2막 1장이 늦은 봄으로 2막 2장은 초여름으로 설정되어 있으나 결국 무대적으로 이를 살려 낼 방도가 별로 없는 설정이다.

하지만 이처럼 극 전개의 사실적 시간 구분이 이 장면에서 그리 큰 의미를 갖지 않는 까닭은 가야금을 무릎에 얹은 아버지와 다림질을 하는 천상이 대화를 나누고 있는 무대 위 시간에만 속해 있는 것이 아니라, 걸궁패와 아이롱사로서 보낸 그들 삶의 모든 시간에 속해 있기 때문이다. 죽음 이후의 장례 절차에 대해 이견을 보이는 두 사람 사이에는 병풍이 가로 막고 있다. 그런데 병풍은 장례식에서 주검을 가려 놓는 도구이다. 결국 이 두 사람은 현실이라는 동일 공간에 있을 때조차 죽음과 삶을 가로막는 병풍의 양편에 놓인다. 즉 천상 아버지의 삶은 살아 있을 때조차 천상에게는 죽은 것과 다름없었다는 것을 의미한다.

집 마루 병풍 이편과 저편에 무릎에 가얏고 얹은 노인(천상의 아비), 다림질감 놓고 앉은 남자(젊은 시절 천상). 보이지 않는 곳에서 여자의 수의 짓는 재봉틀 소리 간 간이 실리고 조각 잠 모양 주고받는 말에 온 세월이 실렸다.

사실상 천상과 천상 아비의 화해를 막는 것은 가로놓여 있는 과거와 현재로서의 시간이 아니다. 그것은 차라리 동일한 시간, 즉 현재형의 시간 속에서 삶을 살아가는 방식의 차이에 있다. 아버지는 땅과 가족과 시간에 뿌리를 내리지 않는 삶을 산다. 하지만 천상은 그런 아버지와 다른 삶을 살기 위해 있는 힘껏 집을 지키려 한다. 아버지에 대한 그리움을 말하는 것은 아버지의 삶을 인정하는 것이 되므로, 그는 그리움을 물리치기 위해 힘껏 버틴다.

비가 와서 지붕이 새면 그때마다 지붕의 틈을 막고, 바람에 지붕이 날아갈 것 같으면 버드나무 줄기를 엮어 지붕을 단단히 묶어 놓으려 한다. 홍수 예보에 집을 떠나라 해도 천상은 끝까지 버티고 있다. 과거의 시간이 다가와 천상이 단단히 묶어 놓은 지붕을 흔들어 댄다. 흔들거리는 시간으로 들어가는 것, 아버지의 삶의 방식과 화해하는 것, 증오라는 이름으로 묶어 두어 숨 쉬지 못하던 그리움을 만져 보는 것은 물살 속으로 두 손 놓고 떠내려가는 것이다. 가슴속에 묶어 놓으면 그리움은 뼛가루에 불과하며, 그 뼛가루를 날리면 죽음은 다시 삶이 되어 버들개지처럼 어디론가 삶을 틔우기 위해 날아갈 것이다. 죽음은 삶을 화해시킨다.

천상: 암도 읇소… 여기 암도 읇소… 나가 지붕할라 혔는디… 오늘 보니 밤이 참말 깊소… 인쟈 턱턱 놓고 떠내려가는 일만 남앗능갑소… 훤허게 밝어야 내 얼굴 뵐 틴디… 가는 길 멋 한번 낼라헝게 달도 숨어 밝을 길이 없네… 지다려 주는 사람 있 능가 봉게… 흘흘흘 웃어야 안 허겄소….

시가 다시 말이 되기 위하여

이제껏 말이 시가 되는 과정을 공간과 시간을 통해서 살펴보았다. 그런데 이처럼 구축된 시가 다시 말이 되기 위해서는 무엇이 필요한 것일 까? 말이 사물의 의미를 담고 있고 시는 사물 그 자체를 품고 있다면 시가 다시 말이 되게 하기 위해서는 사물에게 다시 의미를 부여해야 한다. 그것 은 시를 이해 가능한 것으로 만드는 작업이다. 시란 반드시 난해할 필요는 없지만, 일상적 언어로 직접 번역되었을 때 사물의 물질성을 다 잃고 마는 섬세한 대상이다. 시는 잠재적인 물질성의 두께를 지닌 희곡 텍스트의 동 의어이다. 희곡의 물질성을 해석하고, 그것에 가시적인 물질성을 부여하는 작업, 그리하여 관객이 해석되지 않은 희곡의 물질성 속에서 길을 잃지 않 게 하는 것이 연출가의 작업이다.

물론 정영욱의 희곡은 그것을 해독하려 하는 이에게 쉽게 길을 안내 하지 않는다. 그 이유는 대부분 정영욱이 구축해 놓은 미로의 탄탄함 때문 이지만, 또 때로는 정영욱 자신이 그려 놓은 미로의 지도를 너무도 흐릿하 게 해놓았기 때문이기도 하다. 작가는 간혹 자신의 미로에 갇혀 도리어 자 신이 길을 잃고 맴돌 때도 있다. <버들개지>에서 욱이와 고추, 유순과 명 반 가루의 관계를 설명하는 몇 가지 모티프와 이미지는 나름의 기능을 수행하도록 계산되어 있으나 다른 이미지들과 섞여 들지 못한다.

　　이러한 현상은 정영욱에게 이미지가 범람하기 때문이다. 고깔, 누렁이, 자갈돌, 고추, 종이꽃, 속주머니, 가야금, 수의, 귀뚜라미 소리, 새끼 호랑이, 허물어진 봉분, 꽃 다리, 개미집, 벌집, 재봉틀, 병풍, 나비잠자리, 연이의 누런색 웃옷 등 상당수가 동어반복적인 이미지이며 이러한 과잉된 이미지는 정영욱의 시를 자칫 곱기만 한 서정시로 보게 할 우려가 있다. 아마도 <버들개지>에 대한 최근의 비판은 이러한 면모를 지적하는 것이었을 것이다. 그러나 삶과 죽음의 주제를 두꺼운 시공간의 틀 속에서 짜내는 정영욱은 분명 자신만의 언어를 지닌, 우리에게 소중한 한 명의 극작가이다.

2부 연출론:

♦

누모위의 책

◆

무대의 글쓰기

김광보
절제의 미학

　김광보는 정직한 연출가이다. 이때의 정직함이란 윤리적인 것을 지칭하는 것이 아니며, 또한 자신을 올곧이 드러내는 투명함을 의미하는 것도 아니다. 그에게 '정직'이라는 관형어를 붙여 보는 것은 "연극이란 무엇인가?"라는 다소 원론적인 질문을 단지 젊은 날의 통과제의로서가 아니라, 자신의 연극적 지속의 토대로 삼기 때문이다. 모든 연출가들이 이 질문과 함께하면서 자기 작업의 축적 속에서 나름의 답을 찾을 것이다. 하지만 김광보에게 이 질문은 연출가로서 자신만의 연극관을 설정하는 문제 이전에 연극으로부터 연극이 아닌 것을 분리하는 정련의 작업과도 같은 것이다. 그것은 연극의 혼, 연극의 본질에 닿고자 하는 의지와 관련된 것이기도 하다.

　그런 의미에서 김광보 스스로 자신에게 가장 의미 있는 작업으로 박상륭의 소설을 각색했던 <뙤약볕>을 거론하는 것은 우연이 아니다. 그는

<뙤약볕>의 당굴 혹은 점쇠를 닮았다. <뙤약볕>이 절대 혹은 근원의 동의어로서의 '말'을 찾는 고통스러운 과정을 그리고 있다면, 그 '말'의 자리에 김광보는 '연극'을 놓는다. 당굴이 그러하듯이 김광보 연출 또한 연극과 사람들 사이의 다리이기를 원하며 당굴이 미지의 말을 대리하는 입술이 되듯이, 김광보는 이 미지의 연극의 모습을 구현하는 몸이 되고자 한다. 그렇지만 항상 공간 속에서 구체태를 다루는 김광보에게 '연극'은 <뙤약볕>의 '말'처럼 추상적 관념으로 머물 수는 없다.

'연극이란 무엇인가'라는 질문에 답하는 긴 궤적 속에서, 김광보는 우선 연극이란 연극이 아닌 것 즉 잉여를 제거한 것이라는 깨달음을 얻는다. 그 잉여는 가장 쉽게는 무대 장치일 수도 있으며, 과잉된 기호들, 목적과 동기 없는 연기, 설명적인 움직임, 현학의 자세, 동어반복, 필연성을 넘어선 강한 감정과 이미지들이다. 이 모든 거짓된 연극의 잔여물이 때로 무대를 가득 메우고 있는 것이 사실이다. 그런데 <발자국 안에서>에서 작가가 제시하듯이 하나의 공간 속에 과잉된 물질의 집적은 예술을 불가능하게 만든다. 고연옥의 작품 속 주인공이었던 화가의 대사는 김광보 자신의 것이기도 하다. "물건은 결국 썩는 것입니다. 더 많은 물건을 가지려 할수록 당신들은 산 채로 썩어 가는 시체가 됩니다."

그런데 이처럼 잉여물을 무대 위에서 제거하는 일은 <발자국 안에서>의 화가만큼이나 김광보에게 쉬운 일은 아니다. 왜냐하면 마치 <발자국 안에서>의 이웃들에게 '쌀'이 그러했던 것처럼, 관객들에게는 그것이 잉여가 아닌 필수적인 것으로 여겨질 수도 있기 때문이다. 김광보의 초기작 <꽃뱀이 나더러 다리를 감아보자 하여>나 <종로고양이>에는 분명 연극적 장치들이 범람했다. 그러나 그의 대표작이라 할만한 <인류 최초의 키스>나 <웃어라 무덤아> 등에서 김광보는 이미 절제된 밀도를 보여 주었다. 이 작품들에서 그는 우선 심리적 증폭을 활용하지 않는다는 점에서 연출적인 절제를 보여 준다. 김광보는 작품이 휴머니즘을 요구할 때조차도 감정이나 심리에 의존하는 것을 삼간다. 더불어 이처럼 인물의 심리가 점증되는 리듬 속에서 형성되지 않기 때문에 김광보는 사실적 시간보다 축약된 시간, 불연속적으로 도약하는 시간을 구현한다. 그의 인물들은 하나의 상태에서 다른 상태로 특별한 설명 없이 이동이 가능하다.

하지만 김광보는 이러한 절제조차도 잉여라 평가한다. 결국 그에게 연극이란 가능한 모든 치장을 제거하고 본질로 환원된 것, 모든 효과를 제거하여 최소화되어 있음에도 불구하고, 무대에 삶을 부여하는 그 어떤 것이다. 98년 극단 미추와 함께 공연했던 <뙤약볕>을 2004년 극단 청우의 10주년 공연으로 재공연하면서 김광보는 보다 근본적인 방식으로 절제의 미학을 시도해 본다. 우선 그는 음악과 조명을 최소화한 상태에서, 98년 공연에서 중요하게 활용했던 코러스의 기능을 축소한다. 그리고 이처럼 절제된 2004년의 <뙤약볕>은 관객으로부터 그리 환영받지 못했다. <악당의 조건> <억척어멈과 자식들> <조반니>를 거치면서 김광보는 그가 추구하는 절제의 미학과 관객의 요구 사이의 모순을 견뎌야 했다. 그는 구도자처럼 절제의 미학을 밀고 가야 하는가 아니면 적절한 타협을 취해야 하는가 하는 질문 앞에 서보았을 것이다. 그런데 그것과는 또 다른 질문이 필요하다. 절제 속에 과연 연극의 본질이 존재하는 것일까? 절제된 그의 작품 속에, 연극이 과연 살아 있는 숨을 쉬고 있었을까?

사실 그는 점쇠처럼 절제라는 이름으로 단지 사당을 허무는 작업을 한 것일지도 모른다. 더욱이 2004년의 <뙤약볕>은 물질적인 요소들을 최소화한 것은 사실이지만, 하나의 연출 언어가 또 다른 연출 언어를 해설하고 있는 형식을 취함으로써 그 또한 어떤 의미에서는 연출적 잉여를 안고 있는 작품이라 할 수도 있다.

말과 통하지 못하여 괴로워하는 젊은 당굴에게 늙은 스승은 사당 속에서 사람들은 보이지 않는 말을 보려 하지만, "이 오각의 볼품없는 돌집을 보이지 않는 것으로 볼 수 있을 때까지 정진"하기를 유언으로 요구한다. 당굴 자신은 그것을 깨닫지 못하지만, 점쇠는 "사당 같은 건, 쌓을 필요도 헐 필요도 없는" 것이라는 깨달음에 도달한다. '사당'처럼 '절제'도 역시 연극의 본질에 이르기 위한 하나의 방식이었지만, 연극의 본질 자체는 아니다. 연극의 본질은 매우 모순된 실체이다. 묘혈이며 산실이고, 죽음이며 동시에 탄생인, 그리고 어제이며 동시에 내일인 그 모순의 시간에 '말'이 기거하는 것처럼, 연극의 본질도 절제와 풍요를 동시에 지니고 있다. <발자국 안에서>에서 공간을 채우며 주인공의 자유를 박탈했던 물건들은 <인류 최초의 키스>의 동팔에게는 자유의 조건이 된다. 작은 감옥 서랍장에 있는 물건들, 몇 개의 약병, 옷가지, 책, 장식품 등 이 자질구레한 물건을 "유일한 내 것으로 만드는 게 자유"인 것이다. 그는 감옥 밖의 풍요는 거부하지만, 그 스스로 만들어 내는 궁핍한 풍요를 자신의 자유의 조건으로 제시한다.

2000년대 초, 관객들이 김광보의 연극에 즉각적인 반응을 보냈을 때, 분명 그 안에는 김광보가 스스로 잉여라 부를 많은 것들이 있었다. 그런데 실제로 관객이 사랑한 것은 잉여 그 자체가 아니라, 잉여의 유혹 속에서 버티고 있는 절제의 미학 때문인지도 모른다. 그가 경계하는 관객은, 그가 닿고자 하는 연극의 지점을 그에게서 이미 보았을지도 모른다. 절제를 통한 결핍이 풍요로운 삶의 빛을 발하는 긴장의 지점이 어디인지는 여전히 김광보가 풀어 가야 할 화두이며, 그는 이 화두를 결코 놓지 않을 것이다.

김동현
극장 안을 걷는 코끼리

코끼리를 만지는 장님은 자신이 더듬고 있는 코끼리의 한 부분을 통해 환유적으로 코끼리를 정의한다. 혹자는 코를 만지고, 혹자는 다리를 만지면서 나름의 코끼리의 실체를 제시하고자 한다. 자신의 극단을 '코끼리 만보'라 이름 지은 김동현은 장님이 되길 원하지 않는다. 코끼리는 '삶'의 또 다른 이름이며, 김동현은 이 거대한 실체를 파악하기 위하여 한 부분을 강하게 부여잡기보다는 뒤로 물러나 그것을 바라볼 수 있는 거리를 확보하고 전체로서의 모습을 확인하기를 원한다. 그러나 '삶'의 동의어로서의 코끼리는 아무리 뒤로 물러설지라도 그 온전한 모습을 드러내지 않을 만치 거대한 혼돈 덩어리이다. 김동현은 이제 장님처럼 이 거대한 덩어리를 더듬어 보면서 각각의 부분들을 연결하여 코끼리라는 미지의 전체를 완성해야 한다.

때로 눈을 감는 자가 현자이듯이, 대상의 객관적인 외면과 세부보다 그에 가려진 뼈대의 구조를 김동현은 더듬어 찾아낸다. 텍스트의 구조를 파악하는 것이 모든 연출가에게 필수적인 독서의 과정이지만, 김동현이 지닌 특별한 덕목은 대상에 대한 믿음이다. 그의 분석이 섬세할 수 있는 것은 자신이 선택한 텍스트의 건축적 견고함을 신뢰하기 때문이다. 구조에 관심을 두기에 그의 코끼리는 육중함이나, 화려한 치장을 뽐내지 않는다. 연극을 만든다는 것은 김동현에게는 마치 줄인형을 움직이듯이, 코끼리를 움직여 뒤뚱거리며 걷게 하는 것과 같다.

'걷는다'라는 것, 그것도 '어슬렁거리며 이리저리 걷는다'라는 뜻의 만보(漫步)라는 행위가 지향하는 목표보다는 행위의 성립, 다시 말해서 하나의 메커니즘의 작동 자체에 초점을 맞추는 것이다. 그러므로 '코끼리 만보'는 이질적인 요소들이 결합하여 생명력 있는 실체로서 기능하는 연극을 꿈꾼다. 이때 하나의 유기체를 살아 있게 하는 생명의 숨결은 보이지 않는, 그러나 엄연히 존재하는 실체이다. 다른 방식으로 표현한다면, 김동현은 표면의 층위에서가 아니라 저 깊이에서 우리의 삶을 진정 살아 있는 것으로 만드는 보이지 않는 실체를 보여 주기를 원하는 것이다.

윤영선의 희곡 <키스>의 경우, 나/너, 여기/저기라는 이원론적 대립으로 구축되며 '키스'는 이 갈등을 극복하는 행위이다. 그런데 김동현의 분석적 시선 속에서 포착되는 윤영선의 텍스트는 보다 두터운 의미론적 층위를 품고 있다. 김동현은 주체와 타자의 대립이 단지 공간적인 차원뿐만 아니라 언어, 관념, 시간의 층위에서 극복되는 과정을 관찰한다. 이의 구현을 위해 김동현은 텍스트를 의미론적 단계를 이루는 서너 개의 부분으로 다시 분할한다. 분할된 부분들의 경계는 키스라는 행위로 연결되며, 이 지점에서 김동현은 반복되는 음악을 제시한다. 김동현에게 음악은 작품의 분위기 설정이나, 관객의 심리적 증폭을 목표로 하지 않는다. 또한 그에게 음악은 무엇을 의미하거나 환기하기 위한 것도 아니다. 음악은 그 자체가 '보이지 않지만 존재하는 실체'이듯이, 작품이 의미 있는 실체로 살아 있게 하는 호흡처럼 기능한다.

박상현의 <405호 아줌마는 참 착하시다>에서 김동현은 이질적인 것들, 개인화되고 차단된 아파트에서의 삶이 서로에게 미세하게 침투되는 과정을 추적한다. 무대와 연기 방식의 차가움은 피사체의 개인적 삶에는 결코 관심을 두지 않겠다는 사진작가의 말처럼, 혹은 인화지 표면의 광택처럼, 대상의 깊이와 표면을 격리한다. 그러나 이 차가움 속으로 아이를 잃어버린 305호의 절규가 스며들며, 닫힌 문틈으로 505호 여자의 시체 썩는 냄새가 스며든다. 이질적인 것을 보이지 않는 그 어떤 것을 통해서 하나로 묶어 주는 것, 그것이 작품의 주제이자 연출의 형식이 된다.

배삼식의 <하얀 앵두>에서도 김동현은 표면적으로 관련 없어 보이는 요소들이 지니는 연관성을 추적한다. 곽지복 노인의 늙은 개 원백이가 새로 이사 온 반아산의 암캐를 범한 것과 반아산의 고등학생 딸이 나이 많은 노총각 윤리 선생의 아이를 갖게 되는 것처럼, 이미 명백히 짝을 이루는 장면 이외에도, 작중 인물 모두를 묶어 주는 공통의 요소를 찾아낸다. 그것은 마치 돌 속에 박혀 있는 삼엽충처럼 쉽사리 연약함을 허락하지 않는 각자의 견고한 삶의 저 안쪽에 긴 시간 동안 응축되어 있는 고통을 찾아내는 것이다. 삼엽충 화석이 제시하는 의미적 함의를 김동현은 무대 개념 자체로 확대한다. 아직 꽃나무로 치장되기 이전, 이사 온 지 얼마 되지 않은 반아산의 집 안마당은 그야말로 화석과도 같은 황무지이다. 그것은 공간적으로 우리가 사는 세상 그 자체이면서 다시 그 둥그런 형태는 시계를 연상시킨다. 시계 같은 이 공간을 가로지르는 이야기는 그러므로 시간 자체이다. 죽음으로부터 삶으로, 그리고 다시 죽음으로 회귀되는 이 시간의 공간 속을 김동현은 송도지 노파가 가로지르도록 한다. 보이지 않는 존재이지만 또한 등장인물의 눈 속에 실제로 보이는 이 인물이 천천히 반복적으로 이 공간을 가로지를 때, 주제 음악이 동반되는 것은 결코 우연이 아니다.

공동창작으로 구성한 <착한 사람 조양규>에서는 혼돈된 세상의 이질적이고 파편화된 부분들을 하나로 연결하여 설명하는 김동현의 방식이 보다 적극적으로 표현된다. 부산에서 발견된 신원 미상 독거노인의 사망 사건을 단초로 극은 시작된다. "마치 징검다리를 놓듯이" 김동현은 조양규라 이름 붙인 이 신원 미상의 사망자와 창경원에서 날아가 버린 홍학을 연결 짓는다. 그리고 비슷한 시기에 실종된 여러 인물을 실제로 그들 간에 어떤 관련성도 없음에도 불구하고 조양규라는 이름과 연결 짓는다. 이처럼 이야기를 이루는 개별적 인물들을 하나로 연결하는 방식을 다시 확장하여, 김동현은 허구와 현실을 연결 짓는다. 그것은 배우와 배역을, 그리고 허구의 소비자로서의 관객과 현실 속의 사유의 주체로서 한 개인을 연결 짓는 시도이다. 조양규라는 배역을 배우들이 돌아가면서 연기하며, 또 이 이야기를 현실 속에서 사유하고 설명하는 해설자의 자리에 서게 한다. 현실 속에서 취합한 하나의 단서는 허구의 이야기가 되며, 이 허구가 다시 현실의 삶으로 확장된다. 그리하여 하나의 빈 껍질에 불과한 조양규라는 이름은 우리 사회의 많은 실제적 삶의 내용으로 확장된다. 지난 신문의 한 귀퉁이에서 그 죽음을 발견한 인물이 홍학이 되어 비상하게 한 것처럼, 김동현은 세상의 파편들을 모아 코끼리를 만들고, 그 코끼리가 일어나서 걷도록 그에게 숨결을 불어넣는다. 천천히, 삶과 삶 사이를 배회하면서, 그 코끼리는 극장 안으로 들어선다. 소극장의 어둠 속에는 코끼리가 끝없이 걸어가야 할 넓은 세상이 존재한다.

박근형
일그러진 거울 속의 관객

<청춘예찬>에서 최근의 <갈매기>에 이르기까지 박근형은 우리 연극의 지형도 속에서 가장 대중적인 호응을 받는 연출가로 자리 잡는다. 연극이 점점 관객으로부터 멀어져 가고 있는 이 시기에 유독 박근형의 연극이 관객 가까이 자리 잡을 수 있는 이유는 무엇일까? 흔히 그의 연극을 '남루한 일상'의 연극이라 부르기도 한다. 그리고 박근형에 의해 촉발된 일상성의 추구는 연기 스타일, 무대, 주제에 이르기까지 한 세대의 연극 경향을 이루기도 했다. 그리고 남루한 일상성을 담은 연극은 때로 연극 자체를 남루하게 만든다는 비판을 받기도 한다. 그런데 유독 박근형의 무대에서만은 그 남루한 일상을 뚫고 강력한 연극적 에너지가 발생하는 이유는 무엇일까?

<갈매기>의 도입부에는 트레플레프가 연출한 연극을 니나가 공연

하는 장면이 있다. 박근형은 이 장면에서 무대 중앙을 니나가 아닌 이 연극을 지켜보는 극 중 관객들에게 할애한다. 그러므로 실제 관객들은 극중극 속의 관객이 펼치는 연극을 마주하고 있는 셈이다. '관객이 관객 자신과 마주하게 하는 연극', 바로 이것이 박근형 연극이 지닌 에너지의 근원이다. 그의 연극은 관객들, 그러니까 현재형으로 연극을 바라보고 있는 이들의 삶 그 자체를 담고 있다. 그에게 연극은 그것을 만드는 이의 것이 아니라, 관객의 것이라는 점은 우리가 흔히 이와 비슷한 말의 할 때의 의미와는 조금 다른 함의를 지닌다. 그것은 연극이 그것을 만드는 이의 삶의 자세를 포함하는 것은 물론 관객의 삶의 자세와 윤리성까지도 포괄하고 있다는 것을 말한다. 그 때문에 박근형이 제시하는 관객들의 삶은 그들에게 친숙한 모습만을 지니고 있지는 않다. 관객에게 무대 위에서 제시되는 그들의 연극적 삶은 스스로에게 부여했던 삶의 이미지와 대립한다.

<선착장에서>의 엄 사장 일행은 규회의 극 행위를 지켜보는 관객이다. 그들은 선착장에서 취기에 비틀거리다 쓰러지는 규회를 바라보며 욕을 해댄다. 그런데 허구적 이야기의 상황 속에서 그들이 바라보는 것은 규회이지만, 극장 공간이라는 구체적인 현실 공간에서 엄 사장 일행이 바라보는 것은 관객이며, 따라서 엄 사장 일행은 실제적으로는 관객에게 욕을 하고 있는 것이다. 관객은 스스로를 불편하게 만드는 또 다른 자신을 직면하게 된다. 자신을 비추는 이 거울은 일그러진 표면을 지니고 있어 일그러진 상이 맺히는데, 이 일그러진 상은 관객 스스로 망각하기를 원하는 자신의 진정한 모습이다. 관객의 삶 그 자체이기에 일상을 닮았지만, 이 일상은 뒤틀리고 일그러져 기이함을 지닌 일상이다.

박근형은 이처럼 현실의 기이함을 가리는 위선을 허구라 칭한다. 그의 작품들이 논리적 연결의 치밀성을 결여한 것은 진짜처럼 보이는 허구

를 구성하는 극작법상의 논리 전개의 기교를 거부하기 때문이다. 연출적으로 박근형은 이와 같은 극작의 비약을 더욱 증폭한다. 산고를 치르는 경숙이의 공간 속으로 경숙이 아버지가 불쑥 들어서며, <너무 놀라지 마라>에서는 영화 시나리오 속 인물인 백발의 예언자가 선반 속에서 튀어나온다. 이런 비약이 박근형에게는 단지 효과로서가 아니라, 자신이 제시하는 텍스트의 본질을 표현하는 것이다.

연기의 측면에서도 박근형은 인물에게 허위가 자리 잡을 수 있는 시간적 간격을 두지 않고, 호흡을 당긴다. 일상이 늘어져 공간을 채울 사이 없이 박근형 연극의 리듬은 빠르게 전개된다. 허구와 허상이 안전하게 무대 위에 자리 잡으려 할 때, 마치 트리고린에게 그러했듯이 삶이 허구를 위해 봉사하려 할 때, 박근형은 트레플레프처럼 총을 쏜다. 박근형은 상처가 드러날 때까지, 그리하여 고통이 실재가 될 때까지 삶을 후벼 판다.

그 결과 드러나는 것은 신체적 조건으로서의 불구와 윤리적 조건으로서 패륜이다. 그의 인물들은 간질병 환자, 장님(<청춘예찬>), 정신지체아(<삼총사>), 정신병자(<선착장에서>) 혹은 집 밖으로 나가지 못하는 병신(<너무 놀라지 마라>)이다. 또한 그들은 근친상간(<쥐> <너무 놀라지 마라>), 친족 살해(<쥐>)를 범하며, 남편이 부인과 딸을 외간 남자에게 넘기거나(<경숙이, 경숙아버지>, 혹은 아버지의 시신을 방기하거나 훼손하는(<너무 놀라지 마라>) 패륜을 범한다. 이처럼 제시된 박근형의 현실은 남루한 일상의 범주를 벗어난다. 그리고 일상성의 연극이 흔히 추구하는 공식인 남루한 자신의 조건 속에서, 자기 삶을 남루하게 만드는 외적 조건들과 싸워 나가면서, 진정한 삶의 가능성을 보듬어 보고자 하는 노력으로부터 멀어진다. 박근형에게 삶을 삶이 아닌 것으로 만드는 것은 외적 조건이 아니라 바로 불구자로서의 나, 패륜아로서의 나이다.

박근형의 연극이 때로 그 정치적 함의를 드러내는 것을 목표로 삼지 않을 때조차 매우 효과적으로 정치적일 수 있는 것(<햄릿> <마라/사드>)은 우리의 정치적 조건이 불구와 패륜의 연극적 조건과 다르지 않기 때문이다. 박근형의 주인공들은 피해자이거나 희생자로서가 아니라, 자기 자신의 삶의 가해자로 등장한다. 이때 박근형 인물의 복합성이 제기된다. 인물은 '나'이므로 당연히 애정의 대상이면서, 스스로 삶의 가해자로서 증오의 대상이 된다. 그 인물은 엄 사장처럼, 경숙이 아버지처럼 정겨움과 비열함을 함께 지닌다. <햄릿>의 연출에서 심리적 행동의 무대적 표출로서 기도하는 클로디어스 왕의 머리채를 잡아당기는 것과 동시에, 텍스트 의미 진행 속에서 기도하는 그를 그냥 놓아두는 방식을 취한 것은 바로 이런 이중성의 실현이다.

　　그런 의미에서 박근형의 연극은 천박함과 구성진 맛을 동시에 지닌 뽕짝 음악과도 같다. 박근형의 작품 속에서 이 균형의 유지는 무엇보다 중요하다. 때로 <경숙이, 경숙아버지>에서와 같이 이 균형이 깨어져, 가해자로서의 자신에 대한 증오보다 자기 연민이 강해지면 관객은 박근형 연극을, 아니 관객 스스로의 삶을 멜로드라마로 소비하기도 한다. 그리고 <너무 놀라지 마라>에서처럼 불구성을 너무도 직접적인 방식으로 제시하면 관객은 도리어 제시된 상황 속에서 자기 모습을 보지 않으려 눈을 감기도 한다. 하지만 박근형의 연극을 멜로드라마로 소비하거나 자기기만적으로 해석하려는 시도에도 불구하고, 박근형은 계속 우리에게 일그러진 거울로 우리의 온전한 모습을 비추어 줄 것이다.

박상현
구조의 안과 밖

연극 <405호 아줌마는 참 착하시다>에서는 아파트 앞 동의 각 호수를 시시각각 사진으로 담는 인물이 등장한다. 그런데 이 사진작가는 엿보기의 행위 속에서, 사진 속 각 호수에 살고 있는 인물들의 개인사에는 관심을 두지 않는다. 그는 단지 삶의 표면만을 자신의 사진 속에 담을 뿐이다. 그러나 그의 사진 속에는 그 이상의 것들이 담긴다. 그것은 삶의 구체성을 넘어서는 것, 가시성 속에서 포착되지 않는 것들이 담긴다. 삶의 표피 위에, 이차원적 평면 위에 '죽음' '초월성' 등 차원을 달리하는 관념이 솟구친다. 삶의 표피와 죽음이라는, 완전한 타자들이 어느새 하나의 고리를 이룬다. 평면이 입체를 이루는 이러한 현상을 뫼비우스의 띠라고 부른다.

연출가 박상현은 작가로서 자신의 대표작인 <405호 아줌마는 참 착하시다> 속의 사진작가를 닮았다. 그는 관찰의 대상이 되는 삶의 깊이 속으로 눈물과 땀으로 얼룩지면서 파고들기를 원하지 않는다. 그는 차가운 시선으로, 삶의 표면을 분석하기를 원한다. 그 앞에 펼쳐진 삶은 사진작가가 관찰한 아파트 각각의 호수처럼 구획되어 있다. 아파트 각 호수는 완결된 하나의 세계, 독립된 단위이다. 그러나 그 단위 하나하나 속으로 깊숙이 들어가는 것, 그리하여 그 경험을 세계를 설명하는 보편적 경험으로 제시하는 것에 박상현은 관심을 기울이지 않는다. 그러므로 박상현의 연극 속에는 이야기의 중심으로서의 소실점이 존재하지 않는다. 인물과 그의 감정, 그리고 그가 놓이는 사건들은 점증하는 리듬감 속에서, 차곡차곡 쌓여 하나의 거대한 건축물을 이루지 않으며, 어떤 비등점에 이르러 뜨겁게 끓어오르지도 않는다. 박상현은 이 뜨거움을 경계하며, 항상 대상과 차가운 관찰의 거리를 확보하려 한다.

그가 세계를 관찰하는 행위는 독서의 행위/연극을 보는 행위와, 그리고 그가 세계를 이해하고 설명하는 행위는 글 쓰는 행위/연극을 만드는 행위와 하나의 계열을 이룬다. 그리고 이 두 계열의 행위들은 그의 표현을 따른다면, 공시적으로 통시적으로 연계된다. 관객으로서의 자아, 작가로서의 자아, 그리고 연출로서의 자아, 혹은 그 모든 것을 다시 관찰하는 비평적 자아가 박상현에게는 공시적, 통시적 관계망 속에서 공존한다. 그는 독서하면서 글을 쓰고, 연극을 하는 자신을 바라보고 분석한다.

작가로서 박상현은 파편화된 세계를 이루는 이 단위들을 일상의 무질서 속에서 도출하는 것에 주력한다. 이 단위들을 그는 '구조'라고 부른다. 연출가로서 박상현은 이 구조를 구축하는 요소들을 제시하거나 구조들을 서로 관련짓는 놀이를 즐긴다. 박상현이 즐기는 이 놀이는 보는 이에게 그리 자극적인 놀이가 아니다. 구조와 구조가 연결되고 겹치는 지점에 연출은 분명 그것을 식별할 장치를 마련하지만, 그 장치는 세밀한 관찰에만 포착되는 섬세한 표지만을 갖기에 관객은 그 표지를 놓치기 십상이다.

정영훈 작 <그림 같은 시절>은 신윤복의 그림 열일곱 장을 무대 위에 제시한다. 각각의 그림은 완결된, 독립된 하나의 단위들이다. 작가 정영훈은 이 그림들을 관통하는 하나의 이야기를 펼쳐 놓는다. 정영훈의 글쓰기를 통해 그림들이 꿈틀거리고 생명을 부여받으며, 한순간에 고정된 삶이 과거와 미래를 지니며, 그 시간을 통과하는 희로애락을 동반하게 된다. 그런데 정작 연출가 박상현은 이 그림들을 유연하게 하나의 흐름으로 엮는 것에 관심을 두지 않는다. 박상현의 놀이 속에서 정영훈의 텍스트는 활동사진이 아니라 책 모서리에 그린 그림을 넘겨 움직이는 영상을 얻어 내는 것처럼, 그 움직임이 도리어 정지 상태를 더욱 돋보이게 만드는 그런 움직임 속에 놓인다. 그것은 열일곱 개의 풍속화를 엮은 화첩을 넘기는 것과 같다. 박상현의 연출 속에서 이 그림들이 꿈틀거리는 순간은 이 그림 속 인물들에게 작가가 부여한 이야기가 구현되는 순간이 아니라, 하나의 이야기가, 하나의 그림이 그다음의 이야기와 그림으로 넘어가는 정지의 순간이다. 그림 각각의 연결을 암전으로 처리하면서, 박상현은 이 암전 상태 속에서, 혹은 암전 직전의 정지된 영상 속에서만 감정을 절제된 방식으로 고양한다. 그림에서 출발하여 살아 움직이는 삶이 되었다가 다시 그림으로 되돌아오는 이러한 방식은 하나의 원을 이루면서 그 원 안에서 평면이 입체가 되고 다시 평면으로 돌아오는 뫼비우스적 세계를 경험케 한다.

아리엘 도르프만의 희곡을 각색한 <추적>은 삶이 허구의 소설에 담기고, 다시 이 허구의 소설이 삶이 되어 버리는 이야기를 담고 있다. 이 속에서 인물은 또 다른 인물로, 그리고 또 다른 시간성을 동시에 살아 낸다. 또 하나의 뫼비우스 띠가 그려지는데, 박상현은 무대의 개념으로부터 이 띠를 보여 준다. 그것은 사각의 무대 가장자리를 빛의 띠로 감싸는 형식이다. 물론 이 띠는 이차원의 평면에 머물지만, 이 띠를 밟는 인물들은 안과 밖의, 동일자와 타자의 경계를 허무는 경험을 한다는 점에서 분명 뫼비우스의 띠를 구현한다.

무대 개념을, 그리고 이야기의 형식을, 처음과 끝이 만나게 하는 고리의 형식을 지니게 하는 것은 <모든 것을 가진 여자>에서도 여전히 관찰된다. 혜영과 할머니, 현실과 꿈은 이 고리 속에서 자리를 옮긴다. <자객열전>의 얼개도 이봉창의 의거로부터 윤봉길의 의거에까지, 동일하면서도 다른 의거들이 하나의 띠를 이루도록 제시된다. 그 속에서 박상현은 평면 위에 놓인 글자를 읽는 독서의 행위가 어떻게 실제 삶의 실천적 행위로 차원을 이동하는지, 그리고 개인의 일상적 경험이 어떻게 사회적 경험의 차원으로 이동하는지를 설명하고자 한다. 중국의 고사와 백범의 임정 활동, 체첸의 테러리스트, 그리고 그것을 바라보는 일상 속의 우리 자신이 구조적으로 동형임을 보여 주고자 한다.

이 개개의 사건들, 개개의 구조들이 통시태를 이룬다면 또다시 독서 행위, 글쓰기, 연극 만들기, 연극 보기, 분석하기가 공시태를 이루는 형식을 제시한다. 내용과 형식이, 작가와 연출이, 그리고 일상과 초월의 경계를 허무는 장자적 인식과 비판적 사회의 의식이 통시태와 공시태를 이루는 박상현은 세계를, 연극을, 그리고 자기 자신을 이처럼 구조화한다. 그렇지만 박상현은 구조라는 감옥 속에 갇히지 않는다. 뫼비우스의 띠처럼 그는 항상 구조의 안과 밖에 동시에 존재하기 때문이다. 그렇기에 그는 가장 관념적이며 가장 사회적인 작가이며 연출인 것이다.

박정희
연극의 안과 밖을 파고드는 시선

연출가 박정희를 거론할 때면 해체, 이미지 등등의 단어들이 항상 동원된다. 해체한다는 것은 대상을 설명하는 방식이다. 통합되어 온전히 전체를 이루고 있는 상태와는 다른 모습을 드러내기 위해 대상을 조각내고, 구축된 질서를 흔드는 것이다. 그런데 연출가 박정희는 '설명'이 아닌 '이해'의 방식으로 해체를 추구한다. 그는 한 텍스트를 우리에게 설명해 주기 위해서가 아니라 스스로 납득하기 위해 다가선다. 그것은 연극하기라는 행위 자체를 그가 인식하는 방법이다. 연극은 스스로 세상—이 불가해한 세상—을 이해하는 방식이다. 장 주네, 박상륭, 콜테스, 사라 케인 등 난해한 글쓰기로 잘 알려진 작가들에게 관심을 갖는 것은 그들을 우리에게 설명해 주기 위한 오만한 도전이 아니라, 그들이 파악한 세상의 의미에 자신도 다가가기 위한 소박하고도 절실한 선택이었다.

박상륭의 소설 <평심>을 공연하면서 두꺼운 책의 형상을 무대로 제
시했듯이 그에게 주어진 세상은, 혹은 그가 선택한 세상은 읽어 내고, 우선
납득해야 할 두터운 텍스트이다. 텍스트를 이해하는 것은 당연히 모든 연
출가들이 통과해야 할 과정이지만, 박정희에게는 '텍스트를 읽는 자신'이
바로 연극적 대상이 된다는 점에서 다른 연출들과 차별성을 보여 준다. 그
는 유달리 강한 연출적 자아를 지닌 연출가인 것이다. 이 자아는 텍스트 뒤
로 자신을 숨기지 않고, 극 속의 한 배역이 되어 관객의 시선에 매우 직접
적으로 노출된다.

　　장 주네 작 <하녀들>의 연출에서 두드러진 것은 살인사건을 수사하
는 형사 배역을 설정했다는 점이다. 형사는 하녀 자매 중 한 사람의 죽음의
이유를 탐문한다. 이와 같은 형식은 번역극을 각색한 경우에 흔히 볼 수 있
는 것이지만, 박정희에게 이와 같이 사건-텍스트를 관찰하고 납득하려 하
는 시점자가 반복적으로 관찰된다는 점이 주목할 만하다. 다양한 가능성
속에서 하나의 실마리를 찾아가는 형사처럼, 박정희는 때로 모순되는 이
작품의 개별 요소들을 통합하여 전체를 구성하기보다는 한 가지 이미지를
추출하려 한다. 무대를 욕실로 설정함으로써, 작품이 지닌 제의적 측면을
강조했던 <하녀들>에서 그러하듯 복잡한 의미의 층을 단순화하여, 하나의
이미지를 부각하기에 그의 무대는 간결하며 강렬하다. 관객이 이처럼 연
출가에 의해 포착된 세계를 지나 텍스트를 간접적으로 만나도록 하는 장
치를 반드시 통과해야 하므로, 정서적 접근은 처음부터 차단되어 있다.

　　<발코니>에서 역시 '제3의 시선'이라 고안된 배역으로 연출가는 작
품 안에 머문다. <청혼하려다 죽음을 강요당한 사나이>에서도 배신과 사
랑을 축으로 돌아가는 블랙코미디를 연출로서의 자아를 투영하여 '연극
하기'라는 주제로 읽어 내려 했다. <철로>에서도 동일한 설정이 관찰된다.

박정희는 데이비드 헤어의 작품 속에 자신의 배역을 마련한다. 이번에는 연극 연출가의 역할이다. 그런데 이 작품에서 박정희는 단지 작품의 의미를 이해하기 위한 관찰자 혹은 자기 자신에게 납득 가능한 의미의 발견자로 머물지 않는다. 박정희는 텍스트만을 바라보는 것이 아니라, 텍스트 안에 자신이 자리 잡아야 하는 이유를 질문하기 시작한다.

영국의 철도 문제를 다룬 데이비드 헤어의 작품을 박정희는 대구 지하철 참사와 연결 짓는다. 이제 그는 하나의 텍스트를 자신이 선택한 이유를 '설명'하고자 한다. 헤어의 작품과 평행하게 대구 지하철 참사와 관련된 부분이 작품에 첨가된다. 그러나 이와 같은 박정희의 변모를 주목하는 것은 해외 작품을 우리의 현실과 관련짓고자 하는 노력 때문은 아니다. 그것은 연출가로서의 박정희가 텍스트 안에서 기능하는 방식이 근본적으로 달라졌기 때문이다. <철로>에서의 연출가는 우선 <하녀들> 등의 작품에서 박정희가 위치하던 자리에 놓인다. 연출가는 우선 데이비드 헤어의 원작 희곡 <철로>를 읽는 박정희 자신이다. 그런데 <하녀들>에서 관찰자로서의 형사가 마담 역할로 변모하면서 작품 내부에 개입된다고 하더라도, 그러한 개입이 극중극의 의미작용에 개입하지 않았던 것과 달리, 이제 <철로>에서의 연출가는 극의 의미작용의 생산에 관여하게 된다. 그는 극의 한 배역이며, 동시에 극중극의 배역이다. 데이비드 헤어의 작품은 갑자기 박정희가 분석하고 응시하는 작품으로부터 연출로서 만지고 개입하는 작품이 된다.

고영범 작 <태수는 왜>에서 박정희는 텍스트의 내부로, 그러므로 연극 속으로 더욱 깊숙이 들어선다. 흥미롭게도 고영범의 글쓰기는 박정희가 추구해 왔던 방식을 고스란히 담고 있으며 다시 더 깊이 박정희가 들어서야 할 길을 열어 주고 있다. 우선 한 편의 소설을, 한 편의 텍스트를 매개로 살인사건을 수사하는 형사를 내세우고 있다는 점에서 이 작품은 <하녀들>과 동일한 구성을 지니고 있다. 하지만 <태수는 왜>의 형사는 텍스트의 관찰자에 머물지 않고, 그가 읽는 텍스트와 현실의 관계성을 질문한다. 소설 원고와 현실의 관계에 대한 질문은 박정희 연출에게는 연극과 현실의 관계에 대한 질문으로 제기된다.

<하녀들>에서의 형사가 이미 완결된 사건을, 그리고 완결된 텍스트를 질문의 대상으로 삼는다면, <태수는 왜>에서 소설은, 극의 진행 과정 속에서 쓰이고 있으며, 살인사건 또한 유태수의 죽음이라는 또 하나의 죽음을 향해 진행되므로 여전히 완결되지 않은 상태이다. 완결되지 않은 텍스트와 완결되지 않은 사건을 제시하는, 게다가 누가 이 텍스트를 쓴 저자인지, 그리고 이 모든 죽음의 책임은 누구에게 있는지를 모호하게 만드는 이 작품의 현기증 속으로 박정희는 걸어 들어간다.

예전 같았으면 텍스트를 관찰하면서 죄와 죄책감, 책임과 용서 등의 주제를 포착하고 이를 이미지로 구현하려 했을 터이지만, 박정희는 이제 연극 속에서 느끼는 현기증에 취해 본다. 텍스트를 조각내기보다는, 텍스트 내부에 이미 존재하는 조각들을 서로 잇대어 보면서, 박정희는 형사 역이라는 고정된 시점자로부터, 그러니까 이제껏 텍스트를 이해하려 애쓰던 연극적 자아로부터 벗어난다. 박정희는 현실을 사는 태수의 자리에서 그의 허구를 대신 써나가는 필수의 자리로, 그 모든 자리로 이동하는 방식을 터득한다. 현실이 허구가 되고, 허구가 현실이 되는 이 방식을 만나기 위하여 박정희는 그토록 집요하게 자신의 거의 모든 작품 속에서 '극중극'이라는 연극적 장치를 시도해 본 것이다.

텍스트가 무엇을 말하는가를 '이해'하려던 단계로부터, 한 텍스트는 '왜' 특정한 방식으로 조직되는가를 '설명'하는 단계로 박정희는 이동한다.

밖으로부터 안으로, 관찰자로부터 행위자로 이동하면서 이제 박정희의 연출적 자아는 무대 안쪽 저 깊숙한 곳에서 쉽게 자신을 노출하지 않을 만큼 편안해지고, 또한 복잡해질 것이다. 하나가 아닌 자아로서 허구 속에, 현실 속에 박정희는 자신의 자아를 조각내 분할시키며, 하나에서 다른 하나로 미끄러져 갈 것이다. 해체해야 할 것은 텍스트가 아니라 자신이라는 것을 깨달은 박정희는 자신이 서 있는 무대 깊숙한 곳으로부터 울림이 큰 반향을 전할 것이다.

배요섭
연극의 지속과 삶의 윤리

연출가 배요섭과 그가 일부를 이루는 '뛰다'는 이야기꾼이다. 가면, 인형극, 몸의 움직임 등 비언어적이며 시각적인 것이 두드러져 보임에도 불구하고, '뛰다'는 그 무엇보다도 이야기꾼으로 정의된다. 희곡을 중시하든 그렇지 않든 간에 드라마로서의 연극이 하나의 이야기를 가정하는 것은 너무도 당연하다. 그런데 스스로를 '이야기 광대'로 정의하는 뛰다에게는 '이야기를 하는 것' 그것이 그들 연극의 형식이며, 동시에 그들 연극의 책무이며, 더 나아가 그들 자신의 삶의 모습이다. 그런 의미에서 그들은 자신들의 대표작 <하륵이야기>의 주인공 '하륵'을 닮았다. 하륵은 '하륵'이라는 단 하나의 단어만을 말할 줄 알며, 바로 그 때문에 그것을 제 이름으로 갖게 된다. 그에게는 자신이 하는 말, 이야기와 자신의 존재가 일치하는 것이다.

그런데 이야기꾼이 자신의 존재를 자신의 이야기와 일치시키기 위해서는 이야기 속으로 완전히 들어서서는 안 된다. 이야기꾼은 이야기 속의 한 배역으로서 이야기의 안으로 들어선다. 하지만 이 이야기꾼은 배역이면서 동시에 이야기 밖에서 이야기를 조망하는 시점자로 남는다. 그러므로 그는 이야기의 안에 있으면서 동시에 이야기의 바깥에 있는 것이다. 바깥에 있는 이야기꾼은, 자신이 만들어 내는 허구의 이야기 안에 있는 것이 아니라, 허구 속에 한 발을 그리고 이 이야기를 하는 현실 속에 한 발을 내딛고 있다. 그렇기에 '뛰다'의 연극 속에서, 인형 조종자들은 인형 뒤, 어둠 속으로 숨지 않는다. 자신이 행하는 허구적 행위를 바라보며 그 행위의 의미를 사유하는 '뛰다'의 모습은 광대 요릭의 해골을 들고 사유하는 햄릿을 닮았다.

결국 그들이 사유하는 것은 연극하는 행위가 그들의 삶 속에서 갖는 의미이다. 그런데 이 의미는 연극을 대하는 그들의 진지하고 성실한 자세 혹은 그를 위한 다짐 같은 것이 아니다. 그것은 차라리 모든 해석의 시발점이자, 바로 그것을 통해서만 스스로를 증명하는 존재론이다. 존재론이라는 단어가 조금 거창하게 느껴진다면, 그것 없이는 연극도, 그들의 삶도 의미를 지니지 않는 가장 소박한 원칙이라 바꾸어 말할 수 있을 것이다. 그런데 이 소박한 원칙을 실천한다는 것이 쉽지 않다. 이슬만 먹어야 하는 원칙을 어기고, 괴물처럼 커지고, 마침내 이야기꾼마저 배 속으로 삼켜 버린 '하륵'처럼, 허구의 이야기란 때로 매우 탐욕스럽다. 탐욕스러운 허구는 한낱 '재미있는 이야기'와 동일어이다. 이 탐욕은 '뛰다'를 재미있는 이야기꾼으로 정의하며, 나아가 '뛰다'를 시장에서 생존하는 데 성공한 예외적인 문화상품이라고 스스로 믿어 버리도록 부추긴다.

동시에 이 허구는 '뛰다'를 특정한 장르, 특정한 관객의 테두리 속으로 밀어 넣는다. 허구는 그러므로, '뛰다'가 자기 스스로 삶을 건강하게 영위하면서, 연극이란 행위를 지속해 나가는 것을 위협한다. 탐욕스러운 허구는 '뛰다'를 상품으로 만드는 이데올로기이다. 햄릿의 저 유명한 대사 "사느냐 죽느냐 그것이 문제로다"는, '뛰다'에게는 삶을 삶이게 하는 것(To be)과 삶을 삶이 아닌 것(Not to be)으로 만드는 것의 대립이다. 삶을 삶이 아닌 것으로 만드는 이데올로기의 허구성을 드러낸다는 점에서 '뛰다'의 연극은 정치, 사회적 주제를 전면으로 내세우지 않더라도 이미 브레히트 적인 면모를 지니며, <앨리스 프로젝트>는 앞선 모든 작품의 연장선에 위치한다.

<앨리스 프로젝트>는 <이상한 나라의 앨리스>라는 허구의 이야기로 들어가는 시도이면서 동시에, 우리가 살고 있는 참으로 '이상한 세상'에 관한 이야기이다. 이 이상한 세상에서는 계량화된 것이 진리가 되고, 효용성이 삶의 의미가 되어 버린다. 세상이 모두 침묵할 때, 이야기 광대 '뛰다'는 이제껏 그래 왔던 것처럼 어떤 '이야기'를 하길 원한다. "먹힌다는 것 말고 산다는 건 무슨 의미가 있지?" "이에 대해 숲속의 새들은 침묵했다."

세상에 대한, 세상을 향한 '뛰다'의 이야기는, 그들보다 앞선 세대들의 연극 속에서 관찰되었던 현실 참여적 연극 행위와 차별성이 있다. 그것은 현실 참여적 연극 행위가 이야기 속에서 세상이 지켜 가야 할 윤리의 문제를 다룬다면, '뛰다'는 자신들이 실천해야 할 윤리의 문제를 다루고 있다는 점이다. "너는 누구냐?"라는 하얀 여왕의 질문에 대해 앨리스는 대답한다. "나는 내가 보는 것, 내가 먹는 것, 내가 가는 곳, 내가 살아가는 방식, 내가 죽는 방식." 줌치로부터 나온, 혹은 커다란 책으로부터 나온 이야기가 기거할 몸을 내어 준 '뛰다'는 그들이 공연하는 이야기가 다시 자신의 몸을 입고, 현실 속에서 여전히 살아 있기를 원한다. <앨리스 프로젝트>의 방식

을 빌어 말한다면, 이야기와 현실이 평행선을 긋는 것이 아니라, 이야기와 현실이 서로 관통하는 것을 꿈꾸는 것이다.

재활용 연극을 표명하면서, 그들 연극의 무대와 소도구를 재활용품을 활용하여 제작하는 것으로 알려졌는데, 이는 단지 무대 제작 면모에 그치는 것이 아니다. 재활용이란 우리의 삶이 적극적 상품 소비에 의해 스스로를 소모해 가는 것이 아니라, 삶을 지속시키기 위한 방편이다. 그처럼 이들은 재활용 연극을 추구하는 자세가 그들의 삶을, 그리고 구체적으로는 연극적 삶을 지속시키는 버팀목이 되기를 원한다. '찾아가는 연극'을 하는 이유도 이와 동일한 것이다. 그들은 소외된 지역의 관객을 찾아가 봉사하는 것이 아니라, 그들 스스로에게 연극하는 이유를 납득시킬 수 있는 그런 연극을 찾아가는 것이다.

또한 이와 같은 논리의 당연한 귀결로서, 그들이 형성하게 될 공동체란, 하나의 허구적 이야기를 함께 만들어 가기 위한 공동창작의 단위가 아니라, 연극을 계기로, 아주 오랫동안 함께 연극을 만들면서 살아가게 될, 그리고 그 속에서 반드시 연극이 아닌 삶을 영위하는 이들과도 함께 살아가는 그런 공동체를 꿈꾸는 것이다. 삶의 윤리가 연극을 지속하는 원동력이 되며, 동시에 연극의 윤리가 삶 속에서 실천되는 연극, 그것이 '뛰다'가 그들의 삶과 연극을 '연출'하는 방식이다.

서재형
동시성의 놀이

서재형에 대한 이해의 단초는 그가 오랫동안 몸담았던 극단 물리와 자신의 연극을 펼치기 위해 창단한 극단 '죽도록 달린다'의 이름 속에 이미 담겨 있다. 극단 물리(物理)에서 그는 '사물의 이치'에 대한 나름의 답을 구한다. 그에게 사물은 보이는 그대로가 아니다. 또한 사물은 일상적인 밀도로 구축되지 않는다. '죽도록'이라고 표현하듯이, 그에게 사물이 지닌 진실은 최대치의 한계점까지 도달한 과도함 속에서 드러난다. 가로, 세로, 높이를 갖는 입방체로서의 사물—이 사물은 극장을 닮았다—은 자신이 품어야 하는 과도함 때문에 넘쳐 날 지경이다. 그러나 넘치는 대신, 사물은 밀도를 더한다. 사건과 사건 사이에, 그리고 하나의 발화 상황과 또 다른 발화 상황 사이에 일상적으로 기대되는 시간적 간격을 배치하지 않기에 빽빽한 밀도를 지닌 극 공간과 시간이 만들어진다.

그렇다고 해서 과도하다고 표현한 밀도 때문에 서재형의 무대가 복잡한 것은 아니다. 서재형은 기호적으로는 넘쳐 나지만, 조형적으로는 절제된 극 공간을 제시한다. 조형적, 시각적인 절제 속에서 가득 찬 기호를 담기 위해서 서재형은 청각적 기호를 적극적으로 활용한다. 그런데 그는 소리를 통해 극 상황을, 그리고 그 상황 속 인물의 감정을 표현하거나 암시하는 것이 아니라 '설명'한다. 그의 파트너인 한아름 작가가 <호야>에서, 극 상황과 인물 심리를 설명해 주는 지문을 마치 대사처럼 그대로 배우가 발화하기를 요구하듯이 서재형은 이처럼 의도적으로 과도한 설명으로 극 공간을 채운다.

물론 설명의 방식은 청각적 장치에만 한정되는 것은 아니다. 시각적 장치들도 빈번하게 이러한 설명적 기능을 수행한다. <죽도록 달린다>에서 목걸이나 편지는 그것을 숨겨야 하는 대상인 추기경에게 직접적으로 노출된다. 권력의 놀이라는 극 주제를 함축하고 있는 옥새 또한 관객에게 직접적인 방식으로 제시되고 있다. 그러나 이러한 '설명'에도 불구하고 서재형의 연극은 이상하게도 긴장을 잃지 않는다. 그것은 설명에 의해 발생하는 효과에 머무르며 그 효과 자체를 서재형이 즐기는 것이 아니기 때문이다.

서재형은 한순간에서 다른 순간으로 급박하게 '달려간다'. 과도함이 인물의 감정과 연결될 때, 우리는 한아름이 밑바탕을 그리고, 서재형이 구현한 연극이 기본적으로 '멜로드라마'라는 사실을 알 수 있다. 일반적인 감정을 넘어서는 감정들, 죽도록 슬프거나 죽도록 기쁜, 그리고 매우 빈번하게 죽음의 순간에 이른 인물의 감정을 다루고 있다. 애초부터 과장된 감정을 요구하는 멜로드라마적 상황 속에 인물이 놓여 있는 것이다. 하지만 작가 한아름은 서술적 놀이를 통해서 멜로드라마가 멜로드라마로서 기능하지 않도록 유도한다.

연출가 서재형은 군이 정의하자면 '동시성의 놀이'라 일컬을 수 있는 방식을 통해 한아름의 글쓰기 방식을 무대적으로 구현한다. '동시성의 놀이'란 우선 그가 극 상황을 처리하는 방식에서 관찰될 수 있다. <죽도록 달린다>에서 왕비의 출산 소식을 듣고 왕이 왕비의 방에 찾아왔을 때 달타냥이 왕비의 치마 속에 숨는 장면을 예로 들어 보자.

이 장면의 핵심은 아이의 아버지가 달타냥이라는 사실을 왕이 알아서는 안 된다는 것이다. 그러므로 달타냥이 왕비의 치마 속에 숨는 것은 그가 실제로 치마 속에 숨었다기보다는 아이의 아버지가 달타냥이라는 사실의 은유이다. 서재형은 은유와 사실성을 동시에 사용한다. 달타냥은 실제로 왕비의 치마 속에 숨는다. 관객의 입장에서 달타냥은 숨었지만 너무도 잘 드러난다. 그리고 왕은 이러한 달타냥을 보지 못하지만, 아이가 달타냥의 아이라는 것은 너무도 잘 알고 있다. 서재형은 숨김으로써 더욱 드러내고, 드러냄으로써 더욱 숨기는 이중의 방식을 사용하고 있는 것이다.

'동시성의 놀이'의 또 다른 방식은 인물들이 처한 상황과 시공간이 각기 다르다 하더라도 동시에 처리될 수 있다는 점이다. <죽도록 달린다>에서 달타냥이 여왕을 위해 달릴 때 여왕과 그녀의 경쟁자 추기경 또한 달리고 있었던 것과 같은 방식으로, <호야>에서는 사건이 급박해지면서, 모든 등장인물이 각기 다른 이유로 함께 달린다. 급박한 감정을 고양하기보다 서재형은 인물들의 관계와 갈등 구조를 더 드러내고 싶어 하는 것이다.

귀인을 왕이 죽일 때, 귀인은 죽음의 순간에 한자겸과의 행복한 한때를 기억해 내는데, 이 회상의 장면의 끝에 귀인은 이미 한자겸이 그녀에 앞서 자결했음에도 불구하고, 자신의 기억 속에 떠올린 한자겸과 함께 쓰러진다. 애잔한 음악이 흐르는 이 죽음의 장면은 분명 멜로드라마적 감정을 한껏 고조하는 장면이지만, 서재형은 사랑하는 사람의 죽음과 자신의 죽음을 하나로 여기는 이 인물의 내면을 구현해 내는 데 더 역점을 둔 것이다.

<죽도록 달린다> <왕세자 실종사건> <호야>에 비해 <릴레이>는 보다 사실주의에 가까운 작품이었다. 그런데 기본적으로는 사실적인 무대 장치에 연출이 주제를 바라보는 시각이 강하게 담긴다. 구체적 사물인 문, 거울, 책상, 선반 등이 배치되지만, 이러한 구체적 사물들은 허공에 떠 있거나 속이 비어 있다. 구체적이며 동시에 개념적인 이러한 장치를 통해서 서재형은 눈에 보이는 견고한 세계의 허구성을 이야기한다. 한아름이 남성들에게 내재한 폭력성을 매우 견고한 글쓰기 속에 구축해 놓았다면, 서재형은 폭력성을 가리고 세계의 겉모습, 그리고 폭력성을 합리화하는 그럴듯한 담론들의 허구성을 드러내 준다.

<청춘 18대 1>에서 한아름은 글쓰기의 서술적 조작을 다소 단순화한다. 그렇다면 다른 작품들에서처럼 넘쳐 나는 멜로드라마적인 요소들을 상쇄할 수 있는 장치가 글쓰기의 차원에서 배제된 것이다. 서재형 역시 넘쳐 나는 인물들의 감정을 상쇄할 수 있는 연출적 장치를 찾지 못하고 만다. 그렇기에 <청춘 18대 1>은 그 자체의 완성도나, 관객들의 호응도와 관련 없이 서재형과 한아름의 작업 속에서 조금은 이질적인 작품으로 기억된다.

정서적인 과도함이 깃든 연극을 여기서 우리는 멜로드라마라 칭했고, 서재형은 이를 노래에 빗대어 '발라드'라 부른다. 그리고 멜로드라마를 멜로드라마로 기능하지 않는 형식적 조작을 가한 서재형의 연극 형식을 스스로는 '힙합'이라 부른다. 애초에 과도한 정서로부터 시작하였으므로, 서재형이 자신 극의 기본적인 토대가 멜로임을 부인할 필요는 없다. 단지, 멜로드라마를 다른 방식으로 즐기게 해주는 연출적 조작들을 늘 그에게 기대해 본다. 이완된 사물에 밀도를 주는, 그리하여 일상 속에서 발견하지 못

했던 사물의 이치를 즐기기를 관객은 바라고 있을 테니까. 그가 가장 조작적이었을 때 관객들은 가장 즐겁게 그의 힙합을 즐길 수 있을 것이다.

양정웅
먼 길을 돌아가는 여행자

양정웅은 여행자이다. 그는 세상을 그리고 무대를 가로지른다. 그런데 이 공간 속에서 그는 모든 참된 여행자가 그렇듯이 길을 잃는다. 페르귄트가 그러했듯이 그는 가장 빠른 길로 가고자 하지만 그 자신도 모르게 먼 길을 돌아간다. 양정웅은 공간을 채울 줄 아는 연출가이다. 바로 그렇기에 그는 대극장 기획자들이 그들의 커다란 무대를 맡길 연출을 찾기 위해 고심할 때 떠올리는 몇 안 되는 연출가 중의 한 사람이다. 무대라는 공간을 채운다는 것은, 무대 위에 어떤 것을 놓는다는 것을 말한다. '무대 위에 무엇인가를 놓는 것', 그것을 프랑스어로는 연출하다(mettre en scène)라 일컬으며, 명사형으로 미장센mise en scène이라 부른다.

문제는 '무엇'이라는 목적어를 정의하는 것이다. 일반적으로 양정웅을 이야기하면서 이 무엇의 자리에 '이미지'를 놓는 경우가 많다. 혹은 '몸'

을 말하기도 하고, 양정웅 자신은 '시'를 혹은 '시'의 동의어로서 '음악'을 말하기도 한다. 그에게 무대는, 이처럼 일상의 재현이 아니라, 일상을 벗어난 것인 시를 시각화하기 위한 공간이다. 그런데 이 공간을 채워 가는 방식에서, 양정웅에게서는 모순이 발생한다. 그것은 우선 본질적으로 논리적 이해의 영역을 벗어나는 시를 양정웅은 이해 가능한 것으로 만들고 또 이를 통해 대중과 의사소통하기를 강력하게 원하기 때문이다.

양정웅은 무엇보다 공간을 수렴적인 질서 속에서 인식한다. 그는 무대의 공간에 하나의 중심을 가정하며 그 중심점을 향해 다른 요소들을 질서 있는 공전의 움직임 속에 놓고 싶어 한다. 이러한 공간적 인식은 텍스트를 파악하는 방식, 그리고 그 속에서 인물들을 배치하는 방식에서도 동일하게 드러난다. 그는 중심인물과 앙상블의 관계로 인물들을 배치하는 데 익숙하다. 복합적이며, 상충하는 이질적 요소들이 무질서한 풍요로움을 만들어 내는 셰익스피어를 다루면서 그는 그 무질서를 이해 가능한 것으로 만드는 수렴점을 찾는다.

<맥베스>를 각색했던 <환>의 경우에서 알 수 있듯이 그의 <맥베스>는 이처럼 이해 가능한 핵심으로 수렴하였기에 명료하다. 수렴을 위해서는 군더더기를 잘라 내야 한다. 그래서 그는 주어진 대상을 가장 효율적인 최소의 상태로 축약한다. 맥베스와 레이디 맥베스의 이야기 주변에서 다른 인물과 에피소드는 이들의 이야기를 더욱 강조하기 위해, 그것을 설명하고 치장하기 위해 기능한다. 그리하여 양정웅의 <맥베스>는 단순하면서도 화려하고, 이해 가능하면서 강렬한 이미지를 지닌다. 그런데 이러한 상태는 그의 장점인 동시에 그를 옭아매는 모순을 이룬다. 단순화하면서 그는 혼돈 속의 욕망의 깊이를 잃은, 평면의 그림을 얻었을 뿐이다. 화려하고, 이해 가능한 그 그림은 시적인 환기를 잃는다.

<한여름 밤의 꿈>은 <환>의 희극적 버전이다. 그는 작품이 지닌 삼중의 구조를 잘 드러내면서 '즐거운' 한밤의 축제를 만들어 낸다. 작품의 복합적인 구조의 수렴점은 바로 축제성이며, 이를 더 선명하게 드러내기 위해 그는 보톰과 그 일행들의 연극 연습 장면을 약초 캐는 아줌마가 돼지의 탈을 쓰고, 숲의 요정과 사랑에 빠지는 것으로 각색했다. 분명 이러한 시도는 관객들에게 큰 호응을 얻는다. 그런데 보톰의 일화는, 극 중의 극이라는 장치, 다시 말해서 연극하는 행위 안에서 기능하면서 연극하는 행위의 의미를 되묻는 장치이기 때문에, 양정웅은 결과적으로 자신의 <한여름 밤의 꿈>이라는 축제를 열면서 이 축제가 왜 필요한 것인가에 대한 질문을 생략해 버린 형국이 되었다.

셰익스피어의 언어와 구조를 명쾌히 이해했지만, 그는 부스러기 같은, 이해되지 않는 언어들, 필연적이지 않아 보이는 장치들을 제거하면서 '수수께끼' 풀기를 거부한다. 이미 이 수수께끼를 풀어 버렸기에 그에게 제기되는 질문은 더 이상 수수께끼가 아니다. 그는 스스로 만들어 낸 명쾌한 답에 '만족한다'. 그는 이제 페르귄트이면서 동시에 트롤이다. 인간과 동물이 결합한 형상을 한 스핑크스가 모순을 형상화한 것이라면, 그는 자신의 모순이 제기하는 질문, 그 수수께끼에 답을 해야 한다. 그 수수께끼는 바로 '너는 누구인가'이며, 연출가 양정웅에게 이 질문은 당연히 연극하는 자아란 과연 무엇인가라는 질문으로 주어진다.

<페르귄트>의 무대를 형상화하면서, 그는 무대 뒤편에 대형 거울을 설치한다. 이 거울은 작품의 주제를 수렴하는 시각적 장치가 아니다. 이 거울은 페르귄트의 자아를 비추어 주는 거울인 동시에, 양정웅과 '여행자'를 비추는 연습실 벽면을 채우고 있는 거울이기도 하다. 그러므로 양정웅은 <페르귄트>의 무대 위에 자신의 연극적 자아에 대한 질문을 놓기를 회피

하지 않는다.

　연극적 수수께끼의 질문과 답은 항상 수수께끼 그 자체인 텍스트 속에 있다. 이제 그는 쉽게 수수께끼의 답을 속단하지 않는다. 명료하고 쉽게 이해 가능한 답을 제시하기 위해 이 수수께끼를 가운데의 중심점, 그가 본질이며 알맹이라고 생각하는 작은 수렴점으로 환원시키지 않는다. 페르귄트가 벗기는 양파처럼 가운데 알맹이란 애초에 존재하지 않는다. 양정웅은 <페르귄트>라는 길고 장황한 텍스트를 명료한 주제로 함축하기보다는 단어 하나하나 문장 하나하나의 수수께끼를 풀고자 한다. 그것은 페르귄트가 풀어 가는 인생의 수수께끼이면서 동시에 양정웅이 맞서야 하는 연극의 수수께끼이기도 하다.

　그리고 이제 양정웅은 비로소, 자신이 다루는 대상과 자신을 일치시킨다. 항상 그것과 일치하기를 원했으며 또 항상 일치한다고 생각했던, 자기 자신을 이제 그는 찾는다. 무대를 채울 줄 아는 연출가 양정웅은 비로소 무대를, 공간을 자기 자신으로 채운다. 투명한 구조물 속에 실오라기 하나 걸치지 않고 들어서는 페르귄트 역의 배우처럼, 비로소 그가 항상 갈망했으나 이제껏 구현하지 못했던 가난한, 헐벗은, 그 자신의 이미지를, 공간의 시를 시각화한다. 죽은 사물에 생명을 돌려주는 언어가 시라 한다면, 주검을 가두는 관과 식물을 키우는 화분을 하나로 결합한 이 투명한 구조물, 그리고 그 확장형으로서의 이 헐벗은 공간을 양정웅은 비로소 자기 자신의 시로 채운 것이다. 그의 여정은 계속되고, 그에 대한 평가는 다음 사거리, 그의 다음 무대, 그가 맞서야 할 또 다른 수수께끼, 또 한 장의 양파 껍질을 삼킬 때까지 유보된다.

윤한솔
과도함의 미학

    연출가 윤한솔에게는 과도함이 있다. 조화롭고 균형 잡힌, 적절한, 경제적이고 효율적인 상태를 벗어나 거칠고 부조화하고, 의미가 부분적으로만 증폭되고, 다성적이고 다초점으로 구축되는 그의 세계는 불완전하고 치기 어린 것으로 비칠 수도 있다. 하지만 이 과도함은 전략적인 도발을 위한 것이라기보다는 윤한솔의 예술적 자아가 지닌 모순의 결과이다. 그는 모순을 감추려 하지 않는다. 작품 속에서 그렇듯이 그는 항상 모순을 증폭한다. 모순으로부터 오는 과도함, 그리고 이 과도함에 대한 충실성이 윤한솔의 세계를 의미 있게 하며 우리 연극계의 지형도를 풍요롭게 한다.

    윤한솔이 근대성과 탈근대성이 하나를 이루는 자아를 지니고 있다는 사실에서 그 모순은 시작된다. 그는 오래 지속될 미래의 당위를, 모더니티의 기획을 여전히 믿고 있으며 따라서 자신의 믿음을 지탱시켜야 하는 싸움을 지속한다. 하지만 그는 세상과 직접적인 싸움을 벌이지는 않는다. 나아가 싸움 속에서 자신의 편으로 삼고자 하는 관객들을 다독이고 설득하고 감동으로 감싸지 않는다. 그들과 화음을 이루려 하지 않는다. 그는 우선 자기편에게 싸움을 건다. 세상의 소음을 가리는 화음 속에서 함께 도취되기보다는 세상의 소음과는 결이 다른 불협화음을 만들고 그 불협화음 때문에 세상의 소음이 더욱 분명해지게 한다. 그리하여 세상이라는 타자가 결국 나라는 동일자, 관객 자신과 완전히 구분되는 것이 아님을 드러내고자 하는 것이다.

결국 내 안의 타자, 타자 안의 나와의 싸움을 벌이기 위해서 그들이 공모하는 방식을 끊어야 한다. 그 공모 관계는 언어적인 관계로부터 시작한다. 그렇기에 그 공모 방식을 교란하기 위한 싸움은 텍스트의 해석으로부터 시작된다. 텍스트의 형식으로 주어진 언어체, 의미체, 이데올로기의 덩어리 앞에서 윤한솔은 이를 또 다른 의미체로 완전히 바꾸고자 하지는 않는다. 그는 대체자이기보다는 교란자이기를 자임한다. 그는 주어진 해석의 망을 이루는 씨실과 날실 몇 줄을 끊는다. 팽팽하던 의미망은 이내 긴장을 잃는다. 그 자리에 텍스트 전체를 커버하지는 않는다고 하더라도 부분적인 새로운 의미체가 자리 잡게 한다.

부분 부분이 모자이크되는 방식으로 윤한솔의 해석망은 구성된다. 따라서 부분과 부분은 서로 극적 긴장을 산출하지 않은 채 병렬된다. 유연한 흐름을 지니지 않기에 이 병렬된 개개의 부분은 스스로 에너지를 키우도록 조작되어 있다. 이를 감내하고 그 조작의 놀이에 동참한다면 윤한솔의 작품이 즐거움을 선사하는 것이며, 그렇지 않다면 이 강한 에너지들의 연쇄가 관객을 피로하게 할 수 있다. 하지만 부분들의 모자이크는 멀리서 바라볼 때 하나의 밑그림을 이룬다. 섬세하지는 않지만 개개의 부분들이 의미로 가득 차 있는 그런 밑그림으로서의 의미체를 윤한솔은 제시한다.

데뷔작은 아닐지라도 윤한솔이 대학로의 무대에 처음 스스로를 알린 <나는 기쁘다>는 그 자신의 방향성을 스스로 보여 준 작품이면서, 동시에 관객의 반응에 의해서 그의 방향성이 다시 공고해지는 계기가 된 작품이다. 주제보다 형식적인 측면을 강조했지만, 결과적으로 관객은 작품의 사회적 주제에 큰 공감을 표했다. 윤한솔이 관객을 불편하게 만들고자 하더라도 관객은 그가 가고자 하는 방향을 정확히 읽어 내고 있는 것이다. 윤한솔은 '나는 기쁘다'라는 언어가 '나는 고통스럽다'라는 울림을 갖게 만드는 데 연출을 집중시킨다. 극단 내부에서, 제작의 과정에서 집필된 텍스트를 기반으로 하고 있기에 주어진 텍스트를 해체하는 것이 아니라, 텍스트가 향하는 방향을 더욱 멀리까지 밀고 나가는 작업이었다. 이 경우에도 윤한솔은 정상적 흐름 속에 놓여야 할 요소를 대체해 버린다. 하나의 이야기 흐름 속에서 읽혀야 할 인물을 극의 다른 부분에서 또 다른 배우에 의해서 수행하게 하는 방식을 사용한다. 작품의 긴장과 심리적 증폭을 희생시키면서 모든 이들에게 발생할 수 있는 경험의 보편성을 더 강조하고자 하는 그의 방식이 잘 드러난다.

<진과 준>에서 그는 박상현 텍스트의 서정성을 경계한다. 본디 하나였지만 둘로 나뉜 것에 관한 이야기를 사적인 영역의 사랑 이야기로부터 분단과 세계 체제의 문제까지로 확대해 가려는 것이 작가의 의도였다. 그러므로 둘로부터 하나로 향하는 간절한 몸짓이 작가가 가고자 하는 방향이었다면, 윤한솔은 하나를 둘로 나누어 놓는 힘에 더욱 관심을 둔다. 그것은 삶을 불구로 만드는 역겨운 힘이다. 작가가 부분들이 이루는 구조를 투명하게 드러내고 그 구조들이 서로를 향하는 반향에 관심을 갖는다면, 연출가는 구조에 관심을 두지 않는다. 그는 투명함을 믿지 않는다. 텍스트

를, 그 부분들을 더욱 불투명하게 만들고 이제껏 조화로운 색이 가리고 있었던 현실을 그 불투명한 색을 통해 왜곡된, 그로테스크한 방식으로 체험하게 하는 것이다. 승화된 세계로 나아가려는 작가를 그는 포르노그래피의 세계로 데려간다. 그것은 바로 싸움의 끝을 상정하는 방식의 차이이다. 그는 항상 싸움 뒤에 그 결과를 인격화하고 깊어지며, 승화되는 지점을 그려 보지 않는다. 그에게는 싸움은 항상 전투적이며 진행형이다.

<사람은 사람에게 늑대>에게서도 그는 작가 고재귀가 가고자 했던 방향으로 가지 않는다. 텍스트의 구성은 사랑 이야기, 일상의 이야기로 보이면서 그 안으로 은유적인 주제가 흐르기를 원하고 있지만, 윤한솔은 은유라는 수사학적 장치의 세련됨을 파괴하고자 한다. 더욱이 막간에서 이루어져야 할 일들을 그는 무대 위에, 관객의 시선에 노출한다. 퇴장하지 못하는 인물들은 있는 그대로 까발려진다. 화장실을 가는 것으로 퇴장해야 하는 인물은 벽 없는 화장실 변기에 앉아 관객 앞에서 바지를, 치마를 내려야 한다. 관객은 굳이 그럴 필요가 있냐는 의문을 가져 보지만 윤한솔은 막무가내이다. 막무가내로 그가 까발린 인간은 익명성 뒤에 숨어 있는 비겁하고 위선적인 존재이다.

그리고 윤한솔은 한발 더 나아가 그 위선이라는 사회적 행위 앞에서 무력한 모습을 관객 자신에게 가차 없이 들이민다. 관객은 사회적 위선자로서 늑대라는 자신의 모습을 확인하며, 동시에 다른 늑대 앞에는 양이 되는 자신의 무력함을 절감한다. 늑대와 양의 관계에 대해 숙고해 본 윤한솔이 국립극단의 단막극 시리즈에 참여하면서 이강백의 <파수꾼>을 선택했던 것은 우연이 아니다. 그에게 <파수꾼>은 더 이상 이데올로기의 허구성을 드러내는 우화가 아니다. 그는 이 이야기가 우화라는 간접적 장치로서가 아니라 직접적인 언어로 작동하기를 원했다. "이리 떼가 나타났다"라고

외친다면, 그 이리 때는 '현재'의 시점에서 누구인가를 구체적으로 드러내기를 원하는 것이다. 윤한솔에게 그것은 허구의 권력이 아니며, 밖으로부터 오는 음모가 아니다. 윤한솔은 우선 망루 위 파수꾼은 한낱 인형에 불과했음을 보여 준다. 그리고 그 인형을 땅에 떨어뜨리고 불살라 버린다. 하지만 그가 하고 싶은 이야기는 그것이 아니다. 한낱 인형에 불과한 허구성이 우리를 옥죄는 힘이라고 그는 생각하지 않는다. 젊은 파수꾼이 망루에 올랐을 때, 저 벌판 너머로 상정된 스크린에는 젊은 파수꾼의 영상이 비친다. 바로 그를 보면서 젊은 파수꾼은 "아무것도 없다"라고 말하며 또 "이리 때가 나타났다"라고 외친다. 그는 아무도 아니면서 동시에 이리인 것이며, 이는 <사람은 사람에게 늑대>에서 그가 보여 준 바와 정확히 일치하는 사유이다.

이리는 파수꾼 자신이다. 비대한 여성으로 인물을 상정한 것은, 그리고 식탁과 만찬을 상정한 것은, 또한 성적인 코드를 사용한 것은 젊은 파수꾼의 욕망을 드러내고자 하기 때문이다. 젊은 파수꾼은 순수한 상태로부터 이데올로기를 받아들이는 상태로 고통스럽게 전이되도록 강요받는 것이 아니다. 그가, 그의 욕망이 바로 이데올로기의 생산자인 것이다. 가해자인 파수꾼, 위선자로서의 파수꾼이 우리 시대, 윤한솔이 읽어 내는 파수꾼의 모습이다. 그에게 기표는 비어 있는 것이 아니다. 기표를 발화하는 자는 우리들이다.

<누가 무하마드 알리의 관자놀이에 미사일 펀치를 꽂았는가?>에서도 그는 이처럼 구조들 사이에서 빈 형식으로 구동하는 권력의 이야기에 회의를 갖는다. 작가와 함께 작업하면서 그는 구조적 텍스트로 이미 발표된 이 작품을 작가가 수정하도록 설득한다. 만일 권력이 작동하는 방식이 이미 드러나 있다면, 이미 드러난 것을 다시 드러낼 것이 아니라 모습을 드

러낸 적과 싸울 일만이 남은 것이다. 싸움의 대상이 너무도 거대하기에 그 승산이 거의 없어 보이지만 '견리사의 견위수명'이라는 근대적 믿음만을 지닌 채 윤한솔은 싸움을 이어 간다. 아무도 믿지 않지만 그는 오늘도 "늑대가 나타났다"를 외친다. 우리에게 늑대를 피하라는 경고가 아니라, 우리 자신이 늑대임을 고발하는 외침이다. 그는 늑대를, 이리 떼를 기어코 잡겠다는 것이다.

해석학적 연출
텍스트 앞의 윤한솔

윤한솔은 '시대착오적'인 연출가이다. 2014년에 <1984>에 도전하는 그는 분명 시대착오적이다. 이미 새천년에 들어서면서 <굿모닝 미스터 오웰>을 통해서 백남준이 의심을 풀어 버린 그 빅 브라더의 위협을 윤한솔은 다시 경고하려는 것이니 말이다. '포스트드라마'라는 이름으로, 진리보다는 개별적인 것들의 차이를 내세우며 의미보다는 형식, 말보다는 몸의 연극을 주장하는 시대에 그는 여전히 진리의 존재를 믿기 때문이다.

그럼에도 불구하고 윤한솔이 우리 시대에 가장 주목받는 연출가인 것은 우리 시대가 불행하게도 매우 시대착오적이기 때문이다. 물론 '시대착오적'이라는 단어를 우리 시대와 윤한솔에게 적용할 때는 반대의 뜻으로 사용한다. 진리가 하나의 도그마가 되기 한참 전에 우리 시대는 진리라는 단어를 비웃으며, 용도 폐기해 버렸다. 도그마가 되지 못하고 힘을 잃어 버렸음에도 불구하고 오히려 이러한 진리에 '대항'하여 단일 항으로서의 진리를 파괴하려는 소위 '해체'의 시도에 윤한솔은 동의하지 않는다.

그렇지만 윤한솔의 연극을 해체적인 작업과 혼동하게 되는 경우가 자주 있다. 그의 작업은 진리를 윤리적인 명제로 파악하거나 숭고한 지시체로 파악하려는 시도와 확연하게 다르다. 또한 그는 감정적 카타르시스로서의 진리 체험을 극도로 경계한다. 그러나 그는 진리를 향하는 '의미'를 결코 해체하지 않는다. 그가 대항하고 해체하고자 하는 것은 진리를 향하는 것을 방해하는 의미체 즉 이데올로기이다. 이데올로기는 타인에 의해 강요된 의미이다. 윤한솔은 의미를 스스로 구축하기를 원한다.

무의미한 세계 속에서 의미를 복구해 내기 위해서, 윤한솔은 세상이라고 하는, 혹은 세상에 대한 '텍스트'를 필요로 한다. 그리고 그는 텍스트의 앞에 선다. 텍스트를 이해하기 위하여 그는 절대로 텍스트의 배후, 텍스트의 뒷면을 보고자 하지 않는다. 텍스트의 의미를 결정짓게 하는 배후의 모든 것으로부터 그는 자유롭고자 한다. 그는 텍스트를 설명하고자 하지 않는다. 결국 그는 텍스트로부터 오는 말을 경청하지 않는다. 그것은 텍스트를 무시하는 것이 아니라 텍스트의 배면으로부터 오는 텍스트가 아닌 것을 경계하기 때문이다. 다시 말해 텍스트가 왜곡된 방식으로 구성하는 나를 경계하는 것이다.

더불어 그는 텍스트가 조직되는 방식을 드러내는 것에도 본질적인 관심을 두지 않는다. 하나의 구조 혹은 체계로서의 텍스트는 랑그이다. 윤한솔과 함께 그린피그를 이끄는 박상현이 랑그에 관심을 두는 구조주의적 연극을 추구한다면, 윤한솔은 해석학적 연극을 추구한다. 윤한솔은 보편적이고 잠재적인 체계보다는 구체적인 발화체로서의 파롤을 원한다. 보다 정확히 말한다면 파롤이라는 담화의 사건을 통해서 랑그를 실현하고자 하는 것이다. 이때 발화 행위가 바로 연출 행위인 것이다.

윤한솔은 텍스트라는 체계를 가지고, 스스로 말을 한다. 그러므로 텍스트 앞에서 그는 자신을 이해하고 구성한다. 말한다는 것이 행위이므로, 텍스트 앞에서 자기 이해의 말을 통해서 세상을 지시하는 행위가 바로 윤한솔의 해석학적 연극인 것이다. 텍스트 차원에서 차단되었던 세상과의 지시 관계를 복구시키는 것이다. 이를 통해 윤한솔의 연극은 재현의 연극에서 현존의 연극으로 이동한다. 극 텍스트로부터 연출을 위해서는 '행위'를 도출해야 하는 것인데, 윤한솔은 텍스트에서 행위를 도출하고 이를 재현한다기보다는 텍스트로부터 행위로 자신을 이행시킨다. 텍스트를 스스로 발화하는 '행위'가 그의 연극을 이루는 것이다. 그렇기에 그에게서 미학적 행위와 개인으로서의 정치적 행위가 분리되지 않고 일치할 수 있다.

연기 혹은 연출이라는 말 그 자체가 해석(interpretation)과 동의어이지만, 윤한솔은 대상이 아니라, 그것을 해석하는 주체를 드러내는 것으로의 연극을 고집스럽게 추구한다. 자신의 해석이 대상으로서의 텍스트를 더욱 돋보이게 하는 것을 연출의 임무로 상정하는 경우가 더 빈번하지만, 윤한솔에게는 텍스트 앞의 '나'가 더욱 중요하다. 그렇다고 텍스트와 해석자인 내가 완전히 유리되어 텍스트와 전혀 별개의 나의 사유만을 보여 주는 것은 아니다. 이미 나는 텍스트 안에 포섭되어 있다. 리쾨르식으로 말한다면, 내가 포함된 문서를 풀어냄으로써 내가 나를 이해하는 것이다.

관객은 하나의 텍스트 앞에 선 연출가 윤한솔의 해석을 다시 텍스트로서 자신의 앞에 놓고 있다. <나는야 섹스왕>에서 윤한솔이 무대 위에 직접 오른 것은 절대 우연이 아니다. 관객은 윤한솔을 앞에 놓고 있으며, 윤한솔은 적극적으로 관객을 자신의 자리로 초대하고 있다. '적벽가'를 <이야기의 방식, 노래의 방식: 데모 버전>으로 공연할 때 윤한솔은 '적벽가'를 자신의 앞에 놓고 있다. 그런데 윤한솔이 앞에 놓은 적벽가는 적벽가 그 자체가 아니다. 그것은 적벽가 앞에서, 적벽가에 대해서 아니 적벽가를 가지고 윤한솔이 말하는 하나의 방식으로서의 적벽가인 것이다. 윤한솔은 적벽가 그 자체가 아니라, 전통이 현재의 자신을 구성하는 방식을 이해하고 싶어 한다. 적벽가의 '군사 설움' 대목은 윤한솔의 발화 속에서 5.18 광주 민주화 운동을 지시한다. <빨갱이 갱생에 관한 연구>의 텍스트는 박정근 사건이다. 리트윗 때문에 국가보안법의 적용을 받은 박정근 씨가 직접 출연한 사건 관련 영상이 원 텍스트이다. 윤한솔은 이 사건을 설명하려 하지 않는다. 그는 이 텍스트를 자신의 말하기 속에서 완성하고자 한다.

<1984년> 이후 30년이 되는 오늘, 윤한솔이 이 작품 앞에 서서 말할 때 그의 말은 당연히 현재의 말이다. 그것은 작품을 현대화시키는 것이 아니다. 그것은 현재형으로서 이 작품이 윤한솔 개인을 통해 이해되고, 해석되고 발화되는 것을 말한다. 백남준의 예측과 달리 <1984년>의 시간성으로부터 전혀 벗어나지 못한 이 시대착오적인 대한민국에서, 조지 오웰의 소설은 '동시대적인' 의미를 구축하게 된다. 동시대성이란 아감벤이 말하듯이 "시대착오를 통해 시대에 들러붙음으로써 시대와 맺는 관계"[29]이다.

이성열
백수광부 되기

　　<공무도하가>에서 따왔을 '백수광부(白首狂夫)'라는 극단의 이름 속에는 죽음을 향해 물을 건너는 이의 비극과 함께, 광인의 웃음이 들어 있다. 극단의 이름을 정하면서 그가 이를 의도한 것은 아니었겠지만, 비극성과 웃음의 공존은 분명 연출가 이성열을 이해하는 단초이다. 강으로 뛰어든 '백수광부'가, 벌판을 헤매는 리어왕을 닮았듯이, 이성열은 비극과 희극이 교차하는 셰익스피어적인 상황을 가장 원초적인 연극적 상황으로 받아들인다. 결국 그가 찾고자 하는 것은 모순되는 두 항의 충돌이 연극을 발생시키는 순간이다. 그는 세상 속에서, 그리고 그가 읽는 희곡 속에서 이와 같은 충돌의 순간을 찾아내려 한다. 비극과 희극, 울음과 웃음이, 관념과 현실이, 추상적인 것과 구체적인 것이 만나는 그 모든 순간을 이성열은 연극이 태동하는 순간으로 바라본다.

장정일, 체호프, 박상현, 윤영선, 유미리, 최치언 등의 작가들에게서 그가 찾은 것이 바로 이와 같은 연극적 상황이다. 그런데 연출가 이성열이 이 순간을 바라보는 것은 웃고 있는 '광부(狂夫)'의 자리에서도 아니며, 눈물짓는 백수광부 아내의 자리에서도 아니다. 그의 연극 속에서 모든 논리를 그저 간단히 압도하는 강렬한 에너지의 분출도, 관객을 한껏 고양하는 감정의 덩어리도 발견할 수 없다. 그는 일정한 거리 너머로부터 관찰자로서, 비극적 상황 속에서 웃고 있는 백수광부를 바라보면서 그 상황을 분석하고 설명하기를 원한다. 그러므로 그의 연극은 추상적 텍스트를 다룰 때조차도 구체적이며 사실적이다. 하지만 그의 연극이 구체적이고 사실적이라고 말하는 것과 그의 연극이 리얼리즘을 지녔다고 말하는 것은 같은 것이 아니다. 현실에 객관적으로 접근하기에는 이성열은 인간에 대한 믿음을 놓지 않는다. 그렇기에 그의 연극은 현실보다 조금 더 따뜻하다.

이성열을 이해하기 위한 지름길은 그가 윤영선을 만난 방식을 따라가는 것이다. 윤영선 작품 중 외적인 형식을 극명하게 달리했던 <키스>와 <여행>을 일관되게 통과하는 이성열의 방식을 관찰할 수 있기 때문이다. 윤영선의 <키스>의 추상적이고 관념적인 언어가 그에게 주어졌을 때, 이성열은 그 언어가 지닌 생경한 진지함을 그대로 받아들이지 않았다. 김동현이 윤영선 언어의 내면을 쪼개고, 박상현이 관념 그 자체의 이미지를 추출하고자 했다면, 이성열은 윤영선의 그 진지한 언어를 우선 웃음으로 발화시켰다. 그 결과 "나 여기 있어" "나도 여기 있어" 등의 대사들은 장난치는 두 인물의 놀이가 되어 버렸다. 그렇다고 그 웃음의 놀이 속에 어떤 역설적 의미를 숨겨 놓은 것도 아니었다. 그는 추상과 관념을 웃음이라는 가장 구체적인 삶과 충돌시킨 것이다. 그렇게 함으로써 이성열은 그가 즉각적으로 받아들이기 힘든 윤영선의 언어들을 관찰하며, 그 헤아릴 수 없는 추상성이 구체적 삶과 맺는 관련성을 탐색하기 시작한다. 그렇기에 그의 <키스>에는 관찰자가 등장한다. 영화감독을 희망하는 현재 주방기구 외판원인 한 젊은이, 그러니까 현재형의 구체적인 시선을 빌어, 그는 헤아릴 수 없는 언어를 납득하고 설명하기를 시도한다. 그는 '광부'로서가 아니라, 헤아릴 수 없는 세상을 '이성'으로 재구축하는 작업을 시도한다. '나'와 '너'를 나누는 '여기'와 '거기'의 거리는 윤영선에게는 존재와 존재를 가로막는 거리였겠지만, 이성열에게서는 90년대 대한민국에서 살아가는 20대 후반의 젊은이의 꿈과 현실 사이의 '거리'로 설명된다. 추상성을 웃음으로 맞이하면서 그는 텍스트에 구체적이고 현실적인 맥락을 부여해 준다.

　　<여행>이 지닌 구체성은 이해와 설명을 굳이 요구하지 않는다. 웃음은 이미 작품에 내재되어 있다. 웃음을 자아낸다기보다는 우스운, 하잘것없는 인물들이 작품을 채우고 있다. 작가 윤영선에게 인생이라는 하잘것없는 사건을 대하는 허무주의적 면모가 엿보인다면, 연출가 이성열은 이 하잘것없는 인물들에 대해 따스한 연민을 지니고 있다. 그에게 웃음은 절대 삶에 대한 냉소가 아니다. 이성열의 웃음은 삶을 긍정하기 위한 웃음이다. <키스>에서 그가 추가했던 관찰자로서의 인물의 꿈과 현실의 괴리가 더욱 벌어져, 이제 <여행>에서의 중년들의 삶은 온전하고 바르게 설 수 있는 가능성이 다 사라지고, 허깨비로만 남았다. 그럼에도 불구하고 이성열은 이들을, 삶을 포기하지 않는다. 관찰의 거리 너머에서 삶을 구체적으로 받아들이고, 그 구체적 삶을 긍정하는 건강함이 이성열에게는 내재해 있다.

　　유미리의 세계는 이성열의 세계와는 반대로 건강함을 상실하고 조각나고 부서진 세계이다. 하지만 유미리가 제시한 파괴된 삶의 조각들을 복원하는 것 또한 삶을 긍정하는 다른 방식이기도 하다. <물고기의 축제>

는 <여행>과 마찬가지로 죽음과 장례의 의식을 다루고 있다. 유미리의 세계가 윤영선의 세계보다 훨씬 공격적이며 파괴적임에도 불구하고, 이성열은 <여행>에서 보다 훨씬 적극적인 방식으로 웃음을 활용하고자 한다. 죽음과 죽음을 위한 제식을 부조리하게 만드는 모든 요소들조차 이성열에게는 부조리하지 않다. 장의사, 수박 장수, 스님들, 할머니 등의 인물들은 모두 희극적 장치로 사용된다. 이 희극적 장치는 재회한 가족이 서로의 옛 상처를 덧나게 하거나, 광 속의 어항이라는 죽음의 공간에 다가서는 것을 막아 준다. 도리어 장례 의식은 이 가족의 화해의 축제로 변모한다. 그 축제가 시끌벅적한 기쁨의 장일 수는 없지만, 파괴된 가정이 복원되는 행복하고 따스한 순간임에 틀림없다. 후유오의 죽음과 맞바꾼, 그리하여 후유오의 사진이 도려내진 가족사진일 수밖에 없을 마지막 장면에서 이성열은 첫 장면의 사진에서 존재하지 않았던 후유오를 추가함으로써 복원된 가족의 이미지를 제공한다. 결핍의 공간을 이성열은 충족의 공간으로 바꾸어 놓은 것이다.

최치언의 <밤비 내리는 영동교를 홀로 걷는 이 마음>은 부조리로 가득한 세상을 제시한다. 이 작품을 초연했던 김동현 연출 역시 이 부조리함을 극대화하려 했다. 하지만 이성열은 그 부조리함을 당연한 조건으로 받아들인다. 벽을 밀어붙이고, 상황과 전혀 관련 없는 인물들이 들어선다고 하더라도, 이성열의 인물들은 놀라는 대신 이를 이내 당연한 듯, 오래전부터 삶의 일부였듯이 받아들인다. 부조리 그 자체가 아니라 부조리함의 현실 속에서의 실재가 강조되는 것이다. 그 때문에 원작의 다분히 블랙코미디적인 요소가 이성열의 연출 속에서는 블랙이라는 접두사가 제시하는 차가움을 벗고, 일상적인 코미디로 변모한다.

이성열이 제시하는 작은 웃음으로 비극으로 가득 찬 세상을 과연 지탱할 수 있을지는 모른다. 다만 점차 그가 '백수광부(白首狂夫)'와 한 몸이 되어 가고 있다는 것, 그러므로 비극 속에서 웃으며 견디고 있다는 것만은 분명하다.

임도완
삶의 형식인 움직임의 포착

임도완과 사다리움직임연구소는 우리 연극의 지형도에서 예외적인 자리를 차지하고 있다. 이 예외성은 언어극이 아닌 신체극, 움직임의 연극을 추구한다는 점 때문이기도 하지만, 단지 그들이 지향하는 연극의 방향성 때문만이 아니라, 그것을 구현하는 과정에서 이들이 보여 주는 섬세함이 오히려 더 큰 이유가 될 것이다.

임도완이 표방하는 움직임의 연극은 그 형식에 대한 우리의 최초의 생각으로부터 멀리 있다. 왜냐하면, 임도완에게 신체 연극이란 표현하고자 하는 모티프나 생각, 이미지, 혹은 하나의 텍스트를 신체의 행위를 통해 압축적으로 구현하거나 상징화하는 것과는 다른 것이기 때문이다. 또한 몸이 언어를 대체하기 위한 연극도 아니다. 임도완에게 신체 혹은 움직임은 결코 언어 그리고 텍스트와 대립되는 개념이 아니다.

움직임을 표방하는 다른 그룹들과 다르게 체호프 혹은 뷔히너 등과 같은 문학적 텍스트에 강점을 지닌 것이 바로 이 때문이다. 그는 풍요로운 언어를 단순화된 육체적 기호로 환치하지 않는다. 대신 임도완은 텍스트 안으로 깊숙이 들어서서, 텍스트가 담고 있는 '삶'을 포착한다. 그런데 이 때 임도완이 다른 형태의 연극을 추구하는 이들과 차별성을 보여 주는 점은, 그가 텍스트 내부의 삶의 '내용'이 아니라 '형식'에 주목한다는 점이다. 그에게 내용은 형식을 둘러싸고 있는 다양한 무늬의 껍질에 불과하며, 형식은 본질로 환원된 삶이며, 삶의 저 안쪽에서 삶을 움직이게 만드는 것이다.

움직임 연극의 대가 자크 르콕은 본질로 환원된 삶을 '정서 혹은 감정'이라 칭한다. 그런데 이때 '정서'는 스타니슬랍스키적인 의미와는 구분된다. 자크 르콕은 정서(émotion)란 어원적으로 '움직이게 만든다mettre en mouvement'라는 뜻을 품고 있음에 주목한다. 그런 의미에서 정서는 형식이며, 움직임 그 자체이다. 그러므로 정서란 스타니슬랍스키의 경우처럼 배우가 자신의 것으로 가져야 할, 혹은 그것이 되어야 할 '상태'가 아니라, 배우가 텍스트의 삶으로부터 추출해야 할 '역동성'인 것이다. '텍스트에 내재한 삶의 움직임의 형식을 드러내는 것', 바로 이것이 임도완 연출의 출발점이다. 텍스트의 삶의 형식이라는 측면에서 텍스트가 제시하는 '장르' 자체에 임도완은 주목한다. 어릿광대극, 코미디, 소극, 멜로드라마, 비극 등 장르는 이미 그것이 담고 있는 메시지와 하나의 몸을 이루고 있다. 주어진 장르를 연기한다는 것, 그것은 임도완에게 주제를 말하는 것과 다르지 않다.

임도완의 출발점에는 <휴먼 코미디>가 있다. 세 개의 독립적인 에피소드를 엮은 <휴먼 코미디>는 임도완의 문법을 가장 효율적으로 압축하고 있다. 그는 우선 주어진 상황 속에 내재한 움직임을 포착한다. <가족>

에피소드에서는 떠나는 이의 조급함과 보내는 이의 미련이라는 정서가 빠름과 느림이라는 움직임으로 표출된다. 바로 이것이 이야기에 내재된 움직임이며, 배우가 신체로, 공간으로 표출해야 할 움직임인 것이며, 또한 이를 다른 표현으로 부른다면 극 행동이 되는 것이다.

<추적> 에피소드는 다수의 인물들이 뒤얽혀 서로 쫓고 쫓기는 상황을 다루고 있다. '쫓고 쫓기는 추적극'은 이미 하나의 하부 장르이다. 임도완은 이 드라마를 작동하게 하는 힘은, 쫓는 인물이 쫓기는 인물을 절대로 잡을 수 없다는 데에 있음을 간파한다. 소극장의 좁은 무대에서 이러한 상황은 마술 회전문의 상황이다. 한 사람이 문으로 들어가지만, 그래서 그를 따라 들어가거나, 혹은 밖에서 그를 잡기 위해서 기다린다 해도, 나올 때는 그 사람이 아닌 다른 사람이 되는 상황이 펼쳐진다. 한 인물에서 다른 인물로 변신하는 것이 바로 이 드라마가 품고 있는 움직임인 것이다.

<가족> 에피소드는 훗날 <벚나무 동산>의 해석으로 연장된다. 임도완에게 체호프의 <벚나무 동산>은 <휴먼 코미디>의 한 에피소드인 <가족>과 마찬가지로, '떠남'과 '되돌아옴'의 상황으로 요약된다. 그러므로 이 작품은 임도완에게 멜로드라마로 해석되는 것이다. 어떤 이는 회한 속에서, 그리고 어떤 이는 희망 속에서 그들이 살아온 집을 떠난다. 한 개인의 내면에서도 희망과 절망은 커다란 낙차를 이루는 운동성을 경험한다. 멜로드라마는 이처럼 감정의 운동성을 다룬다.

한편 <추적>의 에피소드의 연장선상에는 <굴레방다리의 소극>이 위치한다. 변신의 테마가 여기서는 극의 내부에서 펼쳐지는 연극 놀이의 형식을 띤다. 6인이 14개의 배역을 연기했던 <추적>에서와 같이 4인이 10개 배역을 연기해야 한다. 다른 점이 있다면, <추적>에서의 변신이 관객이 알아차리지 못하게 하는 마술 같은 놀라움을 주는 형식이었다면, <굴레방

다리의 소극>에서는 한 배역으로부터 다른 배역으로의 이동을 노출하는 것 자체가 놀이의 규칙을 이루고 있다는 점이다. 하나는 가리고, 숨기는 운동성을 지녔다면, 다른 하나는 숨겨진 것을 드러내는 운동성을 지닌다.

<굴레방다리의 소극>의 행위는 이처럼 숨겨야 하는 힘과 그것을 드러낼 수밖에 없는 힘의 충돌 속에서 발생한다. 주인공 가족이 반복적으로 행하는 연극하는 행위는 가리고 숨기는 운동성에 속하지만, 이를 위해 그들이 뒤집어쓰는 거짓의 외피는 종이 인형처럼 약하기만 하다. 연약한 외피를 뒤집어쓰는 것은 비단 분장의 측면에서만이 아니다. 연기자의 연기 방식에 있어서도 사다리움직임연구소 배우들의 소극 연기는 그들 연기의 허구성을 숨기지 않는다. 그리고 그 허구이고 기계적 연기로부터 진실을 드러내는 사실적 연기로 배우들은 이동한다. 허구로부터 진실로의 이동은 이 연극의 기저에 있는 비극을 강하게 추동시킨다. 소극으로부터 비극으로의 움직임이 바로 이 작품의 본질을 이루고 있는 것이다.

임도완은 뷔히너의 <보이체크>에서 비극의 형식을 발견한다. 그것은 주인공과 그를 둘러싼 코러스의 양식이다. 고립된 개인인 보이체크와 그를 둘러싼 적대적 사회의 관계가 이처럼 주인공과 코러스의 형식으로 집약된다. 보이체크의 '긴장과 수축'과 억압자의 '이완'이라는 운동성이 인물들의 신체에 부여된다. 더불어 보이체크가 겪는 정신적 혼란과 착란을 '회전'의 운동성으로 표출한다.

단어에서 단어로, 인물에서 인물로, 상황에서 상황으로, 감정에서 또 다른 감정으로, 이처럼 임도완은 끝없는 움직임을 포착하고 구현한다. 이 움직임 속에 극의 역동성이 있는 것이라면, 하나의 연극으로부터 또 다른 연극으로, 혹은 하나의 장르에서 또 다른 장르로 옮겨가는 임도완과 사다리움직임연구소는 바로 우리 연극에 '역동성'을 부여하고 있는 것이다.

최용훈
역겨운 세상과 연극이라는 작은 유희

신화라는 것이 삶의 다양한 현상에 대한 근원적 설명을 품고 있는
것이라면 최용훈은 자신의 다양한 작업을 통괄하는 하나의 일관된 미학적
원칙을 부정한다는 점에서 신화를 거부하는 연출가이다. 나아가 자신의
예술적 지향성을 앞선 세대들의 영향력으로부터 독립시키려는 의지를 지
녔다는 점에서 역시 신화를 거부하는 연출가이다.

극단 작은신화와 오랜 시간을 함께하면서, 그 흔한 셰익스피어, 체
호프, 뷔히너 등 고전들을 다루지 않았다는 것은 그가 파괴하고, 해체하며,
재해석하기 위해서조차 과거형으로서의 거대한 '신화'에 관심을 두지 않
는다는 점을 알려 준다. 그는 연극사의 대작가보다 '우리 연극 만들기' 등
의 기획공연을 통해 현재형의, 아직은 '작은' 작가들에 관심을 두며, 그가
만나는 작품마다 그 고유한 특성을 도출하는 것을 자신의 연출 모토로 삼

는다. '우리 연극 만들기'를 표방하면서도 그는 앞선 세대의 연극인들처럼 우리의 고유한 양식을 구축하려는 '신화'에 도전하기보다는 비록 그 초라하거나 거친 모습을 지니고 있다 하더라도 동시대적 삶의 호흡을 담는 연극적 형식을 찾는 작은 모험에 도전하기를 원했다. 그러므로 그의 20여 년의 연극적 여정은 이처럼 '작은' 작품들을 집적하는 시간이었으며, 이 때문에 그가 자신과 비슷한 연배의 연출가들을 대표해서, 우리 연극을 소극장의 작은 연극으로 축소했다는 비판적 평가를 받기도 했으며, 그가 추구하는 동시대적 호흡이, 때로 가벼운 유희로 폄하되기도 하였다. 그러나 분명한 것은 이 작은 유희가 1990년대 그리고 2000년대의 한국 사회를 관찰하는 가장 효과적인 방식 중의 하나였으며, 이 시기의 한국 연극의 가장 중요한 지형도를 이루었다는 사실이다.

비록 그가 작품에 따라 그 미학적 지향을 달리하는 연출가라 할지라도, 그의 수많은 작품을 관통하는 몇 가지 특성을 찾아내는 것이 어려운 일만은 아니다. 동아연극상 작품상과 연출상을 받았던 <김치국씨 환장하다>(1998)와 <돐날>(2001)은 매우 상이한 특성을 지닌 작품이다. 우선 <김치국씨 환장하다>는 분단 문제와 이데올로기 갈등을 일란성 쌍둥이와 신원 오해라는 전형적인 코미디 장치를 통해 보여 주는 작품이다. 반면 <돐날>은 30대에 이른 386세대 삶의 왜곡되고 무기력한 모습을 적나라하게 보여 주는 작품이다.

텍스트 자체가 요구하는 대로 최용훈은 두 작품에 대해서 각기 다른 선택을 한 것처럼 보인다. <김치국씨 환장하다>에서는 연극적 장치를 적극적으로 활용하면서 빠르게 비약하지만, <돐날>에서는 삶의 단편을 그대로 옮겨 온 듯한 정치하고 세밀한 사실주의를 도입한다. 하지만 최용훈의 연출을 거치면서 두 작품은 표면적인 차이를 넘어 공통된 특징을 지니게 되는데 그것은 작품이 제기하는 현실의 그로테스크한 성격이 크게 부각된다는 점이다. 우측으로 일그러지듯 기울어진 TV 화면과 안기부 취조실에서 김치국은 한마디로 '말도 안 되는 상황'을 겪는다. 일란성 쌍둥이의 존재 때문에 엎치락뒤치락하는 상황의 희극적 전복보다는 풍자의 대상이 되는 현실의 왜곡을 증폭시키는 데에 최용훈의 연출은 중심을 두고 있다. 바로 이러한 확대, 과장을 통해서 최용훈은 우리가 살아가는 현실 자체가 이미 크게 왜곡되어 있음을 드러낸다. 왜곡을 정확히 짚어 주는 것이 아니라 왜곡을 왜곡의 방식으로 드러낸다.

<딾날>의 사실주의적 장치들은 어느 순간 사실을 넘어선다. 사실성을 확보하기 위해서 무대 위에서 실제로 가열되는 프라이팬 속의 음식이 고소한 냄새를 내다가 어느 순간 그 기름 냄새가 역하게 느껴지는 것처럼 무기력, 무능, 순진성, 비겁함, 거짓, 허세, 비굴함 등이 인물들이 구현하는 현실적 캐릭터를 넘어서 역겨움으로 다가온다. 최용훈은 숨겨진 진실이 마치 토사물처럼 분출되게 하기 위해서, 이 역겨움을 증폭시킨다. 그가 이처럼 현실의 왜곡을 증폭시키는 기제가 바로 유희성이다. 그에게 현실은 그릇된 것, 잘못된 것, 그리하여 호통치거나 꾸짖고 비웃을 수 있는 대상만은 아니다. 현실은 서사에 의해, 혹은 진지한 자기반성이나 일장 연설로 회복시킬 수 없는 괴물과도 같다. 왜냐하면, 왜곡된, 역겨운 현실은 우리들 자신에 의해 구축되는 것이기 때문이다.

바로 이러한 인식이 그를 앞선 세대의 연출가들, 특히 연우의 연출가들과 다른 연극적 지향을 지니게 한다. 연우 세대가 악한 세상을 향해 비웃음의 고함을 지를 수 있었다면 최용훈이 고함쳐야 할 대상은 자기 자신이기 때문이다. 자신과 유희를 해야 하기 때문에 최용훈의 연극적 유희는 이미 근친상간적이며, 동성애적이고, 자신을 공격하기 때문에 이미 친족살

해적이며 패륜적인 면모를 지니고 있다.

<코리아 환타지>(2005)의 작가 최치언은 연출가 최용훈에게 글쓰기를 통해 근접하는 작가이다. 달리 말한다면 최용훈은 최치언의 글쓰기 속에 담긴 유희성의 존립 근거를 잘 이해하는 연출가이다. 아버지가 아들을 죽이고, 오빠가 여동생을 죽이는, 그리고 남편이, 아들이 각각 하녀와 성애를 나누는 장면을 관음증에 빠진 어머니가 엿보는 이 변태적 세상을 최치언은 코리아라 명하며, 이 공간 속에서 반복되는 동일한 패륜의 시간을 역사라 칭한다. 최용훈은 최치언의 글쓰기 속에서의 관념적 성찰을 최소화하고 유희적 측면을 확대해 코리아라는 공간의 부정성을 극대화한다. 매판 자본의 역사를 고발하는 대학생 아들이 죽음 앞에서 굼벵이처럼 기어 도망가는 장면과 같이 모든 도덕적 구호가 동물적 발버둥에 지나지 않도록 이미지를 확장한다.

현실이 주는 이미지를 극단적으로 왜곡시켜 역겨움을 증폭시키는 최용훈의 연극적 유희가 그저 가벼운 놀이로만 그치지 않는 이유는 우리가 살고 있는 실제의 현실이 점차 어린아이 놀이보다도 더 유치해지고 있기 때문이다. 모든 거대 담론은 정치적, 경제적 이유로 왜곡되었으며, 그 역겨운 왜곡이 우스꽝스럽다는 것을 알면서도 마땅히 받아들여야 하는 것으로 제시되는 이 현실의 유희성은 최용훈의 연극적 유희성을 오히려 압도한다. 압도적으로 우스꽝스럽고 역겨운 현실을 연극을 통해서 변화시킬 수 없다 하더라도, 극장 안에서는 그것이 여전히 역겨운 것임을, 그것이 정말로 우스꽝스러운 것임을 드러내는 유희가 필요하다. 그것이 대극장 무대를 가득 채우는 신화적 이야기가 아니라 어두운 소극장, 거친 무대 위의 작은 신화에 불과한 것일지라도.

182

3부 담론의 무대

♦

코로나 이후 연극하기의 조건

Philip Henslowe: *Another little problem.*

Shakespeare: *What'll we do now?*

Philip Henslowe: *The show must… you know…*

Shakespeare: *Go on?*

공연은 계속되어야 한다?

영화 <셰익스피어 인 러브>에서 극장업자 필립 헨슬로우는 줄리엣 역의 배우가 목이 쉬어 공연이 무산될 위기에 처하자 작가이자 주연 배우인 셰익스피어와 상의한다. 헨슬로우는 관객이 입장한 후에야 알게 된 이 절망스러운 상황 속에서 아무래도 공연을 포기해야 하는 것이 아니냐고 운을 떼려 하지만, 셰익스피어는 이를 계속해야 한다는 의지로 받아 버린다. "The Show must… Go on." 헨슬로우의 대사인 'The Show must…'

와 셰익스피어의 대사 'Go on' 사이에 있는 줄임표는 제작자와 창작자 사이의 거리를 보여 준다. 하지만 제작의 여건과 시장의 조건을 고려해야 하는 제작자와 창작자의 열정 사이의 간격에도 불구하고, 결국 두 사람은 하나의 문장-대사를 함께 만든다. "공연은 계속되어야 한다."

이 말이 언제, 누구에 의해서 처음으로 사용되었는지는 알 수 없지만, 이제는 공연예술계에서 공연의 지속성을 다짐하는 불문의 규약처럼 여겨진다. 그러나 공연의 지속이 제작 주체의 의지를 넘어서는 문제일 때는 지속의 '당위성'만을 주장할 수 없다. 이제 새롭게 질문해야 한다. 만드는 사람을 위해서나 그것을 향유하는 사람을 위해서나 공연은 반드시 계속되어야 하지만 어떤 방식을 통해서 지속하게 할 것인가?

2019년 12월 시작되어 전 세계로 퍼진 코로나바이러스는 전 세계 공연을 멈춰 버렸다. 공연만이 아니라 세계가 멈춰 버렸다. 우리에게 익숙한 세계, 그러므로 우리 사회를 작동시키던 시스템이 멈춘 것이다. 시스템은 중심부터 작동이 멈춘다. 학교를 열지 못하고, 직장에 가지 못해 재택근무를 시작하였으며, 감기 기운이 있어도 병원에 못 가고 군인들은 휴가를 가지 못했다. 그리고 경기장이, 영화관이 그리고 공연장이 멈췄다. 공연장으로 한정했을 때도 공연산업의 중심부터 멈춰 버렸다. 라스베이거스, 브로드웨이가 가장 먼저 멈췄다. 라스베이거스의 7개의 상설 공연장에서 각기 다른 프로그램을 운영하던 태양의 서커스는 북미 대륙에서 코로나바이러스의 확산 정도가 심각해진 지 3개월 만인 2020년 6월에 파산보호 신청을 했다. '블루 오션'이라는 경영학 용어를 설명하는 용례로서도 유명하며, 한때 '문화 융성'을 주창하던 정권에 의해 즐겨 인용되던 이 국제 '창조산업'의 총아는 오히려 코로나바이러스 상황에서 그 국제성이 약점으로 작용했다. 아무도 찾아오지 않는 국제 관광 도시 라스베이거스에서 그들의 창조성을 보여 줄 관객을 찾지 못한 것이다. 브로드웨이 40여 개의 대형극장은 2020년 3월 이래로 폐쇄되어 관객을 만나지 못하고 있다. 천정부지의 티켓 가격에도 표를 구하기 힘들었던 뮤지컬 <해밀턴> 역시 2020년에 이어 2021년에도 관객과 만나기 힘들 것이다.

　뮤지컬의 또 다른 중심 런던 웨스트엔드도 사정이 크게 다르지 않다. 극장 폐쇄 조치가 미국만큼 지속적이지는 않다고 하더라도 극장 내 거리두기 조치에 따른 경제적 조건은 극장 문을 여는 것을 무의미하게 만들고 있다. 앤드루 로이드 베버가 말하듯 백신 이후를 낙관적으로 상상하는 것 이외에는 할 수 있는 것이 아무것도 없다. 가장 먼저 백신 접종이 완료되는 미국이나 영국에서 감염률이 낮아진다고 하더라도, 외국인 관객 의존도가 높은 브로드웨이나 웨스트엔드의 회복은 빠른 시일 안에 기대할 수 없는 상황이다. 관광산업의 회복이 공연산업의 회복과 밀접하게 연결되어 있기 때문이다.

　우리 공연계에서도 해외에서처럼 셧다운은 시행되지 않았지만, 뮤지컬과 상업 연극 분야는 코로나바이러스로 인해 큰 타격을 받았다. 상업 연극과 뮤지컬은 제한된 공간 속에 밀집도가 높게 관객을 수용하면서 장기간 공연을 통해 수익을 발생시킨다. 이와 같은 조건은 보건당국에 의해 코로나바이러스 확산 방지를 위해 가장 피해야 할 조건으로 제시된다. 공연장에 강제된 거리두기 좌석 배치의 조건은 객석의 1/3 혹은 1/2만 채울 수 있었기 때문에 공연 수익 창출을 어렵게 만들었다. 물론 국내 뮤지컬 시장은 해외 관객 의존도가 높지 않기 때문에, 코로나 사태가 호전된다면, 다시 활성화될 수 있으리라 기대해 볼 수 있다. 해외 관객 의존도가 높은 <난타>류의 공연은 중국, 일본과의 외교적 관계 때문에 이미 코로나 이전에 위축된 상태였다.

그러나 이처럼 전 세계 공연산업이 멈춰 버린 상황에서도 대학로는 멈추지 않았다. 문화 '산업' 영역의 공룡들이 급작스러운 환경의 변화로 활동을 멈추고 있을 때, 작은 포유류라 할 수 있는 대학로 소극장 연극은 이제껏 그러했듯이 미미한 활동을 이어 나가고 있다. 물론 이는 우리의 상황이 다른 나라에 비해 현격히 안전하기 때문에 가능한 것이다. 2단계, 2.5단계 등으로 상승한다고 하더라도 일상적 삶이 가능하기 때문에 극장에 가는 것이 관객에게 절대적인 위험으로 느껴지지는 않는다. 게다가 대형 상업 공연과 달리 거리두기 좌석제가 대학로 소극장의 관객 수를 크게 바꾸어 놓은 것은 아니다. 차라리 좌석 수가 제한되기 때문에 가용 좌석을 모두 채워 만석이 되고 티켓을 구하기 힘든 기이한 현상이 벌어지기도 한다.

거리두기 좌석 배치 등으로 관객 수익이 손익 분기점을 넘지 못함에도 불구하고 대학로가 코로나 상황 이전과 크게 다르지 않게 작동하는 것은 대학로 소극장의 공연이 코로나 이전부터 일반적인 시장의 법칙과는 다른 방식으로 작동하고 있었기 때문이다. 대학로 연극은 일부 상업극을 제외하고는 수익 구조를 지니지 못하며, 한국문화예술위원회 혹은 서울문화재단 지원금에 상당 부분 의존하고 있다. 문제는 수익이 없음에도 불구하고 공연을 지속시키고 있지만, 실상 대학로 연극은 창작지원금을 받은 작품을 한 해 올리면, 다음에는 새로운 작품을 올려야 하기에 레퍼토리로 축적되지 않는 구조를 가지고 있다는 점이다. 하나의 작품이 전국의 단 하나의 극장에서 공연되고 사라지는 지극히 소모적인 방식으로 작동되는 것이다. 이러한 구조 속에서 창작품은 불꽃놀이처럼 생겨나서 그것을 만든 소수의 사람들의 기쁨을 만들다가 사라진다. 이처럼 허무하고 아름다운 놀이를 지탱하는 힘은 창작 단위로서의 극단의 열정이다. 쇼를 지속할 수 없는 구조 속에서 전적으로 자신의 의지만으로 쇼를 지속시켜 온 것이다.

새로운 규범: 극단에서 극장으로

코로나바이러스 전염병은 이제껏 익숙했던 많은 것들을 바꾸어 놓았고, 이렇게 바뀐 세상에서 지금과는 다른 새로운 기준과 규범 즉 뉴 노멀을 요구한다. 문화산업의 증진이라는 명목으로 공연예술이 시장에서 광범위하게 통용될 수 있는 콘텐츠를 생산하기를 요구하면서, 다른 한편으로는 시장 생존 능력이 떨어지는 순수 공연예술 분야 창작자들에게 소규모의 창작지원금을 지원하여 공연창작의 생태계를 최소한이나마 유지하는 것이 기존의 기준이었다. 이 기준 속에서 연극을 만드는 데 가장 큰 어려움은 창작 주체로서의 극단이 창작은 물론 제작, 배포 등 모든 단계의 책임자가 되어야 한다는 점이다. 이처럼 노멀이 아닌 노멀, 비정상적인 기준이 강요되고 있는 가장 큰 이유는 '극장'이 부재하기 때문이다. 물론 대학로에는 수많은 극장이 존재한다. 하지만 대부분 지하 소극장인 이들 극장은 단지 공연을 위한 임대공간일 뿐이다. 다시 말해 최소한의 공연시설을 갖춘 임대형 부동산에 불과할 뿐, 이 극장들은 프로그램을 기획하거나 극장 예산으로 작품을 제작하지 않는다. 예술집단이 극장을 임차하여 운영한다고 하더라도 이는 재임대 형식의 부동산이지 근본적인 것은 달라지지 않는다. 이미 코로나 이전부터 많은 예술집단이 그들 창작 거점을 확보한다는 이유로 극장을 운영했다가 포기했다.

쇼를 지속시키기 위해서는 극단이 제작을 책임지는 구조로부터 극장이 제작의 중심이 되는 구조로 바꾸어야 한다. 극단은 창작 주체의 기능에 집중하며, 극장이 제작과 배포를 담당해야 한다. 코로나 이후의 연극하기의 조건을 생각할 때, 극단으로부터 극장으로의 제작 중심의 이동이 가장 기본적인 조건이다. 극장은 제작의 단위이면서 동시에 배포의 단위이다. 영화와 비교한다면 제작사와 배급사가 하나로 존재하는 것이 극장이다. 영화와 다르게 연극에서는 연출가와 배우 그룹이 하나의 창작 단위를 구성하는 경우가 빈번하기 때문에 창작 행위 자체에 극장의 역할이 필요하지는 않다. 하지만 영화처럼 기록된 영상을 배포하는 것이 아니므로, 개개의 극장 간의 협력에 의해서 제작비를 분담할 수 있고, 이와 같은 체계 속에서 배포의 장을 늘려갈 수 있다. 따라서 단지 임대공간이 아니라, 제작과 배포의 주체로서의 극장의 존재는 공연 생태계의 형성을 위해서 필수적인 요소이다.

연극 생태계의 뉴 노멀을 만들기 위해서 시급한 것은 대학로를 벗어나는 것이다. 대학로는 상업 연극과 비상업 연극이 혼재된 공간이다. 연극을 상업 연극과 비상업 연극으로 구분 짓는 기준은 비상업성이 순수예술 혹은 실험성을 지향하기 때문이 아니다. 장기, 대형화, 밀집된 공연을 통해 최대치의 수익을 창출하려는 목표를 지닐 때 상업극이라 정의할 수 있다. 반면에 장기 공연으로 인해 창작집단의 창조력을 제한하지 않는 것이 비상업 연극이라 할 수 있다. 다시 말해 수익의 창출이 목표가 아니라 창작집단의 창작 활동 지속이 목표인 연극이다. 그런데 대학로에서 볼 수 있듯이 상업 연극과 비상업 연극의 혼재는 상업 연극을 영세화하고, 비상업 연극을 상업화한다. 서로에게 도움이 되지 않는 이 혼합으로부터 서로를 분리해야 한다. 그렇게 함으로써 문화 특구인—이 특구가 진정으로 의미하는 상업적 기능에 걸맞게—대학로는 보다 적극적이고 공개적으로 상업적 목표를 추구해야 한다. 제작 단위가 크고, 인지도가 높은 배우들이 연기하며, 장기 공연을 하는 상업 연극은 사회 내에서 연극에 대한 대중적 관심과 화제성을 증폭할 수 있다. 이 영역에서 공연은 질 높은 문화 소비의 대상으로 기능한다.

대학로라는 이름이 말해 주듯이 청년들이 문화 소비의 가장 중요한 주체였던 시절에는 다소 소박한 문화 소비가 주류를 이룰 수 있지만, 이제 문화적 소비력을 가진 집단이 더 이상 젊은이가 아니며 이들은 자연스럽게 고급화를 요구한다. 코로나 상황을 겪은 후 관객의 요구 변화는 이를 더욱 가속할 것이다. 이제 환풍이 잘 안 되고 관객 밀도가 너무 높은 지하 소극장보다는 지상에 위치한 보다 쾌적한 공간을 요구할 것이다. 코로나 시기에 성장한 소위 '소파 컬처'라 불리는 온라인 영상 스트리밍 서비스 문화와 경쟁하기 위해서 공연 현장에서만 향유할 수 있는 서비스를 제공하는 극장이 성장해 갈 것이다.

이들 상업 연극, 뮤지컬이 경쟁하는 대상은 온라인 공연이 아니다. 이들의 경쟁자는 더 큰 영역, 즉 영상 스트리밍 서비스로 접근 가능한 전 세계의 영화, 드라마이며 이 경쟁에서 공연은 우위에 서기 힘들다. 코로나로 타격을 입고 공연산업은 이제 변화된 환경 속에서 더욱 큰 도전에 직면할 것이다. 관객이 소파에 머물지 않고 꼭 극장에 가야 하는 이유를 설득해 내야 이 도전에서 생존할 수 있다. 상업성을 지향하지만 영세성을 지닌 콘텐츠 창작집단은 이들 대형 상업 공연 극장이 제공하는 생태계 내에서 이 극장들이 구매할 수 있는 상품들을 만들어 내며 생태계를 다양화할 것이다.

반면에 비상업 연극은 지금까지와는 전혀 다른 생태계를 요구한다. 소비 공간으로 특화된 대학로를 벗어나 시민들의 거주 지역으로, 그리고 전국 관객의 곁으로 퍼져 가야 한다. 이때 연극은 소비의 대상이 아니라, 공동체 속에서 삶에 대한 경험과 사유를 공유하고 진리와 관념을 직접적으로 만나기 위한 계기로 기능한다. 문화가 공동체의 삶의 일부로 기능하기 위해서는 공공의 적극적 개입이 요구된다. 창작 주체인 극단이 아니라, 공공이 제공하는 창작과 제작과 배포의 공간으로서의 공공극장이 요구된다.

현재 서울에는 2020년을 마지막으로 남산예술센터가 폐관하여, 이를 대체하여 서울문화재단의 '예술청'이 구 동숭아트센터에 들어설 때까지, 국립극단과 서울시극단만이 연극 관련 공공 제작극장이라 할 수 있다. 천만 시민이 사는 메가시티 서울에서 시민들이 자신의 주거지에 가까운 극장을 전혀 경험하지 못하고 있는 실정이다. 파리시장 이달고가 주거지로부터 15분 내에서 모든 일상적 삶이 가능한 도시를 만들겠다고 선언한후, 그 영향으로 서울시장 후보들도 비슷한 공약을 다투어 내놓고 있지만, 우리 정치인들의 상상력은 시민들의 문화적 권리와 문화 창작물 향유의 근접성에는 미치지 못하고 있다.

우리가 말하는 공공극장은 전속 단체를 가정하는 개념은 아니다. 시립, 구립 극단처럼 정년을 보장받는 예술가 집단은 공공극장의 확산 논의에 도움이 되지 않는다. 남산예술센터가 그러했듯이 항구적으로 전속된 예술집단 없이 기획과 제작, 배포의 망으로 존재하는 극장들이 다수 존재한다면, 이 극장들의 망이 극단들에게 창작 활동을 지속시키는 풍요로운 생태계를 제공할 수 있다. 창작 작품의 구매자로서 배포망이 서울을 넘어 지방에까지 확산한다면 한 극장에서 창작된 작품은 서울의 복수의 극장, 그리고 지방의 다수의 극장에서 '계속해서 공연'될 수 있다.

현재 전국 도처에 있는 문화예술회관은 실질적인 배포망의 기능을 담당하지 못하고 있다. 대학로의 프로덕션 대부분이 소극장 공연 형태인데 문화예술회관의 시설은 중극장 규모 이상이며, 기획과 제작 인력이 없어 스스로 관객을 개발할 능력조차 없다. PAMS, 해비치아트페스티벌 등의 공연예술마켓에 한국문화예술회관연합이 구매자로서 참여하지만, 구매력이 미미할 뿐만 아니라 극장이 단지 구매자 역할을 한다는 것은 극장의 역할을 최소의 상태로 제한하는 것이다. 스스로 공연계의 상황을 파악하지 못하고, 관객의 요구를 반영하는 기획을 할 능력이 없을 때 마켓에 의존하는 것이다.

제작형 공공극장에서 극단은 전속은 아니어도 일정 기간 상주단체로 기능할 수 있다. 하지만 현재 각급 지역문화재단이 지원하는 상주단체 제도는 위에 설명한 바와 같이 문화예술회관의 관심 부족과 기획력의 부족으로 실질적으로 상주단체의 창작 역량 강화에 도움이 되지 않으며, 시민들의 문화 향유권에도 도움이 되지 않는다. 더욱이 지역문화예술회관은 상주단체에게 지역 소재에 기반한 문화 콘텐츠 개발을 기대함으로써 지역 관객을 그들의 삶의 내용 자체인 보편적인 삶의 문제로부터 멀어지게 하고 있다.

새로운 공공 공연 생태계는 공동체 내의 다양한 요구에 부합할 수 있도록 소형화되어야 한다. 가능한 많은 주민을 관객으로 동원하기 위한 기획이 아니라, 작고 새로운 형식의 논의를 기동성이 있게 담아낼 수 있는 공간이 되어야 한다. 서구처럼 연극이 다른 공연 형식보다 특별히 더 선호되지는 않기 때문에, 우리 사회에서의 공공극장은 연극과 무용, 그리고 다원 공연을 아우를 수 있는 극장이 되어야 한다. 이 공연장은 당연히 문화 소비를 위한 공간이 아니다. 토론과 참여, 교육과 향유, 그리고 실험과 축제의 장으로 기능하는 공동체 삶의 단위여야 한다.

문화는 필수적인가?

코로나바이러스 상황은 우리에게 이제껏 분명하지 않았던 몇 가지 질문에 대한 답을 구체화하는 계기로 작동했다. 셧다운 상태까지 이르지 않은 우리 사회보다는 서구 사회가 더 분명한 방식으로 답을 해야 했다. 2020년 말 코로나 상황이 조금 호전될 기미가 보이자 프랑스 정부는 영화관, 극장, 미술관 등의 문화시설을 다시 열 수 있을 것 같다는 희망을 주었다가, 상황이 다시 악화하자 이를 번복하였다. 연말 경기 부양을 위하여 상점들의 오픈은 허가하였지만, 문화시설은 '필수적'이지 않다는 이유로 폐쇄 조치를 유지하기로 했다. 이에 예술가들은 분노하였고 문화의 필수성에 대한 논쟁을 일으켰다. 뮤직홀 올랭피아는 폐쇄된 정문 위에 "필수적이지 않음"이라는 네온사인을 내걸고 항의하기도 하였다. 결국 프랑스 정부는 보건 위기 상황 속에서 중요한 것은 경제의 활력을 유지하는 것이며 문화는 이 싸움에서 필수적이지 않다고 선언한 셈이다.

그런데 코로나 상황 초기부터 사람들은 예기치 못한 상황이 주는 불안과 공포, 고립감을 극복하기 위해, 그리고 무료한 격리 생활을 벗어나기 위해 '문화예술'을 감상, 향유, 체험하는 것에 강한 열망을 보여 주었다. 제도화된 권력은 상황의 통제를 위해 문화는 필수적인 것이 아닌 것으로 단정했지만, 시민들은 그들의 현재의 고통을 위로하고, 미래를 꿈꾸기 위해 문화가 필수적임을 주장한 것이다. 이처럼 문화에 대한 두 가지 대립적인 해석을 확인하면서 우리는 코로나 이후의 문화를, 그리고 문화의 하부 영역으로서 연극을 다시 사유해야 한다. 이는 새로운 기준을 세우는 것을 넘어 문화와 연극을 다시 정의해 내는 작업이다.

전염병 확산을 막기 위해 다중이 사용하는 밀집된 실내 공간으로서의 문화시설을 폐쇄하고, 문화 활동을 자제시키려는 정부와, 폐쇄된 상황 속이기 때문에 인간적 삶을 유지하는 가장 필수적 활동으로 문화를 열망하는 시민들 사이에는 커다란 간극이 존재한다. 앞으로 완전히 종식되지 않고, 다른 형식으로 지속적으로 현대 사회를 위협하게 될 보건 위기는 위에 언급한 간극을 더욱 크게 만들 것이다. 단위 공간 속에서 최대한의 사람들이 운집하게 하는 탁월한 예술 행위가 아닌, 소통을 원하는 개인의 자기 표현으로서의 예술은 전혀 다른 공간성을 지닐 것이다. 무대와 객석의 관계도 지금까지와는 전혀 다른 방식으로 설정하게 될 것이다. 무대에는 픽션보다는 논픽션, 배역보다는 배우의 실존이 더 강조될 것이다. 허구의 이야기가 아니라, 자기 삶의 내용을 이야기하는 배우들과 시민들의 대화가 새로운 시대의 연극의 중요한 내용이 될 것이다.

온라인 형식의 공연예술은 다양한 형식으로 이루어지는 새로운 시도의 일부를 이룬다. 그러나 온라인 공연과 오프라인 공연은 대립적 개념이 아니다. 온라인이건 오프라인이건 공연은 공연자와 관객 사이에 어떤 방식으로든 '접촉'을 가정한다. '대면'이 물리적으로 공통의 공간 속에 존재해야 하는 것을 가정한다면 '접촉'은 물리적 공간의 공유를 뛰어넘는다. 타인에게 가닿는 행위, 혹은 개인 혹은 공동체가 사유하고 표현하고, 실현하고자 하는 관념에 가닿는 행위가 '여전히' 새로운 시대의 공연예술의 내용이 될 것이며, 그것은 우리에게 분명 필수적이다.

탈-중앙화를 위한 몇 가지 전제들

중앙화와 탈-중앙화

영어 Decentralization에 해당하는 번역어 '탈중앙화'는 낯선 용어이다. 일반적으로 이 단어를 중앙(Center)을 벗어남(De)이라는 단어의 구성으로부터 유추되는 추상적인 의미로 번역하지 않는다. 오히려 이 단어는 맥락에 따라 구체성을 지닌 번역어를 만난다. 가장 자주 쓰는 번역어는 행정적 용어인 '지방분권' '지방자치'이다. 중앙집권적 국가에서 지방으로 정치적, 행정적, 재정적 권력을 분산시키는 방식을 지칭하는 것이며, 우리에게는 90년대부터 기초의회의원, 기초단체장 선거 등을 통해 익숙해진 개념이다.

Decentralization이라는 동일한 단어를 '문화예술'의 맥락 속에서 사용하기 위해서는 또 다른 번역어를 만들어 내야 했다. 왜냐하면, 지방자치, 지방분권이라는 단어가 행정적, 법률적, 정치적 의미 이상의 것을 표현하고 있지 않았기 때문이다. 그것은 최초 이 단어를 받아들이던 시기에 우리는 문화의 탈-중앙화를 개념화하고, 상상해 내지 못했기 때문이다. 이는 공공행정의 영역에서 문화행정이 등한시되고, 상대적으로 낙후되어 있음을 보여 주는 것이기도 하다. '문화'의 맥락에서 탈중앙적인 요구가 본격화되기 시작한 것은 행정적 분권보다 20년 정도 뒤인 2010년대에 이르러서였다. 문화분권의 요구가 본격화되면서 2014년 '지역문화진흥법'이 제정된다. 이제 Decentralization은 '문화자치' '문화분권'이라는 의미로도 사용되기 시작했으며, 문화의 영역에서도 중앙에 집중된 자본과 행정적 결정권한이 지역으로 분산되어야 한다는 의미를 이 단어를 통해서 짐작하는 것이 가능해졌다. '탈-중앙화'라는 하나의 개념이 이처럼 행정적 과정과 문화적 과정으로 분리되어 이해되고, 단계적으로 실천된다는 것은 우리 사회에서 '문화'를 사유하는 방식 자체를 드러내 준다. 그리고 이처럼 한 단어가 품고 있는 잠재적 의미들이 구체적 맥락이 생겨날 때마다 그에 상응하는 용어를 찾아가는 것을 확인하면서, '탈-중앙화'라는 추상적, 광의적 의미가 지닌 잠재적 의미의 범위를 천착해 볼 필요를 느낀다. 언어가 개념적 상상력을 규정한다면, 구체적 맥락 안에서만 기능하는 용어보다는 구체적 발현을 잠재태로 품고 있는 중립적 단어의 사용은 우리의 상상력을 확장해 주는 것뿐만 아니라, 단어의 가장 핵심적 의미를 일깨운다.

　　탈-중앙화에 대해 생각하기 위해서 우선 '중앙화'에 대해 정의해야 한다. 구심적인 축으로서 중앙은 평면적인 개념인듯하면서도 실제로는 수직적인 개념을 포함한다. 그러므로 중앙과 탈중앙을 도형적으로 이해하기 위해서는 '원' 혹은 '구'보다는 '원뿔'을 생각해야 한다. 중앙은 원뿔의 꼭짓점에 상응하는 것으로 수평적 축의 중심에 있으면서 수직적으로 가장 위에 군림한다. 그렇지만 중앙은 그것으로부터 다른 것들을 발생시키는 확산적 운동의 기원적 지점은 아니다. 빅뱅의 최초 지점, 혹은 화산 중앙에 솟아 있는 분화구처럼 외부의 것들이 그들의 존재를 빚지고 있는 동력원이 아니라, 중앙은 차라리 구심력을 지니고 소용돌이처럼 외부의 것들을 빨아들이는 수렴의 지점이다. 외부로부터 흡수하는 인적, 물적 요인을 통해서 중앙은 성장하고, 지속된다. 그리고 그 때문에 중앙을 벗어난 것들의 성장은 지체된다.

수직적 차원의 꼭짓점은 위계적 질서의 최상위 지점이다. 중앙은 통솔하며, 지시하고, 계획하고 지휘한다. 이와 같은 지휘, 계획이 가능한 근거로 중앙은 단일한 의미체계를 제시한다. 전체에 모두 통용되는 단 하나의 통합된 질서를 가능하게 하는 의미체계를 가정하는 것이다. 구심과 상층에 의해 계획되고, 통솔되는 통합적인 질서는 위계적 질서이다. 경제, 정치 등의 담론이 이와 같은 의미체계 속에서는 문화보다 앞선다. 더욱이 위계적 질서를 가정하기 때문에 하위의 가치는 상위의 가치를 위해 봉사한다. 이와 같은 위계적 질서 속에서 '문화'는 정치, 경제에 봉사하는 개념일 때 진정한 가치로 평가받는다. '창조경제'라는 용어 속에서 문화를 경제에 복속시키며, 검열의 형식으로 문화를 정치에 복속시키는 방식은 비단 이를 국정의 목표로 내세웠던 탄핵된 과거 정부에만 국한되는 것이 아니다. 문화산업을 예술 일반보다 높게 평가하는 것은 중앙의 대립어처럼 여겨지는 '지역'에도 넓게 공유되는 시각이기도 하다. 아니 경제에 문화를 예속시키는 경향은 오히려 지역이 중앙보다 더 강하다. 대부분의 지방자치 단체장은 경제적 실익이 미미한 문화예술 인프라 투자에 관심을 기울이지 않는다. 그들이 문화예술 인프라에 관심을 가질 때는 '관광' 혹은 특화된 브랜드 가치라는 경제성에 주목하기 때문이다.

중앙은 그러므로 지리적 개념만은 아니다. 중앙은 지역에도 존재한다. 보다 정확하게 말한다면 '지역을 중앙의 하위 단계'로서 정의하는 방식 속에서는 지역은 소문자화된 중앙에 불과하다. 중앙화는 하나의 담론이다. 단일하고, 위계적이며, 질적 차별성을 강조하는 담론 속에 중앙이 존재한다. 그러므로 '하나'의 '극점' 즉 Mono-pole이기를 주장하는 중앙을 '일극'이라고 번역하기보다는 '독'-'점'이라 부르는 것이 타당하다. 그렇다고 탈-중앙화가 '다극' 혹은 '다점, 과점'의 상태를 지시하는 것은 아니다. 다른 도시보다 더 중요한 '문화도시'를 지향하는 방식은 탈-중앙화의 방향이 아니다. 지역분권에서 문화분권으로 의미가 분화되었듯이 탈-중앙화는 지속적으로 분화되는 의미체계이다. 그렇다면 탈-중앙화는 중앙화하는 담론으로부터 벗어나는 담론을 구축하는 과정이다.

최근 문화부 장관은 이건희 컬렉션을 보유, 전시할 새로운 미술관의 건립지를 수도권으로 결정하였다고 발표하였다. 그는 수도권 중에서도 국립현대미술관 주변의 송현동이나 국립중앙박물관 주변의 용산을 선호한다고 덧붙였다. 이처럼 수도권, 그리고 그중에서도 서울 도심을 건립지로 선호하는 근거로 기존 국립현대미술관과 국립중앙박물관의 기술적 역량이 새 미술관을 유지, 관리하는 데 효율적으로 기능할 수 있으며 다수 국민의 문화 향유권 측면에서 유리한 접근성을 내세웠다. 이와 같은 결정은 당연히 비수도권 지자체들의 강한 반발을 야기했다. 기존 문화적 인프라의 중앙으로의 비균형적 집적이 새로운 비균형적 집적의 합리적 이유로 제시되는 이 코미디 같은 상황에서 우리는 전형적인 '중앙화' 논리의 구조를 확인할 수 있다. 그런데 이에 반발하는 지자체의 논리 또한 중앙화의 논리와 크게 다르지는 않다. 컬렉션 기증자와의 연고를 주장하는 지자체들이 새로운 미술관을 건립하기를 원하는 이유는 이 컬렉션이 지역의 관광자원이 되고, 지역의 브랜드적 가치를 향상시킬 것을 기대하기 때문이다. 미술관 건립에 따른 지역 예술 역량 활성화에 대한 논의는 어디에도 없고, 경제적인 가치 창출을 위한 경쟁 논리만이 난무한다. 미술을 경제를 위한 수단으로 삼는 '중앙화'의 논리로 무장한 '작은' 중앙의 '과점'을 위한 싸움만이 판친다. 새로운 미술관의 건립은 이 미술관을 원하는 지자체의 문화적 비전 속에서 어떤 위치를 차지하는가? 새로운 미술관의 건립이 이 지역의 문화예술 창작 활동에 어떤 방식으로 기여할 수 있으며, 창작과 예술 소비 생태계에 어떤 발전을 가져올 수 있는가? 물론 경제가 문화보다 상위의 개념이기를 거부하듯이 문화가 경제보다 상위의 개념이 아니므로, 경제성의 고려를 무시할 수 없다. 다만 미술관 건립 유치를 위한 주장들 속에서 위의 질문에 대한 성찰이 전혀 보이지 않는다는 것은 탈-중앙화를 주장하고 있지만 실제로 지자체들은 중앙화의 논리 속에 자신을 위장하는 것이라고 보아도 무방할 것이다.

지역 공연창작 역량의 현재와 구조의 부재

문화예술의 탈-중앙화의 이상적 모습을 그려 본다면 전국 어느 곳에서나 활발하게 예술창작 역량이 발현되는 것이며 그 결과 수용자로서의 시민들이 양질의 예술창작품을 마음껏 향유하는 것이다. 그런데 예술가들이 자신의 역량을 발현하기 위해서는, 그리고 수용자가 그것을 향유하기 위해서는 작품 창작과 유통을 위한 '구조Structure'가 필요하다. 흔히 '문화기반시설'로 여겨지는 '구조'는 단지 시설이 아니라, 문화생태계가 생명력을 갖게 하는 가장 기본적인 단위이다. 중앙에만 집중되지 않게, 전국적으로, 예술창작과 수용을 위한 구조가 필요하다. 현재 지역 광역문화재단은 이와 같은 구조를 제시하지 못하고 있다. 현재 탈-중앙화의 방식은 한국문화예술위원회의 지원금을 광역자치단체 문화재단으로 분배하고 다시 광역문화재단이 예술가들에게 지원금을 배분하는 방식이다. 이때 지원의 카테고리와 방향을 기획하는 것은 중앙인 한국문화예술위원회이다. 지역의 광역문화재단은 지원금의 분배와 관리 이외에는 지역문화의 활성화를 위해 관여할 여지가 별로 없다. 차라리 시 단위의 기초자치단체 문화재단이 한국문화예술위원회의 지원금 분배 역할이 아닌 주도적 기획을 할 수 있다. 지원금은 대부분 일회성의 작품제작, 혹은 연 단위나 다년 지원일지라도 기본적으로는 작품제작과 약간의 역량개발 명목으로 집행된다. 여기에서 광역문화재단의 역할은 탈-중앙화가 아니라, 중앙을 대리하는 관리보조 기능을 수행하는 것이다. 광역문화재단의 역할은 이와 같은 관리기능보다는 창작 활성화를 위한 '구조'를 구축하는 것에 놓여야 한다. 구조란 예술창작을 활성화할 수 있는 공간, 물적, 인적 지원이 가능한 체계를 말한다. 구체적으로 서울문화재단이라는 광역문화재단의 입장에서 연극 장르로 한정해서 말한다면 '남산예술센터'와 같은 제작극장이 구조에 해당된다. 이제는 더 이상 존재하지 않지만, 남산예술센터는 창작공간이며, 극장을 기술적으로 관리, 유지하는 기술인력과 작품을 기획하고 홍보하는 인력을 지니고 있으며, 협력하여 작품을 제작하는 극단을 위해 제작비를 지원하는 기구이다. 물론 '도 단위' 혹은 '시 단위' 예술단체와 문화예술회관을 예술창작을 위한 기존의 구조라 할 수 있다. 그러나 지역의 문화적 활력이 거의 쇠진한 현재의 현실은 기존 구조가 효율적으로 기능하지 못한다는 것을 말해 주고 있다. 도립극단 혹은 시립극단의 개별적 예술적 성취와 관련 없이 이들 극단의 활동이 지역의 예술적 역량의 강화와 활력의 증대에 기여했는가의 문제이기 때문이다. 시즌제를 통해 다수의 연간 프로

그램을 제시하지 않고 한두 편의 정기공연에 의존하는 도립, 시립 극단은 지역 예술 활성화에 기여하는 바가 크지 않다. 도립, 시립 극단이라는 상근 예술가 집단이 지역마다 많아진다는 것이 탈-중앙화된 연극이 지향해야 하는 방향은 아니다. 새로운 구조는 가능한 다양한 창작 주체들이 자신들의 예술적 역량의 확장을 위해 도전할 수 있는 장으로서 기능해야 한다. 한국문화예술회관연합회 소속 문화예술회관이 전국에 200여 개에 달한다고 하지만, 이 기관들이 탈-중앙화를 위한 효과적인 구조가 되지는 못한다. 그 많은 극장 중 시즌을 운영할 수 있는 역량을 갖춘 극장은, 서울의 예술의전당을 포함하여도 아무 곳도 없다. 지역에 연간 항시적으로 공연을 볼 수 있는 공공극장이 전혀 존재하지 않는 상황은 중앙이건 지방자치단체이건 간에 탈-중앙화에 대한 의지가 조금도 없음을 보여 주는 것이다.

지역 연극은 80년대에 대학극을 통해 자생적으로 성장한 청년집단에 의해서 주도되던 활력을 2000년대에 들어서서는 전혀 보여 주지 못하고 쇠락해 간다. 90년대 지방자치가 시행되고, 2005년 한국문화예술위원회의 설립 이후 지역 예술에 대한 지원이 증대했음에도 불구하고 현재 지역 예술집단의 창작 역량은 오히려 예전보다 후퇴했다. 더욱이 정치적 변화, 경제적 변화, 세대적 변화, 감수성의 변화 등 사회적 변동이 급격해지는 현실 속에서 지역 연극은 동시대의 문제에 대한 적응력을 잃어 가고 있다. 서울보다 경쟁이 강하지 않은 환경 속에서 지역의 기성 극단들은 지원금을 상대적으로 안정적으로 분할하고 있다. 이와 같은 상황 속에서 새로운 젊은 창작집단의 대두는 한정된 지원금을 나누어야 하기에 지역 연극은 이를 반기지 않는 것이 현실이다. 기존 극단들의 예술적 방향성이 노화되고, 젊은 예술가에게 주어지는 기회가 서울에 비해 적기 때문에 지역에서 교육받은 젊은 예술가들은 지역에 남기보다는 서울에서 더 많은 기회에 도전하는 길을 택한다. 지역에 지속적으로 새로운 예술적 계획을 수립하고 이의 실현을 위한 도전을 가능하게 물적인 토대 즉 예술창작을 위한 공공구조가 있다는 것, 그것이 탈-중앙화를 위한 선결 조건이다. 관객의 입장에서 탈-중앙화는 지역에서 양질의 공연을 접할 기회가 많아지는 것은 물론, 대형 뮤지컬 혹은 상업적 연극이 아닌, 동시대적 내용과 형식을 고민하는 다른 지역의 연극—서울의 것이든 다른 지역의 것이든 간에—또한 만날 기회가 많아지는 것이다. 굳이 양질의 공연 관람을 위해서 서울을 방문해야 하거나, 대형 스펙터클의 순회공연을 기다리지 않더라도, 지역의 공공 공연장에서 지역과 타지역, 중앙의 공연들에 접근할 수 있어야 한다.

역량의 탈-중앙화: 공유와 파트너십

지역의 문화적 프로젝트를 견인해 내기 위한 방편으로 정부는 '공모'의 형식을 사용한다. '공모'는 중앙의 기획을 손쉽게 전국적 차원에서 지역이 수용하게 할 수 있는 방편이다. 그런데 정부가 이처럼 공모 형식에 의존하게 되는 것은 지방자치단체의 문화적 정책에 직접적인 관여를 할 수 있는 방법이 없기 때문이다. 재원과 인적 자원이 집중된 중앙정부의 영향력이 지역에 직접적으로 활용될 수 없다는 문제는 현 단계 우리 지방자치의 제도적 한계이다. 지방자치의 행정적 형식이 우리와는 다른 프랑스적 개념으로 살펴본다면 행정적으로는 '분권décentralisation'은 이루어졌는데 중앙정부의 행정적 기능이 지역에까지 파급되는 '분산déconcentration'이 없는 것이다. 물론 이는 두 나라의 지방자치제도의 행정적 설계가 근본적으로 다르기 때문에 발생하는 차이이다. 다만 우리의 제도 속의 맹점은 중앙행정이 지방행정과 완전히 차단되어 있다는 점이다. 문화행정의 측면에서 아쉬운 점은 국토 전체를 아울러야 하는 중앙정부가 지역문화정책에 대한 책임성을 갖지 않는다는 점이다. 프랑스적 방식이 DRAC 즉 '지역문화사업국'이라는 중앙의 행정기구를 전국에 분산하여 주재하게 함으로써 중앙이 지역자치행정과는 별개로, 그리고 지역자치행정과 협력적으로, 지역과 관련된 문화정책을 적극적으로 수행하는 데 반하여 우리의 문화행정 조직에서는 이와 같은 조직과 예산을 가지고 있지 못하다. 물론 우리의 문화부 내에도 '지역문화정책과'가 존재하지만 담당하는 업무의 범위와 지역문화정책에 대한 개입의 정도에 큰 차이가 있다. 이처럼 중앙정부와 지역자치단체의 행정적 분리는 중앙정부로 하여금 지방행정에 대해 자기 책임성을 갖지 않게 한다. 지역의 '구조'의 부재는 지역의 문제이지 중앙의 책임이 아니라고 생각하는 것이다. 따라서 동일한 예산적 규모를 지원하면서 '공모'라는 단기적 '사업'을 견인하는 방식을 사용하지 '구조'를 구축하는 장기적인 방식을 사용하지 않는다. 그리고 '구조' 구축을 위한 정부의 지원 없이 지방은 구조 구축의 필요성을 느끼지 못하고, 재원 확보의 의지도 갖지 않는다.

문화도시 사업 공모에서 볼 수 있듯이 지역은 대규모 예산지원이 집중되는 '공모'에 적극적이다. 그런데 중앙과 지역이 '공모'의 지원과 선정이라는 방식으로 협력하는 것은 탈-중앙화를 위해 민주적이고, 효율적인 방법은 아니다. 특히 문화도시 사업은 기초자치단체로서의 도시가 자신의 문화적 실천을 한 가지 주제로 '특화'시킬 것을 요구한다. 중앙의 입장에서는 국토의 다양한 일부가 특화된 방식으로 문화적 활력을 증대시키는 것으로 여길 수 있지만, 대규모 지원이 특정 주제로만 구현되도록 강제되는 이 방식이 과연 해당 도시의 문화적 역량의 실질적인 증대에 도움이 될 수 있을지는 회의적이다. 특정 테마의 도시문화를 만들기 위한 사업들로 예산 집행이 이루어지기 때문에 장기적으로 지자체의 문화 역량을 활성화하는 구조를 만들어 내지 못한다.

　　문화도시 선정 방식은 예산을 확보할 '자격'을 획득하기 위한 도시 간 경쟁 방식이었기에 '문화도시'라는 '라벨'은 경쟁에서 승리한 징표 같은 것이지 역량의 질적 수준을 의미하는 것은 아니다. 이런 방식의 공모에 참여하는 지자체의 입장에서 중요한 것은 예산의 확보이지 지자체의 문화적 역량의 실질적인 강화가 아니다. '구조'가 확보되지 않는 한 4~5년의 사업을 통해서 도시의 문화적 역량이 확보되지 않는다. 탈-중앙화는 기능의 탈-중앙화가 아니라 역량의 탈-중앙화라야 한다. 그러므로 라벨은 구조를 확보하는 도시에 주어져야 한다. 전국 어느 지자체라도 일정 정도의 '질적 수준'을 확보한 '구조'를 확보한다면 이와 같은 '라벨'이 주어지고, 그 라벨에 해당되는 지원예산을 정부가 제시하면, 그에 상응하는 예산을 시 단위의 기초자치단체가, 그리고 그 시 단위 자치단체가 소속된 광역자치단체가 매칭할 수 있는 계약적 관계를 이루어 내야 한다. 이때에는 중앙의 입장에서 특화된 문화를 갖는 다채로운 도시들보다는 동일한 구조를 지니고 문화적 활력을 만들어 내는 다수의 도시들을 지향하는 것이다. 이와 같이 확보된 '구조'는 문화생태계의 주요 거점으로 작용하며 지속적으로 예술창작을 가능하게 한다. 동일한 질적 수준을 확보한 동일 라벨의 '구조'를 지닌 기초자치단체들은 서로 협력하여 자신의 구조에서 만날 수 있는 창작물들을 풍요롭게 할 수 있다. 이 구조들은 창작의 거점일 뿐만 아니라, 지역에 이제껏 존재하지 않았던 '시장'의 역할을 해주며, 시장이 존재하는 한, 예술가들이 지역에서 창작 행위를 지속할 수 있다. 더욱이 지역에 확보된 이와 같은 구조는 중앙의 예술집단에게도 시장의 역할을 한다. 전국적 구조는 중앙과 지역, 지역과 지역의 협력을 가능하게 해주는 장으로서 기능할 수 있다.

탈-중앙화는 중앙과 지역의 단위들 간에 파트너가 되는 것이다. 글의 서두에서 가정했듯이 중앙화가 '원뿔형'의 형태를 가정하는 것이라면, 탈-중앙화는 부분들이 합을 이루는 조립형 도형을 상정해야 한다. 조립을 이루기 위해서는 기본적인 모듈이 필요하다. 이 모듈은 획일화를 전제하는 것이 아니라, 표준적인 기준을 제시한다. 모듈이 구조이다. 이 모듈을 갖춘 지자체가 라벨을 갖는다. 부분이 없으면 전체를 이루지 못한다. 탈-중앙화는 전체를 통괄하는 중앙과 그 전체의 일부(part)가 협력적 관계 속에서 파트너(partner)가 되는 방식이다. 각 단위에 할당된 예산을 나누고 공유(partager)하는 계약적 협력이 필요하다. 이때 중앙의 책임성과 지역의 책임성이 공유된다. 중앙으로부터 자율성을 갖는 것뿐만 아니라 중앙의 지역에 대한 책임성을 유지한 채, 그리고 지역의 책임성을 추동하면서, 지역과 중앙이, 그리고 지역과 지역이 파트너가 되는 것, 이것이 민주적인 탈-중앙화의 방식이다.

연극, 찢어진 몸의 공동체

연극은 매우 모순된 장르이다. 왜냐하면 연극은 무엇보다 구경거리이면서도 단지 구경거리가 되기를 거부하기 때문이다. 연극은 일상에서는 보이지 않는 것을 보여 주는 행위이기를 원한다. 비가시적인 것, 추상적이고, 관념적인 것, 보편적인 것을 연극은 가시화, 구체화, 물질화시킨다. 연극은 자신의 물질적 토대로서 시장을 요구하면서도 시장에서 전혀 효율적으로 기능하지 않는 장르이다. 연극은 신전의 곁에서 태어나, 저잣거리에서 성행한다. 연극은 성스러운 창녀의 이미지를 지닌다. 그렇다고 해서 이두 가지가 결합하여 연극이 대중성과 예술성을 한 몸에 행복하게 구현할수 있는 것도 아니다. 그 행복한 결합은 사실 섞일 수 없는 것들이 혼재된불구의 몸으로 웃음 짓는 것에 불과하다.

연극은 본질적으로 모순되는 것들의 충돌이다. 연극은 항상 두 항의 사이에서 고통스럽게 찢겨 있다. 인물은 내적으로 화해할 수 없는 두 극단의 욕망의 대립 속에서 찢어진다. 아내에게 살해된 아가멤논의 몸처럼, 혹은 제 아버지의 저주로 신에 의해 갈기갈기 찢어진 히폴리투스의 몸처럼 연극은 찢긴 몸을 제시한다. 모순은 실제로는 예술의 일반적인 성향이라 할 수도 있겠지만 연극이 지닌 모순을 일반론이 아닌 고유한 것으로 만드는 것이 바로 '몸'이다. 연극은 창작자의 몸과 관객의 몸이 동일한 시간과 공간 속에 함께 존재할 것을 요구한다. 배역과 배우 자신으로 찢어진 무대 위의 존재를 바라보며, 즉 허구와 현실 사이의 간극을 바라보면서, 관객은 이 간극을 자신의 것으로 삼는다. 눈앞의 허구적 이야기가 자기 삶의 사건들과 관련 맺는 지점을 관객은 찾는 것이다.

연극은 그러므로 배우의 찢긴 몸을 그저 수동적으로 바라보는 것이 아니라, 배우와 관객이 찢긴 몸을 공유하는 행위이다. '몸을 찢고, 그 찢긴 몸을 나누는 의식'이라는 점에서 연극은 빵을 뜯음으로써 은유화된 몸을 나누는 성찬의식(communion)을 닮았다. 허구를 통해 찢긴 몸을 공유함으로써 연극은 문자 그대로 함께 하는 몸, 공동체(community)를 형성한다. 찢김 속에서 나누어지는 것이 아니라 도리어 하나가 되어 태동하는 순간, 이것이 연극이 탄생하는 순간이다.

연극의 배포, 유통을 다루고자 하는 글의 서두에서 다소 추상적으로 연극을 정의해 본 것은 몸의 공유라는 연극 고유의 특성이 연극의 유통을, 다시 말해 연극이 관객과 만나는 조건을 생각하는 단초이기 때문이다. 공유된 몸은 무대와 관객을 구분 짓고, 다시 이를 연결 짓는 어떤 매개체도 허락하지 않는다. 매개체를 필요로 하는 대표적 형식은 영화이다. 영화의 관객은 실물이 아닌 이미지라는 매개체를 만난다. 스크린과 관객은 몸을 공유하지 않는다. 영상은 무한 복제되며, 공간적 제약을 넘어 다수의 관객을 동시에 만난다. 영화가 대규모의 유통 형식을 지니게 되고, 현대에 이르러 배급이 생산보다 더 큰 권력을 갖게 되는 것은 바로 이 때문이다.

영화는 복제되고 증식되는 몸을 지녔다. 배우와 관객의 직접적인 만남이 전제되므로, 연극은 증식되지 않는다. 무대공연이지만 뮤지컬이나 <난타>와 같은 비언어 퍼포먼스처럼 복제와 증식을 가능한 조건으로 받아들이는 형식들은 사실 그 유사성에도 불구하고 연극의 공동체의 외부에 위치한다. 한자리에서, 매번 한정된 관객들과 '직접' 만나는, 그러므로 매 순간이 순수한 유통, 소비의 순간이 아니라 유통의 순간인 동시에 창작의 순간인 연극은 대형화, 장기화하지 않는 한 실효성 있는 배급의 대상이 되지 못한다. 그런데 장기화되면 한 배역의 배우는 그가 동일 배역을 계속해서 연기하든지, 아니면 교체되든지 간에 이미 현재의 시점이 아니라 과거의 몸을 지닌 채 무대에 서게 된다.

이미 해석된 것을 반복하는 몸은 복제된 몸이다. 반면에 복제되거나 증식하지 않는 연극은 '탄생'을 반복한다. 그것은 동일 작품의 매회 공연이 항상 새로운 창조물이라는 것을 말하기 위한 것이기도 하지만 연극은 영화와 달리 영원한 리바이벌—재탄생—의 장르임을 말해 주는 것이기도 하다. 하루에도 전 세계에서 수백 개의 <햄릿>이 전혀 다른 모습으로 새로이 탄생한다. 결국 연극은 본질적으로 오래 지속되기 위한 것이 아니라, 새롭게 생명을 부여받기 위한 것이며 많은 관객을 만나기 위해서 태어나는 것이 아니라, 관객과 함께 새로운 생명을 얻기 위해서 태어난다. 안치운 식으로 말한다면, 연극은 미래 없이 과거를 현재형으로 반복한다. 이 반복된 탄생이 항상 차이를 동반하는 것임은 물론이다.

프랑스어로 '연극을 보다' '관극하다'에 해당하는 동사가 '도와주다'

라는 뜻을 지닌 assister 동사임을 상기할 때, 관객의 존재 이유는 연극의 탄생을 돕는 것이다. 그런데 관객은 연극의 외부에서 연극의 탄생을 돕는 산파의 역을 맡지 않는다. 차라리 관객은 연극의 내부에서 배우와 함께 태어나는 쌍생아이다. 그는 연극이라는 이 탄생 행위의 한 주체이다.

이 탄생을 공간적으로 이해해 보자. 스크린에 이미지가 투사되는 영화관은 영화 그 자체의 내용과 관계가 없지만, 연극이 이루어지는 극장이라는 공간은 연극 그 자체와 구분할 수 없다. 극장의 공간은 사건이 실제로 진행되는, 그러므로 사건의 일부이며, 따라서 매번 반복되는 탄생의 일부이다. 탄생이 공간 속에서 이루어지는 것이 아니라, 공간이 함께 하나의 몸으로 탄생하는 것이다.

극장이 유통의 장소가 아니라, 창작의 조건이며 창작의 물리적 일부를 이루기 때문에 1970년대 동인제 연극 시스템 속에서 극단들이 자신들의 극장을 갖고 싶어 한 것은 당연한 것이었다. 그러나 1990년대 대학로의 번성은 극장을 대관을 위한 공간, 즉 유통의 공간, 창작된 작품이 놓이게 될 텅 빈 공간에 불과한 것으로 만든다. 1970년대 연극에 비해 1980~90년대의 연극이 성취한 질적인 도약에도 불구하고, 연극이 사회에서 이전에 점하고 있던 위상을 더 이상 견지할 수 없었던 것은, 이처럼 쇼핑센터의 선반 위에 놓인 상품에 불과한 것으로 전락하기 때문이다.

2000년대 들어 기획사들이 제작을 주도하는 연극들이 대학로라는 시장에 양산된다. 이제 유통이 제작을 주도하는 양상이 연극에서도 나타난다. 이제껏 상품이라고 하기에 누추해 보이던 외관을 떨어내고, 기획사들은 이제 제법 번듯한 상품을 전시하게 되었음을 자랑스러워한다. 이 시기 기획사 연극을 대표하는 작품의 제목이 <아트Art>였다는 사실은 매우 흥미롭다. 부르주아의 거실에 전시된 고가의 미술품을 매개로 부르주아

계급의 가식을 공격한다는 미명하에 예술의 가치 자체를 조롱하고 있는 이 작품은 프랑스에서는 몰리에르상—아리안 므누슈킨이 상업극에 주어지는 상이라 하여 여러 차례 거절한 바 있는—에 의해, 미국에서는 토니상에 의해 상품성을 승인받은 바 있다.

　같은 작가 야스미나 레자의 유사한 패턴을 보여 주는 작품 <대학살의 신>은 기획 제작사 신시컴퍼니에 의해 제작되어 2011년 '대한민국연극대상' 연출상을 받음으로써 단순한 상품이 아닌 예술작품임을 국가적(?)으로 공인받기에 이른다. 연장 공연이 이루어지는 공간이 예술의전당이라는 것 또한 흥미로운 우연이다. 연극 공연 분야에서는 대관을 주로 하는 공간인 예술의전당은 연극 분야로 국한해서 이야기할 때 대학로의 극장들보다 더 공인된 혹은 더 고급의 쇼핑센터 역할을 한다. 권위 있는 연출가, 관록 있는 배우, 그리고 환호하는 관객이 함께하지만, 그들은 하나의 몸으로 태어나지 않는다.

　2000년대 후반에 들어서면서 연극 생태계에 커다란 변화가 일어난다. 남산예술센터, 국립극단, 명동예술극장, 두산아트센터 등 제작극장을 표방한 중극장의 대두가 그것이다. 이들 극장이 세종문화회관, 예술의전당 등과 차별되는 것은 단지 상품을 전시하는 빈 공간이 아니라, 제작을 위한 공간, 즉 연극이 태어나는 공간이기를 표방하기 때문이다. 대부분 공공극장의 형식인 이들 제작 중심 중극장은 확대된 공간성, 안정된 제작 여건을 바탕으로 지난 몇 년간 우리 연극의 화제작 대부분과 함께했다.

　그런데 제작 중심 중극장이 작품 선정 기준과 작품을 통해 지향하는 목표가 다르다 하더라도 과연 본질적으로 기획사 연극과 제작의 방식에서 차별성을 지니고 있는지는 생각해 보아야 할 것이다. 제작 중심 중극장은 기획사와 마찬가지로 '극단'을 창작의 주체로 설정하지 않는다. 프로듀싱 시스템 속에서, 작품은 창작 주체의 열망의 결과로 태동하는 것이 아니라 기획되고 만들어진다. 해당 극장이 주목하는 작가의 작품과 이를 가장 구현하기에 적합한 연출가를 선정하고 각 배역에 최적화된 배우들을 섭외하고, 유능한 스태프를 구성하는 것은 창작에 참여하는 '개별자들'을 모으는 방식이다.

그런데 연극의 창작 주체는 개별자들의 집합이 아닌, 집단적인 주체임을 간과해서는 안 된다. 오태석, 이윤택, 손진책이라는 개별자는 사실 목화, 연희단거리패, 미추와 같은 집단적 주체와 분리되는 것이 아니다. 극단은 극단을 대표하는 개인 예술가의 열망을 실현하는 지체에 불과한 것이 아니라, 함께 욕망하는 단일한 몸이다. 이 관계는 최근 중극장들이 가장 빈번하게 요청하는 연출가인 최용훈, 이성열, 박근형, 김광보에게도 작은신화, 백수광부, 골목길, 청우의 이름으로 동일하게 적용되고, 그들보다 더 젊어 아직 인지되지 않은 집단들에게도 역시 동일한 것이다.

제작 중심 중극장이 극단과 공동제작을 하는 경우가 아니라면, 이제 창작 주체로서 극단을 상정하는 일이 점차 힘든 일이 되어 간다. 극단이 배제되는 중극장의 제작 시스템이 지닌 심각한 문제는 이 시스템의 확장 속에서 새로운 연극이 태동할 수 없다는 데에 있다. 작가, 연출가, 배우가 개별자로서 중극장과 관련을 맺으면서, 개별 창작자 각각은 곤궁함에서 벗어나는 계기를 갖게 되지만, 극단은 창작의 에너지를 잃어 간다. 중극장 제작연극은 하나의 몸이 아닌 개별자의 몸을 이어 붙여 다시 미끈한 하나의 몸으로 제시하려고 한다. 그러나 '무대 위에 놓아야 하는 것mise en scène'이 찢어진 몸, 다시 말해서 찢어진 '욕망'이라면, 이 미끈한 몸은 스스로 욕망하지 않는다. 기획사 연극이 "나를 사 가세요."라고 노골적으로 유혹한다면, 공공극장의 연극은 "나는 정말 대단하지 않아요?"라며 자신을 과시한다.

공적 지원이 공공극장을 통해서 우회적으로 집행됨에 따라, 극단 직접 지원금이 상대적으로 감소한 현실에서 아직 자신의 존재를 증명하지 못한 젊은 극단들의 제작 여건은 더욱 악화된다. 그런데 이러한 현실 속에서 분노하고, 절망하며, 내적으로 찢어진 욕망이 태어나는 순간이 바로 연극이 탄생하는 순간이라면, 미끈한 몸은 찢어진 젊은 피투성이 몸을 도와(assister) 함께 피투성이로 탄생하기를 열망하는—그러나 아직 태어나지 못한—관객을 외면한다.

장기적으로 제작 중심 공공극장이 고민해야 할 것은 창작 주체로서의 극단을 극장이 어떤 방식으로 만날 수 있는가이다. 현 단계 지원 제도의 하나인 극장 상주단체 지원은 극단이 극장을 시설로서 사용하는 것에 불과하다. 국공립 예술단체처럼 제도화된 상설 단체로 변질될 것을 경계하는 마음이 극단을 극장과 하나로 결합하는 모든 상상을 차단하고 있다. 또한 아직은 제한된 수에 불과한 제작 중심 공공극장이 특정 극단 혹은 특정 예술인들에게 편향된 기회를 제공하는 것처럼 보일 것을 경계하기도 한다. 제작 중심 공공극장의 수가 확대되어, 대표성에 대한 우려가 적어진다면, 창작집단으로서의 극단을 제한된 시간 동안 극장의 창작 주체로 삼는 것을 고려해야 한다.

각종 연극제 역시 연극을 배포하는 제도의 하나이다. '서울연극제' '서울국제공연예술제' '밀양연극제' 혹은 '아비뇽 연극제'처럼 연극축제는 일정한 시공간 속에서 다수의 개별 연극 작품들을 관객과 만날 수 있게 한다. 국내 연극제는 마켓의 기능을 수행하지는 않는다. 대학로라는 집약적인 상설 마켓을 지닌 국내 공연 시장이, 유통 구매자를 위한 새로운 마켓을 설정할 필요성을 느끼지는 않을 것이며 실제로 대학로 이외의 유통 시장이 존재하지도 않는다. 제작 중심 중극장의 활성화는 연극제에도 영향을 미친다.

이제껏 '서울연극제'는 그해의 가장 주목할 만한 작품을 태동시키는 계기가 되어 왔다. 그런데 최근 2000년대 후반 이후 서울연극제의 중요도는 급감한다. 그것은 가장 왕성하게 활동하는 극단들이 다른 여타의 기회들과 비교해서 서울연극제를 더 유용한 제작의 기회로 판단하지 않았기 때문이다. 실제로 서울연극제는 개별 극단에 중대형극장을 사용할 수 있는 매우 이례적인 기회였는데 중극장의 경험이 보편화되는 현재에 그 흡인력이 약화될 수밖에 없는 실정이다. 더욱이 공공극장과 공동제작을 하는 것이 제작 여건, 그리고 공연 기간, 그리고 이후 재공연을 고려했을 때 서울연극제에 참여하는 것보다 유리한 것이 사실이다. 그러나 이를 서울연극제의 몰락이라 여기는 것은 연극제 자체를 권력적 관계로 파악하는 것이다.

연극이 저항해야 하는 대상은 권력이다. 한국 연극을 대표하는 연극의 산실이 되기 위해서 중요한 것은 대표성이 아니라 '산실' 즉 탄생의 공간이 되어야 한다는 점이다. 여전히 극단이 집단적인 주체로서 자기 욕망을 지니고 무대 위에 삶을 태동시킬 수 있는 장으로서 서울연극제는 기능할 수 있다. 하지만 그것은 지금까지처럼 공연을 가능케 하는 장을 펼치고 이에 참여하고자 하는 프로젝트를 심사하여 지원하고 시상하는 형식을 벗어나야 한다. 협회 산하 단체들에 공정한 기회를 제공하는 것에 목표를 국한하지 않고, 극단들의 욕망을 추동하고, 그것을 함께 견인해야 한다.

서울국제공연예술제는 역으로 해외의 연극이 우리 관객과 만나는 기회를 제공한다. 영화와 달리, 연극은 이동성이 제한되어 있다. 하나의 몸을 구성하고 있기에 작품의 이동이 무대 장치는 물론 인력의 이동을 당연히 요구하기 때문이다. 따라서 짧은 기간의 이동을 위해서 고비용을 지출해야 한다. 개별 작품의 이동이 이러한 재원상의 어려움 때문에 제한되기 때문에 국제공연예술제, 페스티벌 봄 등은 연극의 이동을 가능하게 하는 기회이다. 더욱이 대학로를 중심으로 하는 우리 연극의 환경이 공연 형식의 다양성을 보장하지 못하기에 외부 연극과의 접촉은 연극 창작자는 물론 관객의 입장에서도 소중한 기회이다.

시장은 관객을 구경꾼, 구매자로 만든다. 그러므로 새로운 시장이 아닌 공간에서 연극은 구경꾼이 없는 연극을 꿈꾸어야 한다. 이는 객석이 텅 비어 있는 연극을 말하는 것은 분명 아니다. 연극은 살아 있는 육체를 마주하고, 움직이는 또 다른 육체에 의해 완수되는 행위의 공간이다. 때로 무대 위에 살아 있는 육체가 아닌 것이 있다. 그것은 이미지이다. 이미지는 매개체이며, 연극의 반대 항이다. 구경꾼을 위한 스펙터클은 이미지로 유혹한다. 무대 위의 이미지는 죽은 것이며 다시 태어나지 않는 육체이다.

수동적인 구경꾼이 아니라 적극적인 행위자로서의 관객은, 극장에서 집단적인 주체와 마주한다. 그리고 더불어 자신이 마주한 대상으로부터 자기 스스로를 식별해 낸다. 그것은 집단으로서의 자기 자신이다. 그것은 단지 집합적 존재로서의 관객을 의미하는 것이 아니라, 관객이 연극의 내용을 통해서 사회 내의 자신의 삶을 식별해 낸다는 것을 말한다. 연극은 무대 위에서나, 객석에서나 아니 이 둘을 포괄하는 극장에서나 모두 공동체적인 것이다. 찢긴 육체로서의 공동체는 자신에게서 무엇이 찢겨 나가 박탈되었는지를 깨닫는다. 연극을 유통하고, 배포하는 모든 방식 속에서, 우리의 공동체가 박탈당한 것은 무엇인가?

대화, 말해지는 것과 말해지지 않는 것

대화(對話)란 마주 보는 인물들 사이에 오가는 말들을 칭한다. 서양어로는 '사이' 혹은 '가로지르는'이라는 뜻의 dia와 '말'을 뜻하는 logos의 결합어이다. 그러므로 한자와 같이 대화 상황에 개입된 발화자들 사이에 놓인 말을 의미한다. 그런데 로고스란 '말' 이외에 '이성'이라는 뜻 또한 지니고 있다. 이성적인 말은 두 인물뿐만 아니라 그들의 담론을 '꿰뚫는다'. 이때의 말은 언쟁과 달리 논리적 추론을 따라가면서 합리적인 의사소통을 통해 진리에 이르게 하는 도구이다.

바로 이 점이 플라톤이 사유를 전개하는 필연적인 형식으로서 '대화'를 사용한 이유일 것이다. 이성으로서의 로고스는 사유를 펼치는 대화 당사자의 목소리를 명확하게 이해하고, 식별할 수 있도록 안내한다. 그러므로 이 로고스라는 '말씀'이 태초에 '빛'의 '있음'을 가능하게 하는 것이다. 그러나 일상적인 대화 속에서 타자의 말은 필연적으로 왜곡된다. 진리에 이르는 길은 왜곡된 말들의 어둠 속에 있다. 타자의 말은 의미를 형성하지 못하고 흩어져 버린다. 대화는 빛이 아닌 어둠을 향하는 경우가 대부분이다.

연극은 대화를 유일한 형식으로 삼는다. 시공간적 정보 등 제한된 기능만을 갖는 지문은 실제로는 필수적인 것이 아니다. 독백을 대화의 특별한 형식으로 간주한다면 연극의 언어는 분명 '대화'로만 이루어져 있으며, 이것은 연극을 다른 형식의 예술 장르와 구분 짓는 특성임에 틀림없다. 그런데 연극의 대화는 기본적으로 합의에 이르고자 하는 언어가 아니다.

연극의 대화는 갈등하는 말들이다. 연극, 특히 비극은 안티고네와 크레온의 갈등처럼 절대 합일되지 않는 양극단의 입장이 충돌하는 언어들로 이루어진다. 두 극단의 입장이 서로 주장을 통해 논쟁하는 것을 아곤 agôn이라 하는데, 이때 비극이 품고 있는 아곤은 본질적으로 법정의 언어이지 극장의 언어는 아니다. 갈등하는 이 두 대화 상대자가 이르는 도달점은 '진리'가 아니라 양자 모두의 파멸이다. 대화로 이루어진 연극의 언어는 이 모든 파멸의 후에, 이 모든 갈등과 논쟁의 말들 뒤에 온다. 그 모든 광기의 언어 이후에, 피투성이가 된 햄릿이 말한다. "남는 것은 침묵뿐."

연극적 대화 속에서 본질적인 것은 이처럼 말해지지 않는 것이다. 말해지는 것과 말해지지 않는 것의 구분은 단지 직접적인 표현과 간접적인 표현, 혹은 직유와 은유, 드러냄과 숨김의 관계가 아니다. 아곤을 이루는 두 목소리의 사이에서 침묵 속에서 말하는 자가 있다. 연극적 대화의 본질은 '누가 말하는가'라는 발화 행위의 주체와 관련된다. 플라톤이 구분했듯이, 연극은 서술자를 포함하는 말하기 방식인 디에게시스Diegesis가 아닌 인물들의 대화라는 순수한 모방의 형식인 미메시스이다. 그러므로 연극적 대화 속에서 서술과 묘사의 주체로서의 발화자인 '저자'는 전면에 나서지 못하고 뒤로 물러서며 지워진다. 인물들은 말하지만, 인물들은 저자의 자리에서 말하는 것이 아니다. 저자는 주인공의 입을 빌려 말하는 것이 아니다. 저자는 인물들의 말들 속에 불연속적인 파편으로 자신의 말을 남긴다. 그렇기에 저자는 도처에 있으며 어디에도 없다.

인물들의 말들, 대화를 이루고 있는 말의 덩어리들과 그것에 응수하여 던져지는 또 다른 말의 덩어리들은 연속체적인 말들이 아니다. 그것은 쪼개져 파편화된 말들이다. 이는 의사소통의 불가능성을 이야기하는 부조리한 언어의 사용에 한정된 것이 아니다. 언술체들의 연속이 있지만, 이 모든 언술체들을 궁극적으로 발화하는 발화 행위의 주체로서의 작가는 언술체들의 불연속적인 지점인 말들의 '사이에' 그리고 그 말들을 '관통하면서' 존재하기 때문이다. 그러므로 철학자들의 대화가 '로고스'를 강조한 dia-log라면, 연극에서의 대화는 '사이'를 강조한 dia-log인 셈이다. 인물들에 의해 분절화된 말들의 '사이'에서 발화되는 부재의 말, 이것이 연극의 대화이다. 부재하면서 동시에 말하는 저자는 통일된 하나의 목소리를 내지 않는다. 때로 저자의 위치에서 저자가 전하고자 하는 주제를 그대로 자신의 목소리로 발화하는 인물이 있다면, 그 작품은 이미 깊이 있는 목소리를 들려줄 수 없는 작품일 것이다. 저자는 인물들 속에서 흩어지고, 그 파편화된 목소리는 서로에게 모순된 응답을 한다. 연극적 대화에는 결이 다른 여러 가지 발화가 들어 있다.

아르토는 '태초의 말씀'에 저항하였다. 그는 연극을 문자, 텍스트로부터, 그리고 저자로부터 자유롭게 하기를 원했다. 무대 위에서 해석되어야 할 모든 언술의 의미의 단일하고 통일적인 담지자로서 저자의 목소리를 그는 부인한다. 그에게 "대화는 쓰여 있든 말해지든 간에 무대에 속하지 않는다, 대화는 책에 속한다."[30] 이때 책은 대문자화된 책이며 모든 의미의 창조자인 신의 말씀 즉 Théo-logos이다. 그러나 텍스트 중심주의로부터 무대의 물질성을 중요시하는 연극으로, 그리고 작가 중심에서 연출 중심의 연극으로 이동이라는 연극사의 한 흐름이 대화와 무대의 관계를 해결하는 답을 주는 것은 아니다. 무대는 단지 2차원적 문자의 공간에 대립하는 3차원의 물질적 공간에 불과한 것이 아니다. 무대는 아르토 자신이 도달하려 했던 것처럼 형이상학이 펼쳐지는 공간이다. 그리고 부재하는 말, 이데아, 진리, 존재 등등은 바로 이 형이상학의 다른 이름들이다. 테올로지Theology로부터 벗어나려 하지만, 아르토는 다른 형식의 테올로지에 빠져든다.

말과 몸, 대화와 무대를 완전히 분리함으로써 그의 형이상학은 구현 불가능한 것으로 최초부터 상정되어 있다. 불가능한 것을 가능하게 하는 것, 그것은 부재하는 것을 구현하기를 원하는 것이다. 때로는 아르토의 몸을 단지 물질성으로만 파악하는 이들이 있다. 그들은 현전하는 것 그 자체를 아르토가 형이상학이라고 부른 것과 분리한다. 그럴 때, 무대 위에 현전하는 것은 '시뮬라크르'에 불과한 것이 된다. 물질적 이미지로 가득 찬 스펙터클에서는 너무나 많은 것을 보여 주지만 현전 혹은 현존을 갖는 것은 아무것도 없다.

"무대에서 문제가 되는 것은 현전présence 혹은 현전하는 것étant-présent의 존재être 양식 이외의 아무것도 아니다"[31]라고 장-뤽 낭시는 말한다. 그는 이를 다른 용어로는 "현전présence의 현전화présentation" 혹은 "행위의 활성화activation de l'action"[32]라 정의한다. 낭시의 말을 이해하기 위해서는 무대적 현전의 조건을 우선 상기해 보아야 한다. 무대 위에는 배우가 있다. 그리고 그 배우는 하나의 배역을 연기한다. 배우는 무대 위에서 실제로 존재하는(étant-présent) 현전자(présent)이다.

그런데 배역은 허구적인 존재이다. 그가 허구적인 존재라는 것은 그가 허구적인 이야기 속의 인물이기 때문이기도 하지만, 이 허구 속의 인물이 진정으로 누구인지는 완전하게 규명할 수 없기 때문이다. 가면 속의 인물은 계속 달아난다. 인물을 이루는 물성을 집적하여 인물의 두께와 깊이를 구성하고, 이를 배우가 구현해 낸다고 하더라도 우리는 드러난 실체로 '코스차'가 누구인지 '니나'가 과연 어떤 사람인지 알 수 없다. 낭시가 말하듯 "연극은 실재하는 것들의 차원과는 본질적으로 낯선 현전의 차원에서 구조화되는 것"이기 때문이다.[33]

연극의 대본 속에서 배역은 대사들의 덩어리 앞에 놓이는 이름에 불과하다. 이름들은 대사와는 다른 기능을 한다. 어떤 의미에서는 이름들은 텍스트 밖에 있다고 할 수 있다. 이름은 말들이 발화되는 발화 행위의 지점이다. 비어 있는 이 자리에 실재하는 몸을 지닌 배우가 들어설 때, 현전을 현전화하게 되는 것이다. 이 비어 있는 자리를 조직하는 것은 작가이지만, 이 비어 있는 자리에 배우들을 할당하는 것은 연출가이다.

작가와 마찬가지로, 연출가는 무대에 존재하지 않는다. 그는 작가처럼 인물들, 혹은 배우들의 목소리 속에서 파편적으로 존재하며 동시에 그들 사이에서 존재한다. 그의 목소리는 부재하면서 동시에 존재한다. 그런데 연출가는 작가와 같은 자리에 있으면서도 또한 다른 자리에 위치한다. 그리고 작가가 말하는 것과 연출가가 말하는 것이 반드시 같은 것은 아니다. 작가가 배역에게 목소리를 분배한 방식과는 또 다른 방식으로, 연출가들은 이 배역을 담당하는 배우에게 목소리를 배분한다.

이처럼 무대 위에는 단 하나의 기원으로서의 목소리가 있는 것이 아니다. 단수로서의 현전이 아니라 복수로서의 현전들(présences)이 있으며, 현전자들은 이 복수의 현전들을 현전화해야 한다. 안느 위베르스펠트가 말했듯이 대화로 이루어진 극 텍스트가 '구멍 난 텍스트'라면 이 어두운 구멍들을 연출은 메우려 할 것이다. 그러나 그가 무대화시켜야 하는 것은, 단지 구멍을 물질로 메우는 것이 아니라, 이 구멍 속의 어둠을 드러내는 것, 부재하는 현전을 드러내는 것이다.

체호프의 <벚나무 동산>의 한 장면을 예로 들어 보자. 로파힌은 벚나무 동산과 저택을 경매를 통해 구입했다. 그리고 라네프스카야 부인의 가족들은 이 영지를 떠나야 한다. 이 영지에서 겪었던 행복과 불행을 모두 과거로 돌리며 그들은 이제 이곳 벚나무 동산과 영원한 작별을 해야 한다. 마지막으로 라네프스카야 부인은 로파힌이 바랴에게 청혼할 마음이 있을지도 모른다고 생각해, 두 사람을 만나게 한다. 그러나 과거에 그들이 서로에게 지녔던 호감에도 불구하고, 사랑의 고백은 이루어지지 않는다.

바랴: (오랫동안 물건들을 살펴본다) 이상하네, 찾을 수가 없으니….

로파힌: 뭐를 찾는 겁니까?

바랴: 내가 챙겨 놓고도 기억이 안 나네요. (사이)

로파힌: 이제 어디로 가십니까, 바르바라 미하일로브나?

바랴: 저요? 라굴린 댁으로요… 그 댁 집안 살림을 돌보기로 얘기가 되었어요…. 집사 일이죠, 뭐. 로파힌 야쉬네보로 가시겠군요. 70베르스타 정도 되죠. (사이) 자 이렇게 이 집에서의 생활도 끝이군요….

바랴: (물건들을 살펴보며) 대체 어디 있지…. 아니면 내가 가방 속에 넣었는지 몰라…. 그래요, 이 집에서의 생활도 끝났고…. 앞으로도 못 오게 될 거예요….[34]

고백을 해야 하는지 망설이는, 아니 고백을 하지 않을 것이지만 잠시 지나간 시절의 감정을 되돌아보는 로파힌과 어색함 속에서 그의 고백을 기다리는 바랴가 긴장 속에 있다. 이 긴장은 두 가지 갈등의 항들 사이에서 발생한다. 그것은 두 항의 말들 속에 있지 않고, 두 항의 말 사이에서 말해지지 않는 곳에 있다. 말해지지 않는 것을 말하게 하는 것, 그것이 행위의 활성화이다. 로파힌은 자신이 청혼하지 않을 것임을 직접 말하는 것이 아니며, 바랴도 그의 청혼을 초조하게 기다리고 있음을 말하는 것이 아니다. 사실 이 장면이 말하는 것은, 말하지 않음 그 자체이다. 로파힌은 고백하지 않는다. 바랴도 고백을 종용하지 않는다. 그 사이에는 침묵이 있다. 과거에 하지 못했고, 이제 다시 할 수 없는 고백. 그 고백의 부재가 있다. 그러므로 이 연극은 사랑한다는 말, 미래를 향한 이 약속의 말의 부재를 말해 주는 연극이다.

　　그렇지만 이 장면이 이 부재를 드러내기 위해 위장된 말들, 의미 없는 말들로 채워져 있는 것은 아니다. 로파힌의 말 중에서 '끝'이라는 단어는 바랴의 감정을 뒤흔들어 놓는다. 아무것도 말하지 않는 상황 속에서도 작가는 이 단어를 그 자리에 놓아둔 것이다. 그녀는 애써 흩어진 마음을 수습하기 위해 물건을 찾는 척하다가, '끝'이라는 단어를 더욱 증폭시키며 로파힌에게 응수한다. 결국 이 대화 속에서는 청혼하지 못하는 로파힌의 거북함과 그의 청혼을 기다리는 바랴의 초조함이라는 감정적 긴장들 너머로 '끝'이라는 단어를 그들 모두에게서 발화시키는 발화 행위의 주체로서 작가가 개입된다. "어딜 갔을까?"라는 바랴의 대사는 그저 가방 속에 무엇을 넣어둔 것을 찾는 것을 넘어, 지나간 시절, 다시 돌아오지 않을 과거의 시간성을 지시하기도 한다. 과거는 더 이상 존재하지 않는 것이며, 동시에 현재 속에 깊은 흔적을 남기고 있다.

피터 브룩이 1981년 연출한 <벚나무 동산>의 이 장면에서 바랴 역의 배우는 "대체 어디 있지…. 아니면 내가 가방 속에 넣었는지 몰라"라며, 무대 안쪽 깊숙이 허물어진 저택의 벽면이 희미하게 보이는 어둠 속 허공을 가리킨다. 그녀가 가리키는 것은 무대적으로는 가방이 있는 곳으로 가정되는 곳이겠지만, 의미적으로는 돌이킬 수 없는 과거의 시간이기도 하다. 과거의 시간이라는 현전을 그녀는, 그녀의 손가락은, 그리고 그녀의 말은 현전화시킨다. 과거는 더 이상 없지만, 부서져 가는 집안 속에, 그리고 이제 미래를 꿈꿀 수 없는 이 사람들 속에 여전히 있다. 파편화된 말들 사이의 구멍 속에서 들려오는 말들을 현전화시키는 방법은 바로 구멍, 부재하는 것 그 자체를 가리키는 것이다.

말은 어둠 속에서 나와, 누구인가를 향해 '건네'진다. '건넴adresse'은 대화의 전제이다. 작가와 연출가의 부재하는 목소리가 무대 너머의 관객을 부를 때, 그의 목소리는 타자에게 건네진다. 그러므로 <햄릿>의 시작은 다음과 같은 것이다. "거기 누구요?" 이 말의 발화자는 보초병이고 이 말은 다른 보초병을 향해 건네진다. 하지만 이 말은 보초병으로부터 관객에게, 그리고 작가로부터 관객에게 건네진다. 관객은 그러므로 무대의 바깥에 있지만, 대화의 밖에 있는 것은 아니다. 관객은 연극적 대화 속에서 목소리를 나누어 가지며 발화 행위의 '자리'에 있다.

보초병이 건네는 말은 단지 며칠 전부터 출몰한다는 유령 때문에 공포에 질린 병사의 말이 아니다. 만일 연출가가 개입하여 "거기 누구요?"를 발화하는 병사에게는 조명을 주지만, 그 말을 받는 상대역의 병사에게는 조명을 주지 않는다면, 무대 위 조명을 받은 병사는 천천히 무대 앞으로 걸어 나와 관객과 맞서게 될 것이다. 그리고 관객을 향해 말을 건넬 것이다. 병사의 목소리 속에서, 그리고 어둠 속에서 작가는 혹은 연출가는 자신의 앞에서 또 다른 어둠 속에 놓인 관객에게 묻는다. "관객들 당신들은 과연 누구이기에 지금부터 펼쳐질 덴마크의 왕자 햄릿의 이야기를 들으러 오셨습니까? (Who's there?)" "거기 누구요?Who's there?"라는 말에는 하이데거적인 '거기 있음dasein, being-there, être-là'의 개념이 포함되어 있다. 어둠 속에서 현전자를 향한 부름의 소리가 있다. 조명이 켜져 빛 속의 말이 관객이 앉아 있는 객석의 어둠 속으로 퍼져 나간다. 관객이 이 말에 화답하는 순간은 '누구'라는 일반적인 대상으로부터 자기 자신을 특정화하는 순간이다. 관객이라는 일반성이 아닌 개별자인 자신으로서 호명에 답한다. 이는 말씀이 육신을 부르는 순간, 말씀이 육신이 되는 순간 즉 현전을 현전화하는 육화의 순간이며 관객이 그 말에 응답하여 자신을 이야기 속으로 들어서게 하는 순간이다.

연극은 항상 그렇게 시작한다.

연극과 정치:
분할의 경계 그리고 공동체

2008년 촛불 정국 이후 문학과 정치를 관계 지어 사유하고자 하는
흐름이 활발해졌다. 계간지 『문학과 사회』는 2009년 가을호에서 「다시 미
학과 정치를 사유한다」를, 『창작과 비평』은 2010년 여름호에 「문학의 정
치성을 다시 묻는다」를 특집으로 설정했으며, 그 외에도 다수의 자리에서
진은영, 김홍중, 심보선, 서동욱, 강계숙 등은 한동안 제기하지 않았던 이
낡은 질문을 사회, 문화적으로 변화된 새로운 국면 속에서 다시 성찰했다.

이 논의는 문학의 자율성과 정치적 문학의 도구적 성격의 대립, 작
가 자신의 실천적 삶과 그의 작품의 미학적 표출 사이의 관계, 정치적 진보
성과 미학적 진보성의 상관관계 등을 재고찰했다. 과거에 제기된 질문들
이지만, 변화된 국면과 사유의 틀 속에서 이들은 세계를 내재적으로 향하
는 언어가 아닌 세계를 벗어나는 언어를 통해 문학과 정치를 매개하려 했

다. 이러한 논의가 새로운 해답을 가져온 것은 아닐지라도 과거 논의에서의 이항 대립을 벗어날 수 있었던 것은 정치 혹은 정치적인 것, 그리고 미학의 개념 자체를 확대시킨 랑시에르, 아감벤, 바디우 등의 담론에 힘입은 바 크다. 연극에서 실천적인 측면에서의 여러 기획들이 있었지만, 동일한 문제의식의 담론화가 상대적으로 지연된 것은 이 기간 '포스트드라마' 담론 즉 포스트모더니즘의 조건 속에서 연극을 사유하면서 의미 있고 통일성 있는 세계의 구축 불가능성을 전제 조건으로 받아들이면서 재현/비재현, 말/몸의 대립 항 문제에 경도되어 있었기 때문이기도 하다.

이제 다시 우리가 속해 있는 공동체의 의미 있는 미래와 연극을 관계 짓는 질문들을 제기하면서 연극이 정치를 사유하고 실천할 때, 연극은 문학이 제기한 것과는 다른 방식으로 이 문제에 접근하게 된다. 무대 위에서는 허구와 현실이 분리되지 않는다는 점에서 현실로부터 격리된 자율적 영역을 연극에서는 상정할 수 없기 때문이다. 절대적으로 자율적인 미적 영역으로서의 연극을 규정할 수 없기에 연극을 자율적 영역과 현실적 영역으로 대립시켜 성찰하는 것은 가능하지 않다. 시인과 그의 작품의 관계와 달리, 배우는 무대 위에서 현실적인 개인인 동시에 허구적 인물인 것이다.

그렇다고 현실과 허구의 관계가 하나의 조화로운 합일체를 구성하는 것 또한 아니다. 연극에서 현실과 허구, 즉 배우와 배역, 무대 공간과 극 공간은 동시적이면서도 어긋나 있는 한 몸 안의 분열적 관계를 이룬다. 발화는 이 분열성을 드러낼 때 다성적이며 다의미적이다. 물론 1980년대까지 연극에서도 허구와 현실의 관계를 비대칭적으로 파악하였다. 비대칭적이라는 것은 이중성의 한 항이 다른 항을 제어한다는 것을 의미한다.

우선 가장 일반적인 경향은 허구 속으로 현실을 병합시키는 경향이다. 이런 방식의 연극에서 정치성을 추구할 때 허구는 현실의 은유 혹은 알레고리로 기능한다. 하지만 알레고리는 현실의 폭력성이 강할 때, 이 폭력을 피하여 우회하는 방법이며 정치적이기 위한 최소한의 장치이지 그 자체로서 정치적인 행위는 아니다. 또 다른 방식은 현실이 허구의 밖으로 나가 허구를 포괄하는 경우이다.

이때 연극적 장치는 현실의 직접적인 발화를 위한 계기로서 기능한다. 배우의 발화는 허구적 이야기 속 발화보다는 관객 앞에 선 현실 속 한 인간의 발화로 기능한다. 이 경우 끝없이 허구성, 재현성을 깨고자 하는 현실의 개입이 있다. 서사극 혹은 마당극에서 관객과의 직접적인 소통을 시도할 때 공간은 허구성을 벗고 현실 공간으로 변하며, 직접적으로 메시지가 전달된다. 정치적 메시지가 광장에서 대중에게 전달될 수 있는 물리적 권리가 제한되었던 시기였기에 이처럼 극장을 허구의 공간이 아닌 현실의 공간으로 변모시키고자 하는 것이다. 현실과 허구가 동시적으로 발생하면서도 하나가 또 다른 하나를 병합하지 않고 분열성을 드러내는 경우는 매우 드물게 발생한다.

1980년대에 <칠수와 만수>의 경우, 두 인물이 건물 옥상에서 아래의 경찰들에게 소리 지를 때, 그들의 외침은 명백하게 극적 상황 속의 절규였으며, 동시에 그 시대의 폭력에 대한 항의로 현실 공간 속에서 발화되었다. 그러나 이것은 현실에 대한 알레고리가 아니었다. 관객에게 직접적인 메시지를 전달하기 위한 서사극적 형식을 취한 것도 아니었다. 단지 발화 상황에서 배역과 배우 개인의 동시성과 분열성이 허구의 관찰자로서의 관객과 현실 속의 시민 개인의 동시적 분열성을 작동시킨 경우였다. 서로 다른 두 가지가 동시적으로 기능할 때 둘 사이에 분할된 경계선이 드러난다.

1990년대에 들어와 '민주화'된 사회에서 정치적 메시지의 전달을 위해 알레고리를 우회할 필요가 없어지고, 또한 극장이 광장을 대체할 필요성 또한 사라졌다. 더욱이 현실 사회주의의 몰락은 사회의 공동체적 이상의 실현 가능성을 회의하게 만들었다. 현실 속에서 폭력과 착취, 소외는 그 발현 양상을 달리했을 뿐 사라지지 않았음에도 불구하고, 그리고 상업화가 연극의 본질을 위협하는 상황에서도 연극은 이 변화된 조건들을 성찰해 내지 못했다. 현실 속에서의 정치적 지향을 상실한 만큼 연극의 정치성은 그것의 부재에 대한 회한의 형태로만 드러났다.

김명화의 <돐날>(2001)과 김재엽의 <오늘의 책은 어디로 사라졌을까?>(2006)는 1990년대를 통과하여 2000년대 중반에 이르는 시간 동안에 더 나은 삶에 대한 신념을 상실한 개인의 내면의 황폐함을 드러낸다. 더욱 강력해진 자본의 착취, 그리고 여전히 잔존하는 폭력성에도 불구하고, 외견상 민주적이며 합법적인 체제가 이루는 부조리한 결합을 박근형은 <청춘예찬> 이래로 꾸준히 그의 작품 속에 담아내고 때로 정권과 기득권을 이루는 상징적 기호들을 공격하지만, 신자본주의 사회와 상업화된 연극적 환경은 박근형과 그의 배우들을 상업적으로 소화해 낸다. 신자본주의 경제 체제와 그 속에서의 합법적인 선거를 통해 다수의 지지를 획득한 정치 권력은 자신에 대한 연극적 형식의 공격에 상처 입을 것이 없었다. 유통과 전파의 과정을 왜곡시킬 수는 있어도 정보 자체를 파기시키거나 유통을 금지할 수는 없는 사회에서 연극은 더 이상 작은 해방구의 역할 속에서 상대적 증폭력을 지닌 매체가 아니었다.

2008년의 촛불 정국은 시민의 정치 참여는 물론, 연극의 정치성에 대한 새로운 성찰의 기회가 된다. 미국산 쇠고기 수입 조치에 대한 항의로

촉발된 촛불집회는 사실상 원래의 목표와는 다른 양상으로 지속되었는데, 그것은 정권 타도를 위한 것도 이데올로기적 투쟁의 방식도 아니었다. 촛불 정국은 미래의 공동체가 추구해야 할 가치를 위해 시민들 자신의 육체로서 물리적이고 상징적인 장소를 점유해야 할 필요성에 대한 광범위한 동의의 표명이었다. 자발적이며 동시다발적이며, 일원화된 방향으로 조직되지 않은 복수형의 행위자들이 주체였으며, 비장한 투쟁이 아니라 즐거운 놀이의 형태로 진행되었다는 점은 미래 시민 사회에서의 정치적 표현 방식을 예견할 수 있게 해주었다. 종종 문화제라는 이름과 결합되듯이 시위라는 정치적 행위가 일종의 공연 형식을 지니게 된 것이다. 제도가 그들에게 합법적으로 부여한 자리를 벗어나고 이처럼 점유한 공간에서 조직된 하나의 무대가 아니라 즉각적으로 생산되는 다수의 놀이 공간을 창조해 내었다.

2011년도 김진숙의 타워크레인 농성과 이를 지지하는 희망버스는 또 다른 방식으로 정치적 행위와 연극적 행위를 연결 짓는다. 희망버스의 탑승자들은 김진숙의 타워크레인 고공농성을 '바라보는' 사람들이다. 즉 타워크레인이 무대라면 희망버스는 관객석이다. 그런데 이들은 '보는 행위' 그 자체를 보이는 대상이 산출하는 것만큼이나 의미 있는 행위로 만든다. 보는 행위의 결과에 의해서 의식화된 사회적 행위자가 되는 것이 아니라 보는 것 그 자체가 사회적, 정치적 행위가 되는 것이다. 더불어 보는 그들이 또 다른 이들의 보는 행위의 대상이 된다. 김진숙이 타워크레인 위에서 외치는 들리지 않는 절규의 내용 그 자체보다는 이를 '바라보는' 행위가 더욱 중요해지며, 들리지 않는 외침의 내용을 '다른 방식으로' 써나가며, 증폭한다. 그들은 자신들의 주장을 전달하기보다는 저기에 들리지 않는, 그리고 대중 매체에 의해서 보이지 않는 어떤 것이 있음을 환기한다. 랑시에르는 수동적인 보는 자로서의 관객에서 능동적 행위자로서의 관객으로 전환을 연극에서 정치성의 작동 방식으로 파악하는 것에 동의하지 않는다. 희망버스가 김진숙을 바라보는 행위는 이처럼 '보다'라는 동사에 할당되고 배치된 감각을 변형하고 재배치하는 행위이다.

바로 이러한 점이 브레히트적인 맥락은 물론 스펙터클의 사회를 비판한 기 드보르와도 차별된 새로운 시민-관객-행위자를 형성한다. 브레히트적으로 극장이 현실의 모순 인식을 위한 교육의 장, 즉 학교로서 기능하기를 바라는 것은 관객을 여전히 교육받아야 할 '무지'한 존재로 인식하는 것이다. 더불어 기 드보르처럼 이미지의 허상이 지배하는 사회에서 시민들이 스펙터클의 허상에 가려진 모순에 항거하기 위한 행위자로 거듭나기를 촉구하는 것 또한 무지한 시민-관객에 대한 계몽을 전제로 하고 있으며 연극이 삶 속에서 즉각적인 윤리성을 표출하기를 기대하는 것이다.

랑시에르는 관객을 계몽시켜야 할 무지한 존재가 아니라 스승을 자임하는 자가 전하고자 하는 앎을 이미 지닌 해방된 존재로 파악할 것을 권유한다. 이 해방된 관객은 단지 스펙터클의 구경꾼이 아니며 현실 속의 배우라는 행위자의 자리에 만족하는 것도 아니다. 해방된 관객은 행위 자체를 사유한다. 연극은 이때 관객의 행위에 대한 사유와 욕망을 촉발한다. 이 행위는 투쟁, 민중해방, 참여, 전복이라는 단어로는 설명되지 않는다. 또한 이 행위는 재현된 기호들의 의미를 해석하는 것도 아니다. 이 행위는 연극적이며 사회적인 맥락에서 그가 가지고 있는 '장치' 그 자체인 자신의 몸과 관련된다. 사회가 할당하고 분배한 그의 몸의 자리를 벗어나 이를 재배치하는 행위이다. 상업적 소비자의 자리에서, 혹은 지배가 강요하는 노동의 자리에서, 또한 그 지배에 맞서는 투쟁의 자리에서 벗어나 그의 감각체로서의 몸이 전혀 다른 정념을 갖게 하는 행위이다.

이제 의미가 아닌 감각이 문제시된다. 세계 자체 혹은 세계의 의미를 전복하는 것이 아니라 세계 안에 있는 주체에게 세계가 할당한 감성을 재분배하는 행위가 문제시되는 것이다. 이때 행위의 전복성은 모더니스트 혹은 아방가르드 예술이 추구하는 형식적 전복성과 다르다. 왜냐하면 전복의 방향성이 타자에게 맞추어진 것이 아니라 자기 자신을 포함하기 때문이다. 그러므로 파괴와 충격이 아니라 감각의 내재화와 관련된다. 정치적인 것을 감성의 재배치와 관련지어 설명하는 랑시에르에게 미학 역시 감각 세계 속에 몸이 기입되는 방식이다.

이와 같은 내재적 전복성은 숭고와 이념이 부재하는 세계에서 세계를 변화시킨다는 욕망에 회의적인 채 물질성의 다양한 변주를 추구하는 포스트모더니즘과도 차별된다. 미학적 예술 체제는, 그리고 그 일부를 이루는 연극은 도래할 공동체를 예상하는 혁신적인 감각 경험들에 내재하는 잠재성으로서의 이념을 추구한다. 이 공동체는 그러나 단일한 공동체가 아니다. 이 공동체는 평등한 주체들 간에 감각적인 분할 선에 의해 나뉘는 불화하는 공동체이다. 다수성이 공동체라는 단일성의 전제 조건이 된다. 그리고 이제 주 전선의 전위로서의 '아방가르드'가 아니라 전방위적인, 작은 감각적 경계에서 감각을 재배치하기 위한 불화의 행위가 발생한다.

더불어 타자와의 불화뿐만 아니라, 자신의 예술적 기교 및 노하우와 사회적 목적 사이에서도 불일치를 발생시킨다. 이러한 방식은 강력한 메시지에 의해서건, 혹은 형식적 전복성에 의해서건 커다란 사회적인 반향을 만들어 내지 않는다. 차이라는 개념이 기표와 기표 사이를 미끄러지며 떠도는 항구적 반복의 필연성을 강조하는 것이며 그 차이의 반복을 뚫는 '탈주'의 개념은 소수적 예외성을 강조하는 것이었다. 감성의 분화, 불화 등의 개념은 자기 자신에게 부여된 감각으로부터 스스로를 낯설게 하는 작은 연극들의 실천과 관련된다. 프린지, 변방 등의 축제가, 더 이상 중심과 그 밖의 관계가 아니라 합의된 감각을 강요하는 현실에 대해 불화하는 경계지점으로서의 의미를 점차 획득한다.

　이 작은 실천은 창작자에게 국한된 것이 아니다. 연극은 문학과 달리 관객과 공통의 공간에 위치한다. '공동체 속에 있음' 그 자체가 연극이 지닌 정치적이고 미학적인 조건이 된다. 관객은 자신에게 할당된 감각의 경계 너머의 감각으로 자신의 경계를 변경하고, 연극 역시 자신의 경계를 이동시키면서 공동체들을 만들어 가는 것 그 안에 연극의 지속 이유와 공동체의 지속 이유 모두를 찾을 수 있을 것이다. 공동체의 미래 지향점보다 타자와 함께 존재하는 것 그 자체를 지향하는 것, 다시 말해서 평등한 사회의 미래적 구현이 아니라 평등한 위치를 점하기 위한 운동성으로서의 공동체를 장-뤽 낭시는 '무위의 공동체la communauté désœuvrée'라 부른다. 하나의 작품(œuvre)에 도달하는 것의 부정형(désœuvrement)으로서의 공동체이기 때문이다. 비평은 이 속에서 중심된 움직임을 간파하거나, 이 작은 움직임들을 하나로 포괄하는 합의를 산출하기보다는, 감각을 재배치하는 경계선을 주목하고, 이 경계선을 이동시키는 담론을 생산한다.

문화 민주주의와 '불화'의 말들

민주주의라는 단어가 더 이상 '하나'의 숭고한 이상을 지시하지 않는 시대를 우리는 살고 있다. 몇 해 전 출판된 한 번역서에 붙여진 제목처럼, "민주주의는 죽었는가?"라는 질문이 결코 과장되었다고 느껴지지 않는 시대를 살고 있는 것이다. 민주주의 가치의 지속을 의미하는 단어 '민주화'가 단지 역사 이행의 특정 시기를 지칭하는 용어로서 전락하고, 경제위기의 시대에 민주주의 원칙을 위한 문제 제기는 불필요한 과잉으로 여겨질 뿐인 그런 시대 말이다. 우리 사회가 권위주의나 전체주의를 벗어났다고 하지만, '자유'와 '평등'이라는 결코 분할할 수 없는 민주주의의 핵심요소들이 상호 모순되고 대립적인 가치로 주장되고 있는 현실이다. 부분적인 함의, 혹은 왜곡된 함의로 민주주의를 정의하는 다양한 시도가 이루어진다. 랑시에르가 "정치적 투쟁들은 단어를 전유하기 위한 투쟁"이라고 말했듯이, 민주주의라는 단어는 다양한 담론들의 경합의 장 속에 있다.

　　바로 이러한 시기에 '문화'라는 단어가 '민주주의'라는 단어와 다시 결합한다. '문화의 민주화' 혹은 '문화 민주주의' 등의 조어들은 1960~70년대에 서구 문화정책 분야에서 등장했지만, 우리 사회에서 이에 대한 학문적 논의와 이 논의의 결과로서의 구체적인 정책 방향이 제시된 것은 최근에 이르러서다. 문화가 민주주의라는 용어와 결합할 필요성이 제기된다는 것은 우리 사회에서 문화가 예외적인 재능과 취향을 지닌 개인들의 영역으로부터 시민 다수의 자기표현과 향유의 영역으로 확대되고 있음을 보여 주는 긍정적인 현상이다. '문화의 민주화'는 시민들의 문화 향유를 보다 넓은 계층으로 확대하고자 하는 방향으로, 그리고 '문화 민주주의'는 문화 행위의 다양성을 확보하는 방향으로 민주주의 가치를 문화정책 속에서 실현하고자 하는 개념이다. 그런데 '문화'라는 단어는 '민주주의'보다 더 추상적이다. '문화'라는 단어는 하나의 빈 기표에 불과하다. 그리고 이 단어를 전유하기 위한 투쟁은 '민주주의'라는 단어를 전유하기 위한 투쟁과 결합해 더욱 복합적인 양상을 드러낸다.

　　때로 '문화'는 이전에 다른 결합 속에서 지녔던 함의를 여전히 지닌 채 민주주의라는 새 짝과 결합한다. 문화산업, 한류 문화 등의 조합에서 문화는 '산업' 혹은 '상품'의 한 형식이다. 이는 때로 민족주의적, 국가주의적 색채를 띠고 국가적 경제적 가치 창출을 목표로 제시한다. 문화라는 단어는 '문화 민주주의'라는 조합 속에서조차 때로는 이와 같은 상품으로서의 함의를 그대로 유지하고자 한다. 그때 문화 민주주의는 상업적 자생력을 지닌 양질의 문화 행위들을 가능한 많은 사람들에게 배포하는 것을 의미한다.

　　한편 '문화'를 지칭할 때, 그것을 그저 빈 기표로 남겨 두고자 하는 정치성을 드러내는 경우도 있다. 이때 문화는 그 자체로 민주주의와 결합할 어떤 함의도 지니지 않는다. 문화는 여가의 다른 이름에 불과하다. 그런데 '문화 융성'이라는 조어는 정치적으로는 이제 민주화가 완성되었음을 전제로 한다. 이제 민주화된 사회에서 더 이상 정치적 '불화'로 사회적 에너지를 소진하기보다는 '문화'라고 하는 영역으로 논의의 중심을 옮기고자 한다. 먹고사는 문제에 함몰되는 시대를 벗어나 '문화가 있는 삶'으로 표현되는 개인의 삶의 질을 향상하는 단계로의 이동을 주장하는 것이다. 탈정치화된, 탈민주화된 '문화'는 경제적 성장의 달콤한 결과물이며 한편으로는 또 다른 차원의 경제적 가치를 창출할 수 있는 창조적 산업의 영역이다. 또, 때로 '문화'는 개인적인 혹은 집단적인 치유, 힐링의 방편으로 제시되기도 한다. 그러나 이때 치유를 필요하도록 만드는 사회적 동인과 문화를 전면적으로 대립시키려 하지 않는다.

보다 가까이서 문화와 민주주의의 결합을 관찰해 보자. 이미 지적했듯이 '문화의 민주화'는 문화 향유를 문화적으로 소외된 계층에까지 확대하는 것을 지향한다. 그러므로 이때 민주화는 문화 향유의 평등주의를 가정하는 것이다. 문화 바우처, 혹은 '바람난 미술' 등 문화 접근성을 확대하는 노력이 이에 속한다. 그런데 이때 확대된 향유자에게 제시되는 문화적 표현물은 그들에게까지 확대될 가치가 있는 양질의 예술로 제한된다. 문화적으로 소외된 집단에게 그 자신들의 계급적, 문화적, 취향을 표현하도록 권장하기보다는 그들이 일상적으로 접할 수 없는 엘리트 예술을 접하게 하는 수혜적인 성격이 문화의 민주화 개념에 내재되어 있다. 시민 다수의 취향을 고급 예술, 엘리트 예술의 기준으로 견인하고자 하는 것이다. 그러므로 문화의 민주화는 계급적으로 동질한 사회라는 이상 속에서 우선 취향의 동질화를 겨냥한다. 이때 국가의 역할은 다수의 시민에게 제공될 수 있는 양질의 문화 표현물을 산출할 수 있도록 전문 예술가들을 후원하는 것이다. 현 단계 우리 사회에서 문화 지원 정책의 상당수는 바로 이와 같은 문화의 민주화의 개념 위에서 행해지고 있다. 흥미로운 점은 우리의 경우 최근 엘리트 예술과 전문 예술가에 대한 지원에 대한 대립 항으로, 시민 향유 프로그램을 강화하고 있는 현상이 관찰되고 있다는 점이다.

문화의 민주화는 민주주의를 표방하면서도 취향과 표현의 자유로운 선택을 제공하지 않는다. 또한 문화 표현 간에 위계를 가정함으로써 취향의 평등을 부인하는 모순을 드러낸다. 따라서 이를 극복하려는 것이 문화 민주주의의 개념이다. 모든 시민에게 동질한 문화적 표현물에 대한 접근성을 넓히기보다, 시민들 모두의 여러 가지 상이한 문화적 표현을 의미 있는 문화 행위로서 간주하고 이를 개화시킬 수 있도록 장려하는 것이다. 이제껏 하위 장르로 여겨지던 문화 표현들이 고급문화와 위계적 관계가 아닌, 평등한 관계에서 향유와 표현의 대상이 될 수 있다. 이때 시민은 그저 수동적인 관객에 머무는 것이 아니라 문화를 창조하는 주체가 된다. 이미 존재하는 제도적인 문화 배포 단위들과는 다르게 문화 생산의 시민 공동체가 성장할 수 있도록 장려하는 것이 문화 민주주의 정책의 방향이다. 소박하게는 문화 창작 시민동아리 활동의 지원으로부터 보다 확장된 형태로는 성미산의 경우와 같이 마을 공동체의 구축과 이 공동체의 문화적 표출을 장려하는 것이 여기에 속할 것이다.

그런데 취향의 평등을 주장하여 다양한 문화적 표현들에 균등한 기회를 부여하는 것은, 부르디외의 용어를 빌려 말한다면 계급 간 취향을 차별화시키는 아비투스들의 구분을 그대로 인정하는 것, 그리하여 아비투스의 병렬적 총합을 확대하는 것에 불과하다.

위계적 관계 속에서나, 평등한 관계 속에서 모든 문화 표현의 장르들은 하나의 질서를 구축한다. 고급 예술은 그 수월성, 탁월함 때문에 그리고 새롭게 그 가치를 인정받은 하위문화는 그 대중성 때문에 시민 다수의 지지를 받는다. 그리하여 '대중성과 예술성을 갖춘 양질의 문화 콘텐츠'라고 합의된 혼합물이 문화 민주주의라는 담론 속에서 자기 자리를 확고하게 차지하며, 문화정책 집행자들은 물론 대다수 관객은 이 담론을 신념으로 공유한다.

그런데 랑시에르에 따르면, 민주주의는 질서와 합의의 산물이 아니다. 민주주의는 차라리 불화를 일으키는 논쟁의 행위이며, 질서 안에 안주하는 다수의 대중인 오클로스를 분열시키는 데모스의 정치적 주체화의 행위이다. 문화 민주주의 담론에 의거한 문화정책 집행자들은 예술의 규범성, 그리고 현대 예술에서 재현적 질서에 이의를 제기하는 형태를 전위적, 실험적 예술, 혹은 예술 생산자 자신에게만 의미 있고, 향수자를 배려하지 않는 예술, 예술을 위한 예술로 간주하고 이를 경계한다. 현대 예술의 지형학에서 전위적 예술이 차지하는 비중이 미비한 것은 이런 의미에서 그들에게 다행스러운 일이며, 따라서 미약한 형식을 그들 자신이 보호해야 한다고 주장한다. 기존 규범으로부터 벗어나는 형식적 실험을 '다원'이라는 용어로 범주화하여 다른 범주들 중의 하나로 지원함으로써 이제 규범을 벗어나는 이 형식은 더 이상 질서를 위협하지 않도록 울타리 안의 전복성으로 순화된다.

문화에 있어서 민주주의를 실천하기 위해서는 문화정책 집행자들, 그리고 '다수'라는 양적 개념으로 지칭되는 대중, 그리고 그 양적 개념으로서 대중의 호응에 기반하는 문화 산업론자들 모두에게 합의되고 공유되고, 각자에게 할당된 감성에 이의를 제기해야 한다. 현재의 우리 사회에서 문화적 표현의 창조와 향유에 있어서 가장 배제된 것을 복귀시키고, 자신의 몫을 전혀 지니지 못한 자에게 그의 몫을 돌려주어야 한다.

담론 속에서 배제되고, 자신의 몫을 가지지 못한 자는 누구인가? 배제된 것은 계급적 다수로서의 '민중'과 반드시 일치하는 것은 아니다. 예외적으로 선각한 투쟁적 전위적 예술가들 혹은 포스트모던 사회의 징후를 자신의 퇴행성으로 드러내려는 실험 모두 여기에 속하지 않는다. 전위적 예술이 겨냥하는 바는 소외가, 상품이, 이미지가 우리의 삶을 왜곡하고 있음을 우리가 똑바로 보지 못하기에 이를 깨우치려는 것이다. 그들은 기 드보르가 소리 높여 저항한 '스펙터클의 사회' 그리고 보드리야르가 체념적으로 환기한 시뮬라크르가 지배하는 사회를 우리에게 직시하게 만드는 스승을 자임하는 것이다.

그런데 이미 오래전—우리 사회에서 민주화라는 단어가 과거형으로 사용되기 시작하는 시점부터—이와 같은 환기가 예술적 표현 속에서 실제의 정치적 힘을 전혀 지니지 못한 채 관습적으로 반복되고 있음을 우리는 알고 있다. 소외와 왜곡을 관객이 보지 못하는 것이 아니라, 이미 너무도 일상화되어 그것을 전문가들이 환기하는 것 자체가 관객에게 무의미해진 것이다. 그러므로 배제된 것은 싸움을 이어 나가자고 소리 높여 외치는 사람들도 아니고, 대중이 보지 못하는 진실을 보여 주겠다는 철 지난 계몽가도 아니다. 배제된 것은 자신이 직접 목도하는 일상적 소외를 보고, 이해하고, 말하고, 행동하는 몸으로서의 관객이다. 그가 배제로부터 자신의 몫을 주장할 때, 그는 '해방된 관객'이 된다. 그는 관객으로서 보는 위치와 행동하는 무대의 위치 사이의 거리로부터 해방되는 것이다.

감성을 공유하고, 배치하는 질서에 동의하지 않고 이의를 제기하는 시민으로서 관객은 문화 민주주의라는 단어에 기존에 주어진, 이미 합의된 의미와는 다른 의미를 부여할 것이다. 동화되거나, 거리 두기 속에서 소외를 비판적으로 관조하는 관객이 아닌, 관찰자로서의 제자리를 지키지 않고 때로 행위자의 자리로 옮겨 다니는 관객은 문화 민주주의의 정책 집행자들이 배치해 준 그 자리를 지키지 않을 것이다. 더불어 이 해방된 관객들을 만나려는 예술 행위자들은 '다원'이라고 한정된 자신의 자리를 벗어나려 할 것이다. 그리고 그들은 문화의 민주화 혹은 문화 민주주의 개념 속에서 그들에게 할당된 지원을 벗어날 것이다. 비평적 사유는 이와 같은 불화의 말들에 또 다른 불화의 말을 더하는 것이며, 그것이 문화 민주주의를 사유하고 행하는 방식이다.

연극과 형이상학: 들뢰즈의
'극화의 방법론'과 장-뤽 낭시의 '무대' 개념

연극과 이론

연극(Theatre)과 이론(Theory)은 흥미롭게도 '보다'라는 의미를 지닌 동일한 어원을 갖는 단어이다. 고대 그리스어로 '보다'라는 동사는 théôrein, '보는 행위'인 실사는 théa로 표기된다. 아리스토텔레스의 『시학』에서 관객의 '시선'을 théôria라고 표기하고 있다. 그러므로 연극에 대한 이론은 말의 뜻 그대로 '보는 것에 대한 봄' '이중의 응시'와 관련된다. 첫 번째 응시가 구체적이고 실제적으로 하나의 연극 작품을 향한 것일 경우, 연극이론은 그 연극 작품을 바라보는 성찰이라 파악할 수 있을 것이다. 한때 프랑스의 연극이론과 연극학 연구를 대변해 주던 연극 기호학은 바로 이 경우에 해당한다. 안느 위베르스펠트 등에 의해 활발하게 연구되었던 연극 기호학은 문학 연구의 영역을 넘어서는 공연 연구의 일반문법을 확립하기 위한 시도였다. 기호학의 시대와 연출의 시대가 일치하는 것은 우연이 아니다. 연극 기호학의 쇠락 이후에 프랑스 연극학 분야에서 특별히 두드러진 이론적 탐색을 찾아볼 수 없다. 실상 세계 혹은 대상을 하나의 체계로서 설명하고자 하는 구조주의적 시도 그리고 그 한계의 확인 이후, 세계를 설명하는 하나의 틀로서의 이론의 쇠퇴는 비단 연극에 한정된 것이 아니다.

한편 '보는 것'이 구체적인 작품이라기보다는 연극이라고 하는 장르 자체를 지칭하게 될 때 그것의 응시로서의 이론은 연극 자체를 사유하는 것 혹은 연극을 통하여 사유하는 것이다. 연극은 이때 사유의 대상이라기보다는 사유를 촉발하는 계기가 된다. 따라서 연극보다는 사유에 방점이 놓인다. 철학자들이 연극에 관심을 갖는 경우가 여기에 해당한다.

물론 현대 미학에 있어서 철학자들, 특히 프랑스 철학자들은 소설, 시, 영화, 미술 등 다양한 예술 장르와 작품에 관심을 갖는다. 사실상 다른 장르에 비해 연극에 대한 관심이 더 많다고 할 수는 없다. 그럼에도 불구하고 때로 한 철학가의 사유의 가장 기초적인 토대에서 우리는 '연극성'에 대한 성찰의 계기가 되는 지점을 발견한다. 이러한 성찰의 순간은 주로 형이상학적 사유와 연결된다. '있음' '재현' '현전' '형상'의 문제에 접근할 때, '연극'이라는 장르의 존재 양식을 철학자들은 응시하게 된다. 이 응시는 연극을 더 이상 믿지 않는 시대, 연극을 한낱 구경거리로 전락시킨 시대에, 오래전 아르토가 주장한 것처럼 연극에 형이상학적 힘을 되돌려 준다.

들뢰즈의 '극화의 방법론'

'연극' 혹은 '연극성'을 자기 사유의 기초로 삼는 철학자가 바로 들뢰즈이다. 그런데 실제로 들뢰즈를 연극과 연결 지어 이야기하는 경우는 많지 않다. 『시네마 I, 운동-이미지』(1983), 『시네마 II, 시간-이미지』(1985) 와 같은 저서를 발표함으로써 영화를 둘러싼 담론의 형성에 기여했던 것을 상기해 본다면, 들뢰즈는 연극에 대해서는 그리 크게 관심을 두지 않았던 것처럼 보인다. 연극과 관련해서는 이탈리아 극작가 카를로 베네와 함께 쓴 『중첩』(1979)이 유일하다. 베케트에 대한 저서 『소진』(1992)은 베케트의 희곡이 아닌 방송극을 대상으로 하고 있다. 그럼에도 불구하고 들뢰즈를 연극과 연결 지어 이야기해야만 하는 이유는 '극화dramatisation'라고 번역할 수 있는 그의 개념 때문이다. '탈영토화' '기관 없는 신체' '되기' '리좀' '유목' 등 빈번하게 인용되는 들뢰즈의 개념들에 비하여 '극화의 방법론'은 비교적 초기 저작인 『차이와 반복』(1968) 이후에는 들뢰즈 자신이 힘주어 강조하지는 않는 개념이다. 하지만 '극화'라는 개념이 그의 초기 개념이기에 들뢰즈 사유의 기초를 이해하는 데 매우 유용하다.

키에르케고르나 니체가 "철학 안에서 연극에 상응하는 어떤 놀라운 등가물을 발명하고, 이로써 새로운 철학은 물론 이 미래의 연극을 동시에 근거 짓는다"[35]라고 들뢰즈는 『차이와 반복』에서 평가했다. 이는 '극화'의 개념은 연극을 설명하기 위한 개념이라기보다는 철학을 설명하는 개념이라는 것을 말해 준다. 그런데 결과적으로 이와 같이 규명된 철학은 연극의 미래, 혹은 미래의 연극을 근거 짓게 될 것이라는 언급이 흥미롭다. 키에르케고르나 니체의 철학을 연극의 등가물로 파악하는 것은 그들의 철학이 연극을 언급하기 때문이라기보다는 그들의 철학 속에서 약동하는 움직임을 포착할 수 있기 때문이다. 연극 혹은 드라마는 들뢰즈에게 무엇보다도 재현을 넘어서는 역동적인 힘이며 "정신에 미치는 어떤 진동, 회전, 소용돌이, 중력들, 춤 또는 도약"을 의미한다. 이 역동적 운동성은 들뢰즈에 따르면 "대립도 매개도 아닌 다만 반복일 뿐이다."[36]

이것은 관념 혹은 이데아, 혹은 존재와 현상, 존재자의 관계를 설명하는, 형이상학의 가장 기초적인 문제와 닿아 있다. 다시 말해서, 극화의 방법론은 '재현'이라는 개념을 대체하여 관념이 현실 속에서 제시되는 과정을 설명하고 있다. 즉 관념이 현실 속에 나타날 때, 그것은 '반복'이라는 운동성을 통해서 나타나며 바로 이 반복이 연극의 기본적인 특징이라고 말하는 것이다. 들뢰즈 자신이 풀어서 설명하지는 않지만 그의 형이상학적 사유를 연극과 연결하는 방식의 기초는 관념을 극 텍스트와 동일시하는 데 있다. 흔히 극 텍스트를 잠재적 텍스트라고 말하는 것처럼 들뢰즈에게서 관념은 잠재적인 것이다. 관념을 잠재성과 연결 짓는 것은, 관념이 초월적인 것이라기보다는 내재적인 것임을 말하는 것이다. 내재적인 관념은 플라톤식의 이데아와 구분된다. 내재적이기에 들뢰즈에게 관념은 실재한다. 다만 관념은 현실적이지 않은 것이다.

아리스토텔레스에게 있어서 극 텍스트는 조직화되어 있으며 이렇게 조직화된 플롯이 비극에서 가장 중요한 요소이다. 그러나 들뢰즈가 파악하는 극 텍스트는 아직 그것의 생성이 완료되지 않고, 여러 가지의 다른 형식의 현실태로 무대화되어 나타날 수 있도록 그 내부에서 미분화되어 있다. 관념은 차이를 갖는 생성이다. 그렇기 때문에 관념은 단수로 존재하지도 않는다. 관념의 재현인 현실을 관념의 사본으로 보는 입장에서 멀어져, 들뢰즈는 환영들(simulacres)에게 권리를 되돌려 준다.

극 텍스트-무대화의 관계는 관념/현실, 존재/존재자의 관계를 초월/현실, 원본/사본 관계를 넘어서는 새로운 관계로 제시하고자 하는 들뢰즈에게 유용한 모델이었다. 잠재성으로서의 등장인물은 그 역할을 현실 속에서 맡게 될 배우 자신과 다르게 미분화된 요소, 즉 배아 상태의 존재,

애벌레-주체이다. 애벌레-주체는 "아직 질이 부여되지 않았으며 조합되지 않은, 능동자라기보다는 차라리 수동자인, 내적인 공명의 압력이나 강제된 운동의 진폭을 견딜 수 있는 초벌적인"[37] 주체이다. 희곡 문학 연구의 차원에서 애벌레-주체라는 개념은 극단적인 수동성과 부동성 속에 위치한 베케트 희곡의 인물들이 지닌 잠재적인 역동성을 간파하게 해주어 베케트의 작품을 전혀 다른 차원에서 해석할 수 있는 여지를 제공한다.

하지만 '극화의 방법론'을 이해하기 위해서는 텍스트와 배역의 잠재적이고 미분화된 삶과 그것의 현실화를 이해하는 것에 초점을 두어야 한다. 관념이 현실화되기 위해서는 시공간적 역동성이 필요하다. 그것은 연극 텍스트가 무대 위에서 구현되기 위해서는 구체적인 시공간성이 필요한 것과 같은 것이다. 그것은 '참된 것은 무엇인가?'라는 추상적인 질문 제기로부터 '누가, 언제, 어디에서, 얼마만큼 참된 것을 원하는가?'라는 질문으로의 이동이다. 애벌레-주체는 이제 개별화의 단계를 거친다. 개별화 단계는 텍스트를 무대화하는 연출의 다양한 해석 가능성과 연결되는 지점이다. 텍스트가 지니고 있는 잠재성과 차이들을 미분화(différentiation)라 표현한다면, 무대화 과정에서 나타나는 차이를 분화(différenciation)라고 이해할 수 있다. "관념은 현실적인 것 속에서 자신의 차이를 낳기 이전에 그 자체로서 이미 충분하게 차등화되어 있는 것이다."[38] 연극은 미분화와 분화라는 차이를 동시에 겪으면서 생성된다. 차이가 동시적으로 작용하여 차이가 차이를 낳는 반복을 들뢰즈는 différent/ciation이라고 도식화한다.

동일한 텍스트를 끊임없이 다시 무대화하는 연극의 속성은 '반복'이다. 그런데 이 반복은 하나의 시니피앙에서 다른 시니피앙으로 미끄러지는 데리다적인 방식과는 다른 것이다. 데리다의 방식으로 연극을 파악할 때, 아르토가 추구한 형이상학적 연극은 재현의 울타리를 따라 미끄러져 가는 절망적인 연속적인 점들을 이어 주는 선이지만, 들뢰즈의 '극화의 방법론'에 따른다면, 그것은 생성의 놀이가 된다. 그것은 '한 번의 주사위 던지기로 우연을 없앨 수 없을 것'이라며 끝없이 주사위를 던져 필연에 가까워지려는 말라르메의 방식이 아니라, 아리아드네의 왕관을 던져 성좌를 만드는 디오니소스의 놀이이다. 이 놀이는 차이를 반복하는 놀이이며, 이 놀이 속에서 차이가 차이를 낳는 놀이이다.

들뢰즈는 이데아의 불완전한 사본이거나, 이데아와 절연한 현실 그 자체를 강조하는 태도를 모두 벗어난다. 텍스트도 무대도 모두 부인되지 않는다. 잠재적/현실적이라는 쌍이 필요하지만, 이때 현실의 존재자는 잠재적인 존재와 일의적 관계 속에 놓여야 한다. 바디우가 지적하듯이 들뢰즈에게 있어서 잠재적인 것은 현실적인 것의 기초를 이룬다.[39] 그러므로 무대는 항상 텍스트를 향하며, 물질적인 것은 항상 관념에 기초한다. 형이상학과 연극이 반복의 긍정적인 운동 속에서 조우할 수 있는 가능성을 들뢰즈의 극화의 방법론은 환기하고 있는 것이다. 포스트모더니즘의 대표자로 인지되는 들뢰즈는 그러나 현실을 위해서 관념을 포기하지 않는다. 단지 이 관념이 단일한 초월자이기를 거부하는 것이다. 다수성을 포괄하는 내재성으로의 관념이 시공간 속에서 역동적으로 현실태로 표출되는 것, 그것이 그가 철학 속에서 발견한 연극의 등가물이다. 더불어 관념과 현실의 연결을 포기하지 않는 것, 그것이 미래의 연극임을 드러낸다.

세계는 어떤 알이지만, 알은 그 자체가 어떤 연극이다. 장면화되는 이 연극에서는 배우들보다는 배역들이 우세하고, 배역들보다는 공간들이, 공간들보다는 이념들이 우세하다.[40]

장-뤽 낭시와 필립 라쿠-라바르트의 『무대』

장-뤽 낭시와 필립 라쿠-라바르트[41]의 철학 서한집 『무대』[42]는 연극을 형이상학적 성찰의 계기로 삼는 또 하나의 예이다. 2013년에 출판된 이 저서는 크게 두 분분으로 나뉘는데 1992년에 정신분석 저널에 「기초적인 무대와 다른 무대들」이라는 제명으로 기재되었던 두 철학자 간의 논쟁적 편지들과 2005년 동일하게 서한문 형식으로 앞의 논쟁을 연장한 「대화하기: 목소리들의 새로운 분할」이다.[43] 그리스 고전문학과 독일 낭만주의 미학 이론에 정통하며, 바그너의 오페라에 심취한 이 두 철학자들에게 연극은 그리 낯선 영역이 아니다. 라쿠-라바르트는 번역가 혹은 드라마터그로 미셸 도이치, 장 루이 마르티넬리 등의 연출가들과 작업한 바 있다. 낭시는 배우로서 영화[44]에 출현한 바도 있다. 그럼에도 불구하고, 실상 이들이 '무대'라는 개념으로 논쟁을 한 것은 연극 장르에 대한 관심 때문이라기보다는 그들의 형이상학적 성찰에 있어서, 들뢰즈가 그랬듯이, 연극을 하나의 유용한 계기로 삼기 때문이다.

논쟁을 열면서 낭시는 아리스토텔레스가 『시학』에서 제시한 비극을 이루는 6요소들 중에서 우리가 흔히 '장경spectacle'이라고 번역하는, 그리스어 opsis의 가치를 복원할 것을 주장한다. 아리스토텔레스 자신이 비극의 요소 중에서 본질적이지 않은 요소로 거론했지만, 낭시는 opsis가 단지 스펙터클이라는 시각적 장치에 국한되는 것이 아니라고 생각한다. '무대'라는 개념을 필요로 하는 이유가 여기에 있다. opsis는 무대 위에 놓이는 어떤 것이다. 그러므로 낭시는 '무대에 놓기'라고 직역할 수 있는 미장센mise en scène이라는 표현으로 opsis를 번역한다. 그러나 라쿠-라바르트는 장경이 예술, 그리고 시의 미학과 무관하고 무대 장치나 의상과 관련된다고 말한 아리스토텔레스보다 더 철저하게 장경을 배격하는 입장을 취한다.

opsis에 대한 이들의 이견은 사실상, 형상(figure)에 대한 두 사람의 입장 차이에서 더욱 명확해진다. figure라는 단어는 형상이라 번역할 수 있지만, 인물이라는 뜻도 가지고 있다. 그러므로 형상은 이데아의 현실태를 지칭할 수도 있으면서 연극의 인물을 지칭하기도 하는 것이다. 낭시에게 있어서 형상은 이데아를 현실 속에 제시하는 것이다.

그런데 라쿠-라바르트는 형상을 인정하지 않는다. 라쿠-라바르트의 사유 속에서 형상은 항상 신화와 관련된다. 그에게 형상은 허구이다. 장경과 형상을 거부하는 라쿠-라바르트는 공연으로서의 연극보다는 자신이 원-연극(archi-théâtre)이라 명명한 바를 선호한다. 라쿠-라바르트는 낭송연극이나 오페라의 콘서트 버전을 공연 자체보다 선호하며, 심지어 연극의 본질은 독서 자체로 충족될 수 있다고 주장한다. 독서만으로도 카타르시스는 가능하다. 이는 레제드라마로서의 문학을 옹호하기 위한 것이 결코 아니다. 그는 행위를 모방함에 있어서, 행위를 현동화(activation), 혹은 행위화(mise en acte)하는 것이 중요한 것이지 무대화(mise en scène)하는 것이 중요한 것이 아니라는 입장이다.

형상이 없으므로 그의 무대는 비어 있다. 그 빈 무대 위에는 무슨 일이 일어나는 것일까? 무엇이 이 빈 무대에 도래하는 것일까? 라쿠-라바르트는 다음과 같이 대답한다. "과연 무엇에 관하여 도래가 일어나는 것인지 생각해 볼 일이다. 대답은 자명하다. 비공개지로서의 밝은 빈터 그 자체, 드러남의 본질 자체가 도래하는 것이다."[45] 이 빈 공간 속에서는 "존재자를 무화시킴으로써 존재 자체가 나타"난다. 그리고 "작품은 숲속의 빈터를 열고 그 빛나는 열린 터에 존재자로서 스스로 선다."[46]

낭시는 현대 연극이 라쿠-라바르트처럼 관념의 저편으로 형상을 밀어내고 지워 내는 방식과 관념 없는 시각적 요소들만을 채워 넣는 방식 사이에서 분열되어 있다고 생각한다. 그리하여 낭시는 이 두 극단적 입장을 연결해 보고자 한다. 낭시는 라쿠-라바르트의 원-연극이 텍스트의 발화 작용에 다름 아닌 것이라고 본다. 텍스트가 존재 혹은 관념이라면, 이 관념이 발화되기 위해서는 하나의 '입' 혹은 '몸'을 요구한다. 라쿠-라바르트가 말하듯 낭송만으로 충분하다면, 낭송을 하는 배우의 몸, 그것은 이미 낭시의 입장에서는 '무대'이다.

입은 텍스트를 가지고 우리를 감동시킨다. 텍스트가, 입이, 몸이 우리의 가슴에 와닿는다. 영어로 touch, 프랑스어로 toucher라는 단어는 자크 데리다가 낭시에 대한 자신의 저서를 『접촉, 장-뤽 낭시Le toucher, Jean-Luc Nancy』라 명명했듯이, 낭시를 이해하기 위한 핵심 단어이다. 존재자는 자신의 외부에서 존재와 접촉한다. 접촉은 외부, 경계 너머와의 만남을 가능케 한다. 배우의 입은 텍스트와 접촉한다. 이처럼 낭시는 존재와 존재자, 관념과 현실을 연결 짓는 개념으로 '감각sens'을 제시한다. sens라는 단어는 감각이라는 현실성을 표현하면서 동시에 의미라는 관념성을 담고 있다. 존재자가 존재하는 양식은 존재자가 존재에 가닿는 것, 존재와의 감각적 접촉을 통해서이다. 시각적인 것(optique)이 순전히 존재자의 영역에 머문다면, 감각적인 접촉(haptique)은 발음이 유사하지만, 그와 다르게, 존재자와 존재를 접촉시키고 있다.

배우는 등장인물을 연기한다. 텍스트의 세계에 속하는 등장인물은, 희곡 텍스트에서는 매우 특이하게도 텍스트를 자신의 이름 뒤에 이끌고 있다. 그러나 무대 위의 배우는 텍스트에서 등장인물의 이름을 빼고 말한다. 등장인물은 발화자가 아니라 발화의 자리이다. 그리고 그 자리에는 배우의 몸이 들어선다. 등장인물은 배우의 몸과 접촉하고, 무대의 뒤편으로 사라진다. 등장인물을 뜻하는 personnage라는 단어가 가면을 뜻한다면, 그 가면의 안쪽은 텅 비어 있다. 배우는 가면을 씀으로써 등장인물과 접촉한다. 배우는 등장인물을 향하여 열려 있다. 그리고 등장인물과 하나를 이루고자 하지만, 등장인물은 항상 도망친다. 그리하여 연극은 항상, "페드르란 누구인가? 안티고네는 누구인가? 리처드 3세는 누구인가?"와 같은 질문들을 따라간다. 라쿠-라바르트가 이데아를 결코 형상화하려 하지 않는 것과는 반대로, 낭시는 이데아의 제시는 이데아의 소멸을 통해서 가능하다고 생각한다. 이데아는 제시됨과 동시에 소멸된다. 무대는 이와 같이 제시와 소멸이 동시에 일어나는 장소이다.

"숭고한 감동이란 감각적인 것의 소멸에 대한 감각이다."[47]

극장의 공공성:
공공서비스 기관으로서 극장의 임무

공공서비스, 그리고 공공극장의 임무

공공성(公共性)이라는 단어는 복합어이다. 첫 번째의 공(公)은 사(私)의 대립어로서 다수성을 지시하면서 동시에 공평, 공정의 의미를 포함한다. 두 번째 공(共)은 기본적으로 '함께 한다'라는 뜻을 지니지만, '베풀다' 혹은 '공경하며, 섬기다'의 뜻도 지니고 있다. 이 두 단어의 결합어로서의 공공성이라는 단어는 "함께 하기 위하여 다수를 공정하게 섬기는 것"을 의미한다. 이 단어를 영어로 옮겨 본다면 public service가 될 것이다. 그러므로 '극장의 공공성'에 대한 질문은 본질적으로 '공공극장이 공적인 서비스 기관으로서 갖는 임무와 책임'이 무엇인가를 묻는 것이다.

만일 공공성을 이루는 단어 중 하나인 public만이 강조된다면, 공공극장은 '다수'로서의 관객의 문제에 집중할 것이다. 다수 관객의 문제에 집중하는 것은 보다 많은 관객을 만날 수 있는, 대중 친화적인 연극에 국한되는 것뿐만 아니라 많은 관객이 좋아하고 감탄할 수 있는 양질의 연극을 추구하는 것을 포괄한다. 다수 관객의 환호를 받는 수월성을 갖춘 작품의 창작은 공공극장의 이상적인 목표로 여겨지지만 실제로는 공공극장이 가장 쉽게 빠질 수 있는 자기 임무에 대한 오해이다. public의 명사형 publicity는 공익과는 전혀 관련 없는 의미인 '광고'라는 사실을 환기해야 할 것이다.

국립극단의 역사가 오래되었다고는 하지만, 명실상부하게 연극 전문 상설극장으로서의 공공극장이 기능하기 시작한 것은 비교적 최근의 일이다. 명동예술극장과 남산예술센터가 2009년에 개관했으며, 한국공연예술센터가 2010년, 그리고 국립극단이 재단법인화되어 서계동에서 공연을 시작한 것은 2011년이다. 국립극장이, 그리고 국립극장의 소속 단체로서의 국립극단이 유일한 연극 분야의 공공극장이었을 때에 그 임무는 공공서비스가 아니었다. 연극 영역의 유일한 국립 기관이라는 '대표성'이 더 강조되었다.

국립극단은 우리 전통 연희의 형식을 보존하면서, 새로운 방식의 표현 형식을 열어 나가는 연극적 임무를 띤 명실상부한 대한민국 연극 대표 기관이기를 요구받았다. 국립극장으로부터 국립극단이 분리되고, 다른 공공극장들이 생겨나면서 각각의 기관은 서로 구분되는 정체성을 정립하기 시작한다. 그리고 이 정체성을 해당 극장의 임무로 설정한다. 국립극장은 "전통에 기반한 동시대적 공연예술의 창작으로 국민의 삶의 질 향상에 기여"하는 것을 임무로 삼았다. 국립극단은 '연극 선언'을 통해서 "한국 연극의 살아 있는 유산을 포용하고, 동시대 연극 지평을 새롭게 열어" 갈 것임을 천명하였다. 명동예술극장은 '연극의 명품화, 대중화, 세계화'를 임무로 내세우며, 남산예술센터는 '창작희곡의 발굴과 동시대성'을 극장 정체성으로 제시했다.

　우리 사회에서 문화예술을 공공서비스의 일환으로 파악하는 것에 대한 사회적 통념과 합의가 생긴 것은 최근의 일이다. 2013년 제정, 공표된 문화 기본법은 "문화에 관한 국민의 권리와 국가 및 지방자치단체의 책임을 정하고 문화정책의 방향과 그 추진에 필요한 기본적인 사항을 규정"함으로써 문화가 국가의 책임과 의무의 영역에 있음을 비로소 천명하였다. 그것은 문화 향유가 선택적인 여가소비가 아니라 생활을 위한 필수적인 요소라는 점을 인정한 것이다. 문화가, 그리고 그 문화의 한 특수 영역으로서의 연극이, 다수의 시민을 위한 필수재로서 인정된다는 것은, 일찍이 장 빌라르가 1960년대 국립 민중극장을 이끌면서 주장했던 것처럼, "가스, 물, 전기와 마찬가지로 공공서비스"의 영역으로 문화를 고려한다는 것을 의미한다. 이와 같이 도입된 공공서비스의 개념이 국가의 문화기관들의 실천적인 활동 속에서 어떻게 관철되는가를 관찰하는 것은 흥미롭다.

　2015년 문화부 업무 보고 자료에 따르면 문화부는 '문화로 행복한 삶, 행복한 대한민국'을 비전으로 삼고 '문화국가 브랜드 구축' '문화 콘텐츠 창조역량 강화' '생활 속 문화 확산'을 주요 업무 목표로 설정하였다. 이처럼 제시된 목표는 다분히 국가주의적이며, 개발주의적인 문화산업적 목표이다. 물론 정부 차원에서 문화를 고려할 때, 문화산업의 진흥을 한 주요 축으로 고려하는 것은 당연한 것이다.

　문제는 문화부의 이와 같은 종합적 목표가 하부단위의 공공문화 관련 기관의 목표로 다시 차용될 때에 나타난다. 한국문화예술위원회는 "문화예술을 지원함으로써 모든 사람이 창조의 기쁨을 공유하고 가치 있는 삶을 누리게 하는 것"이 임무라고 명시하고 있는데, 이를 위한 전략목표

속에 예술 현장의 창조역량을 강화하기 위해 공연예술 대표 콘텐츠를 육성할 것을 명시하고 있다. 한국문화예술위원회 산하 공연예술센터는 이를 구체화하여 "창조적 문화공간 운영 및 공연 콘텐츠 개발을 통해 공연예술의 생활화를 선도하여 국민 행복에 기여"하는 것을 임무로 삼는다. 공공극장으로서의 공연예술센터가 공연 콘텐츠 개발이라는 문화산업적 목표를 자신의 임무로 받아들이고 있다는 점은 무심히 지나칠 수 없는 특이한 사항이다. 제작극장으로서 좋은 작품을 만드는 것은 너무나도 당연한 전제조건이다.

그러나 공연 콘텐츠를 개발하는 것은 이와는 근본적으로 성격이 다른 임무이다. 공연물을 콘텐츠로 정의할 때 이는 공연물의 상업적 활용도를 강조하는 것이다. 더욱이 "공연 콘텐츠의 개발을 통해서 공연예술의 생활화"를 선도하겠다는 논리적 연결은 대중성 있는 웰메이드 연극의 개발이 곧 시민들의 생활 속에 제공되는 공공서비스라는 식으로 공공극장의 역할을 호도하고 있다. 명동예술극장이 '연극의 명품화'를 내세울 때도 마찬가지이다. 명동예술극장이 개관 이래 중산층, 중년 관객으로 기존의 관객층을 확대한 점은 성공적이라고 평가되어 왔다. 그러나 '명품화'라는 상업적 용어로 자신의 임무를 규정할 때 작품의 질적 고양과 관객의 만족도를 상업적 기준에서 판단하게 하는 함의를 지니게 된다. 결국 개별 공공극장은 문화부의 목표에 상응하는 각 극장의 임무를 설정하고 있지만, 정작 공공극장 전체가, 공공서비스 기관으로서 임무와 책임을 준거할 구체적인 방향성을 제시하지는 못한다.

프랑스의 경우:
'공연예술을 위한 공공서비스 기관의 임무에 관한 헌장'

문화예술 행위를 공공서비스로 규정하는 것은 다소 추상적으로 여겨지거나 구호적인 차원에 머무를 수 있다. 그러나 프랑스에서는 이를 구체적으로 명시하여 행정적 효력이 발생하도록 유도하고 있다. 1998년 10월 22일 당시 프랑스 문화부 장관이었던 카트린 트로트만은 '공연예술을 위한 공공서비스 기관의 임무에 관한 헌장La charte des missions de service public pour le spectacle'을 제정하여 도지사들에게 회람시켰으며, 이 헌장을 국가의 보조금을 지원받는 모든 공공극장과의 계약서에 포함시켰다. 이 헌장은 공연 분야에서 국가의 행위를 위한 근본적인 원칙을 천명하는 기본 정책 자료가 된다.

이미 공공서비스로서의 문화 개념을 확립한 프랑스가 이 시기에 공연 분야뿐만 아니라, 공공서비스로서 문화의 여러 분야에서 이와 같은 헌장을 새삼 제정하게 된 것은 공공 재원의 차별 없는 집행 원칙이 위협받고, 보편주의적 가치와 다원주의적 가치가 의문시되는 경제, 사회, 이데올로기적인 변화와 관련 있었음을 헌장의 서문은 설명하고 있다. 신자유주의적 환경 속에서 우리 정부가 '문화국가 브랜드 구축' '문화 콘텐츠 창조역량 강화' 혹은 문화 융성, 창조경제 등 국가 주도형 문화산업진흥을 주장할 때 프랑스는 역으로 문화예술의 본래적 가치를 강조하는 것이다.

이를 위하여 헌장은 문화예술을 위한 국가의 개입은 무엇보다 다음과 같은 민주주의의 개념에 기초하고 있음을 명확히 한다. 첫째, 예술작품과 문화적 실천에 대한 시민의 접근을 용이하게 한다. 둘째, 예술가의 창작작업과 작품 배포에 있어서 완전한 자유를 인정함으로써, 사회적 삶 속에 예술창작의 자리를 확충하고, 집단적 논의를 활성화한다. 셋째, 시민들로

하여금 그들의 문화적 실천의 선택을 자유롭게 한다.

이와 같은 문화 민주주의의 기본 원칙하에 '공연예술을 위한 공공서비스 기관의 임무에 관한 헌장'은 공공극장의 책임을 예술적 책임, 지역적 책임, 사회적 책임, 직업적 책임 등 4가지로 구분하여 제시한다. 그 구체적 내용 중 우리의 관점에서 흥미로운 점을 살펴보면 다음과 같다.

1) 예술적 책임

"공공 예술기관의 프로그램과 활동은 여러 가지 상이한 흐름을 갖는 시의성 있는 예술 활동과 미학적 논쟁들에 중요성을 부여해야 한다." 우리의 경우 예술적 책임이 창의적인 문화 콘텐츠 개발이었다면 프랑스의 경우는 동시대 예술적 표현의 다양성을 확보하는 것이라는 점에서 흥미로운 비교의 대상이 된다.

"최우선시해야 할 점은 공공 예술기관 내에 예술적인 항구성을 전개해야 한다는 점이다. 다시 말해 기관과 도시 내에, 도시의 집단적 삶의 내부에 작업과 탐구, 그리고 주민과의 대화를 지속하는 예술가들이 지속적으로 존재해야 한다는 점이다." 다소 추상적으로 기술되어 있지만, 이는 공공극장 내에 상주하는 극단의 존재와 관련된 것이다. 우리 극장들이—국립극단을 포함하여—상주 극단 없이 작품별로 연출과 배우가 할당되거나 민간극단과 공동제작을 하는 것과 달리 프랑스의 경우, 5개의 국립극장, 그리고 39개의 국립 드라마센터에는 반드시 극단이 상주한다. 물론 이보다 하부단위인 복합 문화공간으로서의 70개의 국립 무대, 40개의 협력 무대, 그리고 각급 지자체의 시립극장들에는 상주 극단이 존재하지 않는다. 이때 상주 극단은 도립극단, 국립극단의 개념과는 다르며, 독일식의 앙상

블의 개념과도 다르다. 상주 극단은 상임 연출로 임명받는 해당 공공극장의 장이 원래 이끌던 민간극단이 상임 연출의 임기 중에 해당 극장의 상주단체로 기능하는 것이다. 결국 40여 개의 공공극장에 상주하는 극단이 존재함으로써, 무대 창작자들의 생태계를 형성하는 것뿐만 아니라 전국적인 공공서비스의 망을 구성한다.

2) 지역적 책임

일정 지역을 책임지는 공공극장은 그 지역의 협력 기관들과 긴밀하게 협력하여 지역주민들 모두에 대한 서비스를 강화해야 한다. 접근이 용이하지 않은 지역민들이 있다면, 때로 극단이 이동하여 공연하여야 한다. 시, 도, 지역 등 지자체의 공공 문화기관들의 협력을 강화해야 하며, 이들의 협력은 정부의 강력한 지원을 받는다. 지역 간에도 공공극장들 간의 상호 협력이 권장된다.

3) 사회적 책임

사회적 책임은 각각의 기관들이 일반적으로 가장 충실한 관객들과 맺는 관계 그 이상으로, 예술작품을 자발적으로 관람하는 습관을 갖지 않는 대다수 사람들의 행동을 변화시킬 수 있는 모든 방법을 통해서 실행된다. 광범위한 사회교육 영역의 공적 기관들의 협력이 요구된다.

공공기관들 그리고 공연예술 창작물들에 대한 접근 방식을 민주화하는 과정에서 단순하고, 일관성 있으며 싼 요금 체계는 중요한 요소이다. 공공기관 자체에서 제공하는 교육 프로그램, 혹은 문화부와 교육부 간의 협력을 통한 프로그램 등의 직접 교육뿐만 아니라, 다양한 자료 제공을 통한 간접 교육도 필요하다. 교육, 경제, 육체적 이유로 문화 향유로부터 소외된 사람들에 대한 불평등을 완화하는 것도 사회적 책임에 속한다. 사회적 불평등을 완화하는 것에 역할을 하는 것은 공공자금이 투여되는 문화기관의 의무이다.

4) 직업적 책임

공공 예술기관은 이 분야의 직업인들에게 참고할 만한 중심지를 형성해야 한다. 기관이 지닌 능력과 노하우, 그리고 작업 공간과 기술적 장치 등은 기관 인근 지역에 위치한 작업 공간이 없는 문화예술 집단이 사용할 수 있도록 하여야 한다. 또한 공공극장은 젊은 예술가나 기술 인력, 매개 인력이나 문화경영 인력들을 위한 교육과 실습의 장의 역할을 하여야 한다.

이외에도 '공연예술을 위한 공공서비스 기관의 임무에 관한 헌장'은 공공극장장의 임명 조건, 극장장의 예술적 책임, 관리 책임, 그리고 보수 등등에 대한 내용과 기준을 제시한다. 또한 사회적 행위로서의 예술이 기능하기 위한 각종 법률과 규정을 정비하는 내용 또한 담고 있다.

모두를 위한 연극, 모두를 위한 극장

장 빌라르는 공공극장은, 그리고 극장이 제공하는 연극은 '가스, 전기와 같이 공공서비스'임을 주장하였다. 그리고 가스와 전기처럼 필수재이기 때문에 장 빌라르는 주말이면 국립 민중극장의 인력을 파리 근교의 문화적 소외지역으로 이동시켜 공연하였다. 1980년대에는 필수재로서의 연극이라는 공공서비스를 누리는 권리를 전국의 시민 모두에게 균등하게 확대시키기 위하여 프랑스는 '탈중심화' '지방화' 정책을 추진한다.

위에서 살펴본 프랑스 '공연예술을 위한 공공서비스 기관의 임무에 관한 헌장'의 내용은 전국적인 공공극장 망의 구축이 전제된 것이다. 위에 언급한 공공극장의 4가지 책임, 즉 예술적, 지역적, 사회적, 직업적 책임은 모두 해당 공공극장이 해당 지역의 주민, 그리고 협력 기관, 지역 예술가들과의 관계를 가정하고 있다. 그런데 현재 우리의 공공극장인 국립극장, 국립극단, 명동예술극장, 남산예술센터 등은 특정 지역에 기반하고 있는 것이 아니다. 따라서 이 기관들이 사회적 약자들의 극장 접근성을 용이하게 하는 활동을 강화하고 있음에도 불구하고, 그리고 객석 점유율을 상당 수준으로 높이는 데 성공하고 있다고 하더라도, 연극이라는 공공서비스가 국민 대다수에게 제공되고 있다고 판단할 수는 없다.

프랑스에서도 5개의 국립극장은 특정 지역의 주민들을 위한 서비스보다는 프랑스의 연극적 지형도 내에서 특화된 임무를 부여받는다. 코미디 프랑세즈는 프랑스 전통 레퍼토리의 보존이 임무이며, 콜린 극장은 현대 작가의 레퍼토리 발굴이 그리고 샤이오 극장은 대중적 레퍼토리의 보급이 임무이다. 그리고 오데옹 극장과 스트라스부르 극장은 유럽 다른 국가의 동급 극장들과의 교류 협력이 주요 임무이다. 정작 위의 헌장이 부여한 임무에 가장 충실한 공공극장은 파리 근교의 소외지역에 있는 극장들이다. 오베르빌리에, 젠느빌리에, 낭테르, 생드니 등에 위치한 국립 드라마센터들은 문화 소외지역에서 문화적 생산과 향유는 물론 문화적 재생산의 중심지 역할을 하고 있다. 그렇다고 해서 이와 같은 극장들이 작품의 창작적 완성도를 등한시하는 것은 전혀 아니다. 낭테르 아망디에 극장은 파트리스 셰로가, 그리고 젠느빌리에는 베르나르 소벨이 이끌면서 예술적으로도 중요한 작업이 이루어진 공간들이다.

우리의 경우 점차 빈부의 격차가 커지는 사회적 환경 속에서, 사회적 수요가 있는 지역으로 공공극장의 망을 넓혀 가야 할 시점이다. 도시 내에서 구역별로 경제, 문화적 차이가 더욱 커지고, 전국적 차원에서도 수도권과 지방의 격차가 더욱 심화되고 있다. 이와 같은 상황에도 불구하고 문화부의 선택은 이와 전혀 다른 방향에서 이루어지고 있다. 국립 단위에서 공공극장의 망을 확충하기보다는 공공극장이 제공하는 공공서비스를 지자체에 거의 전적으로 맡겨 놓고 있는 형편이다. 도 단위, 시 단위, 혹은 구 단위 문화재단 차원의 문화예술회관을 공공극장의 망으로 고려하는 것이다. 상주단체 지원을 통하여 이들 극장에 예술가들의 활동이 지속될 수 있도록 유도하려 하지만, 지원되는 액수가 상주하는 극장을 거점으로 그 지역의 문화 생산을 촉발할 수 있는 수준에 전혀 이르지 못하고 있다. 사실상 공공서비스로서의 연극이 국민 다수에게 제공되지 못하는 상황임에도 불구하고 정부는 공공극장의 망을 현재의 수준에서 유지하고 오히려 창작 콘텐츠 개발을 강조하는 듯하다.

공공극장의 망이 발달한 프랑스에서 공공극장의 임무를 더욱 확대하려는 도전을 보여 준 사례가 있다. 파리 외곽의 사회적 소외지역인 생드니에 위치한 국립 드라마센터 제라르 필립 극장의 극장장으로 1998년에 당시 30대 초반이었던 젊은 연출가 스타니슬라스 노르데가 임명되었다. 스타니슬라스 노르데[48]가 임명된 것은 그의 극장 운영 계획안에 문화부가 관심을 보였기 때문이다. 스타니슬라스 노르데는 "공공서비스를 위한 극장, 모두를 위한 극장, 작가로부터 출발하는, 관객을 위한, 예술가를 위한, 오늘의 극장"을 슬로건으로 내세웠다.

그가 시도한 가장 큰 도전은 입장료를 균일가인 50프랑(7500원 정도)으로 책정한 것과 바캉스 기간의 시즌 오프 없이 일 년 내내 극장을 가동하는 것이었다. 이와 같은 조치는 바캉스를 떠날 여력이 없는 생드니 지역민들을 위한 유일한 문화적 공간인 극장이 이들을 위하여 하루도 그 문을 닫아서는 안 된다는 신념에 따른 것이었다. 대개 7~10편이 제작되는 국립 드라마센터의 평균적인 제작 편수를 훨씬 웃도는 작품들이 제작되었다.

그러나 예산의 증편은 이에 걸맞게 이루어지지 않았기 때문에 스타니슬라스 노르데의 실험은 2001년 극장 파산으로 결말을 맞게 된다. 공공극장 운영자로서 스타니슬라스 노르데의 극장 파산은 비난받아 마땅한 결과였고, 실제로 공공극장 운영의 재정적 책임에 대한 논쟁을 불러일으켰다. 그러나 정작 스타니슬라스 노르데는 이 사태에 대해 사과하지 않았는데, 왜냐하면, 그의 프로젝트를 문화부가 선택하여 그에게 극장의 운영을 위임했다면, 그 프로젝트가 성공할 수 있는 재정적 지원을 하는 것이 필수적이라고 생각했기 때문이다. 스타니슬라스 노르데는 이 사태에 대해 어떤 법적인 책임도 추궁당하지 않은 채, 임기를 채우면서 사태를 수습하라는 문화부의 권고를 뿌리치고 사임했다. 그는 브르타뉴 국립 연극학교의 교수로 지내며, 2013년에는 아비뇽 연극제의 협력연출가로 지명된다. 그리고 2015년 그는 국립 드라마센터보다 상위의 공공기관인 스트라스부르 국립극장장으로 다시 임명된다. 그에게 다시 공공서비스를 위한 새로운 차원의 도전을 프랑스 문화부가 요구하는 것이다.

"모두를 위한 연극"은 모든 사람을 만족시키는 창조적 콘텐츠를 개발하는 것이 아니라 연극이 모든 사람들에게 균등하게 제공되는 공공서비스로서 기능하는 것이라는 점을 우리도 한 번쯤 숙고해 보아야 할 것이다.

4부 무대의 안과 밖

♦

A BOOK ON STAGE

전준호 <그의 거처>:
작품, 나와 그의 무대화

마지막 조립을 앞둔 나무 뼈들은 아직 작업대 위에 그대로 놓여 있었다. 그 한 달
이 지나도록 우리는 남겨진 마지막 작업을 침묵 속의 합의로 외면하고 있었다.
(⋯) 그는 말이 없었다. 하루 종일 아무것도 먹지 않은 채 천장만 바라보고 있었다.
검게 곰팡이가 피어 부푼 천장 도배지의 무늬 속에서 그는 무엇을 보고 있었을까?
그의 눈동자는 그곳에 고정되어 있었고 나는 먼지 앉은 작업대만 물끄러미 바라보
고 있었다.

위는 전준호 작가 자신의 단편소설 『마지막 장인』의 마지막 구절이
다. '나'와 '그'는 인간의 뼈를 나무로 조각하는 작업을 함께 진행했다. 개
별 뼛조각의 제작이 완료되고 이제 이 뼈들을 조립하는 일만이 남았다. 소
설 속에서 '나'와 '그'는 오래전 불상 조각 작업장에서 만난 선후배 사이다.
하지만 우리는 그들을 전준호를 이루는 두 개의 예술적 자아로 생각해도
좋을 듯하다. 3인칭화된 '그'는 작품을 제작하는 자아이며, '나'는 그를 바

라보는 관찰자면서 동시에 이 작품을 최종적으로 조립하여 완성하는 자이다. '그'는 조각가이며 행위자이고, '나'는 작품의 의미를 사유하는 비평적 자아이다.

아직 작품은 완성되지 않고 유예되어 있다. 문자 혹은 문학 텍스트는, 그리고 나아가 기호로서의 조형물은 이처럼 유예된 의미의 영역 속에 있다. 소설 『마지막 장인The Last Master』과 대구를 이루는 동명의 설치작업 <마지막 장인>에서 이 뼈들은 마침내 가지런히 조립된다. 이제 '그'와 '나'의 작업은 '나'에 의해 완성되었다. 그런데 이 최종적인 조립을 위해서는 '그'의 죽음이 선행되어야 한다. '그'의 죽음은 롤랑 바르트나 미셸 푸코가 말하는 '저자의 죽음'과 유사하면서도 다른 것이다. 문학의 영역에서 저자의 의도로부터 독립된 비평적 사유를 강조하기 위해 '저자의 죽음'을 이야기한다면, 전준호는 전통적인 조형물 제작자로서의 작가의 위상을 재고찰하기 위해 '죽음'을 이야기한다.

작품의 제목인 <마지막 장인>의 '장인(匠人)'이라는 단어는 이 소설의 영역본이 Master라고 번역하고 있지만 존경의 어휘로 사용된 것이 아니다. 차라리 예술적 작업이 아닌 기술적 작업인으로서의 Artisan의 의미를 품고 있다. 그렇다면 '장인'과 '예술가'를 구분 짓는 경계란 무엇인가? 이에 대한 전준호의 답은 작품을 공간 속에 설치하는 방식에 있다. 맞추어진 뼈대로서의 인체는 거울로 만들어진 육각형의 '무대 위에 놓인다'. '무대 위에 놓인다'라는 말의 프랑스어 표현인 mise en scène처럼 전준호를 읽는 방식은 그의 미장센을 읽는 것이다. 다시 말해서 그가 작품과 그 자신을 무대화시키는 방식을 읽는 것이다. 무대란 중성화된 언어가 연출과 배우의 해석에 의해서 의미를 획득하는 장소이다. 또한, 무대란 창작자로서의 작가와 비평적 사유를 하는 관객의 시선이 만나는 곳이다. 무대란 관객이 멀리서 바라보는 공간이기에 해석자로서 전준호는 우선 대상과 거리 두기를 한다. 그러나 그는 또한 행위자이기에 무대 위로 올라간다.

해골 상은 기도하듯 무릎을 꿇고 머리를 바닥을 향해 조아리고 있다. 거울로 이루어진 바닥에는 천장이 비친다. 그러므로 마치 소설 속에서 처럼 '그'는 천장을 응시하고 있는 셈이다. 그러나 소설과 다르게, 고개 숙인 그는 거울에 비친 자신과 대면하고 있다. 전준호는 이 작품의 설치를 위해 분명 무대 가까이 다가가서 무대 바닥에 비친 자신의 모습을 보았을 것이다. 마침내 '나'와 '그'의 시선이 만난다. 해골 상은 조각의 정교함에 의해서가 아니라, 자기 자신과 마주한 예술가의 시선, 그리고 거리를 두고 그 마주함을 바라보는 비평적 시선을 통해서, 그리고 그 '비평적 시선과 함께' 라는 조건하에서만 예술작품이 된다.

소설에서 '그'와 '나'의 시선이 서로 다른 허공을 바라보고 있었으며, 따라서 그때에는 작품이 완성되지 못했다면, 설치작업의 미장센을 통해서 '그'와 '나'의 시선은 서로를 향한다. 관객 또한 이 작업 가까이 다가가 바닥에 비친 자신의 모습을 본다. 관객은 그때 '나'의 자리에 서서 작품의 의미를 되묻고 다시 의미를 생산하고 있는 것이다. 결국 <마지막 장인> 영역본의 제목에서 장인이라는 단어를 Master로 선택한 것은 옳은 선택이었다. 왜냐하면 '그'는 해골 상 속에 자신을 담았으며 동시에 사라졌기 때문이다.

문경원과 함께 작업한 영상작업 <묘향산관>에서도 전준호는 '나'와 '그'를 분리하고 다시 하나로 묶으려 한다. '나'는 화자이며, '그'의 친구로 베이징에서 개인전을 여는 그를 축하해 주기 위해 왔다. 하지만 '나'는 술에 취해 몸을 가누지도 못한 채 식당 묘향산관에 와서 단지 축 늘어진 채로 그를 바라볼 뿐이다. 그러나 '나'와 '그' 두 인물은 실제로는 한 배우에 의해서 연기되고 있듯이, 결국 작가의 두 자아이다. '나'가 현실 속의 화가이고 '그'는 '나'의 밖에서 허구적 삶을 사는 인물이다.

<마지막 장인>에서의 두 자아의 관계와는 조금 다르게, <묘향산관>에서 하나의 자아는 현실을 사는 화가이며, 또 다른 자아는 예술이라는 허구적 세계에 있는 자아이다. 현실의 원칙과 허구 혹은 꿈의 원칙은 서로 화해되지 않는 분리된 영역에 속한다. 하지만 '묘향산관'은 이 두 원칙이 공존하는 공간이다. 베이징에 있는 북한 음식점인 묘향산관은 현실적이면서도 비현실적인 공간이다. 첫 장면에서 묘향산관의 장면을 메뉴판 속으로 밀어 넣듯이, 전준호는 이 작품에서 현실원칙의 공간을 상상의 공간 안으로 밀어 넣는 일종의 액자화(mise en abîme) 방식을 사용한다.

한 장면에서는 '그'가 '나'와 친구들이 있는 테이블로부터 떨어져 나와 객석의 독립된 자리에 앉고, 나와 친구들의 테이블은 무대 위에 놓인다. 그는 연출가의 자리에서 현실을 바라본다. 현실은 예술적 자아의 시선 속에서 그로테스크하게 무대화된다. 반면에 술 취한 그의 눈에 상상적 자아인 '그'가, 묘향산관의 북한 출신 여종업원 오영란과 함께 이야기하는 것이 들어온다. 남한 남자와 북한 여자, 전혀 하나로 화해될 수 없는 이 두 인물은 한순간 정지된 화면 속에서 하나가 된다. 상상의 나와 현실의 오영란은 폭포수 그림을 사이에 두고 서서 다시 한 폭의 그림이 된다. 창작자는 작품 그 자체로부터 거리 두기를 하면서 동시에 작품의 내부로 들어선다. 그는 작품의 밖과 안에 동시에 존재하며, 내부에 있는 자신을 밖에서 바라본다.

화해되지 않는 것을 하나로 묶는 것은 '시의 조건'이며 예술의 조건이다. 시인 피에르 르베르디Pierre Reverdy가 말했듯이 "병치된 두 현실의 관계가 가장 멀고 정확할수록" 이미지는 강력해진다. 동그란 금속성과 그 축을 가로지르는 형광등은 전준호가 제시하는 '시의 조건'이다. <코는 왜 입 위에 있을까> 연작 또한 이처럼 모순된 두 항을 결합한다. 흰색 대리석 테이블에 고정된 움직이는 원형의 금속 링은 부동성으로서의 대리석과 영원한 순환의 움직임이라는 상이한 현실을 결합하고 있다. 그런데 이 원형의 금속 링이 움직이고 있다는 것은 시각적으로 쉽게 파악되지 않는다. 움직임은 손으로 링을 만져 보아야 비로소 알 수 있다. 그것은 이미지 그 자체로서는 '시'가 혹은 '예술'이 그 의미를 드러내지 않는다는 것을 말해 준다. 그것을 바라보는 자와의 접촉이 '시'를 완성한다. 그런데 그 접촉은 단순히 감각적 접촉이 아니라 해석적, 비평적 접촉이다.

<코는 왜 입 위에 있을까>라는 동일 제목의 다른 작품이 이 관계를 더욱 명확하게 보여 준다. 사방이 아니라 천장까지도 거울로 이루어진 방에 금속 링은 천장에 매달려 있다. 여전히 이 금속 링은 보이지 않을 만큼 천천히 돌아가고 있다. 사방의 거울에 이 금속 링이 수없이 비추어져 이 거울 방은 금속 링의 이미지로 가득하다. 그러나 이 수많은 이미지 속의 금속 링은 전혀 움직이지 않는다. 이 방에서 움직이는 것은 관객과 거울에 비친 관객의 이미지뿐이다. 그리고 앞뒤로 동일한 이미지를 보여 주는 금속 링과 달리 관객은 자신의 앞모습과 동시에 뒷모습을 바라볼 수 있다. 그는 금속 링과 함께하는 자신을 바라본다. 왜곡된 감각의 이미지가 증식하는 공간 속에서 그는 유일하게 이미지의 원래의 모습을 식별할 수 있는 존재이다. 시각화된 이미지로서의 예술작품은 그 안에 반드시 관찰자 자신을 포함할 때 시적 조건을 충족시킨다.

<그의 거처>는 갤러리현대에서 열린 이번 전시회 제목이면서 동시에 여기 전시된 한 작품의 제목이다. 그리고 '그의 거처'는 전준호의 단편

소설 『마지막 장인』 속 한 구절로 우리를 안내한다.

꽁초가 수북이 쌓인 스텐 밥그릇에 태우던 담배를 꽂아 끄며 그는 누추한 자신의
거처가 부끄러운지 지는 해의 그림자처럼 슬그머니 처마 밑으로 기어들어 갔다.

<그의 거처>는 금속 테이블 위로 숨겨졌던 모니터가 솟아올랐다가
다시 사라지도록 고안된 설치물이다. 그리고 그 모니터 속에는 파도치는
바다의 영상이 반복된다. 하나의 가구에 불과한 테이블, 그리고 과학 기술
의 산물인 모니터와 영상, 그 자체는 어떤 시적 조건도 충족시키지 않는다.
그런데 한순간 모니터가 반쯤 테이블 속으로 다시 들어가는 순간, 테이블
과 가까워진 모니터 속 영상이 스테인리스 테이블 위로 되비쳐진다. 영상
이 모니터 안에서 현실 속으로 넘쳐 나는 순간이다. 현실의 가구 위로 파도
가 일렁인다. 기술이라는 틀 밖으로 벗어나는 이미지는 현실과 허구를 결
합하면서 '시의 조건'을 구성한다.

소설 『마지막 장인』에서 "기술만 있으면 먹고산다는 허깨비 같은 말
에 홀려 가난을 등지고 고향을 떠나 조각장이의 길로 들어선" '그'가 기술
자로서의 장인을 벗어나 예술의 조건을 충족시키는 그 '자리'가 '그의 거
처'이다. 소설 속 '나'가 '그의 거처'로 찾아가듯이 전준호는 예술의 조건을
충족시키는 공간 속으로 자신을 위치시킨다. 나와 그, 그리고 작품이 하나
를 이루는 무대가 바로 전준호, 그의 거처이다.

전소정
<원 맨 씨어터>, 액자화의 놀이

　　전소정은 <원 맨 씨어터>를 통해 미술의 영역으로 연극을, 화랑의 공간으로 무대를 불러오기를 원한다. 조형예술이 연극성을 지니고자 하는 것은 이미 1960년대 이래 다양한 형식의 퍼포먼스 형식을 통해 구현되어 우리에게 그리 낯선 모습이 아니다. 미술이 연극성을 포함할 때 가장 중요한 것은 관람자와 창작자가 동시간성 속에 위치한다는 점과 창작자인 퍼포머가 현재 진행형으로 구축되는 작품의 일부가 된다는 점이다. 그런데 전소정의 작품에서는 이러한 특성을 찾아볼 수가 없다. 전소정의 '일인극' 속에는 작가 전소정이 퍼포머로 직접 개입하지 않는다. 더욱이 그녀의 연극은 살아 있는 육체가 되어 관객의 육체와 직접적인 만남을 시도하지 않은 채 영상화된다. 그녀의 작품은 관객 앞에서 나는 살아 있는 것이라 소리치며 발버둥 치지 않는다. 전소정이 '연극'을 필요로 하는 것은 앞선 세대들과는 전혀 다른 이유 때문이다.

전소정은 '연극성'이라는 장르의 본질을 질문하기에 앞서 무대라는 공간을 먼저 요구한다. 그녀에게 연극적 공간이란 퍼포머의 몸이 위치하는 빈 공간이기 이전에 가장 전형적인 공간적 표지로 대변된다. 전소정에게 공간을 연극적 공간으로 만드는 것은 주름진 커튼이다. 연극성의 필수적 선행 요건으로서 커튼, 즉 '막'을 요구하는 것은 평면 회화 작품이 존재하기 위해서는 무엇보다 액자가 존재해야 한다고 말하는 것과 같다. 본질이 되어야 할 무엇인가에 앞서 존재하는 작은 의식적, 제식적 지표를 요구하는 것이다.

이 지표는 반드시 실제의 무대와 같을 필요는 없다. 이 무대는 본래무대의 축소형에 불과하다. 단지 그곳이 무대임을 드러낼 수 있기만 하면된다. 그렇기에 전소정의 연극적 세계는 퇴행적이다. 그러나 이때의 퇴행성은 부정적 의미를 지니지 않는다. 말의 뜻 그대로 퇴행성은 시간을 거스르는 것이다. 전소정은 어린아이의 놀이(play)와 같은 연극(play)을 원하는 것이다. 이 놀이 속의 어린아이는 두려움과 호기심에 가득 차 있다.

놀이가 시작된다. 무대가 세워지고, 이제 무대의 공간 속에 놓여야 할 것을 구체화해야 한다. 전소정이 이 무대 공간 위에 놓기를 원하는 것은 '이야기'이다. 그러므로 '놀이'는 하나의 이야기를 공간 속에 놓는 것이다. 그런데 소설적 이야기는 화자로부터 청자에게 전달되는 이야기지만, 연극적 이야기는 공간 속에 위치하는 이야기이다. 다시 말해 허구로서의 이야기가, 현재형으로 현실 속에서 경험되는 이야기가 되는 것이며 다른 한편으로는 구체적 현실을 연극적으로 허구화하는 과정이기도 하다. 허구와 경험, 이 두 가지가 전소정의 놀이를 위한, 그리고 연극적 행위를 위한 기초 단위이다.

<원 맨 씨어터>에 앞서 발표되었던 <이야기의 끝The Final of a Story>에서도 확인할 수 있듯이 그녀의 이야기는 드라마를 담고 있지 않다. 인물이 다른 인물과 혹은 다른 어떤 행위자와 충돌하고, 제기되는 장애를 극복하여 욕망하는 대상을 쟁취하는 과정으로서의 이야기는 부재한다. 이야기는 무엇보다 작가의 구체적인 경험에서 시작한다.

핀란드의 숲을, 그 숲속에 한 무용수에 의해 오랜 시간에 걸쳐 세워진 작은 마을을 방문했던 경험을 이야기하기를 원한다. 아니 더 정확히는 자신의 경험을, 혹은 그 경험 속에서 자신이 느끼고 스스로에게 부여했던 의미체를 기억하고 복원하기를 원한다. 그녀의 경험이라는 구체적인 현실로부터 출발했지만, 이 경험에 다다르기 위하여 작가는 현실을 허구화한다. 이야기는 청자에게 전달되기 위한 것이 아니라, 바로 화자 자신에게 이야기가 담고 있는 전언의 의미를 깨닫게 하는 방편이 된다. 전소정이 현실을 허구화시킬 때 가장 두드러진 특성은 현실을 동화로 치환해 낸다는 점이다. 성인의 경험이 어린이의 형식을 통과한다.

숲속에서 긴 잠으로부터 깨어난 화자는 자신이 누구인지, 이곳이 어디인지 알지 못한 채 그 숲을 헤맨다. 토끼가 다른 곳으로 통하는 입구로 나를 안내하고, 그곳 너머에서 나는 다시 나 자신과 만나 춤을 춘다는 얼개의 이야기 속으로 작가는 <잠자는 숲속의 미녀> <헨젤과 그레텔> 그리고 <이상한 나라의 앨리스>의 모티프를 섞어 넣는다. 핀란드의 숲은 작가 자신에게는 매우 특별한 매혹을 지닌 경험으로 남았지만, 이를 동화화하면서 그 매혹의 공간은 우선 두려움의 공간으로 제시된다. 이야기는 이 두려움의 공간을 극복하는 과정으로 이루어진다. 두려움이 조금씩 호기심이 되고 마침내 숲을 가로질러 '내가 이미 알고 있었던 사람'인 나 자신과 만난다.

또 다른 나는 흰색 인형인데, 자세히 보면 부드러운 얼굴을 지니고 있지만, 얼핏 뼈대로 이루어진 것처럼 보이기도 한다. 뼈대, 죽음이라는 두려움의 대상이 함께 춤을 출 친숙함의 대상으로 변모하게 되는 과정을 이 이야기는 담고 있으며, 화자 자신의 문제가 극복되었으므로 이야기는 축제와 같은 끝을 맺는다. 유사한 과정이 종이 인형 그림자극의 형식으로 펼쳐진 <병원>에서도 나타난다. 두려움의 대상인 병원이 극 형식 속에서 극복되는 과정을 담고 있는 작품이다.

<원 맨 씨어터>의 무대는 <이야기의 끝>의 무대보다 작다. 단 한 명만이 있을 수 있는 공간이며, 공간 속에서 물질화된 이야기가 펼쳐질 수 없는 공간이다. 이 공간은 무대로 가정되었지만, 실제로는 성당의 고해소나 옷가게의 탈의실을 닮았다. 자신을 가리고 있는 것을 벗는 공간이며, 내밀한 고백이 이루어지는 공간이다.

<원 맨 씨어터>의 배우들은 자신의 두려운 경험 혹은 두려운 현실을 토로한다. 그것은 실제로 그것을 연기해야 하는 배우 개인의 삶의 내용이며 그렇기에 현실이고 진실이다. 그런데 무대화된 이 공간 속에서 토로되는 실제적 삶의 고통은 그 공간적 특성 때문에 필연적으로 허구화, 연극화된다. 배우 개인의 삶의 토로는 배역의 대사가 되어 버린다. 8년이라는 제법 긴 시간을 연극배우로 살아왔지만 보이지 않는 미래 때문에 고통스러워하는 배우, 사람들 앞에서 말하기를 무서워하는 비주얼 아티스트, 사랑하는 이로부터 버림받은 이후 사람들로부터 버림받을까 봐 두려워하는 비디오 아티스트, 무대 공포증이 있는 퍼포머, 병에 걸려 머리카락을 잃은 여배우 등의 이야기가 토로된다. 개인에게 진실이고 현실인 이 고통이 무대에서 연극으로 허구화될 때 고통 속의 개인은 자신의 고통 밖에서 이 고

통을 바라보거나 이 고통과 놀이하게 된다.

그런데 전소정은 이 과정을 연극 그 자체가 아니라 영상으로 보여 주기를 원한다. 전신을 투사하는 영상이 세로로, 얼굴 부분이 클로즈업된 영상이 가로로 세워진다. 클로즈업되어 비친 인물의 얼굴에는 진한 분장이 역력하다. 영상은 그것이 비추는 대상의 현실성보다 연극성을 극대화한다. 현실적 고통이 연극화되는 과정을 클로즈업하는 것이다. 영상이 포착하고자 하는 것, 그러니까 관객에게 전달되는 전소정의 최종 작업은 현실과 연극 사이의 전이 과정을 재생 가능한 방식으로 담고 있다.

전소정은 여기에서 연극을 넘어 재현과 현전이라는 예술의 가장 기초적인 질문들을 다시 만난다. 일인칭으로 구술되는 등장인물의 고백은, 허구적 이야기가 아닌 인물 개인의 삶의 진실을 담고 있는 듯하다. 그러나 커튼 뒤의 공간은 이 진실을 이내 허구화한다. 이야기 속의 등장인물과 실제 현실 속 배우의 충돌, 가정된 허구적 시공간과 무대 위 물리적 시공간의 충돌 문제가 다시 제기된다. 일인칭으로 자신의 고통을 토로하는 이 이야기, 이 연극은 과연 진실인가 거짓인가? 커튼 뒤 전소정의 공간 속에서 우리가 확인하는 것은 현실과 허구, 진실과 거짓의 경계선이다. 이 경계는 서로가 마주 보고 있으며 하나가 다른 하나로부터만 자신을 바라볼 수 있는 경계선이다. 연극이 제의적이며 치유적일 수 있는 것은 가려진, 근원적인 진실을 토해 내기 때문이라기보다는 진실을 허구화하고 허구를 다시 현실화하는 놀이의 힘이다. 하나가 하나를 극복하는 것이 아니라 서로에게 거울처럼 기능하는 관계이다. <원 맨 씨어터> 속 한 배우의 대사는 이를 분명히 드러내 준다.

전 거울 보는 걸 좋아해요… 분명히 저기 있는 건 나인데 내가 아닌 내가 나를 바라보고 있는 것 같아서…

이 거울 관계는 액자화의 관계라 부를 수도 있다. 거울에 비친 상을 다시 비추는 거울처럼, 액자화의 과정 속에서 현실을 허구 속으로 밀어 넣고 그 허구를 다시 현실 속으로 밀어 넣는다. 액자화라는 용어의 프랑스어는 mise en abîme인데 이때 abîme은 일반적으로 액자 그 자체를 지시하는 단어는 아니다. 우선 이 단어는 방패 무늬를 가리킨다. 사각의 방패 무늬 안에 방향을 달리하여 또 다른 방패 무늬를 넣고 그 안에 또 다른 방패 무늬를 넣는 과정을 지칭하는 것이다.

이 단어는 또 다른 뜻으로 심연을 지시한다. 이 두 뜻을 합쳐 본다면, 계속되는 격자무늬의 관계 속으로, 그 깊은 심연 속으로 무엇인가를 밀어 넣는 것이다. 프랑스어로 연출은 mise en scène라 표현된다. 무대 위에 무엇인가를 놓는다는 것인데, 이때 놓는 행위의 목적어가 연극의 내용을 결정할 것이다. 그런데 전소정의 연극은 이 목적어가 없는 것과 같다. 물론 '개인의 고통의 이야기'가 그 목적어 역할을 하고 있지만, 실제로는 그것을 계속되는 액자 안으로 밀어 넣는 행위 그 자체가 더욱 중요하다. 이야기는 하나의 기표로 고정되지 않고, 기표와 기표, 하나의 액자와 또 다른 액자로 미끄러진다. 그러므로 전소정의 연극은 이 미끄러짐의 과정을 보여 준다.

두려움이 호기심으로 변모하는 과정은 반드시 삶의 고통과의 관계에 국한되지 않는다. 표현의 기제인 매체와의 관계 속에서도 그러하다. 평면으로부터 입체로, 움직이지 않는 것으로부터 움직이는 것으로, 살아 있는 인간으로, 그리고 시공간과 함께 하나의 이야기를 채워 가는 인간을 다루는 연극으로, 또 그를 다시 평면화하는 영상으로의 이동 속에서 전소정은 매번 새로운 매체를 다루는 두려움과 새로운 도전에 맞서는 호기심을 느낀다. 이 두려움과 호기심이 단지 교차되는 반복이 아니라, 매번 새로운 차원으로 이동되면서 자신을 확대해 나가는 놀이를 전소정은 펼치고 있다. 와토의 <피에로> 그림의 피에로 얼굴에 실제 배우를 그려 넣고 그 배우가 무대에서 공연하다가, 무대 밖으로 걸어 나오도록 하는 방식처럼, 조형예술 속에 자신의 자아를 각인시키고, 그 자아를 계속 다른 매체를 통과시키는 자신만의 놀이에 전소정은 몰두하고 있다.

무대 위의 텍스트
전소정의 <햄릿>

전소정 작가가 미래에 만들어질 가상의 작품에 대해 상상적 비평을 의뢰했다.[49] 작품보다 먼저 오는 비평, 혹은 비평보다 뒤에 오는 작품은 창작 행위와 그와 관련 맺는 담론의 관계를 문제 삼는다. 비평은 항상 작품보다 뒤에 오는 것인가? 작품보다 뒤에 오는 비평은 작품에 대해 무엇이 되는가?

작품 뒤에 오는 비평은 전시 프로그램 속에서 작품의 의미를 해설한다. 이때 비평은 작품과 관객 사이를 매개한다. 비평은 관객의 작품 이해를 돕는다. 때로 잡지나 신문을 통해서 비평은 보다 넓은 관객과 작품이, 혹은 작가가 만날 수 있는 계기를 마련한다. 그러나 이처럼 작품 뒤에 오는 비평은 작가를 만나지 못한다. 자신의 작품에 대한 비평에서 작가는 비평이 아니라 자기 자신을 응시하기 때문이다. 작가는 자신의 기준 속에서 비평이 자신을 어떤 방식으로 되비쳐 주는지에 관심을 둔다. 작가는 나르시스이고, 작가에게 비평은 나르시스를 비추는 연못이다. 때로 물결에 일렁이며, 나르시스의 상이 왜곡된다고 하더라도, 나르시스는 그 속에서 맺혔다가 일렁이며 흩어지는 자신을 확인한다. 나르시스는 연못의 바닥을 들여다보지 않는다. 나르시스는 대화를 건네지 않는다. 그는 오로지 자신을 부르는 영원한 울림 속에서 자신을 증식할 뿐이다.

다른 한편으로 작품 뒤에 오는 비평은 작품을 판단하고 심판한다. 비평가는 작품에 대한 미적 판단에 있어 엄중하고 객관적인 심판자를 자임한다. 비평가는 마치 지옥문 앞의 미노스 왕처럼 명확한 눈금을 지닌 저울을 들고 가치 있는 것과 가치 없는 것을 구분 짓고자 한다. 그런데 이처럼 엄격하게 그가 작성한 판결문은 한낱 작품에 대한 정보로 축소된다. 객관적인 판단은 공연 시장의 소비자들을 위한 소비 정보로, 혹은 지원금이나 연극상 선별을 위한 기초 자료로 기능한다. 작품보다 뒤에 오는 비평은 작품이 없다면 존재하지 않으며, 그리하여 작품에 기생하고 있다는 혐의를 받는다.

비평이 작품보다 먼저 온다면, 작품은 먼저 온 비평을 받고 무엇을 할 수 있을까? 무엇보다 작가는 비평을 읽을 것이다. 그 안에서 자기 자신이 그리는 자신의 모습을 재확인하기 위해서가 아니라 비평가의 글을 하나의 독립된 텍스트로 읽어야 한다. 그러나 비평가가 존재하지 않는 작품의 이론적인 선 주문자가 아니듯이, 작가 또한 주문생산자가 아니다. 작품보다 먼저 오는 비평은 단지 하나의 텍스트일 뿐이다. 이 텍스트는 비평이 다루고자 하는 작가의 작품들과 관련된 사유의 결과물이다. 그리고 이에 상응하는 작가의 작업 또한 그것이 비록 반드시 글이라는 형식으로 되어 있지 않다고 하더라도 하나의 텍스트이다. 먼저 오는 비평과 뒤에 오는 작품이 맺는 관계는 이 두 가지 텍스트의 대화, 상호 침투의 관계이다.

작가의 죽음이 선언되고 비평가 앞에 오직 텍스트만이 존재하듯이, 비평보다 뒤에 오는 작품에서 작가는 비평가를 보지 않는다. 작가 앞에는 오직 비평 텍스트만이 존재한다. 이제 비로소 판단자로서의 비평가 개인이 아닌 비평이라는 글쓰기 행위가 문제 된다. 비평가의 죽음 역시 선포되는 것이다. 미노스 왕이 미적 가치의 판단자로서 버티고 선 바로 그 자리가 죽은 자들과 함께하는 지옥의 문 앞이라는 것이 드러나는 것이다. 미노스 왕은 죽었다.

전소정이 이처럼 비평과 작품의 시간적 관계를 전도시킬 때, 이는 비평으로 하여금 망각하던 자신의 본질을 자각하는 계기가 된다. 그리고 전소정이 행하는 창작의 행위는 작품에 대해서 비평이 행하던 행위 그 자체가 된다. 이를 통해 전소정은 비평이 하나의 해석 행위로서의 창작 행위라는 것을 다시 일깨우려 한다. 단지 창작과 비평의 시간적 순서를 바꾸는 것이 아니라, 비평이 창작으로서 기능하고 작품이 비평으로서 기능함으로써 서로의 자리에서, 그리고 다시 자신의 자리에서 행하는 대화를 만들어 내는 것이다.

<원 맨 씨어터>에서 확인하듯이 전소정은 일상적 대상을 연극적인 무대로 소환하는 방식을 즐겨 사용한다. 이 무대화되는 일상은 하나의 '이야기', 즉 텍스트이다. 그러므로 전소정의 작업 방식은 '텍스트의 무대화'라고 부를 수도 있다. 무대화를 거쳐야 하는 텍스트는 그 자체로서 의미를 분출하지 않는다. 텍스트의 의미를 해석하거나 혹은 의미를 발생시키는 것은 바로 무대화의 방법론을 통해서이다.

그러므로 작품보다 앞서서 평론을 받고자 하는 전소정이 원하는 것은 비평 텍스트를 무대화하는 것이다. '무대 위의 텍스트'로서의 비평이다.

그리고 이 텍스트로부터 시작하는 전소정은 연출가가 된다. 비평 텍스트를 읽는 연출가이다. '무대 위의 텍스트'는 우리를 <햄릿>의 한 장면으로 인도한다. 무대 위에 한 인물이 책을 읽고 있다. 그리고 다른 인물이 그 책의 내용에 대해 질문하는 장면은 우리에게 익숙하다.

폴로니어스: 무엇을 읽고 계십니까, 저하?

햄릿: 말, 말, 말.

폴로니어스: 내용이 무엇입니까?

햄릿: 네 용이 나타났어?

폴로니어스: 읽고 계시는 내용 말입니다. 저하.

햄릿: 험담일세. 여기 비꼬기 좋아하는 어떤 놈이 말하기를, 늙은이들이란 흰 수염에 얼굴을 쭈그러들고, 눈에는 빽빽한 송진과 아교가 흘러나오며, 팔푼이처럼 정신이 하나도 없는 데다가, 허벅지는 약해 빠졌다고 하는구먼.[50]

햄릿이 읽고 있는 게 어떤 책인지 우리는 알지 못한다. 햄릿은 광증을 위장해서 자신이 읽고 있는 책의 내용을 폴로니어스에게 말해 주지 않는다. 만일 비평이라는 행위가 햄릿이 읽고 있는 책의 내용이 무엇인지를 예단하고, 그를 통해서 햄릿의 증상을 진단하는 데에 있다면, 창작자인 햄릿은 비평가를 향해 "팔푼이처럼 정신이 하나도 없는" "늙은이"라고 조롱할 것이다.

우리가 알 수 있는 것은 그 책은 아직 의미가 해석되지 않은 잠재적인 것에 불과하다는 것이다. 그러므로 햄릿은 그 내용이 "말, 말, 말"이라대답한다. 읽는 행위가 그 의미를 현재형으로 발생시킨다. 이미(déjà) 쓰인텍스트와 아직(jamais) 발생하지 않은 의미, 이것이 잠재태로서 텍스트의시간적 특성이다. 전소정의 표현으로는 '먼저 온 미래'이다. 그리고 그것은 통상적으로 창작 행위의 결과물로서 텍스트가 갖는 특성이며, 읽는 행위를 통해서 그 의미를 현재형으로 발생시키는 것은 비평 행위의 특성이다. 전소정은 이처럼 자신의 창작 행위를 비평 행위로 만든다. 무대 위에서 텍스트를 읽고 해석하며 연출하는 사람은 바로 텍스트에 대해 비평가의 역할을 하는 것이다. 들뢰즈가 말하듯이 잠재적인 것은 관념의 특성이다. 비평은 그러므로 구체적인 현실태를 대상으로 하지만 종국에는 관념, 이념을 향한다. 들뢰즈는 전소정이 그러하듯이 이 과정을 연극화의 과정으로 설명한다.

> "세계는 어떤 알이지만, 알은 그 자체가 어떤 연극이다. 장면화되는 이 연극에서는 배우들보다는 배역들이 우세하고, 배역들보다는 공간들이, 공간들보다는 이념들이 우세하다."[51]

연극의 특성은 하나의 텍스트가 매번 다르게 반복되어 구현된다는 것이다. 반복은 일반성이 아니라 차이로 구성된다. 반복이 단지 반복이 아니라 차이를 품는 반복임을 전소정은 '필사의 필사' '이면의 이면'이라는 표현으로 설명해 준다. 스시 장인이나, 미싱사의 일상적인 노동의 반복 속에서도 전소정은 차이가 발생하는 순간을 포착하고자 한다.

평론이라는 글쓰기도 일상적인 반복 속에서 차이를 발생시키는 일이다. 햄릿에게 단지 '말, 말, 말'로서의 텍스트는 전소정에게는 '폐허'라 이름 지어질 수 있는 대상이다. 그러나 해석을 통해 무대에서 발화되는 말은 허물어진 폐허 속에서 다시 삶이 솟아오르게 한다. 매번 허물어지면서도 매번 다시 솟아나는 생명의 운동을 글쓰기는 구축한다.

'누드모델'에서 모델은 이 운동성과 반대로 '정지'된 순간을 향한다. 모델을 데생하거나 조형화하는 예술가들이 구현하는 것 또한 모델의 정지된 순간이다. 이때 모델은 하나의 표면, 껍질에 불과한 것이다. 그러나 무대로 소환된 배우와 무용수들이 표현하는 것은 움직임이다. 무용수들은 씨앗을 표현하기를 원한다. 알처럼 씨앗은 그 자체가 연극이다. 씨앗은 딱딱한 표피 안에서 이미 자기 안에 잠재하고 있는 꽃을 피워 내는 움직임을 보인다. 씨앗과 꽃 사이를 무한하게 반복하는 움직임, 그리고 오리와 백조 사이를 매일 오가는 움직임이다. 그러므로 그것은 꽃이 되고, 새가 되어 저 멀리 날아가려는 움직임이라기보다는, 끊임없이 알을 향하고, 씨앗을 향하는 움직임이다. 무희들은 각각의 움직임을 합치고, 셋이 어울린 '움직임-정지' 속에서 '삼미인'을 이룬다. '삼미인'은 미에 대한 하나의 관념이다. 그러므로 움직임 그 자체가 미의 관념을 이룬다. 들뢰즈는 이 연극적 운동의 반복성을 다음과 같이 지적한다.

"연극은 실재적 운동이며, 자신이 이용하는 모든 기법을 통해 실재적 운동을 획득해 간다. (…) 이 운동의 본질과 그 내면성은 대립도 아니고 매개도 아닌 다만 반복일 뿐이다."[52]

무대 위에 책이 있다. 작품보다 먼저 오는 텍스트이다. 햄릿은 그 책을 이제 다시 읽으려 한다. 그리고 다시 폴로니어스는 묻는다. "무엇을 읽고 계십니까?"

강화정
도약하지 못하는 고통의 몸

　　강화정의 작업은 춤과 닮았지만 춤이 아니고, 연극을 닮았지만 연극도 아닌 그 어떤 것이다. 그렇다고 '다원'이라는 불분명한 용어가 혹은 '수행성' '총체극'이라는 너무도 자명한 용어가 그녀 작업의 이해에 도움을 주는 것은 아니다. 강화정의 이해를 위해서는 자명성—그녀 자신의 용어로는—'단지 그것'으로부터 벗어나는 것으로부터 출발해야 한다. 연극이 혹은 무용이, 아니 표현 가능한 모든 것이 '반드시, 단지, 이러해야만 한다'고 규정하는 힘이 바로 '단지 그것'이다. 자명성은 문법을, 형식을 그리고 고정관념을 만든다. 이 고정관념에서 벗어나기 위해, '단지 그것'이 되지 않기 위해서 그는 작업한다. LIG 레지던시 작가로서 발표한 <방문기 X>(2010. 7.), <오쏠로 기획>(2011. 6.) 역시 그 연장선에 있다.

　　<오쏠로 기획>에서 흥미로운 것은 왜 강화정은 자신의 작업이 '단

지 춤' 혹은 '단지 그것'으로서의 춤이 되는 것을 거부하는가이다. 춤은 자유를 향한 수직적인 움직임이다. 스스로를 매이지 않은 몸으로 드러내는 능력이기에 춤을 추는 몸은 자유롭다. <오쏠로 기획>은 주제에서부터 이 자유를 거부한다. '비대칭, 불균형, 위태로움'은 단지 '대칭, 균형, 자유'를 향한 도정으로서의 상태이거나 균형의 일시적 붕괴 상태가 아니다. 강화정은 비대칭과 불균형의 몸 그 자체를 표현하기를 원한다. 그렇기에 이때의 몸은 수직적 축을 따라 도약하지 않고, 수직적 축으로부터 어긋나 수평적으로 기울어져 있다. 불균형의 몸은 몸을 잊고 가볍게 자유를 향해 도약할 수 없으며, 이 무거운 몸을 계속 위태롭게 움직여야 한다. 그렇기에 이 기획은 '멈추지 않는 몸'인 것이다.

결국 <오쏠로 기획>에서 강화정은 균형을 상정하지 않는 불균형을 찾고자 한다. 해소되는 고통이 아닌, 위태롭게 지속되는 고통의 몸짓, 그러므로 날아오를 어느 순간을 향하는 것이 아니라, 차라리 눕지 않기 위해서 매 순간 자신을 지탱하는 몸짓이다. 매 순간은 도약하는 찰나와는 다른 순간이다. 강화정은 항상 시간성에 매여 있다. 그렇기에 강화정이 '죽음'에 관심을 갖는 것은 당연하다. '죽음'은 시간을 벗어나는 방식이 아니라 시간성의 굴레를 드러내는 방식으로 나타난다.

죽음으로의 초대가 바로 <방문기 X>이다. 이 작업에서 강화정은 이전의 작업들과 비교할 때 이례적으로 친절한 내레이션을 동반하여 주제를 설명해 주고 있다. 이전의 작업에서 지극히 개인적 모티프를 중심으로 주제를 확산해가기 때문에 애초부터 커뮤니케이션에 어려움이 있었다면, '죽음'을 함께 방문하는 <방문기 X>는 그 체험을 통해 죽음에 대한 보편적 인식을 만드는 작업이기에 내레이션을 통해 관객과의 의사소통을 적극적으로 시도한다.

<소설쥬스> <죽지마나도따라아플거야>에서는 강화정이 제시하는 경험과 인식을 관객이 자신의 경험 속에서 일깨우고, 그에 맞는 텍스트를 관객 스스로 써나갈 실마리가 되기를 원했다. 그렇기에 텍스트는 주어지는 것이 아니며, 개별성을 넘어서는 모든 것을 파괴하는 작업이 선행된다. 그러나 <방문기 X>는 강화정이 인식하는 세계, 강화정이 구축한 텍스트를 관객과 공유하는 작업이다.

이야기의 틀은 간단하다. 우연히 죽음을 방문할 기회를 갖는다. 죽음이 임박한 늙은 육체들을 보고, 그들의 죽음을 목도하고, 그들과 함께 죽음 이후의 세계를 겪는다. 그런데 이 방문을 통해서 강화정은 죽음이 삶을 고통으로부터 다른 상태로 승화시키는 것이 아니라는 점을 전달하고 싶어 한다. 죽음 이후는 삶의 시간과 너무도 닮았다. 노화 이후의 시간인 이 죽음은 부패의 시간이다. 결국 이 방문을 통해서 강화정은 삶의 고통을 쉽게 제거한 채 승화, 초월, 구원의 개념으로 도피하고자 하는 인식, 바로 '단지 그것'을 문제 삼고 있는 것이다. 죽음의 고통으로부터 초월로 도약할 수 없다는 이 인식은 <오쏠로 기획>에서 비대칭의 몸으로 표현한 것과 동일하다.

<방문기 X>에서 강화정은 관객에게 이러한 인식을 언어가 아닌 방식으로 인식시키고자 한다. 왜냐하면 죽음에 대한 인식과 경험은 고통의 언어로 다 토로될 수 없는 것이기 때문이다. 강화정은 이를 위해 랭보적인 '감각의 착란'을 제시한다. 그것은 귀로 말을 듣는 것이 아니라 귀로 보는 것이며, 눈으로 보는 것이 아니라 눈으로 듣는 것이다. 다시 말해서 텍스트의 차원이 언어적으로 인지되기보다는 감각적으로 인지되기를 바라는 것이다.

그런데 산문화된 언어, 일반적 의사소통의 범위 내에서 해설되고 있

는 이 언어는 사실 관객의 감각을 착란하게 만드는 형식으로 기능하지는 못한다. 분명 고통을 목도하지만, 이 시각적 경험은 언어적 해설에 의해 의미가 반복적으로 혹은 잉여적으로 부여되고 있다. 결국 <방문기 X>는 감각의 혼란을 요구하는 작품이지만 그만큼의 혼란을 만들어 내지 않고 있으며, 강화정은 관객과 인지적인 소통을 시도하면서 실제로는 감각의 착란에 의한 소통을 놓아 버린 것이다.

도약하지 못하는 몸은 자유를 얻지 못한다. 하지만 자유와 초월이 쉬운 도피처라면 강화정은 이를 거부한다. 다만, '오직 느끼고 생각하는 자유'만을 인정할 뿐이다. 고통은 '단지 그것'이 되기를 거부하고, 다른 방식으로 느끼고 생각하는 자유를 부여한다. 불균형한 비대칭의 무거운 몸, 날아오르지 못한 채 부패하고 썩어질 몸의 고통과 몸부림이 강화정을 규정한다. 그 고통이 소통 가능한 방식은 고통의 감각이며, 이 감각은 언어에 담기지 않는다. 하지만 이렇게 단언할 때, 그것이 단지 그것이 되고, '단지 그것'에는 강화정이 없다. 오직 그것에 강화정이 있는 것이다.

크리에이티브 VaQi <비포 애프터>
터치 마이 바디/터치 유어 바디

2014년 4월 16일 이후 지금까지 우리는 충격과 분노, 절망과 무기력의 나날을 보냈다. 이 기간은 애도의 행위마저 금지하고 망각을 강요하는 폭력의 시간이기도 했다. 어처구니없는 사고, 그리고 무능한 대처에 이어 폭력적인 망각의 강요라는 일련의 과정을 겪으며 사람들은 자신이 살고 있는 나라 자체를 세월호와 동일시했으며, 따라서 살아남기 위해서는 반드시 탈출해야만 하는 '지옥'으로 규정하기에 이른다.

이 지옥으로부터의 탈출은 세월호라는 가라앉고 있는 배로부터의 탈출이며, 그리하여 세월호 사건을 망각해 버리는 다른 방식이기도 하다. 이 지옥의 시간은 '조선'이라고 지칭되는 과거의 시간이며, 그 속에서는 미래를 향한 어떤 긍정적 전망도 가능하지 않다. 세월호와 함께 시간은 지워지고 퇴행한다. 지옥으로부터의 탈출은 공동체로부터의 탈출이므로 개별적으로 이루어진다. 그것은 공동체가 보장하지 못하는 삶을 위한 개인들의 몸부림이다. 그러나 세월호로부터 탈출에 성공한 생존자들이 비극의 경험으로부터 자유로울 수 없듯이, 냉소적으로 스스로를 사회와 절연한 개체로 한정 짓는 시도 역시 지옥 그 자체의 힘으로부터 자유롭지 못할 것은 자명한 일이다.

또 다른 한편에서 사람들은 망각을 강요하는 힘에 저항하면서 이 비극적 사건을 기억하기 위해 애쓴다. 안산과 팽목항, 그리고 광화문에서 이들은 애도의 노란 리본을 지켜 내고자 한다. 기억은 과거를 현재화시킨다. 비극을 반추하는 것은 애도의 시간 끝에 다시 그 비극이 반복되지 않게 하기 위한 것이다. 그리하여 이들은 세월호를 기점으로 '헬조선'의 퇴행적 시간성을 벗어나 새로운 시간을 구축하려 한다.

따라서 이들은 세월호 참사 이전과 이후를 확연히 구분 지을 수 있는 우리 사회의 '대전환'을 요구한다. 그러나 이와 같은 요구는 공권력의 물리적 힘 앞에서 다시금 무력감을 확인한다. 그리고 세월호 사태가 중대한 변화의 분기점이 되기보다는 신자유주의적 경제적 변화에 대응하는 결과로서, 민주주의 퇴보의 한 귀결임을 자각하게 한다. 그리고 대전환을 이루는 시간은 자못 긴 미래의 불확실한 시기로 연기된다. 대전환은 무력한 다짐이거나 이상적인 미래를 위한 픽션이 된다.

예술 영역은 세월호를 표현하는 방식을 찾는 데 다른 영역보다 더 많은 시간을 보내야 했다. 예술이 현실 그 자체가 아니라 모방이라는 상상적 매개를 통해 현실과 관계를 맺는다면, 세월호 사태는 상상력의 작용을 넘어서고 있기 때문이다. 세월호의 '비극'이라고 부르듯이, 이미 상상을 압도하는 사태 자체의 힘 때문에 이를 표현하기 위해 더 이상의 상상적 매개가 필요 없기 때문이기도 하다. 세월호 사태는 분명 믿을 수 없는 드라마이며, 허구를 넘어서는 현실이었다.

시, 조형예술, 음악 분야에 비해 소설, 연극, 영화 장르가 세월호를 표현해 내는 데 더 더딘 것은 모방의 형식으로서 이야기를 필요로 하기 때문이다. 이야기될 수 없는 것을 이야기해야 하는 부담 때문에 길게 침묵한다. 이 침묵을 깨고 간혹 '은유'를 통한 우회의 방식으로 세월호를 표현하는 시도가 있다.

연출가 김광보는 입센의 <사회의 기둥들>에서 위선적 표면 아래에서 썩어 버린 사회 윤리와 그 결과 좌초의 위기에 놓인 여객선 이야기 속에서 세월호 사태의 반향을 읽어 내려 했다. 그리고 무대 미술가 박동우는 공연이 진행되면서 점차 기울어져 가는 무대를 통해 은유적인 방식으로 세월호를 무대 위에서 재현했다. 은유적인 재현의 방식은 세월호 사태를 기억하는 한 방식이다. 그것은 우리 삶의 모든 순간에, 모든 사물 속에서 우리가 세월호와 함께하고 있음을 나타내는 노란 리본과도 같은 것이다. 그러나 무대 위의 은유적 기호로서의 세월호는 그것을 목도하는 관찰자로서의 자신을 확인하는 것 이외에 아무것도 할 수 없는 관객의 무력감을 확인하게 할 뿐이다.

제라르 쥬네트는 그의 저서 『허구와 표현법』에서 "작가를 만드는 것, 그것은 표현법이 아니라 허구이다"[53]라고 주장한다. 작가에게서 본질적인 것은 수사학적 표현이 아니라 이야기를 창안하고 배치하는 것이라는 주장이다. 수사학의 영역에 속하는 은유의 방식은 세월호 사태를 미학적으로 성찰하는 시도에 있어서 본질적인 것이 아니다.

그런데 허구를 언어의 차원에 한정 짓는 문학과 달리, 연극 장르에서 모방은 행위하는 몸에 의해 매개된다는 특이성을 갖는다. 희곡에서 '대사'가 등장인물 이름 뒤에 붙어 있는 것을 확인하듯이, 언어는 무대 위 배우의 '몸'을 통하여 발화된다. 그 몸은 허구적인 배역의 몸이면서 동시에 현실의 배우의 몸이다. 다시 말해서 연극이 펼쳐지는 공간 속에 있는 몸은 허구이면서 동시에 현실인 것이다. 이처럼 몸은 현실과 허구의 경계에 위치한다. 현실을 허구화하기보다는 현실과 허구가 중첩되는 공간이 무대이다. 세월호 사태를 예술적 형식 속에서 모방하려는 예술적 자아와 현실 속에서 이 비극을 겪고 사유하는 시민-개인으로서의 자아가 무대라는 연극적 공간 속에서는 중첩된다.

극단 크리에이티브 VaQi의 <비포 애프터>(두산아트센터, 2015. 10. 23.~11. 7.)는 세월호 사건을 직접적으로 다룬 몇 안 되는 연극적 시도이다. 연출가 이경성과 그의 동료들은 허구와 현실의 경계에 있는 몸의 재현이 연극적 허구가 구축되는 방식이라는 것을 명확히 알고 있다. 성형외과의 광고문구를 연상케 하는 <비포 애프터>라는 제목은 분명 몸과 관련된다. 성형을 통한 신체의 외적인 변화 즉 나의 몸과 나의 몸이 아닌 몸의 관계에 관한 제목이다. 그런데 성형은 이 두 몸을 중첩하는 작업이 아니라 두 몸의 상태를 절연시키는 것이다. 나를 나였던 상태와 절연하여 '나'가 아닌 상태로 전환하는 작업인 것이다. 비포의 몸을 버려야, 애프터의 몸을 갖게 되는 것이다. 비포의 몸은 애프터의 몸에 가닿을 수 없다. 허상이 현실을 대체한다.

그런데 이경성이 원하는 것은 나의 몸과 '나'가 아닌 몸, 즉 타자의 몸이 연결되는 것이다. 절연이 아닌 중첩으로서의 몸, 나이면서 타자인 몸, 아니 타자에 가닿은 나의 몸, 경계의 몸, 그것이 무대의 몸이다. <연극의 연습> <극장의 연습> 등 일련의 작업을 통해서 연극을 이루는 가장 기본적인 단위에 대해 반복적인 질문을 제기해 왔던 극단 크리에이티브 VaQi는 세월호 희생자를 애도하는 이 자리에서 역시 애도의 행위로서 '연극'은 어떠해야 하는가에 대한 질문을 제기한다.

배우 성수연은 아직 조명이 꺼지지 않은 객석 첫 줄에 앉아 있다. 그러므로 성수연은 관객, 즉 한 사람의 자연인으로서 그곳에 있다. 뒷자리의 관객들에게 성수연은 뒷모습만 보인다. 하지만 무대에 설치된 스크린에는 확대된 성수연의 정면 모습이 투사된다. 객석의 성수연이 현실 속의 모습이라면, 스크린의 위에는 성수연의 허상인 이미지가 있다. 완전히 절연된 두 세계인 현실과 허구가 마주 보고 있다. 이 관계는 세월호 사건을 TV 속 이미지로만 바라봐야 하는 우리와 희생자들의 관계와 다르지 않다. 이 두 세계는 실상 완전히 절연된 세계이다. 우리는 뉴스 화면을 바라보면서 고통스럽지만, 세월호 속에서 느꼈을 그들의 고통을 우리의 몸으로 알지 못한다. 그들은 마치 영화 속 이미지처럼 TV 화면 속에서 바닷속으로 사라져 버렸다. 우리가 고통스러운 것은 우리 자신을 위한 연민 때문일지도 모른다.

성수연이 무대 위에서 펼쳐가야 할 연극은 이 두 세계, 이 두 몸을 연결 짓는 시도이다. 성수연은 자기 아버지의 암에 대해 말한다. 분명 배우 성수연은 실제 자신의 삶에 대한 이야기를 하고 있다. 그러나 무대 위에 성수연의 아버지는 존재하지 않는다. 무대 위에서는 허구로서 존재하는 그 아버지를 성수연은 이야기하고 있다. 객석이 아니라 무대 위에서 아버지를 이야기하는 순간, 아버지 이야기는 사실이면서 동시에 허구가 된다. 사실과 허구, 배우와 배역을 연결 짓는 시도가 이 연극의 본질이다. 그것은 허구 속의 타자를 내 몸으로 감각하는 작업이다.

"저는 지금부터 아버지의 몸을 통해, 혹은 이 연극을 통해 내가 상상할 수 없는 죽음과 고통이라는 감각에 가닿고자 합니다."

배우 장성익 또한 현실과 허구의 관계를 화두로 삼는다. 1990년에 그는 운동권 학생을 다룬 16밀리 영화를 제작하기 위해 실제 시위 현장에서 영화를 찍다가 진압 경찰에게 실제로 폭력을 당하고 구속된다. 그렇다면 그 자리에서 과연 그가 영화를 찍은 것인지, 데모를 한 것인지 쉽게 구분 지을 수 없다. 분명한 것은 그가 이 경험에서 당한 폭력으로 고통스러웠으며, 여전히 그 고통을 눈에 난 상처를 통해 기억하고 있다는 것이다. 허구와 현실이 중첩된 이 경험이 자신을 연극배우로 만들었다고 그는 고백한다. 연극은 허구와 현실 사이에서 비로소 가능한 것이다.

한편에서 이처럼 배우 자신의 현존을 무대화하면서 배우-배역의 경계를 드러내면서, 또 다른 한편에서는 순수한 재현으로서의 장면들을 만들어 낸다. 배우들은 라디오 <컬투쇼>를 진행하고 이는 영상화된다. 세월호가 침몰한 지 한 달도 채 안 된 4월 말로 설정된 이 장면에서 <컬투쇼> 진행자들은 "아픈 것도 아픈 것이지만" "희망만큼은 잃지 말고 밝게 좀 움직였으면 좋겠다"고 말한다. 인터뷰에 응하는 시민들은 경제를 위해서라도 이제 세월호를 잊고 일상으로 돌아가기를 주장한다. 망각을 요구하는 이 재현물들은 몸을 가지고 있지 않다. 그것은 쇼, 이미지에 불과한 것이기 때문이다. 허구의 몸, 그것은 익명성의 몸이고, 이데올로기를 만들어 내는 몸이다. 존재하지 않는 몸이 실재하는 몸을 대체하면서, 자신을 만져 보라고 유혹하며 춤을 춘다. '터치 마이 바디.' 그러나 몸이 없으면 춤도 없다. 거기에는 흔들리는 허상만이 있다.

무대 위에는 동그랗게 백묵원이 그려진다. 그리고 백묵원 안에는 의자가 놓인다. 배우들은 하나씩 이 의자에 앉아 자신의 이야기를 한다. 백묵원은 무대 위에 애써 구획해 놓은 또 하나의 공간이다. 그 공간 속에 소도구가 놓이고 배우가 그 공간에 위치하며 조명이 내려온다. 그 공간 속의 배우는 말을 하고, 행위를 하며, 관객은 그를 지켜본다. 그러므로 백묵원은 정확하게 무대 그 자체이다. 백묵원은 극중극의 공간, 무대 속의 무대이다.

현실에서 겪은 바를 인터뷰 형식으로 토로하는 배우들의 말을 백묵원은 연극 안으로 들어가게 한다. 더 이상 현실의 언어가 아닌, 허구와 맞닿은 연극의 언어를 듣게 된다. 백묵원은 분명 브레히트적인 장치이다. <코카서스의 백묵원>에서처럼, 원 안에서 일어나는 일들을 객관적으로 바라보고 판단하게 하는 장치이다. 백묵원 밖에는 다른 배우가 있다. 그리고 그 밖에는 관객이 있다. 백묵원을 바라보는 자리는 솔로몬의 자리이다. <코카서스의 백묵원>에서는 판관 아츠닥의 자리이다.

이경성은 브레히트적인 장치와 셰익스피어의 극중극을 하나의 구조로 통합한다. 햄릿이 초청한 배우들의 연극을 바라보는 클로디어스 왕을 관찰하게 하듯이, 장수진 배우는 국가라는 역할 속에서 무대 위 연극을 바라보며, 관객은 그러한 장수진 배우를 바라보게 된다. 장수진이 클로디어스의 역할에 상응하는 역할을 맡는 것이다. 중요한 차이는 장수진 배우가 백묵원을 떠나 관객석의 맨 앞자리에 위치한다는 점이다.

장수진 배우는 <햄릿>이라는 작품 안에 있는 배역이면서, 동시에 극중극의 밖에 있는 관객이다. 처음 무대 위 백묵원 안에 위치했던 왕관을 쓴 국가 배역의 장수진 배우는 객석의 맨 앞자리에 위치하여 무대 위, 세월호 침몰 당시의 단원고 학생들의 상황을 재현하는 연극을 바라본다. 그러므로 국가라는 배역, 배우 장수진, 그리고 관객 장수진이라는 3각의 관계가 겹쳐진다. <햄릿>에서는 햄릿이 클로디어스의 표정 변화를 통해서 그의 거짓을 알게 되지만, <비포 애프터>에서는 자신이 연기하는 국가라는 배역의 허구성을 관찰하게 한다. 장수진 배우는 배역과 자기 자신을 일치시킬 수 없다. 그러므로 장수진이 연기해야 할 국가라는 배역은 몸을 갖지 못한다.

수진: 글쎄요. (자리에서 일어나 무대 앞으로 걸어 나와 중앙의 의자로 향한다) 저는 정체가 모호하죠. 눈앞에 있지만, 만질 수 없고, 느낄 수도 없으며, 여기 있는데 없는 것 같은 저는… 글쎄요. 뭐죠?

몸을 갖지 못하는 몸에 대한 장수진의 질문은, 장성익의 다음 질문들과 동일하다. 이 질문은 폭력의 주체를 특정하려는 질문이 아니라, 폭력의 주체가 몸을 지니지 않음을 깨닫는 자가 스스로에게 던지는 질문이다.

"그때 나를 때린 사람들은 누구일까? 죽어라 나를 밟은 사람들은 누구일까 경찰들인 건 알고 있지만 그들은 누구였을까요?" "누가 나의 어머니를 쐈을까? 누가 나의 할아버지를 죽였을까. 군인들이라고 아버지한테 들었지만 정말 그들은 누구였을까요?"

백묵원 안에 아이가 있고, 자신이 그 아이의 어머니라고 주장하는 두 여인에게 판관은 아이를 찢어 가지라고 권유한다. 아이를 찢어서라도 갖겠다는 여인은 아이의 고통을 함께 느끼지 못하는 '거짓' 어머니이다. 허구로서의 어머니는 몸이 없다. 폭력자는 몸이 없는 상태, 즉 익명성 속에서 존재한다.

백묵원 안의 아이의 고통에 공감하기 위해서는 몸을 가져야 한다. '관객'이라는 익명적 집단이 아니라, 현실 속에서 개별적인 '나'를 드러내는 것, 그것이 몸을 갖는 방식이다. 경민, 성익, 채군, 다휜, 수연이라는 개별적인 '나'들이 세월호 사태 앞에, 그리고 세월호의 침몰을 재현하는 연극 앞에 위치한다. 세월호의 침몰을 단지 허구적 이미지로서가 아닌 몸으로 겪기 위해서, 그들은 자신들의 삶의 고통을 통과한다. 그것은 허구의 배역을 연기해 내기 위해서 우선 자신의 삶 속으로 들어가는 연기 방법론과 같은 것이다.

연기의 기초는 숨쉬기이다. 하나의 배역이 되기 위해서는 배역의 숨을 쉬어야 한다. 배역의 호흡을 갖는 것, 그것은 배역이라는 타자의 몸을 갖는 것이다. 세월호 사태를 다루는 연극을 만들기 위해서는 숨이 끊어지는 고통을 겪는 몸을 가져야 하는 것이다. 타자의 몸을 갖는 것, 그것은 '터치 마이 바디'에 맞춰 춤을 추는 쇼가 아니라 '터치 유어 바디'를 위한 진혼의 몸짓이다. 그 몸짓은 타자를 애도하는 것이면서 그 타자의 몸에 가닿음으로써 나를 치유하는 몸짓이다.

백묵원 속에는 찢긴 아이의 고통의 몸이 있다. 더 이상 숨을 쉬지 않는 아이가 있다. 배우들은 그 아이처럼 차례로 백묵원 안에 몸을 포개 눕는다. 세월호의 마지막 순간을 재현하는 연극 속에서 그들은 더 이상 숨을 쉬지 않는 죽음이지만, 동시에 그들은 모두 함께 깊이 호흡한다. 스크린 위 바닷속 배의 흐릿한 화면처럼, 백묵원 안으로 조명이 들어온다. 숨 막힘과 숨 쉼이 겹쳐지고, 죽음과 삶, 허구와 현실이 겹쳐진다. 아이들의 죽음을 연기하면서, 동시에 '나'들이 '너'들에게 가닿아 삶을 호흡하는 장면이 엔딩으로 주어진다.

그리고 이 엔딩은 다시 극의 서두에 극 관람에 앞서 비상시 극장 대피 요령을 안내했던 멘트를 환기한다. 결국 세월호를 탈출하기 위해서, 지옥이라고 정의되는 이 공간을 탈출하기 위해서, 그리고 극장이라는 한정된 공간을 벗어나기 위해서는 '너'의 손을 잡아야 한다. 그런데 이는 단지 '나'와 '너'의 연대로 달성되는 미래의 공동체를 향한 꿈을 이야기하는 것은 아니다. 그것은 미래의 이상적 도달점도 아니고, 대전환을 위한 시발점도 아니다. 연극의 공동체는 한 편의 작품 혹은 하루의 공연을 매개로 모였다가 흩어지기를 반복한다.

반복을 의미하는 프랑스어 répétition에는 영어 단어 '리허설'에 해당하는 의미 즉 '연극 연습'이라는 의미도 있다. 그것을 극단 크리에이티브 VaQi는 우연의 일치라 생각하지 않을 것이다. 그것이 그들에게는 바로 연극의 정의이기 때문이다. 무대라는 백묵원은 매번 지워지고 다시 그려진다. 그리고 그것이 지워지고 다시 그려질 때마다 허구와 현실을, 배역과 '나'를, 타자인 너와 나를 연결하는 이 모든 과정이 반복된다. 그것이 연극이며, 연극은 어느 먼 순간의 완성점을 향한 것이 아니라 계속되는 연습의, 반복의 과정일 뿐이다.

섬 이야기: 이야기와 정체성

<남산도큐멘타> <비포에프터> <그녀를 말해요> <보더라인> 등의 작업을 통해서 사회적 주제에 연극적으로 접근해 온 크리에이티브 바키가 이번에는 제주 4.3을 주제로 삼았다. 연극 언어의 변화를 모색하는 혼란스러운 도전에 임하는 많은 집단들 중에서 크리에이티브 바키는 드물게 지속적인 성취를 보여 주는 집단이다. 이들의 성취는 다큐멘터리성이 강한 작업을 하면서도 메시지의 전달만큼이나 주제의 연극적 형상화를 고심하기 때문이다. 이는 하나의 주제를 굳이 연극으로 표현해야 하는 필연성을 찾기 위한 노력의 소산이다. 그것은 말/몸, 재현/현존을 대립적으로 파악하고, 이 대립 속에서 후자를 강조하는 포스트드라마 연극의 일반적 경향을 쉽게 받아들이기보다는 대립 항들의 경계에서 연극의 고유성이 어떻게 작동되는지를 끈질기게 성찰하는 것이다.

<섬 이야기>(아르코예술극장 대극장, 2022. 10. 20.~22.)는 제목이 말해 주듯이 하나의 이야기이다. 포스트드라마가 현존을 중시한다고 하지만 어떤 것에 대해 이야기한다는 것은 항상 과거를 다시 현재(present)로 만드는 재현(representation)의 형식을 필요로 한다. 여기에 오늘 발화되기를 기다리는 과거 속의 이야기가 있다. 4.3이라는 '역사적' 사건을 굳이 '이야기'라 부르는 것은 '역사성'을 지니기 이전에 '개인성'을 통과하기 위해서일 것이다. 대문자로서의 역사(History)보다는 소문자로서의 이야기(history)를 선택하는 것은 과거의 시간성의 무게를 현재의 '나'의 몸으로 체험하기 위해서이다. 이야기는 이처럼 체험된 시간 즉 기억의 영역이다.

이야기는 극성보다는 서사성을 지닌다. 즉 갈등하는 양자의 대화로 구성되기보다는 화자와 청자의 구조를 갖는다. <섬 이야기>는 4중의 화자-청자의 구조를 지닌 이야기 형식이다. 최초 화자의 자리에는 말할 수 없는 침묵 속의 화자인 4.3의 직접적인 피해자, 발굴된 유골이 있다. 그리고 그들에 대해서 증언하는 가족들이 있다. 가족들은 어린 시절 자신이 들은 바, 겪은 바를 배우들에게 이야기해 준다. 가족들의 증언을 듣는 청자로서의 배우들은 다시 화자가 되어 그들의 증언을 관객에게 들려준다. 간략히 도식화하면 '유해-가족의 증언-배우-관객'의 구조를 갖는다. 이를 더 단순화하면, '유해-관객'의 관계로 좁혀지는데, 말 없는 유해로부터 관객이 듣는 이야기이며, 증언의 말들과 배우는 이 이야기를 나르는 매개체이다. 여기 흙 아래 흩어진 유해의 조각들이 있다. 그들에 대해 증언하는 말들 또한 파편화된 말들이다. 그들은 사건을 종합해 줄 수 없으며 너무 어려서 겪은 것이기에 희미해진 기억들 속에서 떠오르는 몇 가지 단상과 현재의 감정의 토로에 불과하다. 뼛조각을 모아 하나의 몸을 만들어 가는 것이 고고학적 발굴의 과정이듯이, 말들의 조각들을 모아 하나의 이야기로 만드는

것, 이야기에 하나의 몸을 부여하는 것, 그것 역시 고고학적 발굴이라 할 과정이다.

철학자 폴 리쾨르는 『시간과 이야기』에서 이야기는 전형상화-형상화-재형상화라는 세 겹의 미메시스로 구성된다고 주장한다. 형상화란 아리스토텔레스적인 용어로서는 구성 혹은 사건의 조직적 배열이다. 즉 이해 가능한 전체성 속에서 사건을 조직하는 것, 즉 글쓰기의 단계이다. 크리에이티브 바키가 들려주고자 하는 <섬 이야기> 속의 이야기는 줄거리를 조직하는 이야기가 아니다. 그럼에도 불구하고 그들의 이야기에는 유해의 뼈를 맞추어 가듯이 조직과 배열이 존재한다. 그렇기에 이들은 자신들의 작품이 무대 위에서 써내려 가는 글쓰기임을 의도적으로 강조한다. 극이 시작되면, 배우들은 무대 위에 올라 자기소개를 한다. 이는 텍스트의 등장인물 소개에 해당한다. 그리고 때로 지문을 읽으면서 작품을 무대 위에서 써나간다. 이들이 조직하려는 것은 유골와 자신들의 몸을 하나의 구성 속에서 배치하고자 하는 것이다. 그렇기 때문에 이들은 등장인물로서의 자신들을 소개하면서 자신이 누구의 증언을 연기하는가가 아니라 자신의 신체적 특성을 이야기한다. 이마, 허벅지, 키, 손가락, 흰머리, 팔다리의 길이, 주근깨 등등. 배우들의 이와 같은 신체적 특성은 유해의 상태에 관한 기술 즉 상반신과 하반신의 관계, 유해가 누워 있는 자세, 총상이 뚫고 간 흔적 등과 대구를 이루면서 배치되고 있다. 바둑판처럼 격자의 선들이 그려진 무대는 이 몸들이 배치되어야 하는 구획을 표현하고 있다.

유골과 배우의 두 몸 사이에는 70년이 넘는 시간이 흐른다. 2000년 이후 진상 규명이 법제화되었고 4.3은 이제 미흡하게나마 인정받고, 기록되고, 규명되며, 보상되기에 이르렀다. 그럼에도 불구하고 크리에이티브 바키가 연극이라는 형식으로 4.3을 다루고자 하는 것은 무엇 때문일까? 그것은 4.3을 기억할 몸이 사라져 가기 때문이다. 오랫동안 망각을 강요받은 이야기가 이제 세상에 막 드러나는 순간 이를 기억하고 증언해 줄 세대가 늙어 감에 따라 다시 몸을 잃고 망각 속으로 빠져 버릴 수 있기 때문이다. 연극은 이야기에 몸을 줄 수 있는 가장 효과적인 장르이다. 이야기가 몸을 갖는다는 것은 이야기가 형상화의 단계를 거쳐 재형상화의 과정으로 나아감을 말해 준다. 재형상화는 서사 장르 속에서는 독자의 단계에서 발생하는 것이지만, 무대 위에서 배우들은 이야기의 화자이면서 동시에 증언하는 희생자 가족들의 이야기를 듣는 청자이기도 하다. 재형상화의 과정에서 청자는 이야기의 세계를 해석하고 그 안에 자신을 연루시키는 실존적 투사를 한다. 무대 위에서 배우들은 타자의 이야기에 자신의 몸을 내어 준다. 그렇다고 그가 순전히 이야기하는 타자의 배역이 되는 것이 아니다. 그는 배역이며 배우이고, 재현이며 현존이고, 자기 자신이면서 타자이다. 리쾨르의 저서명처럼 그는 '타자로서의 자기 자신'[54]인 것이다.

　　이야기는 이처럼 자기 자신을 정의하는 정체성의 바탕이 된다. 하나의 이야기를 나의 것으로 갖기 위해서는 타자의 이야기와 나를 연결 짓는 과정이 필요하다. 그것은 '나는 누구인가?'라는 실존적인 정체성의 질문을 통과하는 과정이다. 그런데 연기자로서의 배우가 나는 누구인가를 묻는 것, 그리고 그 연기자의 이야기를 듣는 청자로서의 관객이 나는 누구인가를 묻는 이 질문은 무대 위에서, 그리고 이야기 속에서 유골의 주인은 과연 누구인가라는 발굴 고고학의 질문과 다르지 않다. 그리고 다시 유골의 주인인 4.3의 희생자는 누구이며, 그의 이야기를 듣는 나는 누구인가라는 두 몸의 정체성에 대한 질문은 하나의 질문을 구성한다. 하나의 이야기의 줄거리와 사건을 배치할 때 『시학』은 구성의 필연성과 개연성을 요구한다. 그런데 <섬 이야기>에서는 이야기의 필연성이 아닌 이야기를 듣는 청자에게 이야기되는 타자와 자신의 관계의 필연성을 설정할 것을 요구한다. 폴 리쾨르는 이를 '이야기 정체성'이라 정의한다. 리쾨르는 시간 속에서 타자와 관계 맺고 있음에도 불구하고 변화하지 않는 정체성을 '동일성'이라 부른다면, 타자와 관계 맺음에 따라 변화하는 것을 '자기성'이라 부른다. 이야기를 통하여 청자는 동일성을 넘어선 자기성의 정체성을 지니게 된다.

발굴된 뼛조각, 아니 제주에서 가져온 나무 조각들을 맞추어 하나의 인형으로 만드는 작업은 이처럼 '정체성'을 만드는 작업이다. 유골과 같은 자세로 배우들이 흙 위에 누워 보는 행위는 망각으로 들어가는 기억을 내 몸으로 받아들여 이야기가 나를 통해서 기억되고 발화되게 하는 윤리적인 선택이다. 나는 4.3의 희생자와 무관하지 않으며, 이 이야기는 나의 삶과 무관하지 않다. 이 윤리적인 선택은 이야기의 지속을 위한 선택이다. 무대 위 두 대의 자전거의 페달을 밟으면, 무대 위 흙이 드러난 작은 공간에 조명이 들어온다. 그들이 페달을 밟기를 멈추면 무대 위에 조명이 꺼질 것이다. 그리하여 이야기를 지속시키기 위해서는 계속 페달을 밟아야 한다. 페달을 밟는 것은 나의 행위에 의해 세상이 나아질 수 있다는 믿음 때문에 가능하다.

이 모든 이야기는 관객에게 향한다. 작품의 시작 부분에 무대가 아닌 객석에 조명이 켜져 있었던 것은 바로 관객에게 꺼지지 않아야 하는 이 조명을 지속시켜야 하는 이야기 정체성을 요구하기 때문이다.

세상이라는 거대한 극장
장소 특정적 연극

    대한민국은 현실이 연극보다 더 드라마틱한 곳이다. 인물이 '행복으로부터 불행으로 이행'하는 것이 아리스토텔레스가 지적한 비극의 진행 방식이라면, 이곳은 매우 비극적인 공간임이 분명하다. '운명'이라는 이름으로 해석되는 영웅의 죽음이 아니더라도—그리 멀지 않은 과거에 이 고전적 정의로서의 죽음을 우리 사회는 직접 목격했으며, 한태숙은 이를 <오이디푸스>에서 은유화했다—, '완전한 악인도 선인도 아닌' 우리 중 다수의 삶은 지난 십여 년 동안 점진적으로 또는 급박하게 행복으로부터 불행으로 이행했다.

    이 비극적인, 그러므로 온전히 연극적인 공간인 우리의 현실에서, 극장은 관객의 눈을 가림으로써 그들을 위로하는 또 다른 종류의 연극적 공간의 역할을 한다. 실내의 연극은 극장 속의 세계가 아닌 다른 것을 보지 않도록 권유한다. 한편으로는 과장된 위로의 연극인 멜로드라마와 휴먼드라마, 다른 한편으로는 눈을 현혹하는 대형 스펙터클이 성행한다. '스펙터클의 사회'는 동일하게 '보는 행위'를 전제하고 있지만, 이처럼 자기 공간을 '보는 행위'를 저해한다. 보는 대상과 주체는 분리되고 소외된다.

자신의 공간성을 바로 보기 위해서는 '보는 공간theatre'으로서 연극의 본성을, 아니 다른 방식으로 표현한다면 '공간을 보는 행위'로서의 연극의 본질을 회복해야 한다. 타자화된 대상이 아닌 자신이 그 일부를 이루는 공간을 바라보는 것, 이것이 '세상이라는 거대한 극장'을 이해하는 방식이다.

'장소 특정적 연극site-specific theatre'의 기본적 태도는 공간을 문제 삼는 것이다. 이를 위해 우선 전통적인 연극 공간인 극장으로부터 벗어나고자 한다. 그런데 극장 밖의 공간은 일상적인 현실 공간이다. 현실 공간에서 행해지는 연극을 상상할 때, 흔히 이 현실 공간이 허구적 연극에 실재성을 보강해 줄 수 있으리라 생각한다. 마치 <햄릿>의 배경으로 실제로 덴마크의 한 고성을 사용해 실제적인 생동감을 기대하는 것처럼 말이다. 하지만 이러한 방식은 허구를 더욱 공고하게 만들 뿐이다. 왜냐하면 덴마크 고성에서의 연극은 극의 시점을 결정적으로, 매우 공고하게 과거의 돌 속에 새겨 넣기 때문이다.

장소 특정적 연극에서 연극과 현실의 관계는 이와는 반대의 방식으로 나타난다. 현실이 연극을 보강하는 것이 아니라, 연극이 현실을 극화한다. 연극은 극장 밖의 현실 공간을 이제껏 그 공간의 상태와 다른 상태로 특정한다. 하나의 장소에서 이루어지는 것이지만, 그 장소에 대한 성찰에 따라 장소 자체가 연극 행위의 주체가 되는 것, 이것이 장소 특정적 연극의 특징이다. 현실적 공간과 허구적 공간에 대한 성찰을 담는 '장소에 대한 연극'이면서 나아가 '장소의 연극'인 것이다.

'행위'가 연극을 정의하는 가장 기초적 단위라 할 때, 그 행위는 하나의 상태로부터 또 다른 상태로의 이행이다. 그렇다면 장소가 연극 행위의 주체가 된다는 것은 하나의 장소가 어떤 상태로부터 또 다른 상태로 이동하는 것을 의미한다. 일상적 공간으로부터 특별한 생명력을 갖는 증폭된 의미의 공간, 바로 연극적 공간으로의 이동이 그것이다. 무엇이 이와 같은 이동을, 이와 같은 질적인 도약을 가능케 하는가?

'높은 곳에 어떤 사람이 있다. 그 사람이 아래에서 자신을 바라보는 이들을 향해 무엇인가를 말한다.' 이는 한진중공업 해직노동자들의 복직을 위해 85호 타워크레인 위에서 309일 동안 농성을 한 김진숙 민노총 지도위원의 상황을 아주 간략하게 요약하는 하나의 방식이다. 그리고 이는 또한 일반적으로 '연극'이라는 공연이 이루어지는 방식이기도 하다. 높게 단을 쌓은 무대 위에서 등장인물은 관객을 향해 말한다. 분명 현재 우리 사회에서 85호 타워크레인은 일상적인 공간이 아닌, 극화된 공간이다. 그렇지만, 김진숙의 행위는 분명 허구로서의 연극이 아닌 삶 그 자체이다.

그런데 삶 그 자체는 그것을 다수의 타인과 소통하고자 할 때 물리적 한계를 지닌다. 삶은 그 자체로서 증폭되지 않는다. 삶은 '드라마틱'한 연극적 증폭을 통해서만 다수의 군중과 비로소 소통하게 된다. 만일 크레인 위에서 드라마틱한 상황이 벌어진다면 유감스럽게도 그 연극적 증폭이란 비극으로 귀결될 것이다. 연극적 증폭은 크레인 위가 아닌 다른 곳에서, 그리고 비극이 아닌 방식으로 전개되어야 한다.

크레인 아래에 있는 매우 제한된 사람들에게만 소통될 수 있었던 외침이—용산에서는 실효성 있는 즉각적인 반향을 얻지 못하고 비극적 결말을 보았다—광범위한 반향을 얻게 되는 것은 크레인 아래에서 벌어진 연극적 행위들 때문이었다. 희망 버스라는 유희적 저항 방식이 그것이다. 희망 버스는 크레인 아래 공간을 연극적 증폭의 공간, 다시 말해서 '놀이play'를 위한 공간으로 만들었다. '놀이터'로서 이 공간은 결국 크레인 위보다 확장된 무대가 되며, 이 공간에서 연극은 그 결말과 관계없이 긍정적 '행위' 그 자체가 된다.

이 무대에서 관객은 더 넓은 세계 속 관객의 시선의 대상이 되며, 더불어 그 관객과 소통하면서 무대를 확장한다. 무대는 동심원처럼 확장된다. 무대/객석 관계가 교차하면서 확대된다. 삶이 연극이 되고, 연극이 다시 확장된 삶이 되는 관계가 설정되는 것이다. 이제 비극이 아닌 앞의 시간보다 질적으로 도약하는 '사건événement'이 발생하는 것이다. 연극화된 삶을 바라보는 것은 이처럼 사건을 사유하는 것이다.

2011 서울국제공연예술제에 참여한 호주의 백투백 씨어터의 <작은 금속 물체small metal objects>(10. 14.~16.)의 공연 장소는 서울역 역사 안이다. KTX 승강장이 내려다보이는 곳, 수백명의 승객들이 오가는 통로에서 '극'이 진행된다. 관객은 그 통로 위쪽으로 향하는 계단에 앉아 있다. 관객들은 각자의 자리에 준비된 헤드폰을 장착하고, 이를 통해서 '극' 중 대화를 엿듣게 되어 있다. 통로를 지나는 수많은 인파 속에 등장인물 게리와 스티브가 있다.

그들의 대화는 스피커를 통해 공개적으로 증폭되기보다는 헤드폰을 통해서 관객들에게 개별적으로 전달되도록 설정되어 있다. 그들의 마이크가 가려져 있기 때문에, 그리고 그들의 소리가 다른 행인들의 소리보다 더 두드러질 것이 없으므로, 연극 속의 두 인물은 실제 삶의 인물들로부터 구분되지 않는다. 그들이 외국인이라 해도, 허름한 트레이닝복 차림의 이 인물들을 주목하는 사람은 없다. 이들은 현실 속의 인물들과 상호작용을 하기보다는, 군중 속에서 군중이 주목하지 않게끔 자리 잡는다. 그것은 관객들로 하여금 일상 속에 있는 인물을 관찰하고 있다고 느끼게 하기 위해서다.

이 작품을 통해서 관객은 일상의 한 부분을 포착하고, 들을 수 없는 대화를 엿듣는 기회를 갖게 된다. 사실 그들의 대화 속에 극적인 것은 없다. 게리는 우울증 증상을 겪고 있는 스티브를 격려하고 있다. 그때 앨런이라는 낯모를 사람에게 전화가 오고, 모종의 거래를 위해 앨런은 게리에게 3,000달러를 제시한다. 마약 혹은 매춘을 암시하기는 하지만, 이 거래가 무엇인지는 드러나지 않는다. 게리는 이 기회를 스티브가 새롭게 친구를 사귈 기회로 만들고자 앨런에게 스티브를 라커까지 데리고 가면 물건을 얻을 수 있을 것이라 한다. 하지만 웬일인지 스티브는 그 자리에서 움직이고 싶어 하지 않는다. 앨런은 스티브를 설득하지 못하고, 앨런의 동료인 심리상담가 캐롤린까지 동원되지만, 스티브는 요지부동이다. 그들은 스티브를 모욕하고 가버린다.

드라마의 구성 방식을 간략히 살펴보면, 우선 '작은 금속 조각'인 동전, 즉 '돈'과 게리가 굶어 죽는 사람들을 위해 보내고 싶다는 통조림이 대비된다. 아울러 이 돈으로 교환할 수 없는 어떤 것, 모든 사물이 원래부터 지닌 가치가 돈과 대비를 이루고 있다. 돈을 받고 상담하는 캐롤린과 친구를 위해 그의 말을 경청하는 게리가 대비된다. 또한, 기차역의 부랑자인 게리와 스티브 그리고 성공한 화이트칼라인 앨런과 캐롤린이 대비된다. 게리의 다짐에서 자신이 꿈꾸는 모습인 '완전한 인간'과 캐롤린이 그를 평가하는 '병신'—게리와 스티브 역의 배우들은 실제 지적장애인이다—이 대비되고 있다.

지극히 일상적 상황인 듯하지만, 텍스트는 이러한 대비 속에서 하나의 주제를 전달한다. 이 속에서 "모든 것은 가치가 있어." "완전한 인간이 되는 게 나의 임무야." "내가 유명해지면 난 통조림 음식을 보내서 굶어 죽는 사람이 없게 할 거야." 등의 문장들이 다른 대사들보다 조금 더 큰 울림을 지니는 듯하다. 그런데 이처럼 평범한 이야기를 듣기 위해서 서울역이라는 이 넓은 공간과 이 공간을 지나는 수많은 엑스트라가 요구되는 것은 아닐 것이며 이 소리를 헤드폰을 통해 은밀히 들어야 하는 것은 아닐 것이다.

만일 이러한 드라마의 구축이 목표였다면 이 작품은 허구적 이야기를 감싸는 물질적 장치로서의 사실성이 보강되었을 뿐 여전히 허구를 재현하는 전통적 연극과 크게 다를 것이 없다. 허구의 이야기를 관객이 극히 사실적인 환경 속에서 목도하고 그 이야기의 내밀성으로 침투한다는 점에서, 이 작품의 작동 방식은 극사실주의적인 극장 작업과 동일한 것이다.

예를 들어 히라타 오리자의 극장 작업과 결과적으로 동일한 방식을 취한다고 말할 수 있다. 히라타 오리자가 극 중 배경을 미술관이나 실험실 등으로 한정해 놓고, 그 공간 속에서 일상적으로 벌어지는 일들을 관객으로 하여금 관찰할 수 있도록 '연출'했다면, 백투백 씨어터의 경우 동일한 것을 기차역이라는 공간으로 실제적으로 이동시킨다. 공개된 장소에서 허구적 이야기가 펼쳐지고, 그것이 현실이라는 환상을 주도록 고안되어 있는 것이다. 그 자체만으로는 '장소 특정적 연극'의 본질적 특성을 구현하지는 않는다.

단지 허구적인 이야기의 배경으로 요구되는 것이 '역'이라는 공간이었기에 이 작품을 실제 역에서 공연했다면 그러한 시도는 무의미하다. 역은 서술적 단위가 아니라, 역을 이루는 구체적인 물질성을 지닌다. 역의 물질성 중 극장에서 복원할 수 없는 요소, 이것이 역의 공간성의 본질이다. 그것은 이 공간을 채우고 있는 수백의 행인들이다. 그들 대부분은 이 작품이 공연되고 있다는 사실을 알아차리지 못한 채 그 공간에 들어왔다가 빠져나가고 있다. 따라서 그들은 제시되는 '극'에 적극적으로 개입할 수 없다. 그럼에도 불구하고 그들은 이 작품이 공공장소에서 공연되어야 하는 가장 필수적인 이유가 된다. 그들이 단지 극의 배경, 혹은 간혹 배우들과 부딪히는 우발적 순간의 창안자, 혹은 인물들의 질문을 받는 엑스트라로서 행인의 역할이 아니라면, 어떤 본질적인 역할이 그들에게 부여되고 있는가?

간혹 행인들은 멈추어 선다. 그들은 배우를 목격하든, 목격하지 않든 간에—실제로 앨런은 게리를 만나기 위해 행인들 중 몇몇 사람에게 게리인지를 물어보기도 하지만, 행인들은 대부분 그 상황이 연극적 장치임을 알지 못한다—이 공간에서 무엇인가가 일어나고 있다는 것을 알아차리는 것은 바로 계단 위에 헤드폰을 끼고 앉아 있는 관객들을 본 이후이다. 사실상 배우들이 현실 속으로 침투해 보이지 않게 된 상황에서, 행인의 입장에서는 높은 계단에 앉아 있는 관객석이야말로 시선이 머무는 공간, 즉 '무대'인 것이다. '극'의 공간 속 관객이 현실의 공간 속에 있는, 아니 현실 그 자체인 행인들을 바라보고 있으며, 동시에 이 관객-극을 바라봄으로써, 배경-엑스트라인 행인들은 이제 스스로 극을 바라보는 관객이 되어 버린다. 바로 이때 이 연극 <작은 금속 물체>가 공연되는 서울역 역사의 공간이 현실 공간으로부터 '연극'이라는 공간으로 도약한다.

이곳은 게리와 스티브의 허구의 이야기가 재현되는 공간이라기보다는, 현실 속에 파묻혀 보이지 않는 내밀한 삶을 바라보고자 하는 관객들이

극 행위(act)를 수행하는 자(actor)가 되는 공간이다. 행인들은 무엇인가를 보고 듣고자 하는 다수의 인물을 보게 됨으로써 연극에 포함된다. 객석의 관객은 각자의 헤드폰을 통해서 게리와 스티브의 이야기에 접속되어 있기 때문에 개별적이고 독립적인 존재들이지만, 이제 행인-관객의 입장에서 볼 때, 그들은 하나의 집단을 이루면서, 행인-관객에게는 들리지 않고, 보이지 않는 그 어떤 것을 '경청하고, 보는' 존재들이다. 그들이 경청한 소리는 결국 다음과 같은 스티브의 대사다. 행인-관객은 그 소리를 듣지 못하지만, 그 소리를 듣는 행위자-관객에 대해서 그 소리가 요구하는 행위로 화답한다.

스티브: 난 사람들이 날 봐줬으면 좋겠어.

국내에서 장소 특정적 연극을 자신들의 주요 작업으로 삼는 집단은 윤서비 연출이 이끄는 열혈예술청년단과 이경성 연출이 대표하는 크리에이티브 VaQi 등이 있다. 그린피그 윤한솔의 작업 중 일부가 여기에 속한다. 또한 서현석의 최근 작업들이 이 영역에서 주목받고 있다. 앞의 두 집단은 광범위한 대중들과의 우발적인 만남을 공간적 조건으로 삼는다. 그들은 일상적 조건 속에 이를 교란하는 경험을 삽입시키는 해프닝적인 방식을 주로 활용한다. 도시공간 속에 인어가 나타나거나 횡단보도 위에서 와인 파티가 열리는 이 낯선 경험을 통해 일상 안에 연극적 상황을 밀어넣는다. 물론 연극적 상황의 도입이 이 공간 속에 '연극'이라는 것이 실질적으로 발생하게 하는 필요충분조건은 아닐 것이지만, 적어도 이들의 작업은 관객에 의해서 보다 즐겁게 완성될 연극의 발생을 기대하게 한다.

보다 도발적인 성향의 윤한솔은 극장 공간을 벗어남으로써 극 공간과 관객 공간을 차단할 수 있는 훨씬 더 유리한 조건을 찾아낸다. 의미가 일방적으로 강요되는 시대에 의미 발신자와 수신자 사이의 철저한 공간적 차단이야말로 현실에 가까운 보다 진실된 공간적 조건이 된다고 주장하는 것이다. 따라서 야외공간에 극을 위치시키고, 관객은 오히려 극과 차단된 실내에 배치하는 방식을 사용한다. 윤한솔은 <빈커가 없으면 나는 외로워> 이후, 대체 공간으로서 전시공간을 사용했던 <의붓기억>을 제외하면 극장 작업에 주력하고 있다.

서현석은 공간의 체험을 관객의 내면에 각인시키려는 점에서 차별적이다. 서현석은 <헤테로토피아>(2010. 11., 세운상가 일대), <욕망로 Desire Paths>(2011. 8., 백남준아트센터 뒷산), <영혼매춘>(2011. 9., 영등포시장 일대) 등의 장소 특정적 퍼포먼스를 행해 왔다. 서현석은 산책가이다. 그의 장소 특정적 퍼포먼스는 '산책-퍼포먼스'이다. 그에게 공간은 무엇보다 '길'의 형태로 제시된다. 이 길은 대로가 아니다. 그 길은 <욕망로>에서는 숲길이었고, <헤테로토피아>와 <영혼매춘>에서는 도심의 쇠락한 골목들이었다. 그러므로 그에게 공간은 항상 도시의 얼굴을 이루는 표면의 공간이 아니라, 후미진 그 이면에 놓인다.

<헤테로토피아>의 세운상가 일대와 <영혼매춘>의 영등포시장 일대는 유독 이 이면의 공간에서도 시간의 축적이 특별한 무늬를 만들어 내는 공간이다. 세운상가는 70년대 공업화 초기 단계의 대표적 도시건축물이며, 이후 도시 쇠락의 상징처럼 거론되고 있다. 서울의 공업지역인 구로공단의 문화적인 배설 공간으로 기능했던 영등포 또한 세운상가 일대와 유사한 함의를 지닌 공간이다. 이 공간들을 가로지르는 '산책'이 이 공연의 내용인 퍼포먼스 그 자체가 된다. 이 공간을 가로지르는 행위는 공간의 시간적, 공간적 축적을 현재형으로 '경험'하는 것이다.

서현석의 작업을 우리가 장소 특정적 '연극'이라 부르는 대신, 장소

특정적 '퍼포먼스'라 부르는 것은 공연의 결과와 의미보다는 지금, 여기에
서 '나'에게 직접적으로 경험되는 '수행성'이 강조되기 때문이다. 연출가
로서 서현석은 관객에게 어떤 것도 보여 주지 않는다. 그는 관객을 이 산
책 행위로 초대할 뿐이다. 이때 관객은 이미 관객의 역할을 벗어난다. 그는
유일한 행위자이다. 관객이 퍼포머가 되는 순간, 이 공연에서 이제 그를 관
찰할 또 다른 관객은 아무도 없다. 서현석은 항상 이 산책가에게 안내자를
동반시킨다. 안내자는 행위의 또 다른 수행자라기보다는 유일한 퍼포머인
관객-퍼포머의 감각을 자극하는 기제로서만 존재한다.

　　서현석이 주어진 시공간을 가로지르는 여정을 통해 이 수행자에게
부여하고자 하는 것은 이 공간의 역사성을 체험하거나 이 공간의 의미를
숙고시키는 것이 아니다. 그는 관객-퍼포머가 이 공간을 감각적으로 체화
하기를 원한다. 연출가가 관객-퍼포머에게 조건 짓고자 하는 감각적 체험
은 대상 공간이 지닌 왜곡성이다. 미래를 향한 1970년대 개발독재 시대의
이상과 현재형으로 그것의 변형과 왜곡의 그로테스크한 결과를 감각적으
로 체험하는 것, 그것이 바로 이 산책의 목표이다. 귀를 막음으로써 감각적
경험을 차단 혹은 왜곡시키고, 산책 중에 발생한 소음들을 녹음하여 산책
이 끝난 후 듣게 하는 것은 마치 이 거대한 삶의 잉여물 속 여행의 감각적
소여들, 다시 말해서 자신이 만들어 낸 또 다른 잉여물들을 확인하는 것이
다. 그것은 비현실적으로만 느껴지는 이 시대착오적인 공간에서 그 비현
실성의 실재성을 자각하는 것이다.

　　그런데 이 산책은 지극히 외로운 산책이다. 왜냐하면 퍼포머의 감각
적 경험은 오로지 자신에게만 남는 것이기 때문이다. 미로를 헤매면서, 영
혼에 이 어지러운 지도를 새기는 작업은 '극적'이라기보다는 공간을 감각
화하는 공감각적 '시'에 가깝다. 이 공간은 증폭되기보다는 축적되고, 확산

되기보다는 수렴되는 공간이다. 그 수렴의 자리에서 개인의 영혼은 깊은 자기 울림을 갖게 될 것이지만 이 수렴의 공간을 바라보는 관객의 자리가 비어 있다. 도시공간의 산책을 통해서 그 공간이 퍼포머의 내면으로 수렴되었다면, 다시 이 수렴을 공적 공간으로 확산함으로써만 공간의 연극화가 시작된다. 그것은 이 개별적 퍼포머를 군중 속으로, 다시 말해 다수 관객의 시선에 노출하는 작업이다. 그리고 이를 통해 다수의 관객을 다시 행위자로 삼는 도약이 요구된다.

　　연출가 자신이 작품을 안내하는 글에서 인용한 보들레르의 시 <군중들>에서처럼 "다수의 군중, 고독. 이 두 단어는 활동적이고 풍성한 시인에게는 동일하며 호환 가능하다." "군중을 즐기는 것jouir", 다수 중의 한 몸 안으로 들어가 그의 영혼을 확장하는 이 "성스러운 <영혼매춘>"이 '시인'의 예술이라면, 군중을 연기하는 것(jouer), 다시 말해 다수의 몸을 공간 속에 놓는(mise en espace) 것은 연출가의 작업이다. 시가 공간 속에 자리잡는 것이 연극이라면, 서현석의 이후 작업에서 우리는 이러한 도약을 보게 될 것이다.

보이지 않는 무대

"빈 공간이 있고, 그 빈 공간을 누군가 가로질러 지나가고 그것을 바라보는 한 사람이 있다."

피터 브룩은 『빈 공간*Empty Space*』에서 위와 같은 말로 연극을 정의한다. 이 정의에는 배우, 무대, 관객이라는 소위 연극의 3요소가 다 들어 있지만, 그중에서도 특히 공간성을 중심으로 연극을 정의하고 있다. 그런데 '빈 공간'은 흔히 이야기되듯이 물질성을 최소화한 헐벗고 가난한 무대 혹은 사실적 재현이 아닌 연극적 약호로 축약된 공간만을 지칭하는 것이 아니다. '빈 공간'은 사실상 그것이 없이는 연극이 불가능한 필수 불가결한 조건이다. 무대라는 하나의 공간, 자리(lieu, place)를 취한다는 것은 그 위에 무엇인가가 도래하는 것, 즉 무엇인가가 아무것도 아닌 것으로부터 무대를 가로지르면서 '발생하는 것avoir lieu, take place'이다. 관객은 우선 그 무엇의 앞이 아니라 '아무것도 아닌 것' '비어-있음' 앞에 위치한다. 무대에 불이 꺼지고 암흑이 자리 잡으면, 무대가 열린다. 어둠 속 아무것도 없는 공간으로부터 연극이 시작된다.

관객의 감각의 제한과 공연의 관계를 고찰하기에 앞서 이 같은 전제는, 사실상 넓은 의미로 모든 공연이란 'black out'으로부터 시작됨을 상기시킨다. 불이 꺼지면 이제 일상적 경험의 관계가 아닌 다른 방식으로 세계와 관계 맺기 시작한다. 눈에 보이지 않는 것, 그리고 무대 위에서 발화되지 않는 말의 세계 속으로 들어설 때 관객은 실제로 무대를 경험하게 된다. 감각의 제한은 그러므로 연극의 본질, 혹은 연극이 자리 잡는 공간의 본질과 함께 성찰해야 할 주제이다. '결여'로서 공간의 이름은 무대이다.

무대라는 공간을 통해서 세계를 인지하는 경험이 연극적 경험이라 할 때, 이와 같은 인지의 가장 기본적인 방식은 시각적 인지이다. '연극'이라는 단어의 그리스어 어원이 '보다'라는 행위로부터 기원하는 것이듯, 보는 행위는 연극적 체험을 위한 본질적인 행위이다. 그러므로 보는 행위를 이루는 시각적 감각의 제한은 연극이 존재할 수 있는 근본적인 바탕에 대한 제약으로 작용할 수 있다. 그러나 플라톤적인 사유 속에서 모방되지 않는 이데아를 시각화할 수 없는 것이며, 아리스토텔레스적인 관점에서 시각적인 것이 연극적 재현의 가장 저열한 단계를 구성하는 것이라면, 시각적 감각의 제한이 무대 위에서 사건의 도래라는 본질적 경험을 제한할 수는 없을 것이다.

2013년 12월 전시 공간 '사루비아 다방'에서 열린 서현석의 퍼포먼스 전시는 <연극>이라는 매우 선언적인 제목을 제시한다. 이는 일련의 작업 속에서 '연극성'을 추구해 온 작가 자신이 과감하게 연극성이란 무엇인가라는 정의를 작품 속에서 제시하고자 하는 선언이다. 화랑이라는 공간 속에서 행해지는 퍼포먼스에 '연극'이라는 이름을 부여하는 것은 연극의 본질을 집약적인 방식으로 '드러내 전시'하기를 원하기 때문이다.

빈 공간이 주어지고 한 명의 배우가 있다. 배우는 무대를 한 차례 가로지른다. 그리고 그를 바라보는 관객이 있다. 피터 브룩이 제시한 '빈 공간'으로서 연극의 정의에 정확히 부합하는 조건을 서현석은 일차적으로 제시한다. 그러나 작가는 단지 무대 장치가 설치되지 않은 공간을 빈 공간으로 정의하지 않는다. 그는 무대를 어둠 속으로 밀어 넣는다. 배우는 관객의 위치에서 보이지 않는 어둠 속에 있다. 텅 빈 공간에서 관객은 배우의 맞은편 벽 앞에 놓인 의자에 앉아 있고 그의 머리 위 천장에서 조명이 내려온다. 이러한 공간에서 관객은 더 이상 보는 자가 아니다. 그는 보이는 자이다. 그는 그 자신의 맞은편 어둠 속에서 자신을 바라보고 있는 배우의 존재를 느낀다. 서현석은 실상 관객의 시각을 제한한다기보다는 비공간, 배제로서의 공간을 제시하는 것을 목표로 삼았다.

'비공간' '비장소'란 시각성으로 채워지지 않은 공간이며, '빈 공간' '없음으로서의 공간'이다. 서현석은 이 장소를 플라톤으로부터 차용하여 데리다가 사용하는 코라Khora와 유사한 것이라 여긴다. 코라는 '자리'를 뜻하며 동시에 '아무것도 아닌 것'을 지시한다. 그것은 비어 있는 자리면서, 만물은 바로 이 공간을 통해 창조된다. 따라서 어머니의 자궁과도 같은 공간이며, 그 내용물 혹은 본질이 없으면서 단지 발생시키는 자리이다.

또한 서현석은 이 장소를 들뢰즈적으로 순수한 잠재성의 공간으로 파악한다. 잠재성의 공간에서 '되기'는 코라에서는 '발생'하는 것이며, 무대라는 이름 속에서는 '사건'이다. 공간을 어둠의 심연 속으로 밀어 넣음으로써 서현석은 그의 전시 제목처럼 '연극'이 시작될 수 있는 조건을 형성시킨다. 어둠 속에서 우선 작은, 그러나 증폭된 목소리가 들리고 배우는 희미하게 그 모습을 드러낸다. 빛 아래 드러난 관객은 이제 어둠 속에서 다가오는 배우의 시선의 대상이 된다.

　배우는 마치 유령처럼 어둠으로부터 나와 관객에게 다가온다. 그리고 얼굴을 맞댈 만큼 가까운 거리에서 관객을 응시한다. 자신을 바라보는 배우의 시선을 관객은 피하지 않는다. 두 개의 응시자가 맞선다. 이때, 관객이 바라보는 것은 배우의 외관이나 배우 내면의 심리가 아니다. 연극적 사건은 관객으로 하여금 자신과 세계의 관계를 재인식하게 하는 경험을 주는 것이다. 어둠을 가로질러 마주한 배우를 응시하면서, 관객은 배우의 시선 하에 놓인 자신을 자각한다. 그리고 그는 이제 이 공간과 이 공간 속에 놓인 자신을 사유하기 시작한다. 텅 빈 공간으로부터 나와 유령처럼 자신을 응시하는 존재 앞에서 관객은 자신을 사유한다. 라틴어로 응시한다를 뜻하는 contemplar가 또한 '사유한다'라는 뜻을 갖는 것은 우연이 아니다. 더욱이 어원적으로 이 단어가 templum, 즉 성스러운 장소로서의 사원(temple)으로부터 기원한다는 것은 더욱 흥미롭다. 응시하는 행위는 사원에서 이루어지는 행위이며, 이때 성스러운 장소인 사원에서 바라보는 것은 하늘, 혹은 그 등가체로서의 '텅 빔'이다. 가려져서 보이지 않는 텅 빔의 공간, 성스러움을 바라보는 것, 그것이 바로 응시하는 것이며 사유하는 것이다. 세속의 자리에서 성스러움을, 어둠의 자리에서 어둠 너머의 빛을, 그리고 나의 자리에서 나를 초월하는 것을 사유한다.

　재현의 자리인 무대에서 순수한 현전을 바라볼 수는 없다. 그럼에도 불구하고 순수한 현전에 연극을 비끄러매는 시도를 서현석은 '모더니즘의 유령'이라는 용어를 통해 경계하고 있다. 초월적인 현전 혹은 이데아는 어둠 저 너머에 있다. 하지만 장-뤽 낭시가 말하듯이 관객이 얼굴(face) 없는 대상과 대면(face to face)하지 않는다면, 그저 이미지로서의 스펙터클만을 볼 것이다. <햄릿>에서처럼 연극은 유령과 함께 시작한다. 이 유령의 말을 듣는 것, 그리고 유령의 말이 진실임을 세상에서 입증하는 것이 바로 연극이다.

배우는 마이크로 증폭된 대사와 노래를 한다. 한순간, 마이크의 증폭이 줄어들고 배우는 이제 육성으로 말을 한다. 그리고 이 순간, 이 없음의 공간 속에서 살아 있는 하나의 육체가 제 목소리를 가지고 관객과 동일한 공간에서 살아 있음을, 그리하여 배우의 말이 단지 허구적인 것, 존재하지 않는 것이 아니라, 실재하는 것, 관객인 '나'를 향한 구체적인 언술이라는 것이 감지된다. 보이지 않는 세계로부터 관객의 응시의 대상이 다가와 구체적인 모습과 육성으로 존재하는 바로 이 순간이, 없음으로부터 무엇인가가 발생하는 순간이다. 현실 속의 관객에게 어둠의 심연, 보이지 않는 저 너머로부터 다가온 그 무엇이 구체적으로 감지되는 순간이다. 나타남(apparition, appearance)이 '유령'의 뜻과 동일 계열체의 의미인 것을 이처럼 보이지 않는 것이 육체를 지니고 나타날 때 깨닫게 된다. 이 짧은 순간이 흐르면 배우는 어둠 속으로 뒷걸음쳐 어둠의 심연으로 되돌아간다. 공간을 없음에서 있음으로 전이시키는 것, 그것이 바로 서현석이 행한 무대화이다.

핀란드 연극학자이며 철학자인 에사 키르코펠토는 '연극성'이라는 개념보다는 '무대'라는 개념으로 이처럼 무로부터 무엇인가가 발생하는 공간을 정의한다. 흔히 상상의 '무대'가 펼쳐진다고 말할 수 있듯이, 키르코펠토에게 '무대'란 구체적 물성을 지니는 개념이 아니다. 무대는 차라리 "세계가 다른 모습으로 나타나게 하는 힘"을 일컫는 이름이다. 그러므로 '무대'는 일종의 세계와 극장의 분기점, 경계지점이다. 행위가 세계와 관계를 맺는 인물의 존재 방식을 변경할 때, 이때 사건으로서 공간이, 즉 무대가 드러난다.

<어둠 속의 대화>는 연극은 아니다. 시각을 완전히 차단한 채 일상적 공간을 체험하는 형태의 체험 전시이다. 1988년 독일에서 시작되어, 전세계적인 호응을 얻고 있는 이 전시는 국내에서는 2010년 이후 상설 공연되고 있다. 제목이 시사하듯이 이 작품은 시각적 감각을 철저하게 제한한다. 애초 시각장애인의 삶을 겪어 보는 체험 학습의 일환으로 착안했기에 이와 같은 철저한 시각적 제한이 작품의 기본적인 조건이다.

한 시간이 조금 넘는 시간 동안 관객은 완전한 암흑의 세계를 경험하게 된다. 어둠의 공간에 들어서서 시각장애인이 사용하는 지팡이를 지급받고, 숲, 배, 도시, 카페 등 4단계의 일상적인 공간을 지나간다. 그 자신이 시각장애인인 안내자를 따라 이 공간을 이동하면서 관객, 아니 시각이 제한되어 있으므로 체험자라 불러야 할 참여자는 시각 이외의 감각으로 세계를 인지하는 방식을 조금씩 익혀야 한다. 숲의 나뭇잎을 촉감으로 인지하고, 도시 상점 안의 상품들을 촉감과 후각으로 인지하는 것, 바다 위배의 출렁거림을 느끼고 소리를 듣는 것 등을 통해서 참여자는 세계를 재인식한다. 그리고 세계를 인식하는 수단으로서 자신의 감각적 능력을 재발견하게 된다. 더불어 참여자는 시각장애인인 안내자가 동일한 조건에서 마치 자신을 보고 있듯이, 어둠 속 참여자들의 상태를 세세히 알고 있다는 것에 놀라면서, 시각적 감각에 지나치게 경도된 인지력을 다른 감각을 통해 확대고자 하는 의지를 갖게 된다.

그런데 우리가 사물을 인지하고 그것을 기억하는 것은 기초적으로 시각적 이미지의 형태이기 때문에, 시각을 제외한 감각으로 사물을 만날 때에도, 획득한 정보를 시각적 이미지로 환원하는 과정을 거친다. 그러므로 우리는 시각적 정보와는 다른 많은 감각적 정보를 축적하여 이 정보를 가지고 부재하는 시각적 정보를 보완하는 것이다. 이 과정에서 우리는 사물에 새로운 이름을 부여하지는 않는다. 우리는 새로운 방식으로 인지한 사물을 기존에 존재하는 이름과 연결 짓는다.

그렇다면 어둠의 체험이 주는 근본적인 경험, 다시 말해서 시각적인 이미지로 환원되지 않는 경험은 과연 무엇일까? 그것은 만져지지 않는 공간의 체험이다. 어둠 속에서 길을 찾기 위해서 지팡이로 지면을, 그리고 손으로 벽을 만지며 따라간다. 그러나 간혹 벽을 만나지 못할 때 손을 내밀어 보지만 허공만이 감지될 때, 참여자는 길을 잃고 당황하며 공포감을 느낀다. 비로소 시각적 정보로 환원되지 않는 어둠, 그 '빈 공간'을 만나게 되는 것이다.

시각이 제한되지 않을 때, 사물과 사물 사이의 공간은 투명하다. 그것은 2차원적인 그림 이미지 속에서는 사물과 사물 사이의 배경에 불과한 것이며 원경에 겹쳐지는 다른 사물에 의해 지워지는 공간이다. 하지만 실제로 이 빈 공간은 공간성의 대부분을 차지한다. 시각적인 이미지로 환원할 정보가 없으므로 이 빈 공간은 온전히 감각적 인지의 대상이 된다. 만져지는 허공이나 어둠은 없는 것이지만, 사물과 사물 사이에 분명 존재한다. 만져지는 단단한 사물과 또 다른 사물의 사이에서, 이 빈 공간은 그 사이를 이동하는 시간으로서만 감지된다. 그것은 시침으로 시각화되는 시간이 아닌 시간의 덩어리이다. 이 빈 공간을 가로지르는 자신을 다시 시각적 이미지로 환원할 때, 우리는 '빈 공간을 가로지르는 자와 그것을 보는 자'라는 피터 브룩의 연극의 정의와 다시 만난다. 물론 이 과정이 공간과 마주한 수행자의 사유 속에서 일어나는 것이므로, 연극이라 칭하기보다는 앞서 설명한 바와 같이 "세계가 다른 모습으로 나타나게 하는 힘"인 '무대'라 이름 지을 것이다.

2011년에 초연된 유진규의 <까만 방>은 <어둠 속의 대화>와 비슷한 공간 체험 같지만 사실상 전혀 다른 지향성을 갖는 작품이다. <빨간 방> <하얀 방>에 이어 <까만 방>, 그리고 계획된 <파란 방> <노란 방> 등 방 시리즈에서 <까만 방>은 다른 색과 마찬가지로 하나의 색감과 연결된 방이다. 물론 <어둠 속의 대화>와 마찬가지로 <까만 방>의 일부는 완전한 암흑을 제공한다. 그럼에도 불구하고 이 암흑을 우리가 빈 공간으로 규정하지 않는 것은 유진규의 암흑은 하나의 이름으로 포착할 수 없는 미지의 공간이 아니라 이미 의미를 드러낸 공간이기 때문이다. '까만' 색감은 이 의미와 결합하는 기표일 뿐이다.

어둠의 공간으로 초대하기 전부터 유진규는 이 공간의 의미를 관객에게 전달한다. 어둠의 공간은 죽음의 공간이며, 탄생 이전의 공간이기도 하다. 공간은 주검이 안치되는 영안실의 냉장고를 연상시킨다. 냉장고 안의 잘린 소머리, 관 등의 오브제는 죽음과 계열체를 이루는 기표들로서 이 공간의 다른 이름들이다. 공간에 이미 이름이 지어졌기에, 어둠 속에서 더듬거리는 관객이 느끼고 감지해야 할 것은 이미 정해져 있다. 따라서 유진규가 제시하는 공간으로서의 죽음은 없음으로 존재하는 미지의 어둠, 빈 공간이 아니다. 죽음은 삶과 단절된 폐쇄적 공간이며, 검은 방의 벽면처럼 그 단절점이 감지되는 공간이다. 그러므로 관객이 이 자리에 초대받은 것은 이 공간 자체를 감각하며 인지하고 사유해 내기 위함이 아니라, 이 공간을 계기로 이 공간에 비추어진 관객 자신의 자아와 만나기 위해서이다. '죽음'으로 정의된 어둠 속 거울의 방에서 관객은 희미하게 반추되는 자신의 모습과 만난다. '죽음' 앞에 '있는' 나를 '사유'한다. 그런데 이때 '사유하는 나'는 코기토가 아니라, 세계를 감각하는 나와 동일한 나이다. '사유'는 나의 '있음'과 관련되며, 나는 나의 온몸으로 죽음의 공간에 '있음'을 감각해 내었다. 나는 죽음 앞에서 당황하고 지치고 공포에 빠져 있다. 나의 사유는 죽음의 공간을 감지해 내는 나의 몸 그 자체이다. 때로 관객에게 죽음과 정체성에 대한 질문이 던져지거나 작가 자신과의 직접적인 대화가 시도되기는 하지만, 대화는 이 작품 속에서 반드시 필요하지는 않은 사족 같다. 마임 연기자 유진규는 몸으로 말한다. 그러므로 유진규의 공연에 초대받은 관객 또한 몸으로 세계를 인지하고, 몸으로 말을 하도록 설계되어 있다.

관객은 시각을 차단하고 모든 다른 감각을 열어 죽음과 접촉한다. 그리고 죽음과 접촉한 자신을 감각해 낸다. 모든 감각을 열고 그는 자신에 대해 몸으로 사유하며, 몸으로 자신에게 말을 한다. 발화되지 않는 언어, 몸의 언어, 감각의 언어가 표출될 때, 까만 방의 공간은 앞서 정의한 바처럼 "세계가 다른 모습으로 나타나게 하는 힘"으로서의 '무대'가 된다. '죽음'을 '자유'로 바꾸는 그 무엇이 이 공간에 나타나기 때문이다.

다만 유진규는 공간을 통해 그것을 만들어 내기(mise en scène)보다는 인물의 몸을 연기 상태로 만드는 놀이의 방식(mise en jeu)을 택한다. 관람자가 배우로 변하는 순간, 까만 방의 공간에는 '무대'가 펼쳐진다. 이 무대를 가로지르는 것은 관객이며, 그를 바라보는 것은 마지막 방에서 그와 마주 앉은 마임 연기자 유진규이다. 그의 몸과 마주한 관객의 몸은 서로의 호흡만으로도 충분한 대화를 나눌 수 있다. 이처럼 우리는 빈 공간과 배우, 관객을 구성하는 피터 브룩의 정의를 <까만 방>에서 다시 확인하게 된다.

막이 오르기 전, 그리고 막이 내리면 항상 암전이 된다. 그리고 공연 중 극장의 한쪽인 객석은 항상 어둠 속에 가려져 있다. 만일 극장 전체에 조명이 들어온다면, 그것은 공연이 끝났음을 알리는 것이다.

거리의 곡예사, 걷기의 수사학

　서울거리예술축제를 둘러보는 즐거움은 작품이 '거리'라는 본질적인 요소와 맺는 관계를 관찰할 때 더 커진다. 유랑하는 천막 속에서 이루어진다는 점에서 그 자체로 이미 거리극적 요소를 지니기에 거리예술축제에서는 서커스 기반의 작품들을 항상 여러 편 만날 수 있다. 본격적인 거리극 장르로 기능하기 위해서 거리극 서커스는 '거리'라는 조건을 숙고해 왔다. 유랑천막은 현실이 아니라 하나의 허구적인 공간이다. 그러나 거리는 현실의 공간이다. 현실의 공간에서 비일상적 행위인 '곡예'는 어떤 형식을 취해야 할까?

　2017년 서울거리예술축제에 참여한 작품 중에는 서커스적 요소를 지닌 작품이 다수이다. 개막작이었던 <무아레>는 공중곡예 서커스를 보여준다. <무아레>는 기중기를 사용하여 공중곡예 장치를 거대한 높이로 확장하는 방식으로 서커스를 거리공간에 적용했다. 이는 유랑천막이라는 환상 공간을 거리 속으로 확장하는 방법이었다. 현실의 공간을 압도적인 스펙터클로 환상의 공간으로 변화시키는 방식을 사용하는 것이다. 서울광장은 천막이 없는, 아니 보이지 않을 만큼 드높은 천장을 지닌 서커스장이었던 셈이다.

그러나 이처럼 대규모 스펙터클을 동원하는 서커스가 아닐 경우 곡예는 환상보다는 현실을 자기 환경으로 삼는다. 현실과 환상의 관계 자체를 문제 삼는 서커스가 바로 <나, 봉앤줄> <코오페라찌아, 도시의 흔적>이다. <사적인 문장> 역시 거리라는 공간을 사유한다. 공간을 걷는 행위는 종이 위에 글을 쓰는 행위와 동일한 것이라는 가정에서 출발하여 다방구밴드는 장소체험 기록공연이라는 형식으로 거리의 조건을 성찰한다.

<나, 봉앤줄>, 도시의 시시포스

<나, 봉앤줄>은 줄광대 서커스이다. 줄을 탈 뿐만 아니라 봉을 수직으로 오르내리는 퍼포먼스를 겸하고 있다. 그런데 이 작품은 서커스의 기교적인 완성도 그 자체를 과시하는 퍼포먼스가 아니다. 물론 그의 기교가 모자라는 것은 아니지만, 까마득하게 높은 단 위에 줄을 설치하고, 연희자가 그 높이의 위험을 감수하는 아슬아슬한 곡예를 추구하지는 않는다. 그렇다고 전통 연희의 줄광대처럼 관객과 신명 나게 함께하는 놀이를 추구하지도 않는다. 또한 이 작품은 현대적인 서커스가 향하는 방향처럼 이야기 혹은 독창적인 이미지를 추구하지도 않는다. 하지만 이 모든 것이 아닌만큼 <나, 봉앤줄>은 독특한 서커스이다.

제목이 말해 주듯이 <나, 봉앤줄>은 봉과 줄을 사용하는 퍼포머인 '나'의 존재론을 탐색하는 작품이다. '봉앤줄'은 창작집단의 이름이며, 창작자인 '봉앤줄'과 '나'라는 1인칭을 반복적으로 배치함으로써 자신의 연희 행위를 통해서 스스로를 제시하겠다는 의지를 당당하게 천명한다. 그들의 행위가 그들 자신이라는 것이다. 그러므로 봉앤줄은 <나, 봉앤줄>을 통해서 광대의 존재론을 제시한다. 결국 줄광대인 나는 누구인가를 정의하고, 자기 자신에 대한 정의를 관객과 공유하는 과정이 작품 <나, 봉앤줄>이다. 우리 시대 거리에서 만나는 줄광대는 과연 누구일까? 그는 왜 줄광대 짓을 계속하는 것일까?

전통적인 음악을 곁들이면서도 퍼포머는 전통적인 줄광대의 복장과 장비를 선택하지 않는다. 그의 복장은 화려하게 디자인된 서커스 복장 또한 아니다. 그는 현대인의 일상적인 복장을 하고 있다. 목이 긴 부츠에 검은 바지를 입고, 웃통을 벗은 연희자가 저기 멀리서 걸어온다. 그는 무거운 쇠기둥을 옮기고 이미 숨이 가쁘며 조금은 지쳐 있다. 우리 앞에는 오늘을 살아가는 한 명의 젊은이가 있을 뿐이다. 자기 삶의 무게를 감당하면서 일하는 한 명의 노동자가 있을 뿐이다. 그는 서커스 천막 밑의, 혹은 장터의 외줄 위라는 예외적인 공간이 아니라, 서울이라는 현실의 도시의 한쪽에서 자신의 삶을 영위하는 한 명의 시민으로서 그 자리에 있다.

그의 행위가 그 자신이라면, 그가 관객 앞에서 펼쳐 놓는 행위란 무엇일까? 그것은 우선 걷는 것이다. 도시의 거리를 그는 걷는다. 그는 무거운 장비를 이끌며 걷는다. 그는 높이 설치한 줄 위를 걷는다. 그리고 그는 오른다. 경사면으로 설치한 줄 위를 오르며, 수직으로 세운 봉을 오른다. 그리고 그는 내려온다. 거꾸로 매달려서 머리를 아스팔트의 단단한 표면을 향해 내던진다. 마음 졸이던 관객이 그가 머리를 아스팔트에 부딪치기 직전 하강을 멈출 때 안도하면, 그는 다시 봉을 오른다. 그리고 또 지친 숨을 고르고 다시 하강한다. 결국 그의 행위는 걷고, 오르고, 내려오는 것을 반복하는 것이다. 지친 자신을 추스르고 삶을 반복하는 것이다. 소리 광대가 소리로서 자신의 행위를 설명한다. "끊임없이 올라가네. 외봉인생. 이것이 우리들의 봉앤줄."

　　광대 봉앤줄은 시시포스를 닮았다. 그는 내려올 것을 알면서도 올라간다. 그는 때로 아스팔트 위에 사지를 뻗고 누워 숨을 헐떡거리지만, 다시 봉을 오른다. 줄을 타는 그의 발이, 현을 타는 가야금 위의 손처럼 음악을 만드는 것이 바로 이 순간이다. 그의 하강과 상승이 높게 때로 낮게 흐르는 피리 소리가 되는 것이 바로 이 순간이다. 노래, 음악은 단지 그의 행위를 설명하거나 배경이 되는 것이 아니다. 광대 '봉앤줄'의 삶 그 자체를 이루는 반복적인 움직임이 하나의 음악처럼 아름다운 것으로 관객에게 다가온다.

　　관객들의 환호는 광대집단 '봉앤줄'의 작업에 대한 환호이면서 광대로서 삶을 살아가는 젊은이의 삶에 대한 격려와 응원이다. 짤막한 서커스 작품이 이 순간 보편적인 의미를 획득한다. 무교동 거리 한복판에서, 지쳐 가지만 포기하지 않는, 그리고 스스로에게 의미 있는 상승과 하강을 반복하는 젊은이의 삶 앞에서 시민들은 큰 박수를 보낸다. 무거운 자신의 삶을 기꺼이 짊어지고, 걷고 오르고 내려가기를 반복하는 '그', 봉앤줄에게 박수를 보낸다.

<코오페라찌아: 도시의 흔적>, 일상적 오브제와 서커스

G. 비스타키는 저글링 서커스와 무용, 그리고 연극을 결합한 작업을 추구하는 집단이다. 그들 자신의 정의에 따르면 '탐구하는 안무 서커스' 집단이다. 저글링을 기본으로 하는 집단이기에 공이나 곤봉 등을 다루는 일반 저글링 서커스처럼 이들도 곡예적 기교를 펼치기 위해 오브제를 사용한다. 그런데 이때 오브제의 선택에서 G. 비스타키는 그들만의 독창성을 보여 준다. 그들이 사용하는 오브제는 서커스라는 특수용도에 사용하는 도구가 아니라 일상생활에서 흔히 사용하는 도구이기 때문이다. 일상적 오브제의 활용, 바로 이것이 이 집단이 추구하는 '탐구'의 독창성이다. 이번 작품에서 이들이 사용하는 오브제는 기와와 여자들의 손가방이다. 기와라고 불렸지만 정확히 말한다면 지붕에 얹는 기와가 아니라, 작은 수로관으로 사용되는 붉은 색 흙 타일이다. 2010년도에 창작된 이번 작품이 아니라 2016년에 창작된 가장 최근의 작품에서는 오브제로서 옥수수알과 눈 치우는 삽을 사용하였다고 한다.

곡예를 위한 오브제를 일상적인 오브제에서 선택한다는 것은 이들의 작업이 일상적인 삶을 유희적인 꿈으로 전환하는 것을 목표로 삼는다는 것을 알려 준다. 마치 빗자루가 하늘을 날아다니는 도구가 되듯이 그들의 행위는 마법의 주술이 된다. 그리고 이 마법은 사실적인 산문의 세계에서 작동하는 것이 아니다. 일상적 오브제의 저글링에서, 이를 산문적으로 사용한다는 것은 해당 오브제를 사용하는 현실적이고 구체적인 맥락을 구축하는 것이다. 예를 들면 <난타>가 부엌 도구라는 일상적 오브제를 가지고 곡예를 하기 위해 부엌과 요리사라는 구체적인 환경을 구축하는 것처럼 말이다. '거리'라는 현실 공간에서 서커스를 보여 주기 위해 일상 오브제를 선택하지만, 그들은 산문적 공간인 현실 공간을 그대로 사용하지 않는다. G. 비스타키는 '시'적인 방식으로 일상적 오브제를 사용한다. 기와나 가방의 현실적 용도가 아니라, 일상적 도구가 지닌 이미지만을 활용한다. 이들이 연극적 구성보다는 안무적으로 극을 구성한다는 점은 이들의 작업이 산문보다는 시적으로 기능할 수 있게 하는 토대가 된다.

배우들은 기와를 코트의 목 뒤 깃 속에 꽂고, 가방은 머리에 쓴다. 이처럼 코믹한 방식이지만, 그들은 오브제를 몸과 하나로 만든다. 몸과 하나가 되는 오브제, 바로 이것은 저글링의 기본이다. 핸드백을 높이 던져서 머리에 다시 쓰는 것은 엉성해 보이지만 실제로는 수없이 반복된 연습 속에 숙달된 기교이다. 하지만 이들은 기교를 앞세우기보다는 유머를 앞세운다. 기와를 빨리 세우고, 던지다가, 때로는 개처럼 끌고 다니며 산책한다. 곡선면을 바닥을 향하게 하여 눕힌 수백 개의 기와 위를 걸으면서 기와의 흔들림과 그 소리의 공명을 낸다. 또한 기와로 도미노를 만드는 놀이를 한다. 깨지지 않도록 조심조심 그 위를 밟지만, 결국 하나를 깨버리고 만다. 이런 방식으로 이들의 서커스는 진행된다.

이 작품의 원제 <코오페라찌아>는 1933년 소비에트 연방에서 개최된 세계 노동자 연극 올림피아드의 이름에서 차용하였다고 한다. 아마도 동유럽 음악과 군복은 이 제목과 관련되는 듯하다. 그러나 제목은 작품의 의미와 관련되지는 않는다. '협력'의 뜻으로부터 파생된 이 단어는 차라리 그들의 작업 방식과 관련된다. G. 비스타키는 한 분야에 한정된 전문가가 되기를 원하지 않는다. 그 협력은 서커스와 무용, 연극의 협력이다. 그들의 말에 따르면 서커스는 "불가능한 것에 대한 탐구"이며, 무용은 "리듬의 기교"이고, 연극은 "감정을 강하게 환기하는 몸의 언어"이다.

몇 개의 독립된 장면들을 구성하면서 이 독립된 장면들을 관통하는 것은 이야기가 아니다. 이 장면들을 관통하는 것은 '안무를 통해 움직이는 몸이 오브제를 다루는 것', 즉 이 세 가지 차원의 관계이다. 불가능해 보이는, 높은 난도의 곡예를 리듬감 있는 움직임과 조형적인 몸의 이미지 속에서 구현함으로써 관객에게 강한 감정을 불러일으키는 것, 그것이 G. 비스타키의 세계이다. 일상의 모든 오브제가 마법의 오브제가 되는 이 세계에 관객은 매료된다.

<사적인 문장>, 걷기의 수사학

<사적인 문장>은 서울역 근처 서계동, 만리동, 중림동 일대를 관객이 지도로 제시된 여정을 따라 이동하는 관객참여형 거리극이다. 1시간 남짓의 시간 동안, 이 거리극에 참여하는 관객들은 특별한 방식으로 우리가 살아가는 공간인 서울을 체험한다. 그 체험은 낯선 지역을 탐방하는 호기심이나 추억의 골목길 산책이 주는 감상과는 전혀 다른 것이다.

다방구 밴드가 제시하는 이 기획의 핵심은 두 가지이다. 그 하나는 도시공간을 걷는 것이다. 그리고 그 걷는 행위의 과정에서 사적인 문장을 기록하는 것이다. 결국 '걷다'와 '쓰다'라는 두 가지 동사를 결합하는 것, 이것이 이 연극에서 관객이 수행해야 하는 행위이다. 걸으면서 쓰는 것이 아니라, 걷는 행위 그 자체가 쓰는 행위가 된다. 도시공간을 가로지르는 행위로서의 걷기와 언어 행위를 결합하는 것은 공간 자체를 언어학적으로 이해하는 것을 말한다. 여기서 공간에서의 이동은 일종의 발화 행위이다. <사적인 문장>은 관객이 공적인 공간 내에서 공간과 사적인 관계를 발생시켜야 쓸 수 있다. 다시 말해 제도화된 언어의 장에서 사적인 언어를 발화

해야 한다.

사적인 관계가 발생하기 이전에 도시는 공적인 공간이다. 공적인 공간에서는 제도화된 언어의 발화가 이루어진다. 공적 공간은 강요된 공간이다. 그리고 공적 공간의 강요된 언어는 보행자를 소비자로 간주하는 언어이다. 그러므로 공적 공간의 문장은 소비를 위한 정보로 구축된다. 간판과 광고, 그리고 거리에서의 이동을 가장 경제적으로 구조화하기 위한 표지판들이 그것이다. 우리 사회에서 공적 공간의 발화자는 기업과 국가, 즉 자본이다. 자본의 공간을 걸으면서 사적인 언어의 발화자가 되기 위해서, 관객은 최적화된 경제적 이동 경로가 아니라 비경제적인 우회로를 통해 공간을 가로지른다. 그것은 걷기를 통해서 자본의 언어가 아닌 다른 언어를 발화하는 행위이다.

우회하는 언어, 유랑하는 언어는 수사학적 언어이다. 수사학적 언어란 굳이 필요하지 않은 말들이다. 굳이 돌아가지 않아도 되는 길을 골목으로 돌아가듯이 수사학적 언어는 말의 우회로를 만들어 전달하고자 하는 의미를 더디게, 그러나 섬세하게, 미학적인 방식으로 구축한다. 걷기가 나에게서 박탈된 공간을 사적으로 전유하는 것이라면, 동시에 그것은 내게서 박탈된 언어로 말하게 하는 것이기도 하다. '사적' '개인적'이라는 단어가 프랑스어로는 '박탈된prive'이라는 단어와 같다는 것은 우연이 아닐 것이다.

다방구 밴드는 산책자들을 위해 손 그림으로 그린 지도를 배포한다. 지도를 따라 참여자들은 표지된 정거장들을 거쳐 여정을 걷는다. 이 여정의 한쪽에서 산책자가 고산자 김정호를 기리는 비석을 발견하게 되는 것은—그 앞을 수없이 지나갔음에도 이제껏 모르고 있었다—매우 흥미로운 일이다. 다방구 밴드는 김정호처럼 우리에게 지도를 그려 준다. 고산자의 지도가 공적 공간의 지도였다면, 다방구 밴드는 공간의 사적 전유를 위한 지도를 그린다.

미셸 세르토에 따르면 공적 공간에서 사적인 공간을 구축하는 것, 그것은 자본의 세계에 완전히 매몰되지 않기 위한 약자의 '전술'이다. 자본이 우리를 포획하는 전략을 지니고 있다면, 그 전략에 맞서 자신을 보존하기 위한 교묘한 기지를 전술이라 부른다. 걷기는 고독한 몽상가의 산책이라기보다는 도시에서 살아가기 위한 전술이다. 지도는 이 전술을 위한 안내서이다. 여정의 첫 정거장에서 참여자들은 마음의 병의 치유를 위한 상담과 처방을 받는다. 사실상 치유되어야 할 고통의 상태란 자본의 공간에서의 부적응을 지시하는 것이기에, 걷기를 위한 지도를 손에 쥐는 것은 그것이 이 자본의 공간을 헤쳐 나갈 수 있는 전술을 갖게 된다는 점에서 치유를 위한 처방과 같은 것이다.

다방구 밴드가 탐구의 공간으로 서울역 인근을 선택한 것 또한 흥미롭다. 이 공간은 시간이 중층적으로 흔적을 남긴 장소이다. 근대화의 상징적 공간으로서의 철도, 그리고 서울역을 마주 보고 있는 산업화의 얼굴인 대우빌딩과 고가도로가 있으며, 철길 건너편에는 낙후된 판잣집들이 있었던 공간들이 펼쳐진다. 하지만 산업화의 상징이던 고가도로는 보행자를 위한 산책로로 기능을 바꾸었으며, 서울역은 문화공간이 된 구역사 건물과 고속철도가 주로 다니는 신역사 건물이 공존하는 곳이 되었다. 판잣집과 미로 같던 골목길이 퍼져 있던 만리동 고개에는 고층 아파트가 늘어서고, 중림동은 새롭게 젊은 상권이 형성되고 있다. 자본이 이 공간을 재구축하고 있을 때, 그 뒤에는 아직 잠식당하지 않은 유랑의 선들이, 결정되지 않은 여정들이 존재한다. 이 결정되지 않은 유랑의 선을 이어 본 것이 다방구 밴드가 제시한 지도이다. 때로 산책자는 정확하지 않은 지도 때문에 거쳐야 하는 정거장을 놓치기도 하지만, 의도하지 않았다 하더라도 길을 잃게 하는 것, 이 또한 이 지도가 지닌 본질적 기능의 하나일 수 있다.

공간이 중층의 시간으로 구성되어 있으므로, 지도를 따라 걷는 이 산책은 공간뿐만 아니라 시간을 지나친다. 지나가는 자로서의 보행자는 지나간 시간과 조우한다. 지나간 시간은 이제는 사라진 장소들을 환기한다. 대로에서 비껴간 공간들은 때로 지나간 시간의 흔적을 지니고 있다. 다방구 밴드는 그 잃어버린 장소 속에서 갑자기 과거의 '시간'들이 터져 나오기를 원한다. 시간이 균열점을 빠져나와 터져 나오는 순간은 골목에 들어설 때 혹은 여전히 자리를 지키고 있는 양복점, 수제구두점 등의 오래된 점포들을 만날 때이다.

이때 다방구 밴드의 역할은 균열의 계기를 마련하는 것이다. 다방구 밴드가 제시하는 매개체는 '소리'이다. 소리를 수집하고, 소리를 확산하는 행위는 시간과 만나고, 그 시간을 감각화하는 방식이다. 그들의 어휘에 따른다면 소리는 시간의 파장인 셈이다. 한 걸음 더 나아가 다방구 밴드는 '소리'가 바로 사적인 문장 그 자체가 되기를 바란다. 그럼에도 불구하고, <사적인 문장>이라는 작품 속에서 '소리'는 스피커의 용량 문제로 기술적으로는 자신들이 원했던 효과를 만들어 내지 못했다. 작은 용량의 스피커에서 증폭해 내는 작은 소리들은 거리의 커다란 소음에 묻혀 버렸다. 이는 작품의 흠결이라기보다는 공적 공간과 공적인 문장들 속에서 사적인 문장을 발화하는 것의 어려움을 다시 환기해 준다.

<사적인 문장>은 '사적인' 것을 정의하는 방식이 다소 제한적이다. 이들은 거창한 역사성이 아닌 개인성으로 사적인 것을 설정한다. 그렇기에 참여하는 개인 자신이 주어진 공간 속에서 도시와 시간을 감각하는 것을 '사적인 문장'으로 파악한다. 그런데 이미 이야기했듯이 그들이 제시하

는 방식인 '걷기' 속에 이미 공간을 사적으로 전유하는 행위가 내재해 있다. 사적인 문장은 과거를 감각하는 것 이전에 서울거리예술축제의 <사적인 문장> 속에 참여하여 걷는 것 그 자체를 선택하는 행위 속에서 써지고 있다. 사적인 문장을 쓰는 것은 하나의 삶의 자세이며 전술이기 때문이다. 전술은 살아남기 위한 교묘한 술책들이다. 지도가 이 전술의 안내서라면, 결국 사적인 문장을 쓰는 것은 걷기의 지도를 그리는 행위 그 자체이다. 그러므로 참여자들은 이미 제시된 전술의 지도를 충실히 찾아가기보다는 이 전술의 지도를 함께 그리도록 초대되어야 할 것이다. 결국 이와 같은 기획을 위해서는 미완의 지도 혹은 다수의 여정으로 주어지는 지도가 필요할지도 모른다.

'문장'은 하나의 이야기이다. 다방구 밴드가 정의하듯이 그것은 분절된 언어의 형태일 필요는 없다. 다만 우리가 상기해야 하는 것은 이야기란 그 자체로 퍼져 나가는 것이라는 점이다. 이야기는 입에서 입으로 여행한다. 사적인 단위인 개인에게서 또 다른 개인에게로 문장은 여행한다. 여행하는 말들, 그것이 바로 이야기이다.

'사적인 문장'을 써가는 여정처럼, 쓰인 사적인 문장은 다시 다른 사적인 문장과 만나 대화한다. 물론 이미 다방구 밴드의 작품 속에서 참여자가 타인들이 녹음한 소리들을 만날 수 있도록 구성되어 있지만 사적인 문장들의 대화는 다방구 밴드의 작업을 보다 풍요롭게 할 것이다. 지도를 그리는 사람, 다방구 밴드는 길을 잃기를 원하는 자들을 위한 고산자이다. 그들은 도시 안에서 우리의 삶이 길을 잃지 않게 하기 위해, 그리하여 그 길을 찾기 위해 자발적으로 길을 잃게 하기 위해 지도를 그린다. 공간의 한 지점과 한 지점을 잇는 이야기들이 쓰인다. 그것은 <사적인 문장>이라는 여행기이다.

보이스 씨어터 몸소리
<도시소리동굴>, 소리로 변화하는 공간

    도시는 소음으로 가득 차 있다. 거리에는 자동차들의 엔진 소리로, 그리고 상가에서는 호객을 위해 증폭된 음악이, 식당에서는 유리벽에 부딪혀 윙윙거리는 온갖 소리가 넘쳐 난다. 도시에서는 빛 때문에 눈부셔 별빛을 볼 수 없듯이, 소리로 가득 찬 도시에서 우리는 '소리' 그 자체에 둔감해진다.

    보이스 씨어터 몸소리는 이처럼 소리의 과잉으로 인해 위축된 우리의 감각을 일깨우는 작업을 하는 집단이다. 소리는 감각되는 것이기에 몸과 분리되지 않는다. 소리는 하나의 파장으로 우리 몸, 귓속의 얇은 막을 자극함으로써 인지된다. 그런데 보이스 씨어터 몸소리가 관심을 기울이는 소리는 몸으로 만들어 내는 소리, 그중에서도 성대를 사용해서 만들어지는 소리이다. 소리의 인지는 귓속 막의 떨림으로, 그리고 소리의 생산은 목 안쪽 막의 떨림으로 이루어진다. 아니 다만 그 막의 떨림에 국한되는 것은 아니다. 귀에 닿은 소리의 파장에 온몸이 반응하며, 몸은 성대의 소리를 증폭하는 장치이기도 하다. 이처럼 소리는 몸의 떨림, 울림이다. 그러므로 '몸'과 '소리'를 하나의 단위로 묶은 '몸소리'라는 이들의 집단명은 지극히 정당하다.

<도시소리동굴>(서울거리예술축제, 2016. 10.)은 도시 내에서 마치 '동굴'에서처럼 소리를 다른 방식으로 경험할 수 있는 공간을 찾아 그곳에서 소리를 발화하고 듣는 것을 전제로 한다. 한마디로 이 프로젝트는 도시 안에서 '동굴'을 찾는 것이다. 그런데 도시의 동굴은 단지 소리가 증폭될 수 있는 물리적 여건을 갖춘 공간은 아니다. 도시의 동굴은 '동굴'의 원래 기능을 모두 만족하는 곳이어야 한다. 동굴은 어떤 공간인가?

서울시립미술관의 1층 로비 공간과 미술관 앞마당에서 펼쳐진 이번 작업은 서울시립미술관이라는 공간에 '동굴'의 속성을 일깨우는 작업이다. 보이스 씨어터 몸소리가 '소리'를 매개로 도시의 한 공간을 다른 공간으로 변모시키는 작업을 한다면, 결과적으로 이들의 작업은 도시를 다른 방식으로 살아가도록 안내하는 것이다. 도시 안에서 동굴을 발견하고, 그 동굴이 지닌 잠재적인 의미소들을 발견하는 것, 그것이 이 작품의 기초적인 목표이다.

동굴은 시원적 공간이다. 그곳이 바로 최초의 인류가 벽에 그림을 그린 곳이다. 미술관은 그러므로 도시의 동굴, 도시 내의 알타미라 동굴이라 할 만한 공간이다. 또한 동굴은 하나의 사원이다. 그곳은 곰과 호랑이가 마늘을 먹으며 인간이 되기를 '기도'한 종교적 염원의 장소이며, 암굴 속에서 부처가 깨달음의 미소를 짓는 곳이고, 초기 기독교도들이 숨어 미사를 드렸던 공간이다.

그곳은 한낱 텅 빈 공간에 불과하다. 하지만 이 공간은 변화의 공간이다. 아무것도 없는 텅 빔을 성스러움으로 채우는 공간이다. 사원과도 같은 이곳은 보들레르가 말했듯이 친근한 말들이 새어 나와, 온갖 감각들이 '상응'하는 공간이다. 이 친근한 말들은 의사소통을 위한 인간의 분절화된 언어로 이루어지지 않았다. 그것은 텅 빈 공간을, 보이지는 않지만 감각되는 그 무언가로 채우는 소리이다. 가득 찬 것과 빈 것이 하나이듯이, 사원과 신이 하나이듯이, 텅 빈 공간을 닮은 텅 빈 몸의 소리는 하나이다. 이 소리가 울리는 곳에서는 공간과 몸이 분리되지 않으며, 혹은 울림통과 울림 그 자체가 분리되지 않는다. 파장과 진동이, 그 소리가 담은 의미와 분리되지 않는다. 그러므로 그곳에서는 공간과 몸과 소리가 하나를 이룬다.

보이스 씨어터 몸소리의 배우들이 저녁 시간, 모두가 퇴근하고 텅 빈 서울시립미술관 속으로 걸어 들어온다. 이들은 신전을 지키는 무녀들과도 같다. 낮 동안의 일상적 공간, 속화된 공간을 그들이 이제 성스러운 사원으로 변화시킬 시간이다. 미술관-동굴-사원의 예식을 시작하기 위하여 그들은 촛불을 밝힌다. 분절되지 않은 소리, 배우들 몸통의 울림으로 공간을 채우면 이제 공간 자체가 전율한다. 그리고 듣는 이들의 몸에 다시 그 파동이 닿는다. 소리를 내는 이와 소리를 듣는 이가 하나의 공간 속에서 동일한 떨림으로 소통하는 순간을 경험하게 된다. 이 소통은 분절 언어로 이루어진 의사소통과는 전혀 다른 소통이다.

나아가 이 소통은 단순한 감정의 전이도 아니다. 눈에 보이지 않는, 그리고 의미화로 환원되지 않는 떨림을 몸으로 공유하는 소통이다. 소리를 내는 이의 몸이 소리를 듣는 이의 몸에, 그들을 가르는 공간의 거리감을 넘어서 가닿는 경험이다. 미술관이 전시(exposition)를 위한 공간이라면, 장-뤽 낭시가 말한 대로 소리를 듣는 이는—그들 사이의 거리를 뛰어넘어—

자신의 외부, 자신의 밖에 위치한 타인의 몸, 타인의 살갗에 가닿는 경험을 한다. 장-뤽 낭시는 이를 전시를 뜻하는 exposition과 발음이 같은 신조어 ex(밖)-peau(살갗, 피부)-sition로 표현하였다.

　　전체 3부 중 2부는 미술관 앞마당에서 펼쳐진다. 이들은 미술관에서 만들어 낸 성스러움의 공간과 대비되는 공간과 소리를 표현한다. 동굴 밖의 공간은 생존을 위한 싸움이 펼쳐지는 들판이다. 이 생존의 싸움에는 힘의 논리가 지배한다. 여러 사람 중 단 하나의 권력자가 요구되며, 권력자의 자리를 놓고 끊임없는 투쟁이 벌어진다. 왕관을 쓴 이가 다른 이들을 제압하기 위해 위협적으로 포효한다. 그리고 그에 대항하여 다른 이가 고통으로 소리를 지른다. 더 큰 소리를 내는 자가 왕관을 쓰고 나머지 사람은 그가 왕이 되면 고통의 소리를 지른다. 왕의 자리는 계속 뒤바뀐다. 동굴 밖 넓은 공간은 단 하나의 물건, 왕의 의자로 축소된다.

　　그런데 보이스 씨어터 몸소리가 2부의 공간인 미술관 밖의 공간을 1부 혹은 3부의 공간을 이루는 '동굴'의 공간과 대비되는 공간으로 설정하고 이를 관객에게 드러내는 데는 어느 정도 성공을 거두었지만, 아직 이 공간을 의미 있게 시각화하고 감각화하지는 못하고 있다. 그것은 동굴 밖의 공간이 넓기 때문에 이 공간 속에서 벌어지는 폭력을 배우의 소리로만 채우는 것이 힘들기 때문이다. 본질적인 소통의 소리가 아닌, 인위적이고 불필요하게 증폭되는 소리의 폭력성을 탐구한다면 아마도 2부의 장면은 더 확장될 수 있을 것이다.

　　3부의 공간은 다시 서울시립미술관 로비라는 동굴에서 전개된다. 3부의 공간성을 특징짓는 것은 배우들이 들고 입장한 '소도구'이다. 그것은 조명기의 갓처럼 생긴 소도구이다. 그런데 이 소도구는 단지 최초의 그 형태와 관련된 의미소만을 지니지는 않는다. 이 소도구는 잠재적인 의미망들을 전개하면서 동굴 속의 즐거운 소리 잔치를 풍요롭게 하는 기호로 사용된다. 이 조명 갓을 위쪽으로 들면, 이 도구는 제사 지내는 제기, 술잔으로 기능한다. 제사를 지내는 무녀들의 등장과 함께 미술관의 공간은 1부에서처럼 다시 성화된 장소로 환기된다.

그런데 이 술잔에 담는 것은 소리, 혹은 소리의 파장이다. 소도구 안에 배우가, 그리고 참여하는 관객들이 자신들의 소리를 담는다. 소리는 이제 보이지 않는 액체가 된다. 그리고 다시 이 소도구는 확성기가 된다. 소리라는 액체의 파장이 증폭되고, 제기 속에서 넘쳐 나 공간으로 퍼져 나간다. 그리고 이 제기는 조명 갓이라는 원래의 기능에 어울리게 공간을 채워 나가는 소리의 파장을 비추는 조명기로 기능한다.

무녀들과 함께 하는 성스러운 제례의 공간은 이제 소도구의 변신이 이끌어가는 놀이의 공간으로 변모한다. 잔을 주고받듯이 관객과 배우는 소도구를 매개로 몸의 울림을 주고받는다. 관객은 소극적인 구경꾼의 자리에서 적극적인 놀이의 참여자로 변화된다. 주고받는 소리들은 겹쳐지고 섞이면서 노래가 되며, 동굴은 이제 즐거운 놀이의 공간으로 변모한다. 이 즐거운 놀이 속에서 벽면을 조명 갓으로 비추면 그 옛날 동물들의 모습을 그려 놓은 곳이 동굴이듯이, 이곳 미술관의 벽면이 바로 그와 같은 그림을 걸어 두는 곳임을 깨닫게 된다. 결국 보이스 씨어터 몸소리의 도시소리동굴 프로젝트는 미술관을 사원으로, 그리고 놀이터로 만들고, 마침내 미술관 혹은 미술이 최초로 만들어지는 그 순간으로 우리를 이끈다.

거리예술에 대한 학술행사에서 보이스 씨어터 몸소리는 자신들의 작업이 거리예술에 속하는 것인지에 대해서는 확신할 수 없다고 했다. 실제로 이들이 자신들의 작업에서 가장 강조하는 것은 소리와 몸의 감각을 통한 치유의 효과이다. 하지만 보이스 씨어터 몸소리의 <도시소리동굴>은 도시의 공간을 재정의하고, 재감각하게 하는 작업이다. 예술작품을 향유하는 미술관이 엄숙한 관조의 공간이 아니라, 아름다움이 태동하는 순간과 만나는 환희의 공간임을 이들은 알려 주고 있다.

\<버닝\>
인문학과 모호한 말들

     인문학의 중요성을 강조하는 말들은 넘쳐 나지만 실제로 사람들이 인문학의 담론을 믿을까? 상상력, 창조성 등의 단어들로 인문학의 필요성을 역설하지만 사실 창조적인 상상력이 무엇인지 명확하게 설명하는 인문학 서적은 존재하지 않는다. 인문학은 항상 모호한 말들을 만들어 낸다. 인문학은 사실을 기초로 하지 않으며 그 때문에 인문학적 담론은 때로 허구처럼 들린다. "태초에 말씀이 있었다"라는 성경 구절에 따르면 우리가 사는 세계는 어떤 경험적이고 물리적인 사실에 기초로 하는 것이 아니라, 그저 '말'에 기초한다. 빛이 있어서 빛이라는 말이 생긴 것이 아니라, "빛이여 있으라"는 말이 있어서 빛이 생겨난다. 근거 없는 말, 모호한 말에 천지가 근거한다고, '성경'이라는 인문학적 담론은 말하고 있는 것이다. 이 모호한 말을, 이 불친절하기 그지없는 말을 어떻게 받아들여야 할까?

이창동 감독의 <버닝>을 본 대부분의 사람들은 작품이 좀 불친절하다고 말한다. 분명 <버닝>은 '모호한' 영화이다. 여주인공 해미는 죽은 것인지, 해미가 죽었다면 벤이라는 수수께끼의 남자가 죽인 것인지, 그리고 또 종수는 어떻게 벤이 해미를 죽였다고 확신하고, 벤을 죽이는 것인지, 알 듯하면서도 완전히 수긍되지 않는다. 이처럼 수긍되지 않는 영화를 우리 앞에 내놓은 것은 감독이 정교한 논리적 구성을 만들어 내지 못해서가 아니라, 바로 이 모호한 이야기 앞으로 우리를 데려가려는 것이 그가 원하는 바이기 때문일 것이다.

명확성의 세계는 있다/없다, 참/거짓, 진실/허구의 이분법에 근거한다. 해미가 어렸을 때 빠졌었다고 이야기하는 우물은 과연 실제로 있었을가? 없었을까? 모두들 없었다고 확언하지만 종수의 엄마는 그곳에 '마른' 우물이 있었다고 알려 준다. 그렇다면 우물이 있었다는 것일까? 그런데 물이 없는 우물은 우물인가 우물이 아닌가? 해미의 방은 북향이기 때문에 하루 종일 해가 들어오지 않는다. 다만 남산타워에 비쳐 굴절된 햇살이 잠시 방에 들어온다. 거울에 반사된 빛은 진짜 햇빛인가 아닌가? 종수가 한 번도 직접 보지 못한 해미의 고양이는 실제로 있는 것일까? 없는 것일까? 마른 우물, 반사된 빛, 해미의 고양이는 있기도 하고 없기도 한, 현실이면서 허구인 것 즉 이분법을 벗어난 것들이다. 모호성은 참/거짓의 판별이 아니라, 삶의 의미에 대해 질문을 하는 방식이다. 삶의 의미를 만드는 것은 과연 무엇인가? 해미에 따르면 아프리카의 부시맨 족의 그레이트 헝거는 삶의 의미에 대해 갈구하는 사람이다. 예언자의 말은 항상 모호하다.

종수의 축사 속에 혼자 남겨진 송아지는, 현실 속에 자명하게 존재하는 송아지이지만 이름이 없다. 그리하여 송아지는 존재하지만 사라져야 한다. 하지만 해미의 고양이는 존재하는지 확인할 수 없지만, 보일이라는 이름이 있다. 그리하여 이름 없는 다른 고양이를 보일이라고 부를 때, 그 고양이는 종수에게 다가온다. 마치 김춘수의 '꽃'처럼 그 이름을 부르자 종수에게 다가와 '보일이'가 된다. 그렇다고 해서 그 고양이가 해미의 고양이라는 증거는 없다. 다만 중요한 것은 이름 붙이기는 현실에 의미를 부여하는 행위라는 점이다. 이름 붙이기가 하나의 대상과의 관계라면 삶의 흐름과 관계해서는 이름 붙이기는 '이야기하다'에 대응된다. 이야기는 현실을 허구화한다. 하지만 이 허구는 현실에 의미를 부여한다. 해미는 마른 우물을 물이 찬 우물로 허구적으로 변화시키고, 그 속에 빠졌다가 종수에게 발견된 이야기를 해준다. 가족들은 우물은 존재하지 않았고 단지 해미가 지어낸 이야기라고 말하지만, 바로 그 이야기를 통해서 종수는 해미를 더 깊이 이해할 수 있다. 이름은, 그리고 이야기는 하나의 메타포이다. 메타포는 현실과 닮은, 현실이 아닌, 그러나 현실보다 강렬한 이미지이다. 메타포가 아닌 글, 모호하지 않은 글은 현실 앞에서 무력하다. 종수가 아버지를 위해 쓴 탄원서는 아버지가 징역 1년 6개월 형을 선고받는 것을 막아줄 수가 없다.

이창동 감독이 관찰한 해미와 종수의 현실은 온갖 싸구려 물건들로 가득한 그들의 집을 닮았다. 그리하여 현실 그대로 그것을 보여 줄 때, 감독은 온갖 소음까지 그대로 담으면서 있는 그대로의 황폐한 현실 그 자체를 보여 준다. 이 황폐함이 '비닐하우스'이다. 해미와 종수의 삶 그 자체가 비닐하우스이다. 이 두 개의 황폐함의 만남은 어떤 의미 있는 도약을 만들어 내지 못한다. 그렇기에 해미와 종수가 처음으로 사랑을 나누는 장면을 이창동 감독은 그토록 무미건조하게 보여 주는 것이다.

때로 이야기는 놀이가 된다. 새롭게 반복되는 놀이로서의 이야기는 황폐한 삶을 예쁘게 치장하는 장식과 같다. 그렇지만 이 놀이는 권태롭다.

벤은 항상 새로운 젊고, 가난한, 새 여자친구를 만든다. 그리고 그녀가 파티에서 이야기하는 것을 지켜보는 벤은 하품을 한다. 그는 권태롭다. 그리하여 이 놀이는 두 달이 지나면 리셋되고 다시 시작해야 한다. 그것은 매번 포만과 허기를 반복하는 리틀 헝거의 이야기이다. 해미의 행방을 알기 위해 벤을 추적하던 종수가 저수지 둑에 선 벤에게서 본 것은 바로 이와 같은 권태이다. 놀이를 종료하고 다시 시작하는 것, 그것을 벤은 비닐하우스를 태우는 것이라고 부른다. 벤의 비닐하우스 태우기 놀이는 종수의 자위행위와 같은 것이다. 그것은 해미의 방으로 잠시 들어오는 반사된 햇빛을 잡으려는 허망한 몸짓이다. 황폐함을 잠시 잊기 위한 행위이지만 황폐함을 더욱 상기시키는 행위이다. 어머니의 옷을 태워도 어머니는 사라지지 않고 더욱 초라해져서 돌아오는 것이다. 그것은 여기에 가상의 귤이 있다고 믿는 것이 아니라 귤이 없다는 것을 잊어야 가능한 해미의 마임 같은 것이며 환각의 시간이 지나면 더 초라한 현실 속에서 깨어나는 대마초와 같은 것이다.

영화의 엔딩에서 종수는 벤을 칼로 찔러 죽인다. 그리고 마치 벤이 비닐하우스를 태우듯이, 종수는 벤의 포르쉐를 태운다. 그러나 벤의 죽음 바로 앞 장면에서 종수가 해미의 방에서 글을 쓰는 것을 보여 줌으로 해서 벤의 살해 장면은 소설 속의 장면으로 보이기도 한다. 이처럼 벤의 죽음이 반드시 소설 속의 죽음인지 현실에서 종수의 살해인지는 모호하다. 그러나 실제로 그가 죽였는가, 허구의 이야기 속에서 죽였는가를 가르는 이분법이 중요한 것이 아니다. 종수가 불타는 벤의 포르쉐를 뒤로 하고, 자신의 트럭을 몰고 떠날 때, 뒷 창문으로 보이는 불타는 자동차는 마치 노을 속에서 타오르는 태양 같다. 어두운 해미의 방으로 남산타워에 반사되어 들어오던 빛을 잡으려 애태우는 것이 아니라, 종수는 이제 스스로 태양을 만들

어 낸 것이다. 허구 속에서 세상을 창조하는 것, 그것은 왜 자위행위가 아
닐까? 그것은 존재하지 않는 것을 존재하게 하는 말의 힘을 믿기 때문이
다. 포르쉐를 태워 태양을 만들면서 이창동은 모호한 말을 예언처럼 내뱉
는다.

"빛이여 있으라".

<기생충>
너는 계획이 다 있구나

봉준호 감독의 <기생충>이 작품상을 포함 4개 부문에서 오스카상을 받았다. 1929년 제1회가 거행된 이래 올해 92회를 맞는, 그러니까 거의 한 세기에 이르는 아카데미상의 역사 속에서 <기생충>은 비영어권 영화로서 오스카 작품상을 탄 최초의 작품이라고 한다. 최초의 유성 영화인 <재즈 싱어>가 상영된 것이 1927년이니, 결국 기생충은 미국영화사 전체에서 미국 밖에서 만들어져서 헐리우드를 뒤흔든 최초의 사건이 된 셈이다. 예술적 성취도 중요하지만 그에 못지않게 흥행 역시 중요시하는 오스카의 특성을 고려한다면, <기생충>은 영화시장 자체를 흔든 사건이라 할 수 있다. 도대체 무엇이 이처럼 새로운 역사를 가능하게 했을까?

2004년 <야만인들의 침입>으로 오스카 외국어영화상을 수상했던 드니 아르캉 감독의 또 다른 영화 <아메리카제국의 쇠락>의 첫 장면은 역사과 교수인 주인공 레미 지라르의 강의로 시작된다. 그는 이 강의에서 역사에 있어서 중요한 것이 3가지 있는데, 그중 첫째가 인구수이며, 둘째도 인구수이고, 셋째도 역시 인구수라고 강조한다. 그의 말을 오스카상의 역사적인 변화에 대입해 이해해 본다면, 비영어권영화가 오스카 작품상을 수상한 것은 전 세계적인 영화 수용자들의 인구적 구성의 변화와 관련된다. 다시 말해서 시장의 여건이 변화한 것이다. 그것은 백인, 남성, 영어사용자의 취향을 대변하는 헐리우드 영화를 전 세계 시장에 어려움 없이 강요할 수 있었던 시대가 끝나 가고 있음을 반증하는 것이다. 한류 영화, 인도 영화, 나이지리아 영화 등 주변부의 탈중심화된 지역적 중심들이 성장하고, 이 탈중심화된 새로운 세력들은 넷플릭스 등의 새로운 배급 플랫폼을 통해서 지역적 거점으로부터 벗어나 전 지구적인 수요자들과 만나게 된다. 할리우드라는 아메리카제국은 쇠락하고 이제껏 소수자였던 '야만인들'의 침략이 시작된 것이다. 할리우드라는 중심과 이외의 주변 지역의 관계로부터 봉준호가 지적했듯이, '로컬' 중의 하나로서의 할리우드로의 변화의 징후가 강하게 나타날 때, 할리우드는 이 '로컬'들을 다시 자신의 일부로 포섭하려는 움직임을 보일 수밖에 없다. 변화의 초기에는 멕시코 출신 알레한드로 곤잘레스 이냐리투(<버드맨>, 2016년 오스카 작품상), 기예르모 델 토로(<셰이프 오프 워터>, 2018년 오스카 작품상)처럼 비영어권 감독을 할리우드 제작 시스템 안으로 수용하는 방식을 취한다. 그러나 이와 같은 변화가 필연적인 것임을 알고 있기에 오스카는 훨씬 극적인 방식으로 이 변화의 수용을 연출하고자 했다. 그리고 변화를 가장 극적인 방식으로 선언할 수 있는 계기를 2020년 <기생충>에서 찾는다. 아카데미 각색상, 감독상, 국제영화상, 작품상 4개 부문을 <기생충>이 석권하는 사건은 이렇게 발생한 것이다.

그런데 왜 하필이면 이 변화의 계기가 봉준호의 <기생충>이었을까? 이에 대한 답 중의 하나는 <기생충>에서 송강호의 대사 속에 이미 봉준호가 마련해 놓았다. 아들 친구 민혁이 선물로 가져온 산수경석을 바라보면서, 송강호가 연기한 기택은 '참으로 시의적절하다'라고 말한다. 신자유주의의 여파가 한국뿐만 아니라, 전 세계에 영향을 끼치고 있는 지금, 그리고 빈부격차의 심화로 인해 집권에 성공한 트럼프 정권하에서 빈부격차가 최고로 벌어지는 현재 상황 속에서 영화 <기생충>이 다루고 있는 주제는 '참으로 시의적절'한 것이었다. 하지만 빈부격차라는 주제의 보편성이 이 영화의 성공 이유의 전부가 될 수는 없다. 영국 일간지 더가디언과의 인터뷰에서 봉준호 자신이 밝히고 있듯이 <기생충>의 성공은 이와 같은 보편적이며 시의적절한 주제를 "매우 영화적인 방식으로" 보여 주고 있기 때문에 가능한 것이었다. 빈부격차라는 주제에 접근하는 봉준호의 '매우 영화적인 방식'은 현실적인 주제를 현실적이지 않은 방식으로 다루는 방식이다. 마치 김 기사의 아들 기우가 망원경을 가지고 박 사장의 집을 들여다보듯이, 봉준호는 우리가 사는 사회를 멀리서, 거리를 두고 관찰하며 그의 카메라 속에서 우리가 사는 사회는 마침내 투명하게 제 모습을 드러낸다. 이 거리는 비극적 상황을 희극적으로 표현하는 것을 가능하게 하며, 무거운 사회학적 분석을 상업적 장르의 문법 속에서 포착하는 것을 가능하게 한다. 봉준호 감독이 스스로를 '장르영화감독'이라고 정의하는 것은 이처럼 문화상품으로서의 영화의 상업적 기능을 포기하지 않는다는 것을 말하기 위해서이다. 자본주의적 모순을 가장 자본주의적 방식으로 표현하고 있기에, 할리우드라는 가장 자본주의적인 문화산업 제도가 그에게 경의를 표현할 수 있는 것이다.

그런데 자본주의의 모순에 대해 이야기하는 것이 이제는 진부하고

철 지난, 혹은 철부지 같은 시도로 여겨지는 이 시대에, 봉준호는 여전히 이 모순을 다양한 조합의 이미지를 통해서 재사유하고 있다. 봉준호에 환호하는 관객들은 바로 이와 같은 재사유의 놀이에 참여하는 관객들이다. 봉준호의 관객은 이야기에 감동받는 관객이라기보다는 자기 방식으로 <기생충>의 이미지를 해석하고 사유하는 관객이다. 친구 민혁이 가져온 수석을 바라보면서, 기우는 "이거 진짜 상징적인 거네"라고 말하듯이 이 상징을 해석하는 놀이에 봉준호는 관객들을 초대하고 있다. 봉준호가 제시하는 놀이는 현학적이지 않으며, 사유를 위한 단초들을 이미지 속에 풍성하게 심어 놓았기에 보상이 충분한 보물찾기와 같은 것이다. 관객들은 지배자/피지배자의 관계를 선/악의 이원론으로 설정하지 않는 봉준호의 방식을 발견하며, 욕조에서 목욕할 때 부잣집에 너무도 잘 어울리는 기정의 자태와 똥물이 넘쳐 나는 변기 위에서 담배 피우는 기정의 모습의 대비를 너무도 잘 이해하고 있다. 그들은 저택의 2층과 1층, 그리고 기택의 반지하 집, 그리고 박 사장 저택의 숨겨진 지하층의 계층적 차이점을 이해한다. 또한 관객들은 워키토키, 핸드폰, 모스 부호 등 다양한 커뮤니케이션의 도구들이 차별적으로 사용되는 이유를 눈치채며, 지하로부터 오는 절망적인 도움의 신호를 해석해 냈지만 그 신호에 답신하지 않는 박 사장의 어린 아들과 아버지의 편지를 해석하고, 그 편지에 답장을 보내기를 꿈꾸는 기우의 차이점을 이해한다. 그 이외에도 봉테일이라고 불리는 감독이 심어 놓은 수많은 영화적 기호들을 해석하는 놀이를 즐기는데, 이와 같은 놀이에의 참여 그 자체가 세계가 여전히, 그리고 이전보다도 심각하게 당착하고 있는 자본주의적 모순에 대한 관객들 자신의 사유와 토론을 활성화한다.

기우가 지하철 안에서 모스 부호로 된 아버지의 편지를 해석할 때, 그는 모스 부호의 길이에 맞추어 소리를 낸다. 돈. 도온… 돈. 돈… 신자유주의 저 아래 바닥에서 도와 달라는 목소리와 자본주의의 가치의 중심인 '돈'은 분리되지 않는다. 이 모순을 이해하면서 언제가 그 모순으로부터 벗어날 날을 꿈꾸는 행위 자체, 그것이 봉준호가 영화를 만드는 이유이며, 세계인들이 그에게 박수를 보내는 이유이다. 계획이란 거창한 것이 아니라, 꿈꾸는 것이며, 예술적 놀이를 지속하는 것이다. 그러므로 우리는 기택이 기우에게 말하듯, 관객으로서 봉준호에게 말할 수 있다. "나는 네가 자랑스럽다. 너는 계획이 다 있구나".

<헤어질 결심>
붕괴의 두 가지 뜻

칸 영화제에서 <헤어질 결심>으로 감독상을 수상한 직후 이루어진 인터뷰에서 박찬욱 감독은 "이렇게 지루하고 구식의 영화를 사랑해 주셔서 감사하다"라고 말했다. 그가 구식이라고 말한 까닭은 이 작품이 '멜로드라마'라는 고전적이면서 매우 대중적인, 그리하여 예술성을 중요하게 평가하는 칸 영화제에서 상을 받기에는 다소 진부하게 느껴지는 장르에 속하기 때문일 것이다. 물론 박찬욱 감독의 말을 겸손함으로 받아들여서는 안 된다. 그가 '구식'임에도 불구하고 '멜로'를 선택한 것은 그 진부함에 도전을 하기 위해서이다. 사랑 이야기가 지닌 감정의 증폭은 유지하면서도 사랑에 대해 조금은 다른 방식으로 이야기하고 싶은 것이다. '수사물'이라는 또 다른 장르적 특성을 추가한 것은 바로 그 때문이다. 형사가 자신이 감시하던 용의자를 사랑하게 된다는 점에서 <헤어질 결심>의 출발 상황은 <원초적 본능>과 유사하다. 하지만 엄청난 상업적 성공을 거둔 이 옛 작품과는 다르게 스릴러로서의 긴박감을 주는 것을 목표로 삼지는 않기에 감독의 말대로 <헤어질 결심>은 지루하게 느껴질 수도 있다. 그런데 박찬욱 감독은 수사물의 장점인 긴박감을 활용하지도 않고, 범인을 사랑하는 형사의 윤리적, 심리적 혼란을 본격적으로 다루지도 않으면서 왜 굳이 수사물 형식을 활용한 것일까?

수사물은 단서를 통해서 사건의 진실에 접근하는 장르이다. 단서를 하나하나 찾아내고 해석하면서 누가, 왜, 어떤 방식으로 범행을 저질렀는지를 밝혀 간다. <헤어질 결심>의 특별한 점은 멜로드라마와 수사물을 엮으면서 사랑의 이야기를 수사물의 형식 속에 배치하는 것이 아니라, 사랑이라는 개념 자체를 탐문한다는 점이다. 치정살인사건 앞에서 형사가 추리를 해나가듯이, 영화감독으로서 박찬욱은 사랑 이야기 앞에서 추론한다. 사랑이란 무엇인가? 사랑은 어떤 기호로 표현되고 어떻게 해석되는가? 영화의 언어는 사랑을 어떻게 포착하고 정의해야 하는가?

이 추론의 첫 번째 단계로 박찬욱이 제시한 것은 말과 사진 사이에서의 선택이다. 산에서 추락사한 기도수 씨의 사인을 밝히기 위해서 부인 서래가 소환된다. 남편의 죽음의 상황을 설명하기 위해 담당 형사 해준은 말로 된 설명을 들을지, 사진으로 설명할지를 서래에게 선택하게 한다. 서래는 말로 해달라고 했다가 사진으로 설명해 달라고 번복한다. 말과 사진은 기록되지 않는 기호와 기록된 기호라는 차이를 갖는다. 영화는 사랑을 '말' 즉 이야기의 구성과 대사로 설명하는가 아니면 이미지로 설명하는가? 사진의 연쇄로서의 영화는 기록된 이미지이다. 기록되지 않는 기호인 말은 버스러져 날아가 버린다. 하지만 깨진 시계가 가리키는 시간, 손등의 상처, 손톱 밑의 DNA, 빼버린 결혼반지, 전화기에 남겨진 운동량 표시, 문자 메시지, 녹음된 음성 메시지, 위조된 편지, 전화기의 암호 숫자나 패턴, 사진 등 기록된 기호들은 해석을 위한 두께를 지녔다. 중국어를 한국어로 번역하는 과정은 기호의 두께를 드러내는 또 다른 장치이기도 하다. 기호는 그 자체로서 자명한 단일한 의미를 드러내지 않는다. 기호는 조작되며, 왜곡되기도 한다. 그리고 기호는 때론 초록색으로 때론 파란색으로 보이는 서래의 옷처럼 보는 해석에 따라 다른 의미의 결을 보여 주기도 한다. <헤어질 결심>은 사랑이라는 기호의 해석을 위한 초대이다. 산꼭대기에서 바닷속에 이르기까지 깊고 두터운 사랑의 기호의 세계로의 초대이다. 안개 속에서 가려져 있다가 얼핏 모습을 드러내는 기호의 세계로.

박찬욱 감독은 등장인물 각자가 다른 방식으로 사랑의 기호를 만들어 내도록 한다. 우선 등장인물 중 "사랑해"라는 말을 유일하게 내뱉는 사람은 서래의 두 번째 남편 임호신이다. 그런데 그의 '사랑해'라는 '말'은 아무런 무게도, 의미도 없다. 박찬욱이 원하는 것은 '사랑해'라는 말을 하지 않고, 사랑을 표현하는 가장 깊이 있는 방법을 찾는 것이다. 어떤 기호는 가장 표면적인 방식으로 기록된다. 첫 번째 남편 기도수가 서래의 몸에 새긴 그의 이니셜과 같은 것이다. 지갑에 새겨진 그의 이니셜로 인해서 그 지갑이 그의 것임을 알 수 있듯이 서래의 몸에 새긴 그의 이니셜은 서래의 몸에 남겨진 멍 자국과 다를 것 없는 사랑을 가장한 폭력적인 소유의 표식에 불과하다.

해준의 아내 정안은 기호의 해석에 능숙하다. 그리하여 임호신에게 걸려온 한밤의 부재중 전화 기록을 통해, 정안은 그의 죽음이 자신의 남편과 관련이 있으리라는 것을 금방 추론해 낸다. 그녀는 정신과 의사 선생님과의 면담에서 보여 주듯이 타인의 말 속에서 쉽게 오류를 찾아낸다. 그렇지만 '사랑'과 관련해서 감독은 그녀에게 매우 얇고 단순한 기호만을 부여한다. 그녀에게 사랑은 사랑의 행위 이상의 것이 아니다. 16년 8개월의 결혼 기간 동안 사랑의 행위를 지속해 온 이들 부부에게 사랑의 기호는 석류와 자라이다. 그러므로 정안이 해준을 떠날 때 석류와 자라를 들고 있는 것은, 이제 이 사랑의 묘약이 해준이 아니라 이주임을 위한 것임을 알려 준다.

일반적으로 사랑 이야기 속에서 가장 중요한 장면은 <로미오와 줄리엣>의 발코니 장면처럼 고백 장면이다. 그런데 <헤어질 결심>에서 두 사람은 "사랑해요"라는 직접적인 기호를 사용하지 않는다. 심지어 해준은 자신이 사랑의 고백을 했는지조차 알지 못한다. 하지만 서래는 "나는 완전히 붕괴됐어요… 저 폰은 바다에 버려요. 깊은 데 빠뜨려서 아무도 못 찾게 해요"라는 해준의 말을 사랑의 고백으로 이해하고, 이를 녹음하고 되풀이하여 듣는다. 형사로서의 본분을 지키지 못함에도 불구하고, 서래의 범죄를 덮어 버리는 해준의 태도에서 서래는 '사랑'을 읽는다. 서래는 붕괴라는 단어를 사전에서 찾는다. '무너지고 깨어짐'이라는 설명은 그러므로 서래가 받아들이는 사랑의 정의이다. 사랑은 상대를 위해 자신이 무너지고 깨어지는 것이다.

이 영화의 절정은 해준의 사랑의 고백에 대한 서래의 고백에 해당한다. 그런데 사실 서래가 해준에게 자신의 사랑을 직접 고백하는 장면은 없다. '붕괴'가 서래가 파악한 사랑의 정의라면 이제 그녀의 고백은 자신의 붕괴를 통해서 이루어질 것이다. 서래는 자신을 모래사장에 파묻기 위해서 삽 대신 파란색 양동이를 사용한다. 이 양동이는 그녀가 죽은 까마귀를 묻어 줄 때 사용했던 것이다. 까마귀에게 "친절한 형사의 마음을 선물"

로 달라고 했던 서래는 이제 자신을 묻으면서, 자신의 마음을 해준에게 선물처럼 전하고자 한다. 까마귀의 자리에 자신을 놓은 것이다. 그런데 까마귀 장면 이후, 관객들은 스크린 위에서 몇 차례 반복하여 등장하는 까마귀 깃털로 만든 펜을 기억한다. 결국 서래는 자신을 묻으면서 스스로 사랑 고백의 말이 되고자 한 것이다. 서래는 스스로 까마귀 깃털로 만든 펜으로 쓰인 사랑 고백의 편지가 되고자 한다. 스스로를 "아무도 찾지 못하게 바다 깊숙이 던져" 버리면서 서래는 해준의 사랑 고백에 화답한다. 사라진 몸이 하나의 글이 된다. 그것은 쓰였지만 말해지지 않은 고백, 전달되지 않는 편지, 그리고 해석할 수 없는 기호이다. 그것을 박찬욱은 '미결'이라 부른다.

감독이 굳이 말하지 않으면서도 힘주어 보여 주는 이미지가 또 있다. 서래가 확인했던 '붕괴'라는 단어의 뜻을 표준국어대사전에서 찾아보면 영화에서 보여 주었던 첫 번째 뜻인 '무너지고 깨어짐' 아래에, 영화에서는 보여 주지 않았던 두 번째 뜻이 있다.

붕괴
1. 무너지고 깨어짐.
2. 불안정한 소립자가 스스로 분열하여 다른 종류의 소립자로 바뀌는 일. 또는 불안정한 원자핵이 방사선을 방출하거나 스스로 핵분열을 일으켜 다른 종류의 원자핵으로 바뀌는 일.

<헤어질 결심>의 배경인 가상의 도시 '이포'에는 원자력 발전소가 있다. 배경으로 원자력 발전소를 가정한 것은 단지 그곳이 정안의 직장이거나 원자력 발전소 사고를 다룬 드라마 때문에 몰려드는 중국 관광객을 위해 서래가 관광 가이드를 하기 위해서라는 상황적 설정 때문만이 아니다. 영화는 첫 장면부터 이포 원자력 발전소로 향하는 이정표를 보여 주고,

또 두 개의 탑을 가진 원자력 발전소를 화면 가득 보여 준다. 붕괴는 무너지는 것을 의미하지만, 핵분열에 의해 에너지가 생성되는 과정을 의미하기도 한다. 서래의 붕괴는 단지 자신의 죽음이라는 희생을 통해 해준이 다시 자존감을 회복하고 형사로서의 삶을 살아가게 하는 행위에 그치는 것이 아니다. 서래의 붕괴는 핵에너지처럼 엄청난 사랑의 에너지를 형성한다. 서래가 파내어 쌓인 모래탑이 파도에 씻겨 다 무너지고, 그 위에 해준이 선다. 그리고 서래의 전화기로 자신이 한 말을 거듭 들으면서 그것이 사랑의 고백이었음을 깨닫는다. 그는 절규하며 그녀의 이름을 부른다.

이제껏 '물에 잉크가 퍼지듯' 그들의 사랑을 조금씩 함께 느끼던 관객들은 서래가 만들어 낸 엄청난 사랑의 에너지가 '파도처럼 한꺼번에 밀려오는' 것을 느낀다. 허공 속에 파도 소리만큼 아득히 마치 교향곡처럼 서래의 사랑 고백의 소리가 들린다.

마침내.

5부 무대의 흔적

♦

A BOOK ON STAGE

기관 없는 신체, 그리고 '어머니-되기'

기관 있는 신체 혹은 기관만으로 이루어진 신체

'어머니'라는 단어가 빈번하게 영화나 소설, 그리고 연극 등의 제목이 되는 것은 전혀 이상한 일이 아니다. 어머니는 우리 삶의 가장 중요한 일부이며, 그렇기에 가장 빈번하게 예술적 대상이 된다. 그런데 2008년 신경숙의 『엄마를 부탁해』가 출간되어 베스트셀러가 되고, 2009년 봉준호 감독의 <마더>가 칸에 출품되고 흥행에도 성공하자 사람들은 어머니 신드롬에 대해서 이야기하기 시작했다. 혹자는 재빨리 이 움직임에 편승하여 신드롬을 증폭시키고자 했고, 또 혹자는 어머니 신드롬의 사회적 이유를 분석하고자 했다.

어머니 신드롬의 사회적 이유를 찾고자 하는 이들은 1997년 경제 위기 시에 나타난 아버지 신드롬의 대응물로 2008년 세계 금융 위기에는 어머니 신드롬이 나타났음을 지적한다. 1997년 조창인의 소설 『가시고기』

는 백혈병에 걸린 아들의 치료비를 구하기 위해 병든 자신의 몸을 내놓는 아버지를 그리고 있다. 통속적인 대중 소설인 이 작품이 독자들의 폭발적인 호응을 얻게 되는 것은 IMF 구제금융의 상황 속의 우리의 자화상을 거기서 발견했기 때문이다. 가정에서 가장의 실직, 국가적으로는 경제 주권의 침해를 등가의 것으로 받아들이면서, 대한민국의 국민은 '금모으기 운동'을 하며 가장을 향해, 그리고 정부를 향해 '아빠 힘내세요'를 외쳤다. 이는 최근 IMF 구제금융의 가혹한 경제개혁 기준을 우리처럼 강제받지만, 돌과 화염병으로 그들의 정부를 압박하고 있는 그리스인들과 확연한 대조를 보여 준다.

아버지라는 기표에 국가라는 기의가 은근슬쩍 결합하고, 또한 그 아버지는 '각막'이라는 기관으로 대표되는 '몸'을 희생한다. 아버지의 몸은 팔기 위한 '장기'로 그 기능이 한정된다. 그는 장기 혹은 '기관'만으로 이루어진 신체를 지닌다. 실제로는 이 시기 노동조건의 후퇴를 감내한 국민이 마치 손가락을 잘라 부모를 살린 자식의 역할을 수행하였으나, 어찌 된 일인지, 각막을 내준 이 맹목의 아버지는 제가 얼마나 자식을 사랑하였는지를 소리 높여 설파할 뿐이다.

우리에게 강요된 상상 체계 속에서 어머니는 이처럼 표상된 아버지와 크게 다르지 않다. 이 상상 체계 속에서 어머니라는 단어는 그리고 그 말이 지시하는 바로서의 '어머니'는 한없이 깊은 울림을 준다. 생명의 근원이자, 그 생명을 키운 큰 젖인 이 어머니에게 다가갈 때 마치 눈도 뜨지 못한 어린이처럼, 그 가슴을 느끼고 위안받고자 한다. 어머니는 커다란 가슴, 커다란 심장이며, 그 심장의 소리를 들으며 아이는 제 심장이 뛰고 있음을 확인한다. 심장으로 표현되는 어머니는 기관 있는 신체, 혹은 기관만으로 존재하는 신체의 전형이다. 아버지이건, 어머니이건, 각막이건, 심장이건 간에 중요한 것은 부모의 신체는 사지를 이루지 않고, 단 하나의 기관으로 대표된다는 것이다. 어머니에는 숭고한 사랑이라는 단 하나의 의미만이 대응된다.

> 미영: 나를 세상에서 제일 사랑해 주는 사람. 내 맘을 제일 잘 아는 사람. 나를 세상에서 제일 예쁘다고 해주는 사람. 언제나 그 자리에서 산처럼 나를 지켜보고 응원해 주는 사람. (고혜정 작, <친정엄마와 2박 3일>)

어머니가 이처럼 가슴만으로 환원된 존재라면, 이 가슴에 매달린 자식은, 항상 어린아이로 존재할 뿐이다. 흔히 지적하듯 오이디푸스적 관계 속에서 아이가 어머니를 욕망하는 것, 아이가 어머니에게 유착되어 있을 때, 그를 어머니로부터 분리하는 역할을 아버지가 담당한다. 아버지는 어머니로부터, 어머니의 가슴으로부터 그를 분리함으로써, 아이를 정상적인 사회화 과정의 성인으로 성장시킨다. 어머니를 대상으로 하는 거의 모든 작품에서 아버지가 부재하는 것은 우연이 아니다. 어머니는 성인이 되지 못한 커다란 아이에게 수유하고 있으며, 이 커다란 몸짓의 아이는 여전히 어머니의 가슴속에서 행복하다.

> 엄마: 그래 내 애기, 이젠 좀 나았지? (엄마는 딸을 일으켜 안아다가 거실 한가운데 데려다 놓는다. 그리고 조금 떨어져 딸에게 두 팔을 벌린다. 떨리는 소리로 노래하듯) 자, 아가, 이리 온! 가만가만히, 엄마의 품까지 와봐. 한 발, 옳지, 두 발. 더 빨리. 자, 어머, 브라보!
>
> 딸: 내가 엄마한테서 간직하고 싶은 건 바로 이 모습이에요! (드니즈 살렘 작, <엄마는 오십에 바다를 발견했다>)

어머니의 실종, 어머니 지우기, 기관 없는 신체

신경숙, 그리고 봉준호가 제시한 어머니는 이와 같이 '기관'으로서 존재하는 어머니로부터 벗어난다. 그들이 제시한 어머니는 새로운 경제 위기의 순간에 우리를 위로해 주기 위해 가슴을 내어주지 않는다. 이들은 어머니라는 기표가 가슴이라는 기의와 연결되는 기호적 관계를 제거한다. 어머니라는 기호가 해체된다. 어머니는 실종됐다. 가슴으로서의 어머니, 과거의 한 시점에 옭아매 놓은, 그리하여 현재도 과거의 한 시점 속에서 수유하는 어머니로 고정한 이 관계를 벗어나기 위한 노력이 『엄마를 부탁해』의 글쓰기의 이유이다. 이 관계를 벗어났을 때 과연 어머니에게 어떤 기의를 결합해야 하는지, 어머니가 누구인지 아무도 알지 못한다.

누구도 엄마의 최근 사진을 가지고 있지 않았다. (…) (옛날) 사진 속 엄마는 실종되기 전의 모습과는 너무 달라 그 사진을 따라 확대해 붙여 본들 사람들이 그 사람이 이 사람이라는 걸 알아보지 못하리라는 것이 남동생의 의견이었다. (신경숙 작, 『엄마를 부탁해』)

극 중 화자이며, 글쓰기를 직업으로 삼는 큰딸이 실종된 엄마를 찾는 공고문을 쓰는 것은 바로 이처럼 이미 고정된 기표-기의 관계를 해체하고, 잃어버린 엄마를 되찾기 위해 엄마를 재정의해 내는, 엄마에 다른 기표를 연결하기 위한 노력이다.

과연 네가 구사하는 어느 문장이 잃어버린 엄마를 찾는 데 도움이 될지. (『엄마를 부탁해』)

그런데 신경숙은 작품 속 화자인 '나'를 인물인 '너'와 분리한다. 왜냐하면, '나'는 엄마의 과거의 기표로부터 자유롭지 못하기 때문이다. 동일시하던 어머니로부터 나를 떼어 놓는 작업은 어머니에게 붙어 있던 나로부터 내가 분리되는 과정이기도 하다. 어머니의 가슴으로부터 떨어져, 나는 '너'의 자리에서, 어머니를 본다. 어머니는 이제 가슴뿐이 아닌 온전히 사지를 지닌 인간이다. 떨어져서 바라보면, 나를 향한 온기만을 간직한 것으로 믿던 어머니의 가슴속 깊은 어둠을 이제 볼 수 있게 된다.

봉준호는 어머니라는 기표 대신 '마더'라는 기표를 사용한다. 마더라는 이 영어 기표는 우리에게 어머니라는 우리말 기표보다 가슴이라는 기의로부터 자유롭다. 영자로 mother라 쓰지 않고 우리말 철자로 마더라고 씀으로써 이 단어를 murder라는 기표와 다시 중첩한다. 어머니는 이제 단일한 기의와 결합하기를 멈춘다.

김혜자라는 배우의 기의는 '대한민국 대표 엄마', 그러니까 가슴으로서의 어머니 그 자체이다. 봉준호가 김혜자를 캐스팅한 것은 이 기호를 내부로부터 허물기 위함이다. 어머니는 자식의 살인 혐의를 벗기기 위해 몸부림치지만, 그 자신이 살인한다. 더욱이 어머니는 모자란 아들을 혼자 키우기 위해 온갖 고생을 마다하지 않았지만, 자식이 이처럼 정상적이지 않은 것은 그녀의 책임이다. 어머니와 결합하는 다수의 기의들은 이제 동시적으로 존재한다. 아들의 기억 속에서 이 모든 것이 뒤죽박죽으로 얽혀 있듯이, 하나의 기의와 또 다른 기의가 확연히 구분되는 것이 아니다. 신경숙이 가족 구성원 한 사람 한 사람의 시선으로 어머니를 입체적으로 재구축하려 했다면 봉준호에게서는 이 입체는 뒤죽박죽 섞여진 덩어리와도 같은 것이다.

다시 들뢰즈의 용어를 빌어 표현한다면 어머니는 '기관이 없는 신체'를 지니고 있다. 어머니의 심장은 나를 위한 심장이 되기 이전에 잠재태로서의 배아 상태를 거친다. 어머니의 심장 박동이 나를 위한 것이라고 위안받고 있을 때, 그 가슴의 저 안쪽에서 뒤엉켜 있는 그 모든 것이 어머니를 이룬다. 그것은 단지 어머니의 보이지 않는 이면이 아니다. 그것은 동시적인 것이며 잠재적인 것이며 또한 현실적인 것이다. 배아 상태의, 기관으로 표상되지 않은, 그저 잠재태의 상태에서의 배아의 한 부분은 심장이 될 수도 있고, 성기가 될 수도 있으며, 손이 될 수도 있다.

단서를 찾기 위해 잠입한 진태의 집에서, 어머니는 장롱에 숨어, 피묻은 흉기로 그녀가 추정하는 골프채를 부여잡은 채 진태와 미나의 정사를 바라보고 있다. 그녀는 이 장면에서 필사적으로 아들을 살리려는 모성으로 존재하는 것인지, 아니면 연인의 정사를 바라보는 질투하는 여인으로 그 자리에 있는지 분명치 않다. 골프채에는 피가 아니라 립스틱이 묻어 있는 것으로 판명 난다. 그녀가 부여잡고 골프채는 아들을 살릴 수 있는 단서인 동시에 팔뤼스인 것이다.

어머니의 욕망, 어머니와 현실

잠재태로서, 배아 상태의 신체는 무엇이 되고자 한다. 무엇이 되고자 하는 어머니의 욕망을 보는 것, 그것이 어머니를 바로 보는 방법이다. 라캉식으로 말하면, 어머니는 아이를 낳고, 팔뤼스를 잃는다. 어머니는 결핍을 느낀다. 이 결핍을 메우기 위해, 아이를 다시 제 몸 안으로 넣으려는 시도는 소유적 관계를 형성한다. 아이는 어머니의 것이다.

엄마: 제씨, 제씨, 내 아가. 날 용서해 다오. 난 니가 내 껀 줄 알았었다. (마샤 노먼 작, <잘 자요 엄마>)

팔뤼스는 결핍 그 자체이며, 욕망의 대상이지만, 하나의 문자로 고정되지 않는다. 어머니가 작품들 속에서 매우 빈번하게 문맹으로 나타나는 것은 큰 타자인 팔뤼스는 하나의 기표로 고정할 수 없다는 것과 무관하지 않다. 어머니는 문자로 고정될 수 없는 것을 욕망한다. 어머니는 현재, 현실 속에서 자신을 둘러싼 것과 다른 것을 욕망한다.

어느 해 추운 겨울날 우물에서 제사상에 오를 홍어 껍질을 벗기다가 엄마는 칼을 든 채로 "너는 공부를 많이 해야 한다" 했다. "그래야 다른 세상으로 갈 수 있다." (『엄마를 부탁해』)

그러므로 어머니가 욕망하는 것을 멈추었을 때 어머니는 현실의 원칙 그 자체가 된다. 소유하는 어머니는 현실의 원칙만을 강요하는 어머니를 뜻한다. 그때 자식에게 어머니는 벗어나야만 하는 삶의 굴레와도 같은 것이다. <뷰티 퀸>에서 어머니 매그가 딸 모린에 대해 바로 이와 같은 존재이다. 매그는 파토에게서 온 '편지'를 태워 버린다. 이곳이 아닌 다른 곳으로 매그를 데려갈 수 있는 '문자'들을 파괴한다. 그것은 팔뤼스를 향한 욕망이 기표화하는 것을 방해하는 행위이다.

딸이 떠나가는 것을 막으려는 어머니는 가슴만으로 존재하는 어머니와 동일한 존재이다. 매그가 끊임없이 딸 모린에게 덩어리가 지지 않도록 분유를 타 달라고 요구하는 것은, 수유하는 주체와 객체가 바뀌었을 뿐, 가슴으로서의 신체가 딸을 통해 유지됨을 강요하는 것이다. 모린은 이야기의 측면에서는 어머니에게 대립하고 있지만, 상징적 차원에서 어머니와 자신을 동일시하고 반복한다. 그녀는 어머니를 살해하지만, 다른 세상으로 가는 욕망을 포기함으로써, 그리고 그녀의 팔뤼스에 작별을 고함으로써—"리넨의 뷰티 퀸이 작별을 고합니다"—현실의 원칙을 수락한다. 그녀는 차이 없이 어머니를 반복한다. 그녀는 어머니 자체이다.

> 레이: 당신 아주 엄마 이미지를 빼다 박은 거 알아요. 이래라저래라 시켜 먹질 않나 내 이름을 잊어버리지 않나! (마틴 맥도나 작, <뷰티 퀸>)

딸이 어머니의 삶을 반복하는 것은 모녀를 다루는 작품들에서 가장 흔하게 발견할 수 있는 모티프이다. <뷰티 퀸>에서의 반복적 관계는 친밀한 애정 관계 속의 두 모녀 관계에서의 그것과 다르지 않다. <엄마는 오십에 바다를 발견했다>의 마지막 장면에서도, 어머니의 주검 앞에서 딸은 어머니와 자신의 동일성을 확인한다.

> 딸: (거실로 돌아온다. 타자기를 쓰다듬고 종이들을 집어 흩트려 버린다. 그러고 나서 가만히 침대를 가려 놓은 칸막이를 밀어내고 죽어 있는 엄마를 바라본다. 침대 곁에 있는 안락의자에 앉는다) 앞으로는 영원히 누워 있을 엄마. (그녀는 일어서서 거울 앞으로 가 자신의 모습을 바라본다) 엄마도 보셨죠? 나도 이젠 늙는다는 걸. (입을 벌리며) 보세요. 이가 썩었네요.

어머니의 동일성을 확인하는 것은 문장으로 풀어 보면 "내가 어머니와 같다" 혹은 "내가 어머니이다"의 형태가 된다. 어머니는 작은 타자이며 거울이고 나는 그 거울을 통해 나를 확인한다. 라캉의 어린아이는 거울 단계를 통과하며 자신의 신체의 통일성을 확인하지만, 가슴만으로 이루어진 어머니라는 거울을 통해 자신을 인식하는 딸은 가슴이라는 기관만으로 이루어진 신체로 자신을 인식할 뿐이다. 이 관계는 그러므로 근본적으로 나르시스적이며 퇴행적이다. 신경숙에게도 이는 마찬가지이다.

> 내 발등은 푹 파인 상처 속으로 뼈가 드러나 보이네. 엄마의 얼굴이 슬픔으로 일그러지네. 저 얼굴은 내가 죽은 아이를 낳았을 때 장롱 거울에 비친 내 얼굴이네. 내 새끼. 엄마가 양팔을 벌리네. 엄마가 방금 죽은 아이를 품에 안듯이 나의 겨드랑이

에 팔을 집어넣네. (『엄마를 부탁해』)

어머니-되기

어머니는 우리의 삶이 그곳으로부터 시작된 근원이다. 하지만 하이데거식으로 말한다면 존재자의 근원으로서의 다른 존재자를 찾는 것이 아니라, 존재가 일어나는 순간, 존재의 목소리를 듣는 순간이 필요하다. 그러므로 어머니를 이해하기 위해서, 그리고 어머니가 되기 위해서는 근원적인 비약이 필요하다. 그것은 어머니의 심연으로 뛰어들어 가는 행위이다. 어머니는 불가역적인 과거의 한 점에 놓여 있지 않다. 기관 없는 신체로서의 어머니, 배아 상태의 어머니의 심연 속에서 어머니는 생성된다. 내가 어머니가 되는 과정은 이 생성의 과정에 참여하는 것이다. 그러나 그것은 어머니의 삶을 반복하는 것이 아니다. 어머니의 생성 그리고 나의 생성이 동시적으로 구현되는 것이며, 이를 위해서는 나와 어머니 사이를 가로지르는 과정, 나와 어머니의 차별성을 인지하는 과정이 필요하다. 기관 없는 신체의 욕망은 무엇이 되고자 하는 형성, 생성의 욕망이다.

<엘리모시너리>(리 블레싱 작)에서 할머니 도로시아는 기계의 힘을 빌리지 않고 간단한 날갯짓만으로 하늘을 날고 싶어 한다. 그녀는 자신의 욕망을 딸을 통해서 실현하고자 한다. 그의 딸이며 극 중 화자 '나' 에코우의 엄마인 아티는 자신의 욕망과 믿음을 강요하는 엄마로부터 달아나고 싶어 한다. 엄마를 대신해서 할머니가 에코우를 기르고 다시 할머니는 자신의 욕망을 에코우를 통해 실현하고자 한다. 영재교육을 받는 에코우는 특히 단어 암기에 뛰어나다. 날고 싶은 욕망이, 딸과 손녀를 특별한 존재로 교육하는 것과 동일한 것이었다면, 에코우가 단어와 그 뜻을 암기하는 것,

그리고 철자 암기대회에 나가 상을 받는 것은 도로시아의 욕망을 실현하는 방법이 된다.

철자 암기란 단어의 철자와 그 의미를, 기표와 기의를 기계적으로 대응시키는 것이다. 작품의 제목인 엘리모시너리Eleemosynary란 단어는 '자비로운'이라는 뜻을 지니지만, 정작 이 단어를 외운 에코우는 철자 암기대회의 결승전에서 이 단어를 전혀 자비롭지 않은 태도로 마치 무기처럼 사용한다. 암기는 기억에 의존하는 것이며, 기억은 생성에 반하는 작용이다. 앞서 살펴본 작품들에서 과거형의 기억 속에서 어머니를 복원하려는 시도들은 숭고한 사랑이라는 단일한 기표로 손쉽게 수렴되었지만, 이 작품 속에서 기표는 새로운 기의를 생성한다.

에코우는 과거의 기억 속에서 엄마의 따스함을 발견하는 것이 아니다. 에코우는 할머니의 사망 이후 어머니를 떠나 삼촌 댁으로 보내진다. 그리고 그곳에서 돌아온다. 떠났다가 돌아온 딸, 그것은 할머니 도로시아를 떠났고 돌아와 화해하고 싶었을 수도 있는 그러나 그러지 못한 엄마 아티와 겹쳐진다. 에코우는 말한다. "난 엄마 목소리를 계속 들었어. 전화 속의 목소리는 단어 철자들 뒤에 숨어서 미안하다고 말해… 엄마가 한 말은 기억나지 않아, 그 소리만 기억해. 그 소리는 이렇게 말해. 난 널 사랑한다. 하지만 내가 널 망쳤어." 에코우는 엄마의 자리에 서서 엄마가 할머니에게 하지 못했던 말을 하고 있다. 에코우는 이런 방식으로 '어머니-되기'를 실현한다.

이처럼 에코우는 엄마의 사랑을 뒤늦게 깨닫는 것이 아니라, 어머니에게 할머니에 대한, 그리고 자신에 대한 사랑을 생성시킨다. 에코우는 기표와 기의가 단일한 결합, 표면적 결합을 넘어 다의적 결합을 하고 있음을 안다. 아티는 이를 알지 못했기에 도로시아와 화해하지 못했던 것이다. 에코우와 아티가 화해하고, 더불어 그 결과로 아티와 도로시아 사이가 화해된다. 그리고 이렇게 엘리모시너리라는 단어에는 에코우에게 '자비로운'이라는 원래의 뜻을 회복시켜 주고, 그리고 더불어 엄마에게 할머니의 꿈인 '날 수 있다는 것'을 믿게 하는 단어가 된다. 무자비한 무기로부터, '자비로운'이란 원뜻으로, 그리고 '날 수 있는'이란 뜻으로 이 단어는 탈영토화되고 재영토화된다.

<에이미>(데이비드 헤어 작)에서 갈등의 두 축은 장모와 사위이다. 그 사이에 딸이며 아내인 에이미가 있다. 물론 이 작품은 표면적으로 이 두 사람의 갈등을 에이미의 관점—그것이 이 작품의 원제(Amy's view)이기도 하다—인 사랑으로 감싸려고 하지만, 사랑의 숭고함보다 더 중요하게 이 작품 속에서 관찰되는 것은 이 두 사람이 시간 속에서 삶을 대하는 방식의 변화 과정이며 그리고 그 변화 과정 속에서 서로에게 다가가는 방식이다.

그런데 에이미의 관점은 '사랑'이라는 추상적 관념이 아니다. 오히려 두 대립 항의 중간에서 바라보며, 두 대립 항 모두를 사랑했던, 그리하여 대립 항이 구분되지 않는 하나의 몸을 이루게 하는 것이 에이미의 관점일 것이다. 두 사람의 대립은 부모-자식의 대립이기도 하지만, 다른 방식으로는, 연극과 TV의 대립이기도 하다. 표면적으로 연극과 TV는 장모인 에스메의 입장에서 진정한 것과 거짓된 것의 대립이고, 사위인 도미니크의 입장에서는 과거와 미래 혹은 추상과 현실의 대립이며 또 다른 방식으로—TV는 사람들의 진짜 모습을 비추어 주지만, 연극은 일반적인 사람들의 삶과는 유리되어 있다는 점에서—거짓과 진정성의 대립이다.

그런데 문제는 이처럼 확연하게 구분되는 대립 항이 서로에게 침투한다는 점이다. 에스메는 더 이상 연극의 가치를 믿지 않는다. 잘못된 투자의 결과로 무한책임배상의 파산을 한 에스메는 생활고를 해결하기 위해 TV에 출연하며 근근이 살아간다. 이제는 젊은 날 확고했던 연기 방식에 대한 신념도 없다. 반면 최고의 성공을 거둔 언론재벌 도미니크는 돈의 가치를 회의한다. 도미니크가 화해를 청하기 위해 분장실로 찾아온 날 그날의 공연에서 에스메는 자신도 모르는 사이에 진정한 연기, 진정한 연극에 다다른다. 그녀는 '밖으로 드러내질 않으며 모두 안에 담고 있다.' 밖으로, 지표 위로, 기관화되어 드러나지 않는, 잠재태의 상태 속에서, 그녀는 관객을 자신의 내부로 끌어들인다. 연극을 폄하하던 도미니크마저도 이 연기를 보고 연극을 인정한다. "정말 특별했어요. 불현듯 몰입되더군요. 이게 연극의 매력이라는 건가요?"

도미니크는 5파운드짜리 수백 장이 든 가방을 선물로 놓고 갔다. 이 돈은 재화의 가치로서는 그리 많은 것이 아니지만, 수입을 원천적으로 저당 잡힌 에스메에게는 은행에 빼앗기지 않는, 그래서 그날그날의 삶을 위해 매우 소중한 것이다. 연극과 돈의 가치가 화해한다. 에스메의 삶이 도미니크의 삶이 변모하고 새롭게 생성된다.

<고아 뮤즈들>(미셸 마크 부샤르 작)에서 어머니에 대한 네 자녀의 대응은 '어머니-되기'의 관점에서 매우 흥미로운 대비를 보여 준다. 아들인 뤼크는 『스페인 여왕이 사랑하는 아들에게 보낸 편지』라는 책을 쓰고 있는데, 엄마의 옷을 입고 지내는 그는 자유분방하지만 한없는 모성을 지닌, 그래서 스페인으로 떠났음에도 불구하고 한시도 자식들을 잊은 적이 없는 엄마의 귀환을 상상한다. 그런데 그가 10년째 이 소설을 완성하지 못하는 것은 이 엄마, 이 거짓 엄마는 그의 글의 진정한 뮤즈가 되어 주지 못하기 때문이다. 그에게 엄마는 가슴이라는 기관으로서의 엄마다. 그는 엄마가

되는 것이 아니라 엄마의 껍질, 외피, 지표, 환상을 뒤집어쓴다.

큰딸 카트린은 엄마를 부인하고 스스로 형제들을 위해 엄마와는 다른 엄마가 되어 주고자 한다. 둘째 마르틴은 이 환상에서 벗어나기 위하여 자신을 부정한다. 그녀는 여성으로서의 자신의 정체성을 부정하고, 아버지의 삶, 군인의 삶을 선택한다. 막내 이사벨의 '어머니-되기'의 방식은 주목할 만하다. 성인이 되었지만, 여전히 아이의 지능을 지닌 이사벨은 그렇기에 성인이며 동시에 아이이다. 이사벨이 매우 빈번하게 단어의 의미를 되묻는 행위를 반복하는 것 또한 우연이 아니다. 이사벨은 기의와 기표의 관계를 재정립하고자 한다. 그를 위해 다른 남매들이 엄마가 죽었다고 말했지만 최근에 이사벨은 엄마와 관련된 진실을 알게 되었다. 엄마는 이곳에서 그리 멀지 않은 곳에서 지내면서도 자식들을 버린 후 다시 찾지 않았다. 이사벨은 숭고한 어머니에 대한 환상을 이제 버리며, 자신에게 가슴이라는 기관으로서의 어머니의 환상을 강제한 형제들을 저주한다. 이제 이사벨은 엄마 가슴에 매달린 어린아이가 아니다. 그는 멈추어 선 성장을 계속할 것이다. 엄마를 대신하는 연극 속의 이사벨이 엄마의 옷을 입고 엄마를 흉내 내는 뤼크와 다른 것은 자신이 지금 임신 3개월의 엄마라는 사실이다. 환상의 엄마를 재현하는 것이 아닌 진짜 엄마가 되었다. 자신을 버린 엄마의 옷을 입고, 그는 자신의 아이를 절대 버리지 않을 것이라는 맹세를 한다. 이사벨은 어머니의 이야기에 진실을 되돌려 주고, 자기 스스로 불완전하지만 온전한 엄마가 되고자 한다.

내가 어머니와 같음을 확인하는 것은 자명한 것을 확인하는 것이며 따라서 동어반복이며 퇴행적이다. 어머니는 나를 통해서 연장되며 또 다른 삶을 획득하고 확장되는, 생성의 삶을 살아야 한다. '어머니-되기'는 어

370

머니에게서는 하나의 잠재태였던 삶을 나의 삶 속에서 현실태로 생성해 가는 것을 말한다. 그것이 어머니라는 타자를 동일자 속에 품는 방식이며 또한 동일자를 타자화하는 방식이기도 하다.

두 개의 텍스트
<처의 감각>과 <곰의 아내>

남산예술센터는 2015년 벽산희곡상 수상작인 고연옥의 <처의 감각>을 <곰의 아내>라는 새로운 제목으로 지난 2016년 7월에 공연하였다. 2011년부터 2015년까지 5년간 남산예술센터의 레퍼토리를 대표했던 <푸르른 날에>를 연출하였으며, <조씨고아>로 지난해 국내 거의 모든 연극상을 석권한 고선웅이 연출을 맡았다. 우리 연극계를 대표하는 작가와 연출의 만남은 많은 관심을 끌었으며, 작품은 연일 매진을 거듭하며 성황리에 공연되었다. 관객의 반응이 공연의 성공 지표라면, <곰의 아내>는 분명 성공적인 공연이었다고 할 수 있다. 그러나 공연의 성공을 판단하기에 앞서, <곰의 아내>는 제작 과정에서 몇 가지 생각해 보아야 할 과제를 던져 준 작품이었다.[55]

희곡상 수상작의 공연이며 그 희곡상을 제정한 벽산 재단과의 공동 제작임에도 불구하고, 작가 원작이 아니라 연출의 각색본으로 공연되는 매우 이례적인 상황이 벌어졌고, 프로그램의 글 속에서 작가와 연출은 이와 같은 상황이 그들 사이에 동의되지 않은 간격 때문이었음을 숨기지 않았다. 간단히 말해서 작가의 원작에 대해 연출이 수정 요청을 하였고, 두 사람은 절충하려는 노력을 보였으나 끝내 이견을 좁히지 못하고, 작가가 공연 대본에서 자신의 이름을 사용하기를 거부해 버린 것이다.

작가와 연출가 사이의 긴장과 갈등은 연극 제작 상황의 일부로서 늘 존재한다. 실제로 하나의 작품은, 그것이 초연인 경우 공연을 준비하면서 다듬어지고 수정되는 것이 일반적이며, 이 자체는 불필요하거나 부정적인 과정이 결코 아니다. 그것은 희곡 텍스트로서의 연극과 공연이라는 연극이 하나로 겹쳐져야만 완성되는 연극 장르의 본질로부터 생겨나는 필연적인 과정이다. 이 과정의 갈등을 최소화하고 효율화하기 위해서 작가와 연출을 겸하는 경향이 생겨난다.

상업적 프로덕션의 경우, 작가나 연출보다 프로덕션의 의지가 더욱 중요한 것이므로 갈등이 발생하여도 해결의 방향성이 분명하다. 그러나 공공극장에서 작품을 제작할 때, 작가와 연출 간에 대립이 있을 때, 이를 중재하는 것이 쉬운 일이 아니다. 그러므로 작가와 연출을 짝지을 때 가장 고려해야 하는 것은 작가와 연출의 원활한 의사소통이다. 이번 공연도 고연옥의 <처의 감각>의 제작을 위해 여러 가능성이 검토되었으며, 고연옥 작가가 고선웅 연출에게 작품을 함께 할 것을 제안한 뒤 이를 고선웅 연출이 받아들이고, 극장이 이를 최종적으로 결정하는 방식을 취함으로써 작가와 연출의 매칭에 있어 예술가들의 의사를 최대한 반영하였다. 그럼에도 불구하고 결국 <처의 감각>은 <곰의 아내>가 되어야 했고, 두 사람은 작품에 대한 이견을 좁히지 못한 것이다.

    <처의 감각>이라는 작품을 해석하면서 작가 고연옥과 연출가 고선웅을 갈라놓은 것은 과연 무엇일까? <처의 감각>은 '처' 즉 여자가 가장 중요한 자리에 위치하는 이야기이다. 반면에 <곰의 아내>는 '곰'이 주체이다. '아내'는 '곰'과 관련되는 존재로서 의미를 갖는다. 결국 두 사람이 작품을 바라보는 시선의 차이는 고연옥의 여성적 세계와 고선웅의 남성적 세계의 차별성이다. 그러나 이때 여성성과 남성성은 단지 두 사람의 성별과 관련되는 차별성이 아니다. 그것은 삶과 세계를 인지하고 구성하는 방식의 차별성이다.

    고연옥이 '감각'이라는 단어를 사용할 때 이때 '감각'은 시각적 감각에 국한되지는 않는다. 고연옥에게 감각은 시각화되지 않는 전-언어적인 표현이다. 감각은 비가시적인 세계와의 접촉을 의미하는 것이다. '처'라는 존재가 접촉하는 비가시적인 세계에 관한 이야기이며, 이 감각(sens)이 의미(sens)를 획득하는 이야기이다. 그러므로 '곰'이라는 존재는 '처'가 가닿는 비가시적인 세계 그 자체이다. 이때 곰은 남성성을 표현하지 않는다. 곰이 남편으로 설정되어 있지만, '웅녀' 설화에서처럼 '곰'의 속성은 여성이 가닿는 초월적 세계이다. 그리고 여기서 여성이란 고연옥이 적시하고 있듯이 "세상에서 제일 가난한 사람" "세상에서 제일 약한 사람"이다. '곰'은 거대한 몸을 지닌 강력한 유기체가 아니라, 가장 연약한 존재라도 충만한 삶을 가능하게 하는 힘을 말한다.

    유기체가 아닌 곰은 '기관 없는 신체'이다. 결국 세상에서 곰처럼 살아가지만 그런 미련하고 무의미한 일상성 너머에 존재하는 초월적인 힘이 문제가 되는 것이다. 세상에서 소중한 존재로서의 자기 의미를 만들지 못하는 여성이, 그 한계적 조건을 벗고 충만할 수 있는 상태, 그것이 바로 '곰'이다. 그러므로 여자가 곰과 함께 살았다는 것, 그것은 곰이라는 배우자를 지칭하는 것이 아니라, '곰'이라는 상태와 접촉했음을 말하는 것이다. 등장인물로서의 여자의 이전의 상태, 전-주체적인 상태 그것이 곰이다. 바로 그 때문에 여자는 곰을 향해 자신의 아내라고 부르는 것이다.

"더 이상 가지 말아요. 숨지도 말아요… 당신은 내 아내였지요."

그런데 반대로 고선웅은 비가시적인 것들을 가시화시키는 데 관심을 둔다. 그에게 '곰'은 가시화되는 유기체로서의 '곰'이다. 왜냐하면 곰은 이야기 속의 한 역할이기 때문이다. 곰은 이야기에서처럼 여자와 함께 살았으며, 배신당했고 여자가 되돌아가 만나고자 하는 구체적인 존재이다. 그러므로 고선웅은 곰의 구체성을 물질화하기 위해 곰을 무대 위에 등장시킨다. 당연히 인간적인 것을 넘어서는 거대한 존재이므로, 곰은 말 그대로 '거대한' 모습으로 등장한다. 그런데 이처럼 비가시적인 원초적 힘의 상태가 가시적 형태로 제시될 때, 이 작품은 신화의 세계로부터 우화의 세계로 이동한다. 그것은 곰의 형상화의 미적 완성도와는 관련이 없다. 조악한 곰의 형상이 아니라 잘 만들어져서 관객들을 압도하는 형태로 주어진다 해도 무대 위의 곰은 초월성을 상실한 이미지 즉 '우상'이다. 그리고 이야기는 이제 구체적인 현실 세계에서 살아가는 방식에 관한 것이 되어 버린다.

따라서 고선웅은 여자가 거기로부터 왔으며 다시 돌아가고자 하는 근원적 공간으로서의 동굴에 관심을 두지 않는다. 고연옥은 회귀적인 움직임 속에서, 곰의 공간인 동굴로 끊임없이 회귀하려 한다. 그러나 고선웅은 남자의 자리에서 이 작품을 읽고 만들어 간다. 남자가 동굴에 온 것은 사고였다. 남자는 동굴로부터 멀리 벗어나려고 한다. 남자는 동굴 같은 집

구석에 잘 들어오려 하지도 않는다. 그러므로 고선웅이 관심을 두는 공간은 남자가 동굴을, 집을 떠나 도달할 공간이다. 사랑하지 않는 두 사람이 살았으며, 그들은 아이를 낳고 살았지만 끝내 서로 결별하고 각자의 삶을 찾아간다.

남자에게는 사랑했던 여인이 있고, 그들은 마침내 '순수박물관'에서 조우한다. 남자는 인간으로서의 존엄을 잃고 살아가고 있었지만 마침내 첫사랑과 조우하면서 자신의 삶을 순수한 상태로 다시 일으킬 수 있다. 사회적 삶 속에서 실패하고, 그 실패 과정에서 위로를 주었던 여인과 결혼하여 가정을 이루고 살았지만 행복하지 못했고, 그녀와 결별하고 첫사랑을 만나 다시 삶의 의미를 찾는 한 남자의 이야기가 펼쳐진다.

그런데 '순수박물관'이라는 공간은 '동굴'과 달리 지극히 현실적이며 순수하게 물질적인 공간이다. 그 공간은 "한 남자의 일생을 가로지른 한 여자의 흔적을 모은 곳"이다. 그곳에는 "여자가 피웠던 담배꽁초며 귀걸이 하나, 사랑을 나눴던 침대 시트, 메모지와 연필, 여자를 지켜보았던 창문틀"과 같이 현실적이고 구체적인 사물이 존재하는 곳이다. '순수'란 지향점이거나 초월성이 아니라 구체적인 사물의 속성이다. 이 순수한 사물은 "아무리 부수고 밀어내도 결코 빼앗을 수 없는 나만의 세상"이다. 이 박물관은 관념을 전시하지 않는다. 그런 그에게 친구 역무원은 그가 이해하지 못하는 관념에 대해 말한다. "사람은 영원한 것을 찾기 위해 사는 거야. …내가 사라진 후에도 영원히 지속하는 어떤 것. 내가 더 큰 세계에 있다고 믿을 수 있는 것."

구체적 세계에서 벗어나는 모든 시도의 실패 후에 되돌아와 구체적 세계의 한계 속에서 순수한 사랑을 추구하는 것, 그것이 남자의 세계이다. 회의적인 시선으로 삶을 바라보다가 고선웅은 그럼에도 불구하고 주어진 조건 속에서 순수하게 사랑하며 살아야 한다는 윤리적 자세를 제시한다. 바로 이처럼 등장인물인 남자의 시선 속에서 고선웅이 작품을 해석하고 있으므로, 사실상 이 이야기 속에 여자와 곰의 자리는 없다. 곰의 이야기는 현실과 대조를 이루는 우화적 이야기일 뿐이며, 아내가 꿈꾸는 비현실적인 상상의 세계에 불과한 것이다. 그러므로 이 우화가 신화로 변화할 계기 또한 존재하지 않는다. 여자가 다시 곰 남편을 만나기 위해 동굴로 돌아가 아이들을 죽이는 장면을 놓을 자리가 고선웅의 <곰의 아내>에는 없는 것이다. 따라서 고선웅은 곰의 아내가 사냥꾼을 사주하여 아이들을 죽인 것처럼 암시되는 마지막 대사들을 지워 내고 자신의 방식으로 다시 쓰기를 한다. 다음은 순서대로 고연옥이 쓴 <처의 감각>의 마지막 대사와 고선웅이 다시 쓴 <곰의 아내>의 마지막 대사이다.

여자: 할 수 없잖아요. 애들이 죽어야 내가 떠날 수 있어요.

사냥꾼: 꼭 가야 하나?

여자: (동굴 안을 향해) 이봐요? 아직 거기 있지요? 거의 다 됐어요. 울지 말아요. 봐요, 나 당신한테 가고 있어요. 다시는 도망치지 않을 거예요. 단 하루라도, 나 당신과 살고 싶어요. (<처의 감각>)

"여보, 나, 당신처럼 됐어. 세상에서 제일 가난한 사람. 여보, 나, 당신처럼 됐어. 세상에서 제일 약한 사람. 근데 나 괜찮아. 다신, 도망치지 않을 거야. 이런 껍데기는 발로 차버릴 거야. (침낭을 밖으로 굴려 밀어낸다. 아이들을 업고 방울을 흔들며 춤을 춘다) 그러니까 당신도 도망치지 마. 나는 곰처럼, 당신은 인간처럼 그렇게 중간에서 만나. 그리고 밤새 춤추자. 그다음은 그다음에 생각해. 그래 줄 수 있어?"

곰이 나타난다. 음악. 여자가 환하게 웃는다. 밖에서 소리. (<곰의 아내>)

고선웅이 다시 쓴 이야기 속에서 남자의 이야기는 하나의 의미망을 형성하지만, 여자-곰의 이야기는 어떤 의미망도 구축하지 못한다. 무대 위에서 남자-여자친구의 결합과 함께 곰과 아내의 결합을 대칭형으로 보여주지만 실상 이러한 대칭화의 의미를 만들어 내지 못한다.

마지막 장면에서 고선웅이 제거한 '죽음'은 <처의 감각>에 국한된 것이 아니라 고연옥의 작품 전체에서 항상 본질적인 요소로 작동해 왔다. 고연옥은 초기 작품부터 최근의 작품에 이르기까지 일관되게 죽음을 거쳐야만 삶이 획득된다는 것을 보여 준다. 인간이 되기 위해 동물이 되고, 죽어야만 자유를 획득하고, 높이 오르기 위해서 지하생활자가 되어야 하는 것이 고연옥의 세계이다. 아이들을 죽인다는 것, 그것은 자기 자신을 죽이는 행위이다. 곰의 세계에서 인간의 세계로 넘어올 때 아이들을 죽였듯이, 인간의 세계에서 곰의 세계로 넘어가기 위해서 아이들을 죽인다. 아이를 죽이는 것은 한 세계와의 단절을 표현한다. 곰이라는 원천적인 힘의 세계와 접촉하기 위해서는 일상적인 나의 죽음이 고연옥에게는 필수적인 것이다.

죽음은 원천으로의 회귀이며 새로운 탄생을 위한 시작 지점이다. 일상의 이야기가 '신화'로 변모하는 지점이 바로 여기이다. 고선웅은 죽음을 제거함으로써, '신화'도 제거해 버린다. 고선웅은 '동굴'을 제거하고, 또한 신화(muthos)를 제거한다. 고선웅은 허구로서의 언어인 뮤토스가 아닌 명확한 언어, 이성의 언어인 로고스를 요구하며, 허구 뒤에 숨지 않는 구체성을 시각화하고자 한다. 고선웅에게 연극이란 강하게 비약하지만 현실적인 것이다.

고연옥에게 연극이란 현실로부터 발아하지만 현실의 밖을 향한다. 신화란 현실 밖의 이야기이다. 고선웅의 <강철왕>이 이야기의 비현실성에도 불구하고 신화가 아닌 것은 <강철왕>은 비현실성을 통해서 현실을 재조직하기 때문이다. 기계화된 인간은 초월적 현실이라기보다는 너무도 과도하게 현실적으로 되어 버린 인간이기 때문이다. 신화를 제거한 <곰의 아내>는 멜로드라마와 우화의 결합체가 되었다.

　<처의 감각>이 신화인 것은 웅녀 이야기라는 원형의 이야기를 반복하기 때문은 아니다. 신화란 허구의 이야기이다. 일상성의 밖에서 말하는 것, 그것이 신화이다. 현실 밖의 의미에 가닿는 것, 바로 그것이 <처의 감각>이라는 신화이다. 하나의 이야기가 말해지고, 말해진 어떤 것으로부터 다시 다른 어떤 것이 말해지는 것, 이것이 반복되는 이야기로서의 신화를 구성한다. 그렇다면 신화란 말해진 것(le dit)들의 반복을 가능하게 하는 말하기(dire) 그 자체이다. 고연옥의 인물 '여자'는 마지막 장면에서 동굴을 향해, 보이지 않는 '곰'을 향해 말을 건넨다. "이봐요? 아직 거기 있지요? (…) 나 당신한테 가고 있어요." 바깥으로 말을 건네는 것, 바깥을 감각해 내는 말하기, 그것이 글쓰기이다.

　작가와 연출의 갈등은 희곡과 무대의 갈등이며, 글자와 몸의 갈등이며 문학과 공연의 갈등이다. 연출의 바깥에 작가라는 타자가 있다. 텍스트가 절대 훼손, 변형해서는 안 되는 절대적 대상은 아닐지라도 텍스트를 하나의 해석, 하나의 말로 고정하기 위해서는 텍스트에 말을 건네야 한다. 고선웅은 텍스트에 말을 건네지 않았다. 고선웅은 차라리 고연옥의 말하는 방식을 교정하였다. 무대의 마법사답게 고선웅은 더듬거리며 말하는 고연옥의 텍스트가 '제대로' '똑똑하게' 말을 할 수 있도록 최면을 걸었다. 그리고 무대 위에서 최면에 걸린 듯 <처의 감각>은 <곰의 아내>가 되어 그럴듯하게 말하기 시작했다. 그러나 고연옥의 세계는 '똑똑하게'와 상관없이 그저 '말하기'와 관련된다. 고연옥은 말해지기 힘든 대상에 가닿기 위해 말을 더듬었던 것이다. <처의 감각>과 <곰의 아내>는 끝내 가닿지 못한 채

두 개의 비슷하지만 독립된 텍스트로 남았다. 공연과 함께 원작 <처의 감각>이 단행본으로 출판되었다. 누군가 이 텍스트에 말을 건네 '말하기' 방식의 신화가 다시 작동할 것을 기대한다.

마법의 섬, 극장에서: <예술하는 습관>

연극 <예술하는 습관>(앨런 베넷 작, 박정희 연출, 명동예술극장, 2016. 6. 22.~7. 10.)은 <칼리반의 날>이라는 연극을 연습하는 연극이다. 극중극 형식을 지니고 있지만, 일반적으로 극중극 구조를 갖는 연극들에서 극 중 현실의 비중이 극중극에 비해 큰 것에 비한다면, 이 작품은 <칼리반의 날>이라는 극중극이 대부분을 차지하고, 이 작품에 대해 배우들이 의견을 교환하는 것이 극 중 현실을 이룬다. 극중극은 극 중 현실을 보다 명확히 이해하기 위한 극적 장치인 것이지만, 이 작품에서는 반대로 극 중 현실이 극중극을 보다 명확히 이해하기 위한 장치로 기능한다. 다시 말해서 '현실'이 '극'을 설명하고 있다. 현실은 습관의 영역이다. 습관이란 판에 박은, 반복되는 일상을 이야기하는 것이지만, 어원적으로 Habit은 '살다' 즉 삶을 의미한다. 그러므로 <예술하는 습관>은 삶으로 예술을 설명하는 연극이다. 삶으로 예술을 '설명'하는 이 연극은 그 의미망과 주제를 파악하기에 매우 친절한 연극처럼 보인다. <칼리반의 날> 속에는 전기 작가 카펜터가 처음부터 이 작품의 주제를 요약해 준다.

위대한 사람들… 그들의 결점에 대해 듣고 싶습니다. 그들이 어떤 비전을 가지고 어떻게 세상을 바꿨는지는 충분히 들었으니까요. 이제 저는 그들의 두려움과 실패, 인간적인 면모를 보고 싶은 것입니다.

극 중 현실에서도 역시 작가가 연습을 지켜보면서 작가의 의도를 일일이 설명해 준다. 그 역시 예술작품 그 자체보다는 전기적인 사실들로 인간을 설명하며, 그것이 가장 중요한 진실이라고 믿는다. 결국 작품 밖의 삶으로부터 예술을 이해하는 것이 이 작품의 주제를 이룬다.

오든은 그랬어요. 그런 사람이었죠. 실제 삶을 통해서 오든을 표현하는 것 말고, 다른 방법이 있나요?

이처럼 극중극 내부로부터 해설되고, 극 중 현실의 작가에 의해 보충된 <칼리반의 날>의 내용을 요약한다면 아마도 다음과 같은 것이 될 것이다. 대시인 오든과 대작곡가 브리튼은 이제 인생의 황혼기에 이르렀다. 그런데 이들은 모든 사람이 상상하듯 그들의 예술이 보여 주는 바처럼 고결하고, 위대한, 그리고 아름다운 삶을 살지는 않았다. 그들은 인간적인 결함투성이였다. 예술적인 절정기를 넘긴 이 두 사람은 모두 더 이상 자기 확신을 지니지 못한다. 동성애자인 오든은 싱크대에 소변을 볼 정도로 지저분하며, 때로 콜보이를 집으로 불러들인다. 젊은 시절 그의 파트너인 브리튼은 어린 소년들을 성적으로 탐닉해 왔다. 어느 날 새로운 오페라 <베네치아에서의 죽음>의 작곡을 위해 고심하는 브리튼은 오든에게 위로받고자 그를 찾는다. 하지만 두 사람은 이 만남 속에서 서로에게 기대한 바를 찾지 못하고 관객들에게 그들의 삶의 어두운, 보잘것없는 면모만을 노출한다.

그런데 작품 <칼리반의 날>에는 마지막에 커다란 비약이 있다. 오든이 불렀던 콜보이 스튜어트가 다른 손님을 찾았다가 그로부터 오든이 유명인이라는 말을 듣고 다시 그를 찾아온다. 오든은 셰익스피어의 <태풍>에 나오는 괴물 칼리반의 이름으로 그를 부른다. 그는 예술이라는 숭고한 것과 대비되는 추한 삶을 대변하는 인물로 제시되는 것이다. 스튜어트는 추한 것, 아름답지 않은 것, 삶의 이름으로 고상한 것으로서의 예술을 질책한다. 더불어 그는 고상함을 위해 봉사한 이름 없는 아이들이 있었음을 주장하고, 편안한 중산층의 예술을 경멸한다.

이름을 밝힐 수 없는 여자애들, 이름을 밝힐 수 없는 남자애들. 우리는 예술을 먹여 키우는 사료로 봉사한 거예요… 오든 선생님은 편안한 영국에 대해 계속 말하죠. 하지만 편안한 건 영국이 아니에요. 그건 당신들 패거리만 누리고 있는 거예요. 예술이고, 문학이고, 브리튼이고, 이든이죠. 당신들 밖에는 항상 누군가가 남겨져 있어요.

<칼리반의 날>은 이처럼 급작스러운 비약으로 끝을 맺는, 불완전한 작품이다. 삶에 의해서만 (예술적) 진실에 도달할 수 있다는 <칼리반의 날>의 주제 또한 <예술하는 습관>의 주제가 되기에는 불완전하다. 이 작품은 왜 이리 불완전한가? 왜 작가 앨런 베넷은 이토록 이해할 수 없이 불완전한 결말을 써놓았을까? 작가가 말하듯, 칼리반이 "바보가 아니라 뒤에 남는" 존재임을 보여 주는 것 다시 말해 현실의 힘이 이상의 힘보다 더 중요하다는 것을 드러내기 위한 것일까? 피츠는 그러나 이처럼 한쪽으로 치우친, 작가가 설명하는 주제의 설정을 믿지 않는다.

아, 알겠어. 이제부터 난 아무 말 안 할 거야. 만날 관점이래. 내 관점, 네 관점.

결국 극중극인 <칼리반의 날>을 연출가도 없는 오늘 연습하는 이유가 "대본에 대한 이해가 부족한 분도 계시니까 처음부터 쭉 가보"는 것이라고 배우들에게 설명하듯이, 이 비약하는 마지막 장면의 개연성을 이해하기 위해 관객은 <칼리반의 날>로부터 <예술하는 습관>으로 초대되는 것이다. 언뜻 쉽게 이해될 것 같은 텍스트의 이해할 수 없는 측면으로 접근하기를 요구하며, 좀 더 세심히 이 텍스트가 이야기하고자 하는 것을 설명하는 것이다.

카펜터: <바다와 거울> 그 시는 참 이해하기 어렵던데요.

오든: <태풍>의 결말에 대해서 이야기한 시야. 상처는 다 치유되고 죄도 다 뉘우치고… 다 잘 마무리되었는데도 뭔가 좀 더 있어야겠다는 느낌이 들더란 말이지.

오든에게 <바다와 거울>이 셰익스피어의 <태풍>에 관한 시적 코멘트였다면, 앨런 베넷에게 <칼리반의 날> 그리고, <예술하는 습관>은 오든의 <바다와 거울>에 대한 '극'의 형태를 지닌 코멘트이다. 극중극 <칼리반의 날>을 밖으로 감싸고 있는 극 중 현실이 필요한 이유가 바로 여기에 있다. 그런데 오늘 참석하지 못한 연출은―작가는 이중적으로 존재하는데, 연출은 부재한다!―원래 존재하던 <바다와 거울>에 대해 길게 논의하는 부분을 몽땅 없애 버렸다. 연출이 부재하기 때문에, 그리고 그가 지워 놓은 부분 때문에 오든의 <바다와 거울>과 이 작품을 연결하는 방식이 직접적으로 드러나지는 않는다. 그렇다면 부재하는 연출의 자리에서 이 작품의 드라마투르기를 다시 한번 생각해 보아야 한다. 작품의 서두에서 카펜터가 요약한 <칼리반의 날>의 주제를 연출가가 지워 버렸다는 것을 상기해야 한다.

카펜터: 예술가들은 그들의 고매한 인격 때문에 칭송을 받지만, 알고 보면 인간이라고는 보기 드문 경우가 대부분입니다.

무대조감독: 선배님, 연출 선생님이 이건 다 잘라 냈잖아요.

도널드: 그러셨지…. 나는 좋은데, 그냥 내 느낌에는, 괜찮다고. 연극에 꼭 필요하고. 안 그래?

부재하는 이 작품의 연출은 작품의 주제가 처음부터 '예술에 대한 삶의 우위'로 확정되는 것을 경계한다. <바다와 거울>은 긴 극시이다. 이 작품에서 <태풍> 속의 인물들은 차례로 나와 독백을 한다. 결국 마지막 스튜어트의 대사는 <바다와 거울>에서의 칼리반의 독백을 염두에 둔 것이다. 작가는 이 작품을 연습하고 있는 배우들이, 이 연습의 과정에서 자신의 배역에 대한, 그리고 이 작품에 대한 자신의 견해를 밝히는 일종의 독백을 뱉어 내도록 극을 짜놓는다. 스튜어트의 마지막 대사가 극 전체 속에서 이질적이며 돌출된 행위로 보이지 않기 위해서는 이처럼 모든 배우가 자기 변론의 순간을 지니고 발언하고 있음을 드러내야 한다. 오든 역의 피츠, 브리튼 역의 헨리, 카펜터 역의 도널드, 무대감독 케이, 작가 닐 그리고 마지막에 콜보이 스튜어트 역의 팀의 독백 아닌 독백이 이어지도록 구성된 것이다.

피츠는 주어진 배역을 의심한다. 그는 오든이라는 인물이 더 고상하기를 원한다. 그는 오든과 너무도 다르지만—개수대에 소변을 보는 오든과 달리 소리가 들린다고 일부러 멀리 있는 화장실을 이용한다—오든과 보이지 않는 동일성을 지니고 있다. 이제 너무 늙어 자신의 대사를 외우는 것조차 버거워하는 피츠는 더 이상 새로운 시를 쓰지 못하는 오든과 다르지 않은 두려움을 가지고 있다. 헨리는 젊은 시절 콜보이를 하던 한 친구에 대해 이야기하지만, 실제로 자신의 이야기를 하고 있다. 그는 브리튼이 어린 소년에게 매혹되듯이 스튜어트 역의 젊고 잘생긴 팀에게 끌린다. 그는 자신과 배역의 상관성에 대해 어떤 의견도 제시하지 않는 것 같지만, 실제로 그 배역과 삶의 동일성을 충분히 지니고 있다. 그 때문에 그는 자신의 배역의, 그리고 상대역의 대사의 상황적 개연성을 변론할 수 있다.

도널드는 카펜터라는 인물이 단지 극적 장치의 기능만을 수행하지 않도록 노력한다. 그의 대사를 통해 그는 시시한 삶이 예술보다 더 앞선 것임을 설파하고 있지만, 사실을 넘어서는 인간의 진실을 표현하기를 원한다. 결국 등장하는 인물들 모두 배역으로 요구되는 것과 자기 자신 사이에 어떤 모순과 더불어 상관관계를 느낀다. 칼리반, 스튜어트도 자신의 독백을 한다. 이제 그가 독백하는 그 자리는 더 이상 <칼리반의 날> 속이 아니다. 그는 <예술하는 습관> 속에 위치한다.

스튜어트도 자신의 역할인 콜보이로 불리기를 거부한다. 더불어 그는 칼리반이라 불리는 것 역시 거부한다. 그는 그가 말하는 내용을 증명하고 주장하기 위해 그 자리에 있는 것이 아니다. 위대한 사람들의 작품을 위해 희생된 아이들의 기여도를 주장하기 위해서 그 자리에 있는 것이 아니며, 위대한 사람들의 삶의 비속함을 드러내기 위해서 그 자리에 있는 것도 아니다. 스튜어트는 이 연극 속에 오든과 브리튼의 만남의 목격자로 존재한다.

그는 예술하는 습관을 가진 이 사람들과 전혀 관련 없는 세계에 살고 있다. 그의 세계는 버스 정거장이다. 그곳은 콜보이가 손님을 유혹하는 곳이면서, 더불어 예술과 관련 없는 일상적 삶의 공간이다. 그는 노럼의 한 노인이 사는 잘 정돈된 부르주아의 거실이 아닌 지저분한 오든의 연구실을—이곳이 바로 극장이다!—선택했다. 이 공간은 스튜어트가 구강성교로 고객에게 봉사하는 곳이 아니라, 그가 오든으로부터 구강성교를 받는 곳이다. 그는 이 공간 안으로 들어가기를 원한다. 이 공간은 '편안한 영국'이 아닌 어떤 곳으로 그를 이끈다. 사방이 먼지투성이인 이 공간은, 스튜어트에게 아무도 건드리지 않았던 어린 시절을, 그리고 이제는 의식 속에서 더이상 탓하고 있지 않은 최초의 상처들을 다시 상기시키는 공간이다. 그것은 삶이 하루하루 기계적으로 반복되며, 있는 그대로 받아들여지는 상태를, 그저 습관으로서의 삶을 벗어나는 순간이다. 그는 이제 온전히 자기 자신인 것이다.

아뇨, 칼리반이 아니에요. 그냥 나예요. 나. 이렇게 서 있는 내가 말하고 있는 거라구요. 한번 보시겠어요? 여기 지금 모두 다 함께 있어요. 여기 지금 내가! 다 함께 하고 있는 거라구요.

그가 모두 다인 것은, 배역으로서의 스튜어트이자, 배우로서의 팀을 아우르는 것이다. 더불어 일상적 삶의 영역에 속하면서 동시에 예술의 영역에 속함을 의미한다. 삶은 너저분한가? 예술은 고상한가? 고상하고 순수하다고 여겨지는 예술가가 별 볼일 없이 타락한 존재인가? 오든은 여기에 이렇게 대답한다.

그게 뭔 상관이야? 갑자기 순수가 왜 나와? 둘 다 순수하지 않아! 물론 타락하지도 않았고. 이건 협력에 대한 이야기야.

아리엘과 칼리반, 고상함과 추함, 관념과 실재, 허구와 현실, 배역과 배우, 오든과 브리튼 등등 이원적인 모든 것들이 하나가 하나를 배제하는 것이 아니라 갈등 속에서 하나가 되게 하는 것, 바로 이것이 연극의 마법이다.

케이: 연극이 뭐야? 마술 같은 거잖아.

출장으로 부재하는 연출가의 자리는 마법사 프로스페로의 자리이며, 이 작품의 연출가 박정희의 자리이다. 마법사는 스튜어트의 자리로 관객을 초대한다. 관객은 삶과 예술의 관계에 대한 연극을 그의 눈앞에서 겪으면서 온전히 자신을 찾게 된다. 예술은, 그리고 연극은 분명 구체적인 삶의 영역과 분리되는 것이 아니지만, 삶을 또 다른 차원으로 변모시킨다. "누군가 항상 뒤에 남는다"면, 그것은 관객일 것이다.

케이: 연극은 성스럽고, 연극은 파격적이고, 연극은 빛나고, 연극은 타락했고, 하지만 연극은 계속되지요. 연극, 연극, 연극. 예술하는 습관인 거예요.

\<바후차라마타\>를 위한 드라마투르기

하나의 존재로서 인간을 정의하는 다양한 방식 중에서 성(性)을 기준으로 인간을 규정할 때 이를 성적인 정체성이라 한다. 그런데 남성, 혹은 여성이라는 이원론적인 구분의 범주 밖으로 나갈 때 성적 정체성의 문제가 제기된다.

생물학적으로 정의되고, 사회적으로 규정된, 자신에게 당연하게 주어진 성적 정체성과 갈등 관계에 놓일 때, 그는 스스로를 어떻게 인식하고 또 타인은 그를 어떻게 인식해야 하는가? 호모섹슈얼리티로 정의되는 성적 정체성은 자아 속에 타자가 혼재될 때 발생한다. '나' 혹은 '나로 규정된 바'와 그것의 외부로부터 이질적인 것으로 규정되는 것이 혼재하게 되는 것이다. 이 혼재성을 사유하는 여러 방식 중에서, 가장 기초적인 것은 누구도 실제로 전적으로 남성이거나 전적으로 여성은 아니라는 점을 지각하는

것이다. 아니마(anima, 남성들의 무의식에 내재된 여성성의 원형)/아니무
스(animus, 여성의 무의식에 내재된 남성성의 원형)라는 대립은 남성/여
성의 이원론을 '여성 속의 남성성'과 '남성 속의 여성성'으로 확장시킨다.
그러므로 확장된 개념 속에서 누구도 전적으로 동성애자이거나 전적으로
이성애자일 수 없고, 누구도 단일한 성으로 규정될 수 없다.

그런데 단지 주어진 성적 정체성과는 다른 성적 정체성을 선택하는
것이 아닌, 혹은 주어진 몸에서 다른 형태의 몸으로 전환하는 것이 아닌 것
으로 이 혼재성을 확장하려고 하는 것이 들뢰즈적인 방식이다. 이것은 하
나의 생식 기관을 지닌 몸으로부터 그것과 대립적으로 파악되는 생식 기
관을 지닌 몸으로의 이동이 아니다. 들뢰즈에 따르면 "동성애자는 동일한
성으로 남으려는 자가 아니라 우리가 알지 못하는 수많은 성들을 발견하
는 자"이다. 자기 안에 n개의 성, n개의 타자를 알게 되는 자는 바로 n개
의 성으로 스스로를 생성하는 자이다. 이는 n개의 유기체적인 변환이라기
보다는, 성과 성 사이를 수없이 가로지르는 운동 자체를 말하는 것이다. 성
정체성을 이와 같이 생성의 움직임으로 설명하면서 들뢰즈는 '되기' 개념
을 제시한다.

뛰다의 <바후차라마타>(남산예술센터, 2014. 4. 5.~20.) 공연에 앞
서, 이 작품의 이해를 돕는 글에서 들뢰즈를 인용하고자 하는 것은 성 정체
성에 대해 숙고할 때 들뢰즈의 사유가 유용하기 때문이기도 하지만, 그에
앞서 들뢰즈 자신이 소위 '드라마화'라는 방법론을 내세우면서 "철학 안에
서 연극에 상응하는 놀라운 등가물"을 발견하기를 원했기 때문이다. 그는
연극적 실천의 방식으로 자신들의 사유를 실현하는 '뛰다'의 방식을 견인
하고 있다.

『차이와 반복』에서 들뢰즈는 차이를 생산하는 반복적 운동으로서

연극의 본질을 정의한다. 들뢰즈는 재현의 연극을 개념에, 참된 연극을 운동성과 관계 짓는다. 그에 따르면 "반복의 연극에서 체험할 수 있는 것은 어떤 순수한 힘들이며 공간 안에서 용솟음치는 어떤 역동적인 궤적들"인 것이다. 개념 혹은 일반화가 아니라 순간을 개별화시키는 것, 그것이 연극의 본질이라고 들뢰즈는 생각한다.

매 순간을 개별화시키는 이 운동적 궤적은 성적 정체성이라는 맥락으로 되돌아와 생각할 때 n개의 성이 되는 생성의 움직임과 동일한 것이며, 이는 극단 '뛰다'가 그들의 연극을 통해서 구현해야 할 움직임이기도 하다. 참된 연극을 만드는 것과 성적 정체성을 생성 속에서 사유하는 것은 들뢰즈에게서나 '뛰다'에게서나 동일한 것이다.

통계적이고 포괄적인 방식으로 규정되는 성적 정체성을 부정하고 다른 성을 향한 움직임 안에 놓일 때, 주체는 주어진 형식 혹은 형상으로서의 자신을 부정한다. 타자와 구별되는 개별성을 지우고, 자신 안에서 타자의 울림을 느끼기 위해서는 우선 자신의 '얼굴'을 지워야 한다. 얼굴은 타인과 자신을 구분 지음으로써 자신에게 하나의 정체성을 고착시키는 기관이기 때문이다. 얼굴을 지우는 것은 개체가 아닌 '무리' 안에서 자신을 위치시키는 것이다. 들뢰즈는 이를 '동물-되기' 개념으로 설명한다. 한 마리의 동물을 우리는 일반적으로 개별성으로 환원하지 않는다. 동물의 무리, 동물들의 다양체는 얼굴 없는 개별체들의 집합이다. 물론 이 집합의 가장자리에 예외적인 특이자가 존재한다. 고래의 무리와 모비딕의 관계처럼 무리와 이 특이자는 모순적 관계를 형성한다. 특이자는 다양체와 관련해서 어떤 위치를 지닌다. 이를 성적 정체성의 맥락에서 다시 생각해 보자.

주어진 정체성으로 축소되지 않는, '얼굴 없는 무리' 속에서 예외적인 위치를 지닌 특이자가 있다. 그는 남성 혹은 여성이라는 기관이 있는,

얼굴이 있는 존재가 아니라 하나의 무리로서의 인간-동물의 일원이다. 그리고 그는 이 인간-동물들의 가장자리에서 자신의 성적 정체성을 생성한다. 계속되는 특이자의 발생과 그 위치의 집합이 하나의 선을 그린다. n개의 성을 이어 가는 이 선은 바로 탈주선이다.

생성의 성 정체성을 이해하기 유용한 또 다른 개념이 '여성-되기'이다. 들뢰즈는 '남성-되기'란 존재하지 않는다고 말한다. 그것은 여성에서 남성으로의 성적 전환을 요구하는 욕구가 존재하지 않는다는 것이 아니라, '되기'는 항상 소수자를 향한 것이기 때문이다. 남성은 다수성을 구성하는 표준으로서의 얼굴을 갖는다. 남성, 어른, 백인 등의 얼굴은 기억, 그러므로 과거의 시간에 속하는 것이며, 생성을 구성하지 않는다. 여성-되기는 여성의 모습을 모방하거나 그 자태를 갖는 것을 말하는 것이 아니다. 우선 중요한 것은 대립적인 유기체를 만들기 위해서 우리로부터 훔친 몸체를 찾는 것이다. 여성의 어떤 얼굴, 여성의 성적 기관과 연결된 여성성의 통념화된 개념들이 여성의 몸을 훔쳐 간 것이다. 이제 유기체적 기관이 없는 신체로서의 여성-되기가 문제인 것이다.

여성은 기관 없는 신체 위에서 끊임없이 질주한다. 이 신체는 기관이 아닌 '분자'로 구성되는데, 이 분자 입자가 여성을 이루는 가장 기초적인 단위들이며, 기호학에서의 의미소와 유사한 것이다. 매우 부드럽지만 또한 견고하고 질기고 환원 불가능하고, 길들일 수 없는 입자들이 여성을 생성한다.

무대 위에서 내가 말을 한다. '나'는 얼굴을 지닌 채, 기관을 지닌 채, 말을 한다. 내가 나의 자리에서 나의 성적 정체성에 대해서 말을 한다. 그러나 나는 오이디푸스적인 욕망을 말하고 있다. 생성의 성 정체성에 대해 말하고자 하는 오늘의 자리에서는 이와 같은 '나'의 자리로부터 벗어나야 한다. 내가 아닌 자리. 우리의 연극에서 그 자리는 우선 연극 안에서 주어진 배역의 자리이다. 하나의 배역에서 다른 하나의 배역으로 계속 옮겨 가면서 나는 다른 이름 속에서, 나의 얼굴은 다른 얼굴들 속에서 부서지고 파편화된다. 비인격화된 익명화된 주체의 중얼거림이 무대를 채운다. 연극은 현실적 자아가 실제로 말해 낼 수 없는 것을 이처럼 다르게 배치된 자리 속에서 말하게 해준다.

  그리고 불현듯 익명화된 이름, 얼굴을 대체한 파편화된 다른 얼굴들 너머로 하나의 머리가 솟아오른다. 하나의 이름을 지니고 있지만 반드시 개인의 얼굴이 아닌, 그 혹은 그녀, 혹은 비인칭으로서 주체가 자신을 가두는 원의 밖으로 탈주선을 그리며 말한다. 그의 말은 그러므로, 특정한 개인의 말이 아니라, 익명의 집단 속에서 개체화된 말이며, 세상 모든 사람들의 말처럼 보편적인 말인 것이다.

몸으로 기억하는 말, <말들의 무덤>

　　김동현과 극단 코끼리만보의 작업 중에는 드라마적인 전개를 벗어나는 일련의 작품들이 있다. <착한 사람 조양규> <우리 말고 또 누가 우리와 같은 말을 했을까?>와 더불어 <말들의 무덤>(대학로 예술극장 대극장, 2013. 9. 6.~15.)이 바로 이에 해당한다. 이 작품들이 드라마를 벗어나는 것은 허구로서의 이야기를 통해서 삶을 말하는 것이 아니라, 현실을 이루는 파편들을 무대 위에 직접 놓기를 원하기 때문이다. 현실의 파편을 무대에 놓는 것은 날것 그대로의 현실을 가져오기 위한 것은 아니다. 차라리 무대 위에서 현실을 직접 겪으며, 이해하고, 설명하고자 하기 때문이다. 그런데 이때 무대는 허구적인 이야기가 펼쳐지는 배경 공간이 아니다. 무대는 배우가 현재형으로 삶을 겪는 실재적 공간이며 현실 그 자체인 공간이다. 더불어 당연히 무대를 현실로 겪는 배우들에게 연극이라는 행위는 그들의 삶 그 자체가 된다. 결국 현실을 배우라는 존재가 연극 행위라는 자신의 삶을 통해서 이해하는 것, 바로 그것이 김동현과 극단 코끼리만보가 일련의 작업을 통해서 추구하는 방향이다. 그러므로 이 연극은 하나의 소재를 관객에게 전달하는 것이 목표가 아니다. 현실의 파편 즉 대상으로 삼는 삶을 배우 자신이 스스로의 삶에서 살아 내는 것이―배역을 살아 낸다는 스타니슬랍스키적 의미가 아니다―목표이며, 관객에게의 전달은 목표 달성의 결과이다.

<말들의 무덤>은 한국전쟁 중의 민간인 학살 희생자들이나 목격자들의 증언을 토대로 구성되었다. 코끼리만보의 배우들은 이 증언을 침묵의 무덤으로부터 꺼내고자 한다. 그러나 사실상 이 말들은 완전한 침묵 속에 놓여 있는 것은 아니다. 이 연극을 만든 이들이 이 말들을 직접 채록한 것이 아니라 각종 도서와 다큐멘터리 등의 자료를 통해 접근했듯이 이 말들은 이미 세상에 나와 있는 말이다. '진실·화해를 위한 과거사 정리위원회' 등 국가기관의 사이트를 통해 접근 가능한 자료들을 극단 코끼리만보가 참조했다면, 이 말들은 공개된, 그리고 공적 영역에서 역사화된 자료들이다. 그러나 60여 년 전 이념 대립의 이름으로 야만적인 폭력이 행사되었으며 그 가해자가 우리 자신들이었음을 증언하는 말이 차지할 자리는, 비록 그것이 규명된 역사적 사실이라 할지라도, 우리 사회 내에 오늘날에도 여전히 존재하지 않는다. 심지어 이미 규명된 역사적 진실에 대해서 일부 역사학자들이 의문을 제기하는 것을 최근에는 목도하기도 한다. 몸 없는 말들은 왜곡된다. 또 때로는 진실을 마주하기를 회피하는 우리 자신에 의해 망각 속에 유폐된다. 역사적 서술이라는 몸 없는 말에 몸을 내어 주는 것을 '기억'이라 부른다.

홀로코스트의 폭력에 대해서 '역사, 기억, 망각'이라는 개념으로 성

찰해 본 폴 리쾨르의 사유와 비슷한 작업을 김동현과 극단 코끼리만보의 배우들은 무대 위에서 구현하고자 한다. 기억은 단지 과거의 시간의 흔적을 만지는 것이 아니다. 기억은 망각에 대항하는 의지의 행위이다. 그 의지를 구현할 때 리쾨르는 이를 '실천되는 기억'이라 부른다. 그리고 실천되는 기억을 위해서는 현상학적인 조건들이 따른다. 그것은 "누가 기억하는가? 무엇을 기억하는가? 어떻게 기억하는가?"라는 질문들이다. <말들의 무덤>을 통해 김동현은 이 질문들에 답하고 있다.

두건으로 얼굴을 가린 한 소녀의 유골이 발견된다. 의사 배역을 연기하는 배우가 잠시 의사 역할을 연기하는 듯하더니 의사 의상을 벗는다. 이 연극은 허구의 배역이 아니라 배우라는 개인적 인격체 그 자체를 우선 요구한다. 그는 배우인 개인 백익남이 된다. 그가 소녀의 눈을 가린 두건을 벗겨 내면, 이제 다른 배우들이 두건으로 제 눈을 가린다. 배우들은 시체가 된다. 연극은 이제 배우들 각자가 희생자들에 대한 증언을 하는 인물들을 구현하는 것으로 채워진다. 이처럼 허구의 배역에서, 배우 자신으로 이동하고, 자기 자신의 상태에서 다시 죽음으로 이동한다. 그러고 나서 자신이 그 말의 기억을 구현해야 할, 실재했던 한 인물로 이동한다. 더 정확하게 말한다면, 그 말을 자신의 몸으로 끌어온다. '누가 기억하는가?' 죽어버린 말을 기억하고, 그 기억을 체화하는 것은 배우들이다. 무대 위에서 배우는 계속해서, 자신과 증언자 사이를 오간다. 그는 타자와 자아 사이를 오가면서 리쾨르의 또 다른 저서명처럼 '타자로서 자기 자신Soi-même comme un autre'을 구축한다. '무엇을 기억하는가?' 기억해야 하는 것은 폭력의 희생자들이다. 그러나 그들은 이제 없다. 그들의 주검이 방치된 폭력의 장소만이 침묵 속에서 존재한다. '말들의 무덤'이 된 이 장소를 기억해야 한다. "내가 다 기억하지 내가 여기 살았어. 여기"라며 극 중 한 증언자가 말할 때, 무대 뒷면을 가리고 있던 가림막이 벗겨지고 무대가 그대로 다 드러난다. 그러므로 기억해야 하는 장소는 바로 여기 극장이 된다. 바로 이곳이 폭력이 있던 장소이고 '말들의 무덤'이다.

'어떻게 기억해야 하는가?' 기억은 과거를 현재와 연결 짓는 방식이다. 무대에는 바닥에 시체처럼 배우들이 나뒹굴고, 죽음 속에서 한 소녀가 살아 일어선다. 시체를 덮는 커다란 거적이 허공에 걸리고 그것을 영사막 삼아 실시간 영상이 그 위로 투사된다. 영상에 비추어진 소녀와 시체들은 분명 현재 무대에서 일어나는 바이지만, 관객에게 이 영상은 마치 과거에 폭력이 일어나던 그 순간을 촬영한 듯한 인상을 준다. 김동현은 과거의 말들을 무대 위에서 재생시키는 것뿐만 아니라, 무대 위의 현재에 의해서 과거를 투시할 수 있도록 한다. 기억은 이처럼 과거에 대한 현재의 개입이다. 기억하기를 원하는 것은 단죄를 위한 것이 아니라 용서를 전제로 하기 때문이다. 폭력의 주체가 타자가 아니라 우리 자신이었기에 용서는 우리 자신에 대한 용서이다. 극 말미에 무대 위에서 한 배우는 이제껏 증언된 모든 말들을 마치 조현증을 앓는 사람처럼 끊임없이 혼자 중얼거린다. 망각 속으로 밀어 넣은 말들이 그의 영혼 속에서 죽은 이의 혼령처럼 아우성친다. 기억은 그러므로 말들의 죽음 속에서 분열된 우리의 자아를 치유하는 행위이다. 희생자들의 얼굴이 그려진 네모난 등을 들고 배우들이 들어온다. 망각의 어둠으로부터 빛으로, 분열된 언어로부터 노래가 들린다. 무덤가에서 삶이 죽음을 위로하고, 죽음으로부터 삶을 불러내는 등을 켠다. 그것은 분명 죽은 자를 위한 그리고 살아 있는 우리 자신을 위한 제의이다. <말들의 무덤>의 관객들에게 이 치유가 관극의 결과로서 그저 주어지지는 않을 것이다. 관객이 망각 속의 말에 제 몸을 내어 주고 기억하고자 할 때, 비로소 그들의 치유가 시작될 것이다.

끝의 반복, <사랑을 끝내며>

2012년 서울국제공연예술제에 참가한 <사랑을 끝내며clôture de l'amour>(대학로예술극장 소극장, 10. 9.~10.)는 프랑스 파리 근교에 위치한 국립 드라마센터 젠느빌리에 극장의 작품이다. 1963년 설립 이래 오랜 세월 동안 창립자인 베르나르 소벨이 극장장을 맡아 왔고, 브레히트주의자인 그의 성향에 의해 사회·정치적 주제를 강조해 왔으며, 우리에게 익히 알려진 연극 잡지 『테아트르/퓌블릭Théâtre/Public』을 출판하는 극장이 바로 젠느빌리에 극장이다. 하지만 베르나르 소벨의 은퇴 이후 2007년부터 파스칼 랑베르가 극장의 예술적 방향을 이끌면서 현대적이며 동시대적인 글쓰기와 이에 걸맞은 무대 표현방식의 창출에 주력하는 극장으로 새롭게 자리매김하고 있다. <사랑을 끝내며>는 바로 파스칼 랑베르가 작·연출한 작품이며, 2011년 아비뇽 페스티벌에 초청되어 호평받은 작품이다.

또한 이 작품에 등장하는 단 두 명의 배우 중 하나인 스타니슬라스 노르데는 배우로서뿐만 아니라, 프랑스에서 가장 영향력 있는 연출이기도 하다. 2001년 그가 지휘하던 파리 근교의 생드니 시에 위치한 국립 드라마 센터인 제라르 필립 극장을 파산시키면서—방만하거나 그릇된 경영에 의해서라기보다는 빈민 지역인 생드니에서의 문화적 공공성의 담보를 위한 투쟁의 결과로서의 의도된 파산이라 주장하면서—그는 공공극장의 임무에 대한 파급력 큰 논쟁의 중심에 서기도 했다. 1960년대생인 파스칼 랑베르와 스타니슬라스 노르데는, 비슷한 연배를 이루는 콜린 국립극장장 스테판 브론슈바이그, 오데옹 국립극장을 사임하고, 2014년부터 아비뇽 페스티벌의 예술감독을 맡게 된 올리비에 피와 더불어 현재 프랑스 연극계에서 가장 왕성하게 활동하는 연출가들이다. 스타니슬라스 노르데는 2013년 아비뇽 연극제의 협력 예술가로 선정되기도 했다. 스타니슬라스 노르데는 2014년부터 스트라스부르 국립극장(TNS)을 이끌고 있다.

<사랑을 끝내며>의 리뷰를 위한 서두에서 이처럼 프랑스 연극계의 지도를 간략히 상기해 보는 것은, 단 두 명의 배우가 한 시간씩 번갈아 가며 긴 독백을 하는 이 작품이 결코 주변부의 돌발적인 젊은이들의 '실험'이거나 '예외적 시도'에 속하는 작품이 아니라는 점을 말하기 위해서이다. 차라리 이 작품은 프랑스의 '주류'를 형성하는 제도권 연출가가 공공극장의 레퍼토리로 내세운 작품이다. 물론 이 작품은 파격적 형식을 보여 준다거나, 세련된 완성미를 보여 준다기보다는 차라리 매우 '거친' 작품이다. 그러나 그 '거친' 특성에도 불구하고, 아비뇽 페스티벌은 물론, 퐁피두센터 및 유수의 해외 극장과 페스티벌에 초청되고 평가받은 것은 바로 '새로움'이나 '완성도' 때문이 아니라, '거침' 때문이라는 점을 간과해서는 안 된다.

프랑스에서도 사회적 약자가 가장 밀집해 있는 지역에서 공공극장을 운영하는 운영자로서, 이들 시민에게 필요한 예술형식에 대한 고민이 반영된 작품이라는 점 또한 우리에게 매우 흥미로운 관찰 지점이다. 시민을 위한 연극이 반드시 시민들이 지적, 정서적으로 쉽게 접근 가능한 작품을 지칭하는 것은 아닐 것이다. 하지만 현재 우리의 공공극장은 그 극장의 재원이 세금을 바탕으로 한 공적인 재원이라는 점을 근거로 시민들에게 감동을 줄 수 있는 작품의 생산을 관으로부터는 물론 관객들로부터도 암묵적으로 요구받고 있다. 실험에 대해서는 열려 있는 듯하지만, 항상 실험이 '새로운'이라는 단서와 함께할 때만 용인된다. 그러면서 우리의 실험은 항상 진부한 것을 반복한다는 지적을 받는다. 그런데 사실상 '새로운 실험'의 시대는 이미 끝났는지도 모른다. 이제 실험이 아방가르드의 낭만성으로부터 결별해야 할 시기에 이르렀다는 것을 깨달아야 한다. 우리가 살아가는 동시대에서 실험이 존재한다면, 그것은 '새로운'이 아닌 '여전히'라는 형용사를 동반해야 한다. <사랑을 끝내며>는 충격적인 새로움이 아닌, 여전히, 진부하게도, 아주 거칠게, 구경거리가 아닌 형식, 삶을 반추하는 형식으로서의 연극에 대한 사랑을 표명하고 있다. 그러므로 이 연극은 사랑을 끝내는 연극이 아니라, 사랑을 지켜 내고자 하는 연극, 사랑 속에서 버티는 연극이다.

　　블랙박스 무대에 조명은 낮게 달린 형광등이다. 바닥에는 그저 합판이 깔려 있을 뿐이며, 다른 무대 장치는 없다. 간혹 배우가 마시는 물통과 작은 가방이 소도구의 전부다. 무대를 가로질러, 남녀 두 배우가 대각선상에 서 있다. 극이 시작되면 '스탄'이라는 이름의 남자 등장인물은 '오드리'라는 이름의 여자 등장인물을 향해 1시간 동안 쉴 사이 없이 말을 쏘아 댄다. 그것이 끝나면, 두 인물은 자리를 바꾸고 여자의 차례가 되어 1시간 동안의 응수가 이어진다. 극의 말미에 남자는 무릎을 꿇는다.

제목 <사랑을 끝내며>에서 짐작할 수 있듯이 2시간에 걸친 이 설전은 아마도 사랑을 끝내는 커플의 이야기일 듯하다. 남자는 이제 더 이상 견딜 수 없다고 여자를 떠나려 하며, 떠나기 전에 그 모든 환멸을 쏟아 내고 있다. 여자는 그의 논거를 반박하면서, 자신은 이렇게 끝낼 수 없으며, 계속 견뎌 내겠다고 말하고 있다. 하지만 이처럼 줄거리를 요약할 때, 이 두 사람의 사랑과 이별의 이야기에는 구체적인 것들이 결여되어 있음을 알 수 있다. 그들은 어떤 사람들이었으며, 어떻게 두 사람의 사랑을 이어 왔고, 그들의 헤어지게 만든 계기는 무엇인지를 알 수 없다. 하나의 허구적 삶으로서의 드라마가 성립하지 않는다. 일반적으로 연극 작품에서 기대하는, 게다가 그것이 사랑 이야기일 때 더 기대하게 하는 가장 기본적인 것이 제거된, 2시간의 설전을 보며 우리는 '이것은 연극도 아니다'라고 말할 수도 있다. 하지만 작가는 바로 이에 대해서 직접적인 대답을 준비하고 있다.

> 오드리: 우린 한 쌍이었지. 그런데 너는 혼자 가버리고 싶다고. 그래. 너는 말했지. 말하러 왔다고. 그래. 좋아. 이제 내가 대답하지. 그래 미안하지만 너를 본받아서 같은 방식으로 말하지. 지금 이것밖에 생각나지 않네. 연극을 정의할 때, 절대 변하지 않는 정의 말이야. 그건 누군가 말을 하면, 다른 사람이 "나는 네 말에 동의하지 않아"라고 말하는 거지.

작가는 여기서 지금 보이고 있는 이 작품이 분명 연극이 아닌 것이 아니라, 절대 불변의 연극 정의를 만족시키는 연극임을 밝히고 있다. 분명 '아곤agon' 즉 갈등, 대립, 논쟁은 연극적 행위의 본질을 이루는 것이다. 말이 하나의 공간에 가득 놓이고 그 말들(log)이 그 공간을 중간에서 비스듬히, 대각선으로(dia) 지나간다. 그러므로 이 공연은 결코 독백이 아니라, 최초부터 대화(dialog)로 이루어진 연극의 정의 그 자체인 연극이다. 그런데 이때, 그가 말하고자 하는 것은 '이런 것도 연극이에요' 혹은 '이것은 연극의 본질을 추구하는 연극이에요'가 아니다. 그는 '사랑'의 자리에 우선 '연극'을 놓기를 원한다. 그러니까 이 작품은 사랑에 대해 말하는 것이라기보다는, 아니 사랑에 대해 말하면서 동시에, 연극에 대해서 말하고 있다. 남자의 첫 대사를 다시 상기할 때, 이 중의성이 새삼 감지된다.

> 이제 끝이야. 그걸 얘기해 주려고 오늘 보자고 했어. 이대로 계속할 수는 없어. 여기서 끝내자구. 평생 이렇게 계속할 수는 없잖아. 너도 알잖아. 너한테는 너무나 당연한 것일지도 모르지만….

허구적 이야기 속의 두 배역의 사랑의 관계를 끝내는 대사이면서, 동시에 '연극하는 삶'의 지속성에 의문을 제기하는 대사이다. 작가가 이 작품의 두 등장인물에 배우들의 실명을 부여하여 배우 스타니슬라스 노르데에게는 '스탄'이라는 인물명을, 여배우 오드리 보네에게는 '오드리'라는 인물명을 부여한 것은 이처럼 허구의 사랑 이야기로서만이 아닌, 바로 그들 배우의 이야기이기를 원하기 때문이다.

이제 <사랑을 끝내며>라는 연극을 관람하는 관객 앞에 이 연극을 구성하는 몸을 제공하는 배우들은 허구의 등장인물임과 동시에, 그들 이야기를 하는 현실 속의 배우로서 자신을 드러낸다. 더불어, 그들의 허구-현실로서의 언어는 발화자인 인물-배우로부터 관객 속으로 향하는데, '움직이지 마!' '약해지지 마!' '뒤로 물러서지 마!'라는 대사들은 허구를 엿보는 자로서의 관객이 아니라, 그들의 현실적 사유와 육체의 소지자로서의 관객-시민에게 향한다.

결국 포기하겠다고 말하는 남자나, 절대 포기하지 않겠다면서 상대방을 향해 절규하는 여자의 그 모든 말이 향하는 2인칭의 자리에는 관객이 놓인다. 관객의 삶은 연극 속의 삶이 아니다. 하지만 연극이 지향하는 가치와 등가의 가치가 지켜지지 않는다면 그 지속을 위협받는 현실 속을 그들은 살고 있다. 남자의 대사는 이제 이 사랑이 지긋지긋하다는 말이면서, 동시에 이제 연극을 하면서 도저히 삶을 버텨 내지 못하겠다는 포기의 선언이면서, 동시에 혹시 현실 속에서 여전히 '꿈'과 '상상' '이상' 등을 믿는 자들이 있다면, 그들을 향한 독설인 것이다.

> 난 더 이상 못 해먹겠어. 난 이런 상황에 놓인 것이 너무 싫어. 내가 네 눈에 비치는데, 난 더 이상 네 눈 속에 비치기가 싫다고. 네 눈 속에, 그 눈길 너머에서, 들끓어, 분출되고자 하는, 계속 생각하며, 생각하는 그 용암의 덩어리들….

여기에 배우-인물을 중의적으로 무대에 현시한 이유는 연극을 매개로 현실과 허구의 관계를 전도하는 작가의 의도가 있기 때문이다. 파스칼 랑베르는 '허구적' 이야기의 무대화로서의 연극을 거부한다. 그리고 더불어 영원히 지켜야 할 사랑, 혹은 연극을 지속하는 삶 혹은 현실 속에 이상의 가치를 놓지 않는 태도를 현실주의자들이 '허구'라 부른다는 것을 알고 있다. 존재하지 않는 것을 따르는 이들의 세계는 현실주의자들에게는 허구일 뿐이다. 그러나 허구의 세계에서 등장인물이 배우의 실제 이름을 지닌 이 연극에서 허구는 실재가 되어 관객의 눈앞에서 격렬하게 자신의 존재를 위한 싸움을 펼쳐가고 있다. 이것이 싸움이라면, 그 싸움의 무기는 언어이다. 서로를 향해 내뱉어진 말들의 창이, 상대의 몸을 통과한다. 이 싸움에서 숨을 곳은 없다. 두 인물에게 이 공간은 일종의 고문실인 것이다.

일찍이 사르트르는 <닫힌 방>에서 나의 양심을 일깨우는, 나의 대자를 쉬지 못하게 하는 타인의 존재의 불가피성을 이야기하기 위해서 철학을 우의적으로 극화했다. 하지만 파스칼 랑베르는 이와 같은 극화를 원하지 않는다. 인물들은 상황 속에 놓이지 않고, 그저 공간 속에, 그러니까 현실 속에 놓인다. 하지만 극화되지 않은 언어가 현실 속의 언어로 살아 공격성을 고조시키는 한트케의 <관객모독>의 방식을 따르지도 않는다. 스탄이 말하는, 그리고 그가 이제 지겨워진 '사랑'은 현상으로서의 사랑이다. 하지만 오드리가 지켜 내고자 하는 사랑은 '관념 즉 이데아'로서의 사랑이다. 그리고 <사랑을 끝내며> 전체의 사랑은 이 두 가지의 혼합 속에 있다. 이는 그 중간적 위치를 말하는 것이 아니라, 현실태로서의 사랑이 아닌, 관념으로서의 사랑의 현실태적인 반복으로서의 사랑을 말하는 것이다.

1막이 끝나고, 어린아이들이 들어온다. 그들에 의해서 이 공간은 다시 극장이라는 공간으로부터, 연습실이라는 공간으로 재명명된다. 아이들은 <사랑을 끝내며>가 사랑 이야기가 아니라, 동시에 연극 이야기임을 환기하는 기능을 한다. 나아가 아이들 등장의 가장 중요한 기능은 이것이, 그러므로 <사랑을 끝내며>를 연기하는 이 장면이 사실 하나의 완결된 행위가 아니라, 연습이라는 것을 환기하는 데 있다. 연극 연습에 해당하는 프랑스어 단어는 우리말로 '반복répétition'이라 직역할 수 있다. 관념을 현실 속에서 반복하는 것, 그것이 바로 연극의 정의이며, 동시에 파스칼 랑베르가 수 없는 언어의 무기로 고통스럽게 관객의 몸을 통과하게 만든 삶의 전언이다. 삶이 객체화되는 것이 아니라, 주체로서 현실 속에 이념을 실현하는 것, 아무리 그것이 불가능하다고 여겨진다 해도, 그것을 향한 도정을 반복해 내는 것, 그것은 허구를 향한 헛된 몸짓이 아니라, 그것만이 삶인 현실태인 것이다.

데리다는 『차이와 반복』의 한 장을 이루는 아르토에 대한 글에 '재현의 울타리clôture de la représentation'라는 제목을 부여했다. 'clôture'라는 동일한 단어가 종말, 끝이 아니라 계속해서 반복되는 하나의 한계 지점, 넘어서려 하지만 넘어서지 못하는, 하지만 항상 그 경계지점에서 차이가 발생하는 '울타리'로 해석된다. 오드리의 사랑은 끝나는 것이 아니다. 항상 이 끝의 지점에서 진부하지만, 새롭게, 거친 숨소리와 함께 다시 시작된다.

다시 시작되는 것, 그것은 연극에 멈추는 것이 아니다. 단지 난해한 연극의 이야기가 반복되는 것이 아니다. 우리의 삶이, 시민들의 삶의 이상을 향한 의지가 반복된다. 그렇기에 이 거친 연극이 시민들을 위해 중요한 자리를 차지하는 것이다.

"모르겠어? 내가 하려는 건 너도 아는 얘기야", <죽지마나도따라아플거야>

    만들어진 지 아주 오래되어서 이제 기력이 다한 것처럼 보이는 단어가 있다. '실험.' 한때 이 단어는 "열려라 참깨!"와 같이 새로운 세상을 여는 주문이었으며, 단단히 굳어 버린 모든 것들을 때려 부수는 해머이기도 했다. '한때'의 충격에 대한 희미한 기억이 되어 버린 이 단어는 사실 벌써 죽어 그 시신만을 예술사 책의 한 페이지 속에 남겨 놓았는지도 모른다. 이해할 수 없는 모든 것들에 대해, 어떤 호기심도 없이 실험이라고 말하는 것이 우리의 습관이 되어 버리기도 하였다. 하지만 "깨어라!"라는 선각자의 외침은 아니더라도 관습적인 것을 깨려는 작은 노력은 계속된다. 그 많은 작은 실험 속에서 '실험'이라는 단어의 원래의 함의가 죽지 않고 살아 있게 만드는 가장 절실한 시도를 강화정의 연극에서 볼 수 있다.

    <죽지마나도따라아플거야>(대학로예술극장 소극장, 2012. 9. 7.~

9.)를 통해서 강화정은 우리에게 어떤 이야기를 한다. 그 이야기를 듣는 관객들이 당황하는 것은 그것을 전혀 알아들을 수 없기 때문이다. 소위 상징적인 기호를 풀어내는 데 조금이라도 익숙한 관객이라면 그 알아들을 수 없는 이야기의 조각들을 이리저리 맞추어 하나의 통일성을 만들어 내려 하겠지만, 사실 강화정의 연극 속에, 아니 적어도 <죽지마나도따라아플거야>에는 그 통일성이란 처음부터 존재하지 않는다. 그것은 말 자체가 매우 추상적이거나 일상적 언어의 무의미성을 드러내 주는 것을 목표로 해서라기보다는 이야기를 구성하는 문장 하나하나가 이야기하는 이들의 매우 사적인, 독립된 경험과 연결되어 있기 때문이다. 그러므로 강화정의 연극을 보고 전혀 이해하지 못했다 해서 관객이 자신의 관극 능력을 탓할 필요는 전혀 없다. 작품이 이미 그것을 전제하고 있다. "무슨 얘기 하는지 모르겠어? 모르겠다고? 당연하지, 니가 듣고 있는 것은 말이 아니야." 그렇다고 반대로 알아들을 수도 없는 사적인 경험을 강요했다고 화를 낼 일도 아니다. 작품은 다시 말한다. "내가 하려는 건 너도 아는 얘기야." 전혀 알아들을 수 없는데도 우리가 알고 있다고 전제하는 그 어떤 것에 대해 말하려 하는 것일까? 그리고 그녀의 부름에 관객인 '나'는 뭐라 답해야 할까?

무대 위에는 세 명의 배우가 있다. 하지만 그들은 세 인물이라기보다는 나와 너의 각기 다른 조합이다. 결국 무대에는 나와 너가 존재한다. 다시 범위를 넓혀 보면 무대가 있고 객석이 있다. 결국 이 관계 역시 나와 너의 조합인데, 한쪽이 일방적으로 '나'의 자리에 있는 것은 아니다. 그러므로 이야기는 반드시 무대에서 객석을 향하는 것이 아니다. 객석의 '나'도 타인이 알아들을 수 없는 사적인 것, 끊어져 일관성 없는 기억 속의 그 어떤 것이라도 끄집어내 이야기해야 한다. 그렇기에 극 중의 얼어붙은 하얀 수염의 남자는 첫 장면에 나오자마자 "텍스트를 줘"라며, 관객의 이야기를 요구한다. 그렇다고 이러한 장치들이 관객의 비판적인 사고를 요구하는 브레히트적 장치이거나, 추상체를 던져 놓고 관객의 주관적 해석으로 그 의미를 완성하라고 요구하기 위한 것은 아니다. 강화정은 우리에게 몇 가지 주제에 한정된 이야기를 하도록 권한다. '죽음' '시간' '기억' '만남' 같은 것들이 바로 그것이다. 그렇지만 그 이야기는 이러한 주제들이 들어간 하나의 이야기 다시 말해 죽음에 관한 이야기가 아니다. 반대로 이야기의 죽음에 관한 것이다.

알아들을 수 있는, 생생한 재미가 있는 허구의 이야기가 있다. 꿈에 목말라하는 관객들의 갈증을 푸는 주스와도 같은 이야기, 그런 이야기를 강화정은 <소설주스>라 부르며 이를 자신의 전작의 제목으로 삼았다. 길을 잃은 아이가 카페에 들어가 주스를 주문하면 제시된 소재에 따라 하나의 허구적 이야기가 구성된다는 설정이다. 몇 개의 짧은 이야기들 속에 '도시를 들고 다니는 여인' '미움을 삭혀 주는 여인' 등이 등장한다. 이 인물들이 이야기의 결말 부분에서 죽도록 설정되고 이에 맞추어 여러 가지 시나리오가 제시된다.

그런데 사실 처음부터 인물의 죽음에 이르는 것이 목표라면 그것을 완성하기 위해서 허구의 이야기를 짜낼 필요는 없다는 것이 강화정의 생각이다. 모든 장식적인 것을 제거하고 본질만 남는 이야기를 하고 싶은 것이다. 띄어쓰기를 하지 않은 <죽지마나도따라아플거야>라는 제목에서도 드러나듯이 이야기 속에 허구가 침투할 수 있는 모든 빈 공간을 제거하고자 하는 것이다. 사건을 없애고, 역할을 빼앗고, 대사와 대사의 인과 관계를 지우고, 공간과 시간의 표지가 없는, 감정과 억양을 제거한 이야기를 듣는다. 말이 위축되었다고 해서 시각적인 것이 범람하는 것도 아니다. 조명과 음악, 소도구 그리고 육체적 행동은 효과적으로 장식을 제거하기 위해서만 존재한다.

허구성 속에서 이야기를 이해 가능한 것으로 만들었던 모든 장치가 사라지고 나면, 이제 알아들을 수 없게 된 그 이야기의 파편 속에서 헤매면서 관객은 '죽음' '시간' '기억' '만남'이라는 단어를 품고 있는 몇몇 문장이 유달리 가슴을 파고드는 것을 느낀다. 중성화시켰어도 이 단어들은 오히려 마치 확성기를 통해서 전달되듯이 증폭된 의미를 갖는다. 말하는 이의 사적인 경험 속으로 침투하지 않아도 듣는 이 자신의 삶 속에서 스스로 이해해야 하는 것들과 만나게 되기 때문이다.

만일 허구라는 편안한 장식이 없다고 이 말을 듣기를 거부한다면 자기 삶의 저편, 지워져 기억나지 않는 어떤 순간이 그저 시간의 굴레를 뒤집어쓴 채 죽어 가도록 방치하는 것일지도 모른다. 그렇기 때문에 이 연극은 '죽지 말라고' 아파하는 억양을 다 지운 채로 여전히 '아프게' 말을 건넨다. 너의 말에 내가 화답할 차례이다. '죽음' '시간' '기억' '만남'이라는 단어를 처음으로 그 단어가 내 삶 속에서 태어나던 순간의 음으로 발음해 보자.

ㅁ뤻ㄹ제ㅑ큐ㅎㄴ거ㄹㅎ.

이 말을 정말 이해할 수 없는가?

목적어가 없는 타동사 '욕망하다'
<나는야 섹스왕>

윤한솔이 혜화동일번지에, 그리고 우리 연극에 불온한 에너지를 돋우고 있다. 그가 불온한 것은 '섹스'라는 조금은 껄끄러운 단어를 전면에 내걸기 때문은 아니다. 그리고 관객이 <나는야 섹스왕>(그린피그, 2011. 5. 19.~29.)이라는 이 도발적인 제목에 대해 기대하는 바를 전복시키기 때문도 아니다.

윤한솔이 불온한 것은 그가 담론 속에서 유희하기 때문이다. 그의 유희는 앞세대의 실험처럼 담론을 부수는 전복과 조롱이 아니다. 그에게 담론은 전달되어야 할, 그리고 그것에 의해 생성되는 의미의 총체라기보다는 놀이의 질료이다. 프로이트의 글, 그리고 프로이트와 라캉에 관한 글들, 바르트와 콜테스의 글들이 질료로 사용된다. 공연을 위해 그가 공부했던 여러 책의 구문들을 무대 위에서 낭송하고, 받아쓴다. 그렇지만 이 텍스트들은 관객들에게 그 의미를 즉각적으로 드러내지 못한다. 빠르게 지나가는 이 텍스트들은 의미로 가득 차 있으면서도 의미를 제시하지 못한다.

이처럼 빠르게 지나가 버리는 텍스트 구문들의 의미를 즉각적으로 객석에서 해석하고, 하나의 구문이 다른 구문들과 만나 형성하는 새로운 의미의 전개를 파악할 수 있는 관객은 존재하지 않는다. 애초부터 이 유희의 규칙은 의미의 해석과 조작이 아니다. 놀이의 규칙은 '부재의 조작'이다. 다시 말해서, 의미로 가득 찬 이 텍스트들은 무대의 시공간 속에서 그 의미가 부재하도록 조작되어 있다는 것이다. 있지만 없는 의미체, 다른 방식으로 말하면 기의는 없고 기표만 있는 담론들로 무대는 채워진다.

'부재의 조작'을 위한 놀이로 관객은 초대받는다. 이 놀이의 방식을 보다 구체적으로 이해하기 위해서는 놀이의 공간을 우선 이해해야 한다. 객석과 분리된 무대의 공간은 진열장처럼 유리막이 쳐 있다. 이 유리막은 기능적으로는 그 위에 글씨를 쓸 수 있는 유용한 장치이다. 하지만 상품을 향한 욕망을 부추기는 진열장으로의 설정은 의미의 차원에서 매우 중요한 공간적 설정이다. 윤한솔은 이처럼 유리막에 의해 단숨에 자본주의 내에서 주체와 그의 욕망의 관계로 관객을 인도한다. 쇼윈도 안에서 윤한솔은 마네킹이 아니라 '나'로 존재하기를 원한다. 욕망의 대상이 아니라 욕망의 주체이기를 원하는 것이다. 그러므로 그는 섹스를 소모하는 허구적 이야기 속에 위치하기보다는 섹스를 욕망하는 자신을 드러내고자 한다.

이처럼 <나는야 섹스왕>은 '나'에 관한 이야기이다. '나'의 이야기이기에, 연출가 윤한솔은 무대에 '그'를 세우지 못하고 직접 올라간다. 두 등장인물 중 한 사람인 전성현 또한 배우가 아니다. 그는 윤한솔의 최근작의 조연출이었으며, 이 작품을 공동으로 창조한 '나'로서 무대에 오른다. 무대 위의 이 둘은 그런데 '나'와 '너'의 관계가 아닌 '나'와 또 하나의 독립적인

'나'이다. '나'와 '너'를 이루는 관계가 아니기에 한 사람이 주어의 자리에 위치하고 다른 한 사람이 목적어의 위치에 서는 관계를 형성하지 않는다. 행위 즉 동사를 매개로 두 사람이 주체와 대상이 되지 않는다.

'나'의 무대 위의 행위는 무엇인가? 그는 글을 읽거나 쓴다. 그 글의 의미를 해석할 수 없다 하더라도 그것이 성적인 것과 관련 있다는 것은 알 수 있다. 간헐적으로 이해 가능한 낭송 구문을 통해 관객은 무대 위 인물들이 섹스하기보다는 섹스에 대해 탐구하는 사람들임을 알게 된다. 읽는 혹은 쓰는 행위가 섹스하는 행위를 대체하고 있는 듯이 보인다. 그런데 섹스를 하는 것과 섹스에 관한 글을 읽는 것은 대립적인 행위가 아니라 환유적 관계에 있는 행위이다. 다시 말해서 적어도 <나는야 섹스왕>에서 '섹스하다'가 본질이고 '섹스에 대한 글을 읽다'가 시뮬라크르의 관계는 아니라는 것이다.

'섹스'는 동사로서 타동사이다. 그리고 타동사로서 목적어가 필요하다. 그런데 윤한솔의 '섹스왕'은 목적어로서의 대상을 지니지 않는다. 대상을 지니지 않을 때, 그것은 욕망과 결부된다. 섹스하다는 욕망하다와 동의어가 된다. 타동사이기에 목적어가 있어야 하지만 목적어가 없는, 그러므로 '있으면서 없는' 이 그 목적어 때문에 동사는 대상이 아니라, 행위 그 자체를 강조하게 된다. '욕망'하는 행위는 윤한솔이 강조하듯 본질적으로 그 대상의 부재를 겪는 형식이다. 부재하는 것을 욕망하는 것, 이것이 주제가 아니라, 놀이의 목적이자 규칙이다. 놀이는 원래 놀이 그 자체 이외의 목표를 지니지 않는다. 욕망하다는 동사는 환유의 놀이 속에서 '읽다'와 '쓰다'로, 그리고 '연극하다play'로 옮겨 간다. 무엇 때문에 이 놀이는 계속되는 것일까?

윤한솔: 무슨 소용이죠, 쓴다는 것이?

전성현: 그건 침묵인 동시에 말하는 것이지. 쓴다는 것, 그건 때로는 노래하는 걸 뜻하기도 해.

윤한솔: 춤추는 것은요?

전성현: 그것도 되지.

　　욕망하는 것을 욕망하는 행위는 '지속성'을 전제로 한다. 계속해서 욕망을 추동하는 것 그것이 유일한 행위이다. 침묵이면서 동시에 말하는 것은 부재이면서 동시에 존재하는 것이다. 부재하면서 동시에 존재하는 것이 계속되게 하는 것, 자본주의 사회 내에서 존재할 수 없지만 계속해서 존재하고자 하는 행위가 바로 이 연극의, 이 놀이의 이유이다. 진열대로 향하지 않게 욕망의 목적어를 한정하는 것은 어려운 일이다. 그것은 한정되지 않고 자꾸 미끄러져 간다. 쓰인 글씨에서 낭송된 언어로 다시 덧쓰인 글자로 이동하지만 항상 어긋난다. 이 어긋남은 불협화음을 만들어 낸다. 무대 위에 넘쳐 나는 기호의 잉여와 그 불협화음이, 그리고 그 어긋남 때문에 불안해하는 주체가 드러난다.

　　하지만 욕망하다의 목적어로서의 타자가 하나로부터 다른 하나로 미끄러지지 않고 단 하나로 확고부동하게 고정될 때, 윤한솔은 이 연극이 교훈극이라는 재미없는 놀이로 전락할 것을 염려한다. 타자와 공동체를 형성하지 못한다고 하더라도, 단수 주체들의 증식은 또 다른 공동체를 형성한다. 마지막 장면에서 기타를 든 전성현과 탬버린을 든 윤한솔은 노래한다. 그들의 노래는 처량하다. 나르시시스트인 그들은 처량하고 볼품없으며 절망적이다. 그러나 그 노래는 불협화음이 아니다. 내가 너인 대상과 하나가 되지 못하고, 완성된 의미의 생산자가 되지 못한다고 하더라도, 미끄러져 가는 이 부재하는 대상을 집요하게 따라가며 그 부재를 존재로 바꾸려 하는 행위 속에서 이 복수의 '나'들은 보잘것없지만, 아름다움을 간직한 유희의 노래를 부를 수 있다. 진열장 속 마네킹이 되기를 거부하고, 그는 종이 왕관을 쓴 연극 속의 왕이 된다.

윤한솔은 나르시시스트임을 부정하지 않는다. 그는 관객에게도 나르시시스트가 되기를 초대한다. 그는 타자의 자리에 관객을 놓는 것이 아니라 그와 동일한 자리, 주체의 자리로, 욕망하는 자리로 초대한다. 왕의 자리로.

이리로 와 내게로 우리는 섹스왕
너희도 공부를 했으니 너희도 섹스왕
이제 친구들 차례야 친구들을 데려와
다 함께 노래해 나는야 섹스왕

말과 연극
<우리 말고 또 누가 우리와 같은 말을 했을까?> <누가 무하마드 알리의 관자놀이에 미사일 펀치를 꽂았는가?>

김동현이 연출한 <우리 말고 또 누가 우리와 같은 말을 했을까?>(코끼리만보, 아르코예술극장 소극장, 11. 17.~28.)와 윤한솔의 <누가 무하마드 알리의 관자놀이에 미사일 펀치를 꽂았는가?>(그린피그, 남산예술센터, 11. 26.~12. 5.)가 2010년 말미 우리 연극의 무대를 의미 있는 시간으로 채워 주었다. 미학적으로 전혀 다른 방향을 향하는 이 두 작품은 그럼에도 불구하고 여러 부분에서 함께 생각해 보아야 할 문제를 제시한다.

두 작품 모두 아주 긴 서술형의 의문문을 제목으로 제시하고 있다. 그것은 작품 자체가 하나의 질문이며 동시에 그 질문에 대한 답이기 때문이다. 던져진 질문과 찾아낸 답 사이에는 그것을 연결 짓기 위한 사유가 있다. 하나의 예술적 행위를 위해 사유한다는 것은 당연한 것이지만, 사실 우리 시대의 연극 대부분은 질문하기에 앞서 이미 답을 가지고 있다. 그리고 이처럼 이미 자신이 확신하는 답을 위해 나름대로 치열하게 싸워 가는 것이 연극의 진정성이라 스스로 믿어 버린다. 어떤 이는 상업성을, 또 다른 이는 일상성을, 혹은 새로움을 그리고 또 어떤 이는 증폭된 감정을, 그리고 또 때로는 적절히 적용된 장르의 법칙을 답으로 제안한다. 또 다른 이들은 이미 앞선 세대에서 사유의 막다른 지점을 확인하였기에 더 이상은 가능한 사유의 영역이 없다고 믿어 버린다. 사유의 행위로서의 연극에 의해 진리는 표상되지 않는다고 말이다. 연극은 진리의 표상 불가능성, 재현의 불가능성을 표시하는 반복만을 일삼는다.

그런데 김동현이나 윤한솔은 아직도 답을 지니지 못하는 듯 정답을 바로 제시하지 못한 채 질문부터 던지며, 그것을 화두로 사유를 시작한다. 더욱이 이 작품들 속에서 그들은 자신들의 사유의 궤적을 안으로 숨기지 않고 밖으로 드러낸다. 그렇기에 이 연극은 세련되지 못하고 거친 것으로 그리고 굳이 말하지 않아도 될 것을 거듭거듭 되뇌는 아둔함으로 비치기도 하며, 황당하고 치기 어린 것으로 치부되기도 한다. 그러나 사유가 성숙의 한 형식이라면, 이들의 연극을 젊은 연극으로 일축하려는 시선들에도 불구하고 두 작품은 우리 연극계에서 흔치 않은 성숙한 결과물을 제시하고 있다. 그것은 이 작품들이 연극의 본질이 무엇인가 혹은 연극이 삶 혹은 진리와 어떤 관계를 맺고 있는가 등의 질문을 포기하지 않고 있기 때문이다.

춤에 이른 연극

22명의 배우들이 각자 자기 삶으로부터 상처, 기억, 사이, 안과 밖,

타자, 만남 등의 주제어와 관련된 이야기를 길어 내 그것을 관객 앞에서 말하는 형식을 지닌 연극이 <우리 말고 또 누가 우리와 같은 말을 했을까?>이다. 연출가 김동현은 <착한 사람 조양규>에서 세상에서 사라져 버린 많은 사람을 조양규라는 하나의 이름으로 불렀다. 다양한 시간과 공간 속의 인물들, 서로 다른 이야기들을 병렬적으로 나열하면서도, 그는 인물들과 상황들을 통괄하는 느슨하지만 총괄적인 짜임새를 만들어 낸다. 그런데 <우리 말고 또 누가 우리와 같은 말을 했을까?>에서는 그 느슨한 짜임새조차 허물어 버린다.

극은 한 인물의 이야기에서 또 다른 인물의 이야기로 병렬적으로 연결될 뿐, 하나와 다른 하나 사이에서 필연적인 구조의 일부임을 인식하는 지표를 주지 않는다. 더불어 앞선 작품에서 그랬던 것과 다르게 '조양규'라는 공통의 이름조차 지워 버린다. 이제 '우리'라는 복수의 주체와 '누구'라는 한정되지 않은 주체만이 남는다. 그렇지만 김동현이 추구하는 연극은 소위 포스트드라마 연극이라는 용어로 간단히 지시되지 않는다. 이 연극은 드라마를 해체하지만 결코 시각적인 것을 부각하기 위해 언어를 포기하지 않는다. 말이 이 연극의 중심에 놓인다. 이 연극은 말의 향연이며, 그 향연의 끝에 말이 찬란하게 사라지는 연극이다. 그 사라짐 속에서 우리는, 누구라는 불확정한 이름으로 우리를 넓혀 간다.

'우리'는 이 연극의 '말'의 발화자이며 이 연극을 창조하며 사유하는 주체이다. 공동창작인 이 작품 속 발화자는 허구의 배역이 아니라 배우들 자신이다. 무대 위에서의 발화자가 배우들인 것은 당연하지만, 이 작품은 배우들의 개인적 경험의 단편으로 이루어진 것이라는 점에서 배우들 자신이 자기 대사 창조의 주체가 되는 연극이다. 아마도 공동창작에 참여한 세

명의 작가들은 배우들이 말을 탄생시키는 것을 자극하고, 독려하며, 돕는, 그리고 이를 기록하는 역할을 수행하였을 것이며 더불어 이 기록에 약간의 허구를 덧입혔을 것이다.

그런데 스무 명 남짓한 배우들이 출연하는 이 작품 속에서 이들 배우 개개인의 삶의 단편이 담길 때, 그 말은 통일성을 지니지 않는다. 그럼에도 불구하고 이 말이 낱개의 말들의 아우성에 불과한 것이 아니라 '우리의 말'이 될 가능성은 어디에 있을까? 서로 관련 없는 개별자들의 경험이 혹은 그 경험을 담고 있는 말들이 공통된 것을 지니고 있다면, 그것은 경험된 사실의 보편성 때문일 것이다. 하지만 <우리 말고 또 누가 우리와 같은 말을 했을까?>는 이처럼 보편적 경험에 대한 이야기가 아니다. 왜냐하면, 그것은 일상인으로서의 개인의 이야기가 아닌, 무대라는 공간 속에 위치한 배우의 이야기이기 때문이다. 그러므로 문제는 이 공간 속에 보편적 경험을 가져와 모든 사람들이 공감할 수 있는 언어를 만들어 내는 것이 아니라, 이 일상적 경험과 언어가 '극적'인 '사건'을 발생시켜야 하는 것이다.

물론 이 작품은 하나의 허구적인 드라마를 구축하지 않기 때문에, 이야기의 전개를 추동하는 의미에서의 사건은 발생하지 않는다. 이때의 사건은 예외적이고 우발적인 시간을 의미한다. 그것은 일상을 뚫고 올라오는 완전히 다른 경험이다. 일상적 경험이 예외적 사건이 되는 것이며, 일상적 말이 예외적인 말로 변모한다. 그런데 알랭 바디우적인 의미에서 사건이란, 즉흥적 발현이 아니라 진리를 포착하기 위한 사유의 결과이다. 김동현과 그의 배우들은 무대라는 공간 속에 '사건'을 발생시키며, '사건'으로서의 말을 발화하기 위한 작업을 시도한다. 그것은 극장이란 무엇인가? 연극이란 무엇인가? 배우란, 관객이란 누구인가? 등등을 질문하고 답하는 사유의 과정이다.

저는 지금 극장에, 무대 위에 서 있습니다… 저는 지금 말하기 시작했고, 여러분은 절 보고 있습니다. 무슨 일인가 시작되기를 기다리고 있습니다. 그런데 극장에서 하는 모든 말이라는 게, 일상생활이나 현실의 말과 똑같은 말을 하더라도 무엇인가 다른 말이 됩니다. 왜 그럴까요?

이처럼 현실의 말과 극의 말의 차이를 발생시키는 사유는 현실 속의 자아와 극 안의 자아가 맞설 때 전개된다. '나'와 '타자로서의 나'의 만남이 전제되는 것이다. 더불어 무대 위의 배우와 그가 말을 건네는 대상이며, 배우인 나를 바라보는 그리하여 이 사건에 연루된 또 다른 '나'인 관객과의 만남이 전제된다. 관객은 극 밖의 공간에 있으면서 동시에 극 공간에 포함된다. 관객은 밖과 안의 공간에 동시에 존재하며, 그렇기에 동일자이면서 타자이다.

나는 사라지고 내가 바라보고 있는 나만 남습니다. 이것이 내가 나를 갖는 방법입니다. 이것이 내가 나에게 사랑을 고백하는 방법입니다. 정말 내가 아닌 내가 바라보고 있는 나, 이 타자만이 나를 감동시키기 때문입니다.

이제 '나'-개인 배우는 '나를 바라보는 나' 앞에서 말을 한다. 오래전 헤어진 남자에 대한 말, 헤어진 여자친구의 고양이에 관한 말, 어머니와의 갈등과 화해, 연변에서 한국으로 와 언어와 정체성의 혼란을 겪는 이야기, 이름을 바꾼 이야기, 해외에서 결혼하여 집을 그리워하는 이야기, 자신이 아닌 다른 이름을 위해 연기해야 하는 스턴트맨의 이야기, 부부 싸움을 하는 부모님의 이야기, 키 때문에 아역만을 맡아야 하는 배우의 이야기 등등이 그 내용을 이룬다. 그런데 그 말들은 그 자체로서 진실을 지시하지 않는다. 말들은 은유로서만 의미를 나른다. 이 많은 말의 은유란 과연 무엇이란 말인가? 무엇의 은유이며 그 은유는 어떻게 사건을 만들어 내는가?

개인적 경험의 토로로부터 극적 사건을 발생시키기 위해서 <우리 말고 또 누가 우리와 같은 말을 했을까?>는 연극의 대명사라 할 셰익스피어의 <햄릿>을 참조한다. "말, 말, 말"로부터 "남는 것은 침묵뿐"으로의 이동이 사건을 발생시키는 핵심임을 이해하는 것이다. 자신의 상처로 구성된 말들을 쏟아 내는 것은, 이름을 벗는 것이며, 자신이 뒤집어쓰고 있는 정체성을 벗어 내는 것이다. 그러므로 이 연극은 말들의 연극이 아니라 말의 사라짐의 연극이며, 더불어 말을 하는 '나'의 사라짐의 연극이다.

　　말이 사라지면 침묵이 남으며, 그 침묵 속에서 춤이 시작된다. 시간적 축적을 따라가는 드라마 구성을 지니지 않기에, 이 연극은 일종의 중단된 시간성 속에 위치한다. 반면에 공간성은 강화된다. 항상 '여기'라는 공간적 좌표를 문제 삼으며, '극장'이라는 공간성을 환기하며, 수많은 동네 이름의 의미를 재배치하는 놀이를 즐기거나, 자신의 몸, 그리고 자신이 위치한 공간의 크기를 재어 본다. 공간과 몸은 춤이 존재하기 위한 조건이다. 우선 춤은 샌드페블즈의 노래 '나 어떻게'를 따라 부르는 아우성의 몸짓으로 나타난다. 그러나 춤은 결코 해방된 신체의 충동이 아니다. 차라리 춤은 몸이 충동에 거역하고 운동성 속에 무엇인가를 억제하는 것이다. 발산되지 않는 말들이 침묵을 만들고, 다른 정체성을 뒤집어쓰기를 원했던 신체가 자신을 숨기던 옷을 하나씩 벗어 내면서 공간을 떠다닌다.

　　이름을 지우는 행위, 배우의 자아를 벗어 내는 행위 그리고 또 배역을 벗어 내는 행위, 이 모든 벗어 내는 행위는 그 벗음의 끝에서 자신을 재명명한다. 김동현과 그 배우들은 연극을 다시 명명하고 싶어 한다. 배우 개인에서, 배역으로, 그리고 배우도 배역도 아닌 것으로, 현실의 말에서, 극의 말로 다시 그 말의 침묵과 사라짐으로 이동하는 연극, 그리고 마침내 그 모든 것의 유동과 스러짐 속에서 찬란히 아름다워지는 것을 연극이라 명명하기를 원한다. 알랭 바디우의 다음 정의는 김동현 연출의 <우리 말고 또 누가 우리와 같은 말을 했을까?>가 다다른 지점을 설명한다.

춤이 가리키는 것은 사건으로서의 사유, 하지만 이름을 가지기 이전의, 자신의 진정한 사라짐과 완전한 경계에 있는 사유, 사건 자체의 스러짐 안에 있는 사유, 이름이라는 피난처가 없는 사건으로서의 사유일 것이다.

결국 김동현은 춤 그 자체는 아니지만, 춤에 이른 연극을 보여 준 것이다. 연극의 가장 기본적 전제들, 연극이라 명명된 것을 허물고, 춤에 의해서 연극을 다시 이름 짓는 행위 말이다. 그것은 '우리'라는 공동체를 그 우리로 한정되지 않은 주체인 '누구'와 동일시하는 시도와 같은 것이다. "우리 말고 또 누가 우리와 같은 말을 했을까?"

말로 가득 찬 실어증의 연극

윤한솔은 불협화음의 연출가이다. 그는 텍스트의 결을 거스르기를 즐긴다. 아니 그는 텍스트의 결을 거스르기를 고집한다. <진과 준>에서는 추상적이며, 서정적인 언어를 그로테스크한 이미지로 바꾸려 했고, <사람은 사람에게 늑대>에서는 구조적인 글쓰기 위에 덧입혀진 멜로드라마적이고 사실주의적 정서를 지워 내고 구조를 더 차갑게 부각했다. 그가 이러한 불협화음을 고집하는 것은 그에게 인간과 세상은 매우 이질적인 요소들의 충돌로 이루어져 있기 때문이다. 그 충돌을 감싸고 화해시키려거나, 혹은 승화시키려는 시도, 또 그 충돌을 있는 그대로 드러내는 것 모두를 그는 거부한다. 그는 이 충돌을 증폭시키기를 원하는 것이다. 그 증폭은 작품 전체를 조화로운 것으로 받아들일 수 있는 지점을 훨씬 넘어선다. 윤한솔이 이처럼 과장된 증폭을 고집하는 것은 그것이 싸움이기 때문이다. 그는 전투적이다.

<누가 무하마드 알리의 관자놀이에 미사일 펀치를 꽂았는가?>는 말로 가득 찬 연극이다. 해설자의 말, 실존 인물 무하마드 알리의 말, 그리고 등장인물들의 말이 쏟아진다. 하지만, 실제로는 실어증과 난청의 연극이다. 실존하는 전설적인 권투선수 무하마드 알리는 '떠버리'였다. 그가 자신의 상대 선수 그리고 자신을 둘러싼 사회적 편견과 싸우며 했던 수많은 말들이 무대 위에서 '인용'된다. 또 한편으로는 그와 같은 이름으로 불린 파키스탄 출신의 이주노동자 무하마드 알리의 서울 체류기가 펼쳐진다. 극은 전혀 관련 없는 이 두 인물이 구조적으로 중첩되면서 서로의 공통점을 드러내도록 짜여 있다.

물론 이처럼 설정된 인물은 허구적 인물이지만, 그는 현재 대한민국에 실재하는 수많은 이주노동자의 현실을 대변하는 인물이다. 성급히 바라보면 이 작품이 이주노동자 알리가 복서 알리처럼 사회적 편견에 대항하는 처절한 싸움을 벌이고 있음을 관객에게 소리 높여 외치고 있으며 이 외침이 관객의 의식을 깨우는 듯 보인다. 그러나 떠버리 알리가 파킨슨병으로 훗날 실어증에 빠지듯이, 이 높은 고함은 난청의 우리 사회 속에 반향을 갖지 못한다. 발화자의 입장에서 말이 말의 힘을 형성하지 못하는 이 실어증의 상황과 수신자에게 전달되지 못하는 난청의 상황을 이 연극은 의도적으로 증폭시킨다.

공연의 내용과 관련 없는 인디밴드 '얄개들'의 콘서트가 함께 결합해 있는 것 또한 불협화음을 통한 난청을 부각하는 장치로 활용된다. 극 안의 절망과 분노에 절규의 음악으로 화답하는 것이 아니라 그와는 차단된 가벼운 사랑 노래로 일관하는 '얄개들'의 음악은 묘하게도 우리가 사는 세상과 닮았다. 용산 옥상 망루 위 절망의 외침이 우리 사회의 숱한 소음 속에서 사라져 버린 그런 세상 말이다. 이처럼 우스꽝스러운 지경에까지 이른 우리 사회 현실의 광포함에 맞서기 위해 윤한솔은 더욱 과장되고, 증폭된 '허구'를 필요로 한다.

이를 위해 윤한솔은 작가 안재승에게 원텍스트를 완전히 바꾸기를 제안한다. 2008년 신작희곡페스티벌에 발표되었으며 이미 독회 공연과 무대 공연을 통해 알려진 바 있는 텍스트의 결말을 완전히 다른 것으로 만든 것이다. 그런데 그것은 단순히 결말의 변화에 그치는 것이 아니라, 극의 성격 자체를 바꾸어 놓았다. 최초 안재승의 원작은 제목이 말해 주고 있듯이, 이주노동자 알리를 쓰러뜨린 것이 과연 누구인지를, 권투선수 무하마드 알리의 이야기와 구조적으로 맞물리게 하는 방식으로 드러내었다. 영웅적 투쟁에도 불구하고, 매수된 동료 이브라임에게 테러당한 알리는 패배한다. 그러나 결말을 변형한 개작본에서는 파키스탄으로 돌아갔던 무하마드 알리가 안중근의 『동양평화론』을 읽고 기관총으로 무장하고 다시 돌아와 자본가들에게 복수하고 산화한다. 노동자들의 영웅이 된 알리를 기리기 위해 이순신 동상 앞에 그의 동상이 세워진다.

분명 안재승의 원작은 알리에게 가해진 폭력성과 그 폭력성의 주체가 누구인지를 드러내는 데 중심이 놓였다. 그러나 윤한솔의 입장에서 폭력의 주체가 누구인지, 그리고 폭력의 양상이 어떠한지는 너무도 자명하다. 실제로 현 단계 자본주의 대한민국에서는 폭력은 굳이 자신을 교묘히 위장할 필요조차 느끼지 않는 듯하다. 따라서 윤한솔은 이 자명한 것을 드러내는 구조적 형식을 포기한다. 극은 갑자기 현실성을 잃고 만화적인 상상을 구현하기 시작한다. 총을 든 알리는 <영웅본색>의 주윤발이 된다. 그러나 연극이라는 허구적인 공간 속에서 가상의 복수를 하는 자기만족적 행위에 그치는 것이 아니다. 이것은 인식의 구조를 바꾸려는 시도이다. 세계 안에서 진실한 삶이 가능하다는 믿음을 갖는 것 자체가 순진하고 허황된 것이 되어버린 세상의 인식을 바꾸고자 한다.

철학적으로 그것은 진리가 현상 속에서 표상 불가능하다는 포스트모더니즘의 사유로부터 현상 속에 진리의 표상 가능하다는 믿음으로 옮겨가는 과정이다. 이제 새롭게 개작된 작품 속에 안재승 작가는 '견리사의 견위수명'이라는 논어의 한 구절을 인용한 안중근의 글귀를 재인용한다. 불의를 보면 정의를 생각하고 위태로움을 보거든 목숨을 바쳐라. 안재승과 윤한솔은 난청과 실어증 속에서 '말'을, '언어'를, '진실을 담은 언어'를 세워 보려 한다. 더불어 이 언어를 세우는 행위가―지젝의 표현대로라면 "잃어버린 대의를 옹호"하는 것이―그들의 연극적 행위가 되어야 한다고 믿는다.

다시 알랭 바디우에 따라 말한다면, 이것이 명명의 행위이다. 의미하는 행위(signifier)가 기존의 지식에 기반한다면, 명명(nommer)은 기존의 논리와 지식에 따랐을 때 그 근거가 빈약한 것처럼 보인다. 하지만 바로 명명의 행위에 의해서만이 진리가 생산된다. 진리는 존재의 '다수성'에 기초한다. 규정되지 않은 존재의 다수성이 새롭게 지금까지와는 다른 진리를 생산한다. 예술은, 그리고 그 예술의 한 장르로서의 연극은, 이처럼 진리 생산이라는 '사건'을 발생시킨다. 주체는 이제 이 사건 속에서 '전투적'이며, 진리에 대한 '충실성'을 견지한다. 노동자 알리와 복서 무하마드 알리, 이름을 제외하곤 어떠한 연관성도 없어 보이는 두 영웅의 유일한 공통점은 삶이라는 도망칠 수 없는 '사각의 링' 위에서 생존을 위한 치열한 싸움을 견뎌 왔다는 사실이다.

윤한솔의 <누가 무하마드 알리의 관자놀이에 미사일 펀치를 꽂았는가?>가 현실성을 지닐 수 있는 것은 극장이라는 구체적인 공간을 전투의 영역으로 삼고 있기 때문이다. 그의 배우들은 극 공간 속으로 '출근'한다. 그들은 처음부터 끝까지 허구 속의 배역이 아니라, '비정규직 노동자'로서 무대 위에서 노동하는 것이다. 황당한 결말과 전투는 그들의 일상적 노동과 삶의 내용이 된다. 정글과 같은 현실의 싸움터에서 이들 배우들은 연극하는 삶에 대한 '충실성'을 지니고 '전투적'으로 살아간다. 일종의 쇼 형식을 띤 이 작품은 허황된 쇼가 아니라, 이 전투를 스스로 즐거운 것으로 만들기 위한 미적 형식인 것이다.

거울 안의 늑대, <사람은 사람에게 늑대>

　　작가 고재귀가 <사람은 사람에게 늑대>(혜화동일번지, 2009. 11. 3.~29.)에서 제시한 극 상황을 가장 최소한으로 요약하면 이런 것이다. '한 남자가 한 여자를 배신했다.' 그리고 작가는 이 상황을 다시 경찰서라는 공간으로 가져가서 다음과 같은 질문을 던진다. '한 남자가 한 여자를 배신한 것은 죄인가?' 물론 이 문장에는 '결혼을 약속하였으며' '둘 사이에 아이를 가졌다가 지웠으며' '여자에게 경제적인 도움을 받은 적이 있으며' 등등 보다 구체적인 전제들이 따른다. 그러나 이러한 전제도 이 남자를 법적인 죄인으로 규정하게 하지는 못한다. 그런데 작가 고재귀가 이처럼 기소도 할 수 없는 상황을 제시한 것은 극 상황 속의 인물이 법적이건 도의적이건 죄가 있는가를 묻고자 한 것이 아니기 때문이다. 인물의 행위보다 작가는 인물 자체에 초점을 맞추고자 한다. 극 속의 인물은 과연 누구인가? 극 서두의 대사는 바로 그런 의미에서 주목을 요구한다.

> 장석구: (자판을 바라보며) 이름?
> 송기철: (심란한 표정, 대답하지 않는다)
> 장석구: 이름?
> 송기철: 참 나, 이름도 모르면서 잡아 왔나?

더욱 흥미로운 것은 송기철의 다음의 대사이다.

> 송기철: 아, 이거부터 좀 풀어 달라고요. 주머니에서 주민등록증을 꺼내 봐야 나도 내 이름이 뭔지 알 것 같으니까.

이름이란 한 사람의 정체성을 드러내는 기호이다. 송기철이라는 이름이 지시하는 지시 대상으로서의 정체성에 작가는 의문을 제시한다. 송기철 자신도 모르는 그의 정체성이 문제시되고 있다. 송기철이 자신의 주민등록증을 보겠다고 '장난처럼' 이야기를 하지만 이 극의 가장 중요한 장치는 자신과 또 다른 자신의 '대질'이다. 송기철은 그를 혼인 빙자 간음죄로 고발한 옛 애인 유현숙과 '대질' 심문 중이지만, 실제로는 그 옆에서 조사받고 있는 또 다른 인물 최창석과 '대질'하고 있는 셈이다. 자신 자신과의 대면, 사람이라 주장하지만, 실제로 늑대인 자신의 모습과 대면하는 것은 피하고 싶은 상황이다.

> 송기철, 고개를 돌리다가 다시 최창석과 눈이 마주친다.
> 송기철: (최창석에게) 어이, 뭘 그런 눈으로 사람을 쳐다봐. 혼빙으로 억울하게 누명 쓴 사람 처음 봐? 괜히 사람 좆같이 쳐다보지 말라고. 병풍 뒤에서 향냄새 맡기 싫으면.

두 사람은 각기 다른 이유로 전혀 관련 없는 일로 경찰서에 와 있다. 그렇지만 작가 고재귀는 이 두 사람, 혹은 이 두 사람이 각기 놓여 있는 상황이 서로에게 거울처럼 작용하도록 작품을 구조화한다. 송기철은 혼인 빙자 간음이라는 개인적 사건에 국한되어 있지만, 그와 동형인 최창석은 지하철 추락 사고라는 사회적 사건의 참고인으로 소환되어 있다. 개인적 자아와 사회적 자아가 대면하고 있는 셈이다. 그런데 최창석은 이 대면을 피하려 한다. 최창석은 다만 참고인으로 남으려 할 뿐, 사회적 사건의 증거물인 사진 속 자신의 얼굴을 지워 버린다. 자신과 사진 속 자신의 연결을 지워 버리는 이 행위는 형사 장석구의 느닷없는 뜻 모를 대사의 의미를 밝혀주기도 한다.

> 이봐, 송기철 씨. 내 분명히 말하지만 당신 마음하고 당신하고는 아무 사이도 아니거든. 서로 모르는 사이라고, 응. 다시 말해, 당신하고 당신이 저지른 행동이 피를 나눈 형제였으면 형제일까, 당신하고 당신 마음은 서로 단 한 번 만나 본 적도 없는 생면부지 남남이라고. 알아들어? 이 양반아.

형사 장석구 역시 형사로서의 자신과 원조교제를 즐기는 자신을 연결 지으려 하지 않는다. 그를 알아본, 그리하여 그와 대질한, 또 그리하여 장석구의 두 얼굴을 대질시킨 여고생 정성미를 장석구는 윽박질러 집으로 돌려보낸다. 자신의 모순되는 얼굴이 대면 되기를 바라지 않는 것은 자신을 부정하는 것이다. 사진 위 자신의 얼굴을 지워 내는 일, 그것은 '바비 인형처럼 머리가 날아가' '코가 어디에 붙어 있는지도 알 수 없게 된' 시체와 동일시되는 것이다. 그리하여, 자신을 부정하는 이 모습 앞에서, 마치 목격자인 여고생처럼 구역질하거나, 울음을 터트려야 한다.

작가 고재귀가 현대인의 위선적인 이중적 자아를 구조적인 글쓰기를 통해 드러내고 그 구조를 자연스러운 상황 속에 녹여 넣었다면, 연출가 윤한솔은 그 자연스러움을 지워 내고, 원래의 구조를 더욱 강조한다. 이 작품의 드라마터그를 맡았던 극단 그린피그의 또 다른 연출가 박상현이 프로그램의 글 속에서 윤한솔을 관객을 편하게 하지 않는 '못된 연출가'라고 불렀듯이 윤한솔 연출은 관객 스스로가 회피하고자 하는 자신의 모습과 대면하기를 강요한다.

윤한솔은 장석구 형사처럼 호통치거나 설교하지는 않지만, 관객이 이 위선적이고 이중적인 인간의 모습으로부터 고개를 돌릴 수 없도록 붙잡는다. 이를 위해 윤한솔은 관객을 무대 위에 올리는 방식을 취한다. 작가 고재귀가 목격자 혹은 참고인이라는 이름으로 은유적으로 관객 혹은 익명의 시민들을 경찰서로 소환했다면, 연출가 윤한솔은 더욱 직접적인 방식을 사용한다. 희곡에는 등장인물로 제시되지 않았던 노숙자들을 윤한솔 연출은 등장시키는데 바로 이들이 관객의 역할을 담당하는 것이다. 그들은 경찰서 내에서 벌어지는 일들을 사건에 직접적으로 개입하지 않으면서 관찰하고 있다는 점에서 관객들과 동일한 역할을 수행하고 있다. 일종의 극 안의 관객인 셈이다. 그러나 이처럼 설정된 관객은 그저 관찰자의 자리에 놓일 수는 없다. 극 안의 관객은 극 공간에 놓임으로써 극의 행위자로 기능하고, 극을 바라보는 극 밖에 있는 관객의 시선에 포착된다.

기관사 최창식은 이들이 뻔히 지켜보고 있음에도 불구하고 자신의 얼굴을 사진 속에서 지워 낸다. 희곡의 원래 설정처럼 관객-노숙자가 등장하지 않을 때, 최창석의 행위는 은밀하며 비겁한 행위였다면, 연출가에 의해 관객-노숙자가 설정되었을 때, 최창석의 행위는 공개적이며 공격적인 행위가 된다. 그는 이들의 존재를 완전히 무시한다. 사회적 행위로서의 위선 앞에서, 어떤 사회적 약속이 철회될 때, 관객은, 시민은 완전히 무력하다. 그들은 존재하지 않는 것으로 여겨진다. 윤한솔은 어쩌면 타자화된 사회적 위선에 대한 구역질보다는, 스스로의 무기력함을 대면하는 절망을 우리에게 요구하는 것일지도 모른다.

연출은 무대 위에 CCTV 모니터를 설치하고 이를 중요 무대 장치로 활용한다. 사실상 CCTV 카메라가 아닌 모니터의 설치는 무대의 사실적 설정과 거리가 있다. 하지만 연출은 관객에게 그 내용을 시각화해야 하므로 모니터를 설치한다. 최창식이 증거를 조작하는 과정은 무대 위, 그러니까 경찰서 내부를 촬영하는 CCTV에 반드시 포착되어야 한다. 그러나 그가 사고 당시 5분 정도의 CCTV 내용이 삭제되었듯이, 무대 공간을 채우고 있는 CCTV 모니터는 최창식의 행위를 포착하지 못한다. 그리고 대부분의 경우 CCTV는 수사계 내부 모두를 영상화시키지 못한다. 이처럼 CCTV의 영상은, 혹은 그 연장선에서 생각해 볼 수 있듯이 모든 대중매체의 영상은 객관적이지 않으며, 시선이 일부에 국한되어 있고, 때로 조작되기도 하는 것임을 연출을 드러내고자 한다.

윤한솔의 연출 방식에서 또 한 가지 특이한 것은 공간의 사용 방식이다. 장석구 형사는 주요 인물임에도 불구하고 송기철 사건을 조사하면서 줄곧 관객에게 뒷모습만이 보이도록 앉아 있다. 조사를 받는 송기철과 조사를 하는 장석구 모두 관객에게 잘 보이도록 횡으로 배치할 수도 있지만 굳이 장석구 형사를 뒷모습만 보이도록 배치한 것은 극의 말미에 그의 본색이 나타나는 장면과 대구를 이루기 위해서다.

한편 텍스트상으로 인물들은 몇 차례 화장실을 가기 위해 퇴장한다. 그런데 윤한솔의 연출에서 인물은 무대 밖으로 나가는 것이 아니라, 무대 위 화장실 공간으로 이동한다. 이처럼 윤한솔은 인물들이 쉽게 막 뒤로 도망치도록 놓아 두지 않는다. 그의 인물들은 퇴장하지 못한 채 까발려진다. 기관사 최창석이 그리고 여고생 정성미가 화장실에서 속옷을 내리고 용변을 보는 장면이 굳이 필요했던 것은 겉이 아닌 속, 인간의 가장 내밀한 부분까지 드러내기를 원하기 때문이다. 뒷모습이 아닌 앞모습을 마주하며, 숨기지 못하고 모든 것이 까발려진 모습을 마주하면서, 우리는 우리 앞의 사람에게서 짐승을 확인한다. 거울 속에서 우리는 늑대이다. 자신의 모습에 놀라 이제 소리쳐야 한다. "늑대가 나타났다!"

<원전유서>, 세상을 창조하는 문자

세상을 창조하는 데는 두 가지 방식이 있다. 하나는 말씀에 의한 것이다. 태초에 빛이 있으라는 말씀과 함께 세상이 창조되었다. 빛이 있도록 하는 것, 그것은 기독교적 창조의 서두이면서 동시에 계몽(enlightenment)의 문자적 의미 그 자체이기도 하다. 어둠의 무지몽매함으로부터 이성의 빛을 통해 정의롭고 합리적인 새 세상을 여는 것 이것이 바로 창조의 두 번째 방식이다. 창작 희곡 활성화 지원 사업의 희곡 공모 당선작 <원전유서>(아르코예술극장 대극장, 2008. 7. 16.~21.)는 새로운 세상의 창조와 관련된 이야기이다. 어두운 무대 위 망가진 가로등의 불빛이 희미하게 되돌아오는 것으로부터 시작한다.

태초의 창조주 말씀처럼 작가는 자신의 글로 세상을 창조하는 자이다. 그렇지만 과연 어떤 글이, 어떤 말이 새로운 세상을 열 수 있을까? 4시간이 넘는 작품 속에 빼곡히 말을 박아 놓은 젊은 작가 김지훈에게는 토해 내고픈 말이 넘쳐 난다. 하지만 그는 썩어 버린 세상을 씻어 내고 새로운 세상을 창조하기에는 그 모든 말이 단지 소란스럽기만 할 뿐 결국 무력하다는 것 또한 잘 알고 있다. <원전유서(原典遺書)>는 쓰레기처럼 넘쳐 나는 말 속에서 단 하나의 말, '세상을 새롭게 창조할 힘을 간직한 원형적이고 근원적인 말'을 찾는 시도이다.

쓰레기 더미가 산을 이룬 곳에 사는 사람들이 있다. 박공조는 귀신에게 홀려 넋을 잃고 몸뚱이만 남았으며, 그 아내 어진네는 자식과 함께 폭력을 일삼는 우출이에게 얹혀산다. 우출이는 어진네의 자식 어진이와 어동이를 차례로 때려죽일 것이지만, 어진네는 자식의 죽음에도, 그리고 자신에게 가해지는 지속적인 폭력에도 무력하다. 이 폭력에도 불구하고 그녀가 우출이를 떠나지 못하는 것은 먹고 싸는 일 때문이다. 그들의 집에서는 화장실과 부엌이 한 곳이듯이, 먹는 것과 싸는 것이 하나이며, 결국 쓰레기 더미 속에서 그것을 먹고 싸기에 그들은 쓰레기로, 오물로 생존하는 것과 같다.

한편 남전과 조덕공은 이 쓰레기 산을 정식 토지로 등록하고 이 쓰레기 자원을 재활용해 주민들과 부를 분배하려는 혁명적 꿈을 실현하려 하지만, 그 노력은 수포가 된다. 이처럼 <원전유서>의 얼개는 자본주의적 삶의 피폐함과 폭력성을 논하면서 여기서 벗어나는 방식을 모색하고 있다. 그런데 작가 김지훈은 자본주의에서 벗어나지 못하는 것이 외부로부터의 억압 때문이 아니라 그것을 살고 있는 이들 자신의 욕망 때문이라는 것을 모르지 않는다. 작가가 제시하는 방법은 우선 폭력성을 견디는 것이다. 견딘다는 것은 숙명처럼 받아들이는 것이 아니라, 우출이의 매질에도 불구하고 어진네가 집 안에서 자려고 발버둥 치는 것, 혹은 호미에 쓰레기만 건져 올려질 뿐이더라도 그 척박한 땅에 씨 뿌려 상추가 자라나도록 밭을 일구는 어진네의 고집과도 같은 것이다.

　어동이 이 고통의 시간을 견디는 방식은 공부하는 것이다. 성적표에 전부 '수'를 받는 어동이가 자라서 이 쓰레기 더미 동네를 벗어나기 위해서는 스스로가 폭력의, 그리고 쓰레기 같은 세상의 일부가 되어야 한다. 그것이 아니라면 어동이는 남전과 조덕공처럼 계몽의 빛으로 세상을 밝히려는 노력 속에서 거듭되는 좌절을 경험하게 될 것이다. 그러나 어동이는 이 방식들을 초월한다. 우출이에게 찢긴 교과서의 글들과는 다른, 그리고 할아버지의 고물상에 쌓여 있는 10년 전 신문처럼 낡지 않은 글자를 어동이는 어머니에게 남길 것이다. 유서처럼 남긴 어동이의 편지의 글은 "기역 니은 디귿 리을 미음 비읍…"처럼 가장 기본적인 문자들일 뿐이다. 그 문자들은 어머니가 비록 문맹이라 할지라도 종이를 보며 읊조릴 수 있는 유일한 문자들이다. 그것은 배움 없이도, 계몽되지 않고도 알고 있는 문자, 그리고 그것으로부터 복잡한 모든 것이 조합될 수 있는 기초 같은 문자이며, 그러므로 선과 악, 미와 추, 원인과 결과를 추론하고 판단하는 기준과도 같은 것이다. 인간 모두에게 생득적으로 내재해 있는 것이기도 하다. 이 문자가, 이 말씀이 복원될 때, 태초처럼 새로운 세상이 열리며, 죽음 위로 생명이 움튼다.

　이 새로운 언어 <원전유서>에 마치 어진네의 텃밭처럼 푸른 잎이 돋아나게 한 것은 연희단거리패의 배우들이다. 그것이 가능한 것은 아마도 연희단거리패가 연극이라는 허구적인 세계를 창조하는 가장 기본적인 소리를 발화할 줄 알기 때문일 것이다. 가장 기초적인 문자 <원전유서>의 울림이 크다.

절망의 노래, <나는 기쁘다>

우리에게 '이주노동자'라는 단어는 동남아시아 등지로부터 오는 외국인 노동자를 먼저 연상시킨다. 여전히 우리 중 많은 이들이 더 나은 삶을 찾아서 새로운 땅으로 이주하기를 희망하지만 그곳에서 우선은 몸을 움직여 먹고사는 육체노동자로서 출발해야 한다는 사실은 잊은 듯이, '이주노동자'라는 단어를 타자 혹은 과거형으로서만 인식하게 된 것이다. 바로 이때 모두 가고 싶어 하는 그 나라에서 한 젊은이가 수백 발의 총탄을 발사하고 수십 명의 인명을 살상하는데, 그는 타자가 아닌 한인 이주노동자의 아들이었다. 희생자가 아니라 가해자의 자리에서 동포를 발견한 당혹감은 주미 한국 대사가 이 사건에 대해 미국민에게 공식 사과하는 조금은 우스꽝스러운 민족주의적 대응으로 나타나기도 하며 그 당혹감을 조금 수습한 후에는 이 사건을 개인적 차원의 범죄로 한정하여 볼 것을 권고하기도 한다.

이화진 작, 윤한솔 연출, 극단 그린피그의 <나는 기쁘다>(정보소극장, 2007. 4. 5.~22.)는 이 작품이 상연되는 시기에 버지니아 공대 총기 난사 사건이 발발하였다는 우연한 일치, 그리고 외국에 거주하는 한인의 이야기라는 배경의 유사성을 제외하고는 이 사건과 직접적인 연관이 없다. 그럼에도 불구하고 <나는 기쁘다>는 이 사건과 관련해서 우리가 한 번쯤 깊이 생각해 보아야 할 문제들 즉 타자와 나, 피해자와 가해자, 행복에 대한 꿈과 인간 공동체에 대한 기대 그리고 그 좌절에 대해서 흥미로운 성찰을 보여 주고 있다.

기본 시나리오는 한 인물이 노동 이민을 하지만 그가 일하는 냉동 저장 창고에 갇혀 얼어 죽는다는 것이다. 가난을 벗어나기 위한 가족과의 이별, 현지에서의 온갖 고난, 새롭게 움트는 사랑, 그리고 비참한 죽음 등 드라마로 발전시킬 많은 잠재적 요소가 있음에도 불구하고 작가는 인물이 겪는 구체적, 개인적 경험이 구성하는 드라마에 관심을 두지 않는다. 작가 이화진은 인물의 개인적인 구체성을 해체하기 위해 글을 쓴다.

주인공은 이름이 없다. 한인 민박집에 머무는 등 당연히 한국인으로 추정되도록 유도되어 있지만 그가 찾아간 고향 선배의 이름은 무하마드이다. 주인공은 한국에서 그를 기다릴 것으로 추정되는 아버지에게 "자동차 없이는 다닐 수 없는 이 거대한 나라"에 대해 편지를 쓰지만, 동시에 이곳 사람들이 소풍 갈 때 먹는 '김밥'이라는 음식에 관해 설명함으로써 한편으로 이곳이 한국이 아님을, 다른 한편으로는 이곳이 한국임을 드러낸다. 이곳은 미국이며 호주이고 동시에 한국이고, 주인공은 외국에 이주한 한인 노동자이자 한국에 이주한 외국인 노동자이다.

이처럼 작가는 인물들이 어떤 나라 출신의 어떤 나라에 이주해 온 구체적 개인이라기보다는 이주노동자로서의 보편적 경험 속에서만 파악되는 자로 제시하기를 원한다. 작가는 이주노동자가 겪는 경험의 보편성에 대해 직접 말하기보다는 그 보편성을 글의 형식으로 갖기를 원하는 것이다. 이 관계 속에서 한국인의 자리는 유동적인데 어떤 위치에서 한국인은 피해자의 위치에 서며, 또 어떤 위치에서 한국인은 가해자의 위치에 서게 된다.

연출가 윤한솔은 이미 해체적인 작가의 글쓰기를 더욱 해체해 버린다. 따라서 작가가 원했던 자아의 보편성을, 연출가는 또 다른 방식으로 더 멀리 밀고 나간다. 작가가 원했던 자아의 보편성은 한 인물이 동시에 두 공간 속에 위치하며 두 가지 아이덴티티를 구현하도록 하는 방식이었다면, 연출가는 이러한 경험이 등장인물들 전체로 확장되는 것을 보여 주고 싶어 한다. 이를 위해 윤한솔은 배우와 그의 배역을 일대일 대응으로 고정하기를 거부한다. 주인공의 배역이 냉동 창고에서 죽어갈 때, 그 역은 이제껏 주인공 역을 수행하던 배우에 의해서가 아니라 주인공의 선배의 아들 '셸' 역을 수행했던 배우에 의해서 연기된다. 이러한 처리에 의해서 극의 각각의 에피소드는 하나의 드라마로서의 긴밀한 연결성을 잃게 되지만, 대신 나의 경험이 너의 경험이 되고, 이 시간의 경험이 세대를 달리한 시간성 속에서 역사성을 획득하게 된다. 주인공이 냉동 창고 안에서 죽어가고 있을 때, 그와 데이트 약속을 한 인선이 놀이공원 앞에서 그를 기다리고 있다. 그런데 이처럼 주인공의 배역을 다른 배우가 수행함으로써, 이 사건을 사랑하는 두 남녀의 문제로 국한하지 않은 채, 전혀 관계없는 타인 간의, 전혀 관계없는 시간 속에서 일어날 수 있는 경험으로 확장한다.

두 남녀의 관계를 초점으로부터 비껴가게 설정했으므로, 의식을 잃어 가면서 환각 속에 빠져들 때, 관객이 주목하는 것은 두 남녀의 피어 보지 못한 애절한 연정이 아니라, 환각 속에서 벌어지는 의자에 앉기 놀이의 잔혹함이다. '나는 기쁘다'라는 너무도 배우기 쉬운 노래에 맞추어, 네 사람이 세 개의 의자를 놓고 노래가 끝날 때마다 그중 한 사람을 밀쳐 내는 놀이가 진행된다. 늘 주인공이 밀쳐지고, 점점 그는 더 폭력적으로 바닥에 내동댕이쳐진다. 이 폭력성은 현실의 표면 속에서 가해지는 것이 아니다. 현실의 내부에 구조화되어 있으며 언어 속에 숨어 있다. 테니스공이 되어 주인공의 몸을 때리던 한국 산업인력공단과 호주 이민성의 말처럼 연출가는 언어가 폭력이 되는 과정에 주목한다. 그것은 '나는 기쁘다'라는 언어가 역설적으로 죽음과 절망의 노래가 되는 과정이었다.

무대 위를 가득 둘러싼 칠판 위에 글자가 가득하다. 아흔아홉 번을 참고 백 번째에 쓴 아버지에게 보내는 편지이다. 글을 읽을 줄 모르는 아버지에게 보낸 그래서 쓰이지만 읽힐 수 없는 편지이다. 아흔아홉 번을 참고 쓴 이 편지를 읽고 해독하는 것이 개인적 경험을 보편적 경험으로 확장하는 방식이며, 그가 한국인이든 그렇지 않든 간에, 그 고통의 언어가 폭력이 되지 않게 하는 방식일 것이다.

장난감이 되어 버린 세상, 목화의 <맥베스>

셰익스피어의 인물들에게는 보는 이들은 물론 인물 스스로도 가늠할 수 없는 심연이 있다. 비극은 이 심연으로부터 새어 나온다. 복수를 재촉하는 아버지 명령의 실현을 지연시키는 햄릿, 자식의 사랑을 한낱 몇 마디 언어로 고착시키기를 고집하는 리어왕, 그토록 사랑했던 아내를 손수건 한 장 때문에 살해하는 오셀로, 권력욕에 사로잡혀 핏속에서 허우적거리는 맥베스, 이들의 파멸의 필연성을 이해하기 위해서는 그 심연의 어둠속, 그 까닭 모를 모순의 세계를 들여다보아야 한다. 비극을 발생시키는 인간에게 적대적인 운명이란 그것이 인간 외부의 절대로부터 기인하는 것이든, 인간의 근원적인 무의식으로부터 기인하는 것이든 간에, 합리적인 설명을 벗어나는 그 어떤 것, 과거형으로 이미 완료되어 돌이킬 수 없는 것이다. 그럼에도 불구하고 연출가들이 비극에 이끌리는 것은 설명할 수 없는 그 무엇을 설명하고자 하는 의지의 발현이다. 셰익스피어 인물들의 심연에 귀를 대고 그 안으로부터의 울림을 들어 보는 것, 그것이 셰익스피어를 다시 읽는 행위이다.

그런데 인물로부터 한발 비켜서서 바라본다면, 까닭 모를 원인 때문에 파멸을 향해 나아가는 그 모습이 우스꽝스럽게 여겨진다. 흔히 말하듯 희극은 이처럼 비극을 거리를 두고 바라볼 때 생성된다. 오태석의 <맥베스>(아르코예술극장 대극장, 2007. 1. 10.~17.)는 욕망의 심연으로 빨려 들어가기보다는 그로부터 거리를 두고 관찰한, 볼록렌즈 대신 오목렌즈로 바라본 셰익스피어의 세계를 보여 준다. 그렇기에 오태석에게 이 작품은 권력과 야심, 제어되지 않는 욕망, 죄의식, 살육이 살육을 낳는 피의 메커니즘에 관한 이야기가 아니다. 그렇다고 그가 <맥베스>를 비극이 아닌 희극으로 읽어 내려는 것이 단지 셰익스피어의 언어의 권위를, 혹은 그에 대해 이전의 해석들을 해체하기 위해서 그리고 셰익스피어 비극에 항상 존재하는 대중적 놀이성을 강조하기 위한 것은 아니다. 오태석은 <맥베스>를 다시 읽으며, 모든 연출가가 던지는 당연한 질문을 제기한다. 이것은 무슨 이야기인가? 맥베스는 무슨 이유로 권좌에 오르려 살육을 하며, 이 살육을 멈추지 못하는가? 맥베스의 비극은 과연 무엇으로부터 시작되었는가?

모든 것은 마녀들과의 만남, 그녀들의 '이상한 예언'으로부터 시작되었다. 최근에 동일 작품을 해석했던 작은 신화의 김동현이 <맥베스 더 쑈>에서 마녀들을 무대화시키지 않고 단지 소리로 처리했던 것을 기억할 때, 김동현에게 마녀들은 맥베스라는 개인의 심연 속의 메아리였음을 알 수 있다. 심연의 어둠 속에 있기에 보이지 않는, 하지만 '허깨비이면서 동시에 실제로 존재하는' 것이었다. 반면에 오태석은 이 마녀들을 구체화하

440

기를 원한다. 아니 이 마녀들을 극의 중심에 놓고자 한다. 오태석이 텍스트를 축약하면서도 언뜻 중요도가 떨어져 보이는 마녀들 장면은 대사 하나하나를 살리려 노력한 것이 이를 입증한다. 그는 작품 속에 지시되어 있는 세 명의 마녀를 여덟 명의 코러스로 증식한다.

그런데 오태석은 운명을 예언하는 이 마녀들을 안개로 싸인 모호한 언어 속에 가려 놓지 않는다. 그녀들은 장난기 넘치는 어린아이일 뿐 신비의 힘을 지니고 있지 않다. 빨간 고깔을 쓴 이 어린 마녀들은 만화 속 주인공 스머프의 친구들로 보일 뿐이다. 코더의 영주, 장차 왕이 될 것이라는 그녀들의 예언은 어린아이의 말장난, 만화 속 황당한 이야기에 불과하다. 또한 끓는 가마솥에 온갖 괴이한 것을 섞어 넣을 때 그녀들은 어린이 인형극 부리부리 박사의 한 장면 속에 있는 듯하다. 황정민이 분한 헤커디가 붉은 헝겊으로 표현된 끓는 죽 속에서 갓난아이의 몸통 형상의 인형을 머리에 달고 나오는 장면에서 어린이 인형극의 분위기는 최고조에 달한다. 그리고 그 당연한 귀결로 버넘 숲이 옮겨 오지 않는 한, 여자에게서 태어난 자에게 맥베스가 멸망하지 않으리라는 그 유명한 예언은—여자에게서 태어난 자를 자연분만으로 태어난 자로 번역하고 있는데 이는 이 예언이 지닌 우스꽝스러운 모순을 강조하기 위한 장치였다—오태석의 시선 속에서는 가혹한 운명의 거짓 약속이 아니라, 갓난아이의 뜻 없는 칭얼거림에 불과한 것이 된다. 그러므로 그것을 믿고 덩컨 왕을 살해했을 때, "세상에 중요한 것은 다 없어지고, 모든 것은 장난감"과도 같은 것이 되어 버리는 것이다.

이제 야심 때문에 핏속에서 발버둥 치는 권력자의 이야기는 "백치가 지껄여 대는 이야기, 필경 아무 뜻도 없는 짓거리"가 되어 버린다. 권력의 쟁취에 따른 포만감은 장난감 왕관을 뒤집어쓴 어린아이의 우쭐함이 되고, 멈출 수 없는 살육 때문에 겪는 찬탈자의 공포는 소심한 어린아이가 겪는 무섬증으로 표현된다. 뱅코의 망령을 보고 맥베스는 "이봐 뱅코, 장난 치지 말어"라고 외치듯 착란 속에 찾아오는 망령조차 술래잡기와 같은 아이들 놀이로 표현된다. 이 어린아이 놀이 속에서 어른스러움을 지닌 자는 아무도 없다. 맥베스는 물론, 레이디 맥베스, 뱅코 등 모든 인물이 놀이에 가세한다. 모든 인물들이 살육 속에서 자유롭지 못한 이야기가 모든 인물이 어린아이의 유치함 속에 빨려 드는 이야기가 되어 버린다.

모든 것이 장난감이 되어 버린 세상이란 무엇일까? 셰익스피어는 이를 '술 다 쏟아 버리고 술지게미만 남은 세상' '실체 없는 환상' 혹은 '거품'이라 부른다. 마녀들을 일컫기 위해서 사용했던 '거품'이라는 단어가 유달리 와닿는다. 오태석이 비극을 희극으로 바꾸어 놓은 것은 실체를 대체한 거품 같은 가치를 믿는 유치한 세상에서 맥베스의 다음과 같은 주절거림을 그저 혼잣말로 남기지 않기 위해서였을 것이다.

> "한낱 공상에 불과하건만 어찌 이다지도 내 몸뚱어리를 뒤흔들어. 현실에 존재하지 않는 것밖에는 보이지 않는다는 말이냐."

나는 누구인가? 티엔친신의 <조씨고아>

<조씨고아>(예술의전당 토월극장, 2006. 9. 2.~14.)는 아주 먼 옛날 춘추전국 시대의 이야기이다. 아주 멀고도 먼 옛날의 이 이야기를 할아버지 무릎을 베고 누운 조무래기의 심정으로 듣는다면 옛날이야기의 그 장중한 장면을 떠올리면서 때로 분개하고 또 때로 감동하며 손에 땀을 쥘 터이지만, 연출가 티엔친신은 우리가 이야기에 휘감기도록 놓아두지 않는다. 그는 관객이 이야기 밖에서 감탄하기보다는 이야기의 안으로 들어서도록 초대한다. 이야기의 안으로 관객이 들어설 수 있도록 그는 긴 창을 들어 이야기의 표면을 쪼갠다. 흥미진진한 사건으로 이루어진 표면을 쪼개면 그 안에 인물이 있고, 그 인물을 쪼개면, 그 안에는 한 인물을 이루는 분열된 자아들이 있다. 결국 이야기의 저 깊숙이에는 한 인간을 이루는 분열되어 길항하는 자아들의 소리가 들린다. 이야기의 내부로 들어서자마자 첫 소리가 들

린다. "나는 누구인가?".

　　이 첫 소리를 따라가면, 한 소년의 출생의 비밀에 관한 이야기가 있다. 친아버지, 아니 그가 친아버지로 믿고 있는 정영의 아들로서 주인공은 정발이라는 이름을 지니고 있으며, 수양아버님 도안고의 아들로서 그는 도안성이라 불린다. 그러나 정작 그는 정발도, 도안성도 아니다. 그의 이름은 조씨고아이며, 정영은 그의 생명의 은인이며, 도안고는 부모의 원수이다. 소년은 존경하던 수양아버지이자 부모의 원수인 도안성을 죽인다. 하지만 연출가 티엔친신이 진정으로 우리에게 들려주고 싶었던 것은 소년이 자신의 친부모로부터 부여받은 진짜 이름을 찾는 이야기는 아니었다. 孤兒라는 소년의 본이름이 뜻하듯이, "나는 누구인가요?"라는 자신의 질문에 대해 소년이 들은 바는 '세상에 홀로 존재하는 아이'라는 것뿐이기 때문이다.

　　티엔친신이 쪼개 놓은 텍스트의 내부로부터 다시 두 번째 소리가 들린다. "나는 어떻게 살아야하나요?" 두 이름 속에 분열되어 있는 소년은 이제 열여섯이며, 소년에서 한 남자로 살아가야 할 시기에 서 있다. 결국 분열은 그의 이름 그 자체보다는 소년에서 성인 즉 완성된 인간으로 나아가는 과정에 있는 한 자아의 분열이다. 이 분열을 무대화하기 위해 연출가는 한 인물의 두 자아 즉 소년 고아과 청년 고아 두 자아를 설정한다. 이처럼 분열된 자아에게 그의 두 아버지가 들려주는 이야기는 그의 탄생의 비밀에 국한된 것이라기보다는 혼탁한 세상에 대한 이야기, "임금은 임금답지 못하고, 자식은 자식답지 못한" "가무나 즐기며 음탕과 혼란에 빠져 있어, 나갈 전쟁터도 없고, 세울 공도 없고, 환멸밖에 남지 않은" 세상의 이야기이다. 이제 이러한 세상에서 소년은 성인이 되기 위해 "나는 어떻게 살아가야 하는가?"라고 질문해야 할 순간이다. 주제만을 고려한다면 답은 간단하다. 이러한 세상에서 인간답게 살기 위해서는 신의를 지키는 의로운 인간으로 살아야 할 것이다. 그러나 연출가는 이 이야기를 의인의 윤리로 단숨에 결말짓고 싶어 하지 않는다. 그가 이야기를 쪼개는 것은 이야기를 구성하는 모든 상징들의 결을 읽고 그것을 드러내 보여 주고 싶기 때문이다. 그에게 있어서 이 이야기가 우선 분열되고 혼탁한 세상에 관한 것이라면 이와 동시에 생과 사가 뒤바뀐 이야기, 다시 말해서 죽음이 삶으로 바뀌는 이야기이기도 하다. 조씨고아는 멸족한 가문의 시체가 나뒹구는 죽음의 한가운데서 태어난 아이이다. 그리고 정영은 제 자식을 죽게 하고, 조씨의 고아를 살렸다. 이제 열여섯을 먹은 소년이 성인으로서 다시 태어나기 위해서는 이 분열된 세계를 죽여야 한다. 그것은 꿈속일지라도 어머니를 죽이고, 수양아버지를 죽여 정발, 도안성이 아닌 孤兒라는 자신의 이름의 의미를 스스로 찾는 행위이다. 소년 자신은 물론 그를 둘러싼 인물들이 분열된 자아를 가지고 있는 것은 이 때문이다. 연출가는 그의 친모 장희에게 셋으로 분열된 자아 즉 권력자로서의 남성적 자아와, 요녀로서의 자아 그리고 모성의 자아를 부여한다. 도안고는 과거와 현재로 분열되어 있다. 둘로 분열된 미치광이 영공, 그리고 이합집산하는 코러스로 연출가는 인물들을, 세상을 분열시킨다. 연출가는 때로 몇몇 인물들에게는 분열의 동기를 부여하는 데에 어려움을 겪기도 하고, 또 이처럼 분열된 자아들의 과잉이 관객들로 하여금 극흐름을 따라가게 하는데 방해물로 작용하기도 하지만, 이는 현재형으로건, 과거형으로건 단 한 순간도 분열된 자아를 지니지 않는 의로운 인간 '정영'의 존재를 부각시키기 위함이다. "어떻게 살아야 하는가?"라는 질문에 연출가는 의인으로 살아가라고 직접 답하기보다는 다른 이와 달리 분열되지 않은 자를 보여 주는 방식을 택하는 것이다. 그리고 바로 이 지점에서 연출가는 "나는 누구인가?"라는 질문과 "나는 어떻게 살아야 하는가?"라는 질문에 동시에 답하고자 한다. 그의 이름 孤兒란 무슨 뜻인가? 티엔친신에게 그것은 둘로 분열되지 않고, 홀로, 하나로 존재하는 자이다.

"나는 누구인가?"라는 질문을 제기한, 그리고 제 아비와 어미를 죽게 한 또 다른 이야기가 있다. 그리스 비극 <오이디푸스 왕>은 그 결말에 자신이 자기 자식의 아버지이자 형제라는 것, 즉 자신이 분열된 존재라는 것을 알고 제 눈을 찌르며 죽음의 세계로 떠나간다. 그러나 <조씨고아>는 분열된 자아를 하나의 자아로 통합하고, 이제 눈을 들어 혼탁한 세상을 바로 본다. 그리고 삶을 찾아 떠난다.

> 고아: "지는 해는 탁하기 그지없고, 핏빛으로 하늘을 뒤덮는구나. 그 미친 핏빛이 내 앞길을 보여 주는 것 같아! 아버지, 아버님… 전 떠나겠어요… 예전에 내게 두 분의 아버지가 계셨는데, 이제 난…."
>
> 무사들: 孤兒.

셰익스피어에 주석 달기, <맥베스 더 쑈>

극단 작은신화는 창단 20주년 공연(예술의전당 토월극장, 2006. 4. 28.~5. 7.)을 위해 '작은' 이야기를 선택했다. 셰익스피어 그리고 <맥베스>라는 그 커다란 이름을 감히 작다고 말하는 것은 연출가 김동현이 이 작품에 다가선 방식 때문이다. 그에게 이 이야기는 '운명' '욕망' '죄의식' '비극' 등의 거창한 단어들로 설명된다기보다는 단지 짧은 순간에 흥망을 겪는 한 남자의 인생에 관한 것이다. 김동현이 파악하는 이 남자의 인생이란, "짧은 시간을 무대에서 잘난 척 떠들다가 퇴장하면 다시 나오지 못하는 불쌍한 배우 같은 것··· 바보가 지껄이는 이야기. 시끄럽고 소란스럽기만 한 광란의 소리에 불과"한 것이다. 셰익스피어의 대사라는 것을 애써 기억하지 않는다면, 누구나 이 대사가 1980년대의 한 대중가요의 가사와 비슷하다는 것을 느낄 수 있을 것이다. "배우는 무대옷을 입고 노래하며 춤추고 불빛은 배우를 따라서 바삐 돌아가지만 끝나면 모두가 떠나 버리고 무대 위엔 정적만이 남아 있죠. 고독만이 흐르고 있죠."

결국 김동현은 <맥베스>에서 스포트라이트를 받으며 정점에 오르려 발버둥 치다가 나락으로 떨어지고 마는 대중스타와 같은 모습을 발견한다. 그러므로 김동현은 맥베스라는 인물이 주인공인 쇼를 선보이고자 한다. 그렇다고 해서 연출가가 이 쇼를 위해서 <맥베스>라는 작품을 단지 구실로 삼는 것은 아니다. 오히려 김동현은 원작 텍스트를 세밀히 읽어 내면서 자신이 주목하는 주제와 원작의 중심 이미지들을 유기적으로 결합하는 데 성공하고 있다. 결국 쇼라는 형식을 통해서 셰익스피어의 작품을 더 깊이 이해할 수 있는 주석을 달아 보고자 하는 것이 김동현의 목표인 것이다. 그렇기에 그의 <맥베스 더 쑈>는 새롭게 해석한 <맥베스>라기보다는 섬세하게 해석한 <맥베스>라 칭해야 한다. 화려하면서도 어둡고, 과잉된 듯하면서도 절제된 이 쇼는 셰익스피어의 언어와 닮았다.

김동현이 원작에서 주목하는 핵심어는 '소리'와 '옷' 그리고 '잠'이다. 이때 소리는 천둥소리, 말발굽 소리, 까마귀 소리처럼 구체적인 소리이기도 하지만, 맥베스라는 인물의 내면으로부터 오는 소리이기도 하다. 연출가는 세 마녀를 무대에 등장시키지 않은 채, 그들의 대사를 소리로만 처리한다. 인물을 지우고 그 인물의 대사를 소리로만 처리한다는 것은, 결국 그 소리가 지워 낸 인물로부터 유래하는 것이 아니라 맥베스 자신으로부터 비롯된다는 것을 알게 한다. 다시 말해 '맥베스가 왕이 될 것이다'라는 것은 예언이 아니라 맥베스의 내면으로부터 오는 욕망의 소리이다.

이처럼 몸 없이 욕망의 소리만 메아리처럼 울리는 무대 위의 공간은 그러므로 맥베스의 내면의 공간이다. 그런데 이 욕망의 소리는, '무엇을 하고 싶다'는 최초의 음성으로부터 다시 변모한다. 그 무엇을 성취하기까지,

혹은 성취한 후 그것을 지키기 위해서 하나의 소리는 또 다른 소리로 변하며 불안한 메아리로 퍼져 간다. 폐차장으로 가정된 이 황량한 공간은 이제 온갖 소리의 부추김을 겪을 것이며, 화려한 조명으로 빛날 것이지만, 결국 차츰 쇠락할 것이다. 그리고 그처럼 힘차고 화려한 것으로부터 '쓸쓸한 오후'의 우울로 변모해가는 다양한 모습이 버라이어티 쇼의 내용을 이룰 것이다.

'옷'의 이미지는 '소리'와 분리되지 않는다. 욕망의 소리는 바로 새로운 '옷'을 입으라고 부추기는 소리이기 때문이다. 맥베스가 글래미스의 영주에서 코더의 영주 그리고 마침내 스코틀랜드의 왕이라는 여러 이름을 거치듯이, 그 이름을 거칠 때마다 맥베스는 다른 옷을 갖게 된다. '옷'은 욕망이 포획하기를 원하는 대상이지만, 본질적으로 안이 비어 있는 껍데기이다. 던컨 왕이 잠든 밤, 전사들 모두가 잠든 밤에 벗어 매달아 놓은 옷들만이 무대의 허공을 채우게 한 장면에서 연출가는 이처럼 알맹이가 비어 있는 껍데기로서의 '옷'의 상징을 강조한다. 깃털 달린 화려한 껍데기를 향할 때, 욕망은 아무것도 얻어 내지 못한다. 왜냐하면 그것은 눈에 보이는 것이지만 알맹이가 손에 잡히지 않는 것이기 때문이다. 빈 옷들 사이로 맥베스 부인이 술을 붓고 있을 때 맥베스가 말한다. "눈앞에 보이는 이것이 단검이냐? 잡아 보자. 잡히지 않는구나. 불길한 환영아, 눈에는 보여도 손에는 잡히지 않다니? 너는 열에 들뜬 머리에서 생겨난 헛된 환영이고 마음 속의 단도에 지나지 않는단 말인가?" 김동현은 거사를 앞두고 겁에 질린 맥베스의 심정을 표현하기보다는 이처럼 옷의 상징을 빌어 셰익스피어의 <맥베스>의 주제를 해설하고 있는 셈이다.

잠든 던컨 왕을 죽임으로써 맥베스는 '잠을 죽였다'. 수수께끼와도 같은 셰익스피어의 이 말을 김동현은 욕조의 장면으로 풀어낸다. '잠'의 상징성은 '옷'과 '소리'의 상징성과 결부되어 의미를 지니게 된다. 옷을 전혀 걸치지 않은 맥베스 부인은 욕조 안에서 편안하다. 전화기 너머로 얼굴 없는 맥베스의 욕망의 소리가 들려오고, 욕조로부터 나와 옷을 걸친다. 알몸은 편안함이고 던컨 왕이 그렇게 했듯이 옷을 입지 않은 상태는 잠을 자는 상태이다. 그러나 이제 맥베스와 그의 부인은 옷을 향한 욕망의 목소리를 따라 불면의 밤을 헤맬 것이다. 그것은 죄의식이라기보다는 허상에 대한 집착과도 같은 것이다.

이처럼 셰익스피어의 <맥베스>를 연출가가 관객들에게 설명해 주기 위해서는 무대 위에 직접 개입할 필요가 있다. 무대감독의 역의 해설자가 필요한 이유가 바로 여기에 있다. 그는 연극을 또 다른 액자 안으로 밀어 넣음으로써 작품을 바라보는 연출가의 시선을 우리에게 노출한다. 그는 우리를 <맥베스>라는 쇼로, 아니 맥베스라는 인물이 행하는 원맨쇼로 이끈다. 원작의 여러 인물들이 생략되고 던컨, 뱅코, 맥더프, 맬컴 등도 단지 맥베스의 원맨쇼를 보조하는 무희들에 불과하다. 그렇다고 이 모든 것이 이 작품을 맥베스라는 한 인물에게 초점을 맞추기 위한 것은 아니다. 던컨의 자리에 맥베스가 서고 그 자리에 다시 맬컴이 서듯이 맥베스란 던컨, 맬컴이라는 이름과 구분될 필요 없는 빈 이름일 뿐이다. 껍데기들의 순환에 맞서서 이 모든 순환을 "이것으로써 끝낼 수" 있기를 바라는 허무한 발버둥, 이것이 김동현이 쇼라는 형식을 통해서 우리에게 읽어 준 셰익스피어의 <맥베스>이다.

허깨비들의 <여행>

소설, 연극, 영화 등이 '여행'을 소재로 다룰 때 흔히 보여 주는 도식이 있다. 그 첫째가 여행의 목적지인데 그 목적지는 흔히 오랫동안 찾지 못한 고향이거나 다다를 수 없는 어떤 곳이다. 둘째는 여행을 통해 여행자의 삶에 변화를 가져오는 계기를 만나는 것이다. 황석영의 <삼포 가는 길>에서 돈만 아는 영달이 현상금이 걸린 술집 작부 백화를 고발하지 않고 도리어 자신의 호주머니 돈을 다 털어 준다든지, 임순례 감독의 <와이키키 브라더스>에서 성우가 고향인 수안보에서 옛사랑 인희와 재회하여 다시 사랑에 빠지는 것 등은 비록 그 변화가 삶을 구원할 결정적인 것이 되지는 않을지라도 삶이라는 고단한 여정이 여전히 발걸음을 내디딜 가치 있는 것임을 알려 준다.

그러나 윤영선 작, 이성열 연출의 <여행>(극단 파티, 동숭아트센터 소극장, 2006. 1. 5.~29.)은 이처럼 '여행'을 소재로 하는 작품들로부터 우리가 기대하는 바를 만족시키지 않는다. 장례식에 참석하기 위한 1박 2일의 이 여정은 가야 할 그 어떤 곳을 향하기 위한 것이 아니라, '제자리로 되돌아오기' 위한 의례적인 행위에 불과하다. 그리고 그 여정은 고향인 '후산리'를 향한 것이 아니라, 친구가 객사한 곳, 이들에게 어떤 연고도 없는 창원을 향한다. 죽은 친구 경주의 삶이 자신이 원했던 방향으로부터 비켜났듯이, 그를 조문하러 떠나는 이 친구들의 여행도 애초에 목표점이 비켜난, 그리고 제자리로 돌아올 헛걸음에 불과하다.

물론 이 여행의 반환점, 도돌이표에 해당하는 지점에는 '죽음'이 있다. 우리는 죽음을 만나고 삶으로 돌아올 때 삶이 변화하기를 기대한다. 하지만 작가 윤영선은 죽음과 삶을 교차하는 강한 극 장치를—경주의 죽음과 죽었다고 알려진 기택의 생환—마련하면서도 이 교차로부터 의미를 끌어내기를 거부한다. 음담패설로 채워진 기차 여행과 술 취해 몸부림치며 악쓰고 노래하던 귀경길 관광버스 사이에 달라진 것은 전혀 없다. 윤영선에게 현재 우리의 삶의 모습은 양훈이 대철을 정의하듯 혹은 기택이 스스로를 정의하듯 '허깨비'에 불과하다. 우리 자신의 삶이 허깨비임을 인정하게 하기 위하여 윤영선은 인물들에게 일상적이고 자연스러운 언어와 성격을 부여한다.

의도적으로 사건과 의미의 생성을 거부하였으므로, 윤영선이 이성열에게 건네준 것은 상황과 인물뿐이다. 연출가 이성열은 우선 '허깨비'들을 살아 있는 것으로 만들기 위해 노력한다. 이때 살아 있음은 의미체로 살아 있는 인간이 아니라, 구체적으로 생생하게 '허깨비'인 인간을 구현해 내는 것을 말한다. 이를 위해 허깨비들에게 성격이 부여된다. 이성열은 배우들과 함께 허깨비들 속에서 모순을 찾아낸다. 젊은 여인과의 과도한 애정

행각을 늘어놓는 신발가게 주인 상수라는 인물에게서는 도리어 남성성을 약화해 그의 말의 진실성을 없애 버린다. 그는 한낱 허풍쟁이에 불과하다. 자신의 경력에 걸맞지 않게 어느 날 갑자기 중소기업의 사장이 되어 친구들의 의구심을 사는 대철은 번지르르한 겉과 그 언변의 부조화를 보여 준다.

모피회사 사장 만식은 친구들 사이에서 꽤 균형 잡힌 인성을 지닌 듯하지만, 그의 균형과 절제 사이로 얼핏 과시욕과 폭력성이 엿보인다. 파산 후 죽었다고 알려졌지만 살아서 경주의 장례식에 나타난 기택은 애써 당당함을 보이려 하지만 한없이 초라한 인물이다. 택시 기사 양훈은 친구 경주의 주검을 다시 한번 보겠다고 소란을 피우지만, 정작 살아 돌아온 친구 기택을 감싸 안지 못한다. 영화감독 태우는 삶의 매 순간의 본질을 꿰뚫고 알몸으로 그것을 껴안을 것 같지만 정작 삶의 저 밖에서 서성이는 구경꾼에 불과하다.

이처럼 모순된 인물들을 통해, 허깨비들은 구체적인 관형어를 얻는다. 대한민국 40대 후반 50대 초반의 남성들은 굳이 그들이 남들에 비해 잘못 살아온 것이 아니라 하더라도, 돈이 있고 없고 간에, 외적으로 의연해 보이든 그렇지 않든 간에, 윤영선과 이성열의 시선 속에서는 '비겁하며, 유치한' 존재들이다. 그럼에도 불구하고 작가와 연출가는 비겁하고 유치한 이 허깨비들을 비난하지는 않는다. 작가는 이들을 연민 어린 시선으로 바라보며, 연출가는 이 연민을 이따금 그들의 유치한 삶의 틈새로 파고드는 기타 선율 속에 담는다.

고향 후산리가 개발의 여파로 사라져 버린다는 소릴 들으며 화장터 옆 철조망 앞으로 이 허깨비들이 일렬로 서고, 순간 조명이 밝아지면서, 그들은 철조망 저 너머에 있을 후산리의 사망을 애처롭게 외친다. "후산리 다 끝났구나." 그러나 정작 다 끝난 건 후산리가 아니라, 친구와 친구 사이에 놓인 철조망 그 너머로 가지 못하는, 먹고사는 이기심 속에 갇혀 버린 그들 자신의 삶이다. 서울로 돌아와 극이 끝나기 직전 조명이 어두워지면 이들의 그림자의 윤곽만이 무대에 남는다. 윤곽만 남은 이들은, 마치 떠나기 전 서울역에 놓여 있던 종이로 만든 안내원 '판넬'과 노숙자의 모습과도 같다. 레코드점에서 구노의 '아베마리아'가 흐르며 시간이 정지하지만, 귓전에는 양훈의 대사만이 맴돈다. "그냥 먹고사는 데 바빠. 정말 우리 힘들어. 매일 매일 먹고산다고 바쁘다 보면 그냥 시간이 가는 거야. 그러니까 우리를 좀 어떻게 해줘야지."

연극이 허깨비가 되어 버린 우리의 삶을 구원할 수 있을까? 영화감독 태우는 양훈의 부탁에 답하지 못했지만, 정작 이에 역설적인 방식으로 답을 준 것은 이 연극의 배우들 자신들이었다. 배우들은 배역이 제기하는 성격의 모순을 섬세히 담아내는 것을 버거워했다. 그것은 그들이 작품을 이해하지 못했다기보다는, 이 비겁하고 유치한 허깨비의 삶을 아직은 자신의 것으로 받아들이고 싶지 않기 때문이다. 배역의 삶을 연민하며, 아마도 배우들의 입가에는 양훈의 대사가 맴돌 것이다. "우리가 그냥 이렇게 살 수는 없잖아. 뭔가 있어야 할 거 아냐?"

<릴레이>, 공간의 서술체

언제부터인지 모르게 대학로에 숨 가쁘게 달리는 새로운 집단이 나타났다. 연출가 서재형과 극작가 한아름을 필두로 이 집단은 아직은 그 존재가 무엇인지도 모를 어떤 것을 찾아서 죽도록, 연이어 달리고 있다. <죽도록 달린다> <왕세자 실종사건> <릴레이>(아르코예술극장 소극장, 2006. 1. 19.~29.)를 그들이 달려간 속도만큼이나 숨 가빠하며 흥미진진하게 바라본 관객들이 이 연극이 지닌 '새로움'이 무엇인지 자문해 볼 여유를 겨우 갖게 되었을 때, 그들은 '이미지'라는 단어를 화두로 던져 준다.

그런데 '활동 이미지극' '편집 이미지극' '연속 이미지극' 등 그들 스스로를 보다 쉽게 납득시키기 위해 만들어진 이 용어가 때로 그들의 연극을 이해하는 데 불필요한 오해를 낳기도 한다. 그것은 그들이 스스로를 부적절한 용어로 설명했다기보다는, '이미지'라는 '말'에 대해 사람들마다 다른 의미를 부여하기 때문이다. 그러므로 그들의 연극을 과연 이미지극으로 정의해야 하는가 하는 논의는 처음부터 우리를 언어의 감옥 속에 가두게 된다. 서재형과 한아름의 연극을 이해하기 위해서는 그들의 작품들을 가로지르는, 그리고 그들 스스로 찾기 위해 애쓰는 그 무엇을 함께 찾아야 한다.

데뷔작 <죽도록 달린다>를 위해 원작인 알렉상드르 뒤마의 소설 『삼총사』를 각색한 방식은 매우 흥미롭다. 이들은 이 소설의 사건들 혹은 사건의 덩어리로서의 시퀀스에 관심을 두지 않는다. 이들이 관심을 두는 것은, 이 소설을 영원한 베스트셀러로 남게 하는 서술의 메커니즘 자체이다. 그들이 보기에 특별히 심오한 주제가 있는 것도 아닌 이 소설이 시공간을 초월해서 모든 이의 사랑을 받는 이유는 독자들을 긴장감 속으로 빨아들이는 서술의 장치 즉 인물들을 '쫓고 쫓기게' 만드는 것, 그러므로 '죽도록 달리게 하는' 놀이 그 이상도 이하도 아니다.

만일 동일한 작품을 우리가 흔히 이미지라는 단어와 연결 지어 설명하는 연출가 양정웅이 각색, 연출했다면 이야기의 각 단계에 상응하는 '그림들'을 만들어 내려 했을 터이고, 임도완이라면 각 단위를 지배하는 신체 이미지를 추출하려 했을 것이다. 그런데 서재형과 한아름은 각각의 단위가 아니라 그 단위들을 하나의 연속체로 움직이게 하는 힘에 관심을 둔다. '활동' '연속'이라는 수사를 동원하는 까닭이 여기에 있는데, 그들의 방식을 응용하면서도 그들과는 다른 방식으로 설명한다면, 메모장의 모서리에 그린 그림들을 연속해서 펼쳐볼 때 이 그림들이 움직이는 것처럼 보이게 만드는 것은 그림들 자체가 아니라 그것을 움직이는 손가락이라고 말할 수 있다. 다시 말해서 서재형과 한아름은 이미지 자체가 아니라 그것을 조작하는 방식에 관심을 두는 것이다.

글자 언어의 대립어를 선택하기 위해 그들은 이미지라는 용어를 사용하지만, 사실은 그것이 이미지이건, 기호이건 간에, 하나의 서술체가 결합하는 인위적인 방식에 관심을 둔다. <죽도록 달린다>를 통해서 그들에게 주어진 작품의 서술적 조작 방식을 관찰하고 그것을 무대 언어로 치환하는 데에 만족했다면, <왕세자 실종사건>을 통해서는 그들 스스로가 서술체를 조작하는 보다 적극적인 놀이를 펼친다.

추리극 형식을 취함으로써 서스펜스를 증폭시키면서도 정작 이 추리극의 결말에 관심이 없다는 것은—구동이 실제로 거세되었는가 하는 탐문과 왕세자의 행방은 모두 결말지어지지 않는다—추리극을 만드는 서술적 조작 방식의 효과를 적극적으로 포용하면서도, 그것을 불신, 혹은 심지어 조롱한다는 것을 말해 준다. 따라서 이들은 추리극의 서술 방식을 그들의 서술체를 위한 핑계로 사용한다. <왕세자 실종사건>은 사실 매우 단순한 하나의 문장, 즉 "왕세자가 실종되는 순간에 ㅇㅇ은 무엇을 했다"라는 문장을 주어를 바꾸어 가면서 반복하는 놀이이다. '진실은 실종되어 어디에도 없다'라는 주제를 강하게 드러내기를 원했다기보다는 서술체 조작의 놀이 규칙을 드러내는 매뉴얼을 제시하고 싶었던 것이다.

<릴레이>를 통해서 마침내 서재형과 한아름은 그들이 하고 싶은 이야기와 그 이야기를 구성하는 방식을 촘촘히 연결하는 고리를 찾는다. 연쇄살인범을 찾는 추리극 형식이 덧입혀지지만 이러한 서술 형식은 여전히 하나의 효과적인 미끼에 불과하다. 결국 하고 싶은 말은 '여성에 대한 남성의 폭력성'인데, 이를 그저 하나의 문장으로 받아들일 경우 세상의 다른 모든 문장이 그러하듯 진부할 뿐이다.

이 문장이 미학적으로 의미 있는 것이 되기 위해서는 서술적 조작이 필요하다. 미끼로서의 연쇄살인사건을 한 축으로 삼고, 또 다른 한 축에는

혜진의 과거의 남자 진한, 혜진을 강간한 현호 그리고 현재의 남자 민철이 연속해서, '릴레이'를 이루며 그녀에게 폭력을 행사하는 과정을 담는다. 두 축이 구조적으로 교차하면서, 그리고 각 축 속의 인물들이 서로 중첩되면서, '남자'라는 일반성이 각 개인을 통해 구체적인 의미를 획득하고, 다시 그들의 폭력성이 보편적인 것으로 각인되도록 서술체를 조작해 놓는다.

이 조작의 가장 기초적인 방식은 민철의 대사를 진한이 발화하거나, 혜진의 대사를 소녀가 발화하는 것 등이다. 물론 이 서술체를 이루는 요소들이 언어에 한정된 것은 아니다. 시간, 인물, 심리, 소리 등등 공간 속에 입자를 갖는 모든 것이 서술체의 몸뚱이를 구성하고 있다. 입자들이 자유롭게 중첩되고 충돌하면서 공간 속의 서술체는 두께를 획득한다. 독백에 의존하지 않고, 긴 지문의 독서를 강요하지 않고도 배우의 연기 해석에 전적으로 기대지 않고도 내면의 심리를 외연화할 수 있는 구조가 구축된다. 편집 이미지라는 용어를 사용하기도 하지만 정작 그들은 편집을 통한 영화적 서술 방식보다 자유로운 서술체를 보여 준다. 왜냐하면 그들은 과거와 현재를, 그리고 동일한 시점 속에서 서로 다른 공간에 위치한 인물들을 동시에 구현해 낼 수 있기 때문이다.

유일하게 그들이 만들어 낸 서술체와 비유할 수 있는 장르가 있다면 소설일 것이다. 그들이 첫 작품을 소설을 각색하는 것으로 시작한 것은 우연이 아니다. 다만 일인칭 화자나 전지적 화자에 의해 종이 위에서 조작되는 서술체가 아니라, 시점자 없이 공간 속에서 서술된다는 점에서 그들의 작업을 '공간의 서술체'라 부르고 싶다. 공간 위에서 서술한다는 것은 연극 자체의 정의와 같은 것이다. 결국 그들은 단지 '연극'을 만들고 있는 것이다. 분명한 단 한 가지는 우리가 그들을 어떻게 정의하더라도 그들은 개의치 않고 계속해서 달려갈 것이라는 점이다.

안과 밖의 시선, <지상의 모든 밤들>

김낙형이 쓰고 연출한 <지상의 모든 밤들>(극단 죽죽, 혜화동일번지, 2005. 12. 1.~31.)은 어떤 대상을 바라보는 시선을 주제로 삼는다. 그 대상은 '성매매 종사자'이다. '성매매 처벌에 관한 특별법'의 시행을 계기로 김낙형은 '우리'로 하여금 성매매 종사자들을 다시 한번 바라보게 하고 그들이 누구일까 하는 질문을 하게 한다. 그런데 이때 문제시되고 있는 것은 대상의 정체성이지만 김낙형이 더 관심을 두는 것은 보는 위치에 있는 '우리'이다. '우리'는 공통성을 근간으로 갖지만 복수형이기에 이질성을 내포하는 단어이다. 이 이질성 때문에 대상이 '누구인가' 하는 위와 같은 질문을 '우리'를 이루는 각각은 동일하면서도 전혀 다른 방식으로 제기한다. "너희들 뭐 하는 것들이야?" "당신은 누구인가요?" 또한 성매매 종사자들도 우리 사회의 일원, 그러므로 '우리'에 속하기 때문에 보이는 객체로서가 아니라 질문을 제기하는 주체로서 기능할 수도 있다. "나는 누구인가?"

이처럼 동일한 질문의 차별적 의미화를 김낙형은 '공간'의 문제로 풀어 보려고 한다. 공간은 크게 그린벨트 내에 위치한 가건물의 밖과 안으로 나뉘며 무대는 밖, 안, 밖, 안 이렇게 네 차례 변화를 겪는다. 밖의 공간은 그린벨트 즉 오염되지 않은 공간이며, 로터리클럽 회원, 요양원 운영위원, 부녀회원 등 좋은 일 많이 하는 마을 사람들이 사는 공간이다. 이 마을에 얼마 전 도착해서 현재 마을에 '함께' 살게 된 4명의 여자는 '불법' 가건물 안의 공간에 있으며, 가끔 화장실을—기본적인 생명현상—가기 위해 그린벨트 속 이 마을 여관집의 화장실을 '오염'시키고 있다. 밖의 사람들이 안의 공간의 대상이 "뭐 하는 것들"인지를 확인하기 위해 강압적으로 문을 열고자 하나 문은 잠겨 있다. 밖의 공간은 안의 공간에 대해 항상 폭력적이고, 안의 공간은 밖으로부터 자신을 지키기 위해 스스로를 가두며, 갈등은 이로부터 발생한다.

그러나 가건물 안의 공간도 단일 공간은 아니다. 4명의 여자는 각기 칸막이로 자기 공간을 가지고 있으며, 이들과 본의 아니게 '함께' 살게 된 승길과 여자친구 윤미의 방은 무대 밖에 있다. 승길과 윤미의 공간은 그러므로 안에 있는 또 다른 밖이다. 승길은 이 여자들을 관찰의 대상으로 객관적 거리를 지니고 지켜 내고자 하며, 윤미는 수건이나 술잔도 함께 섞지 않으려 한다. 결국 이들의 공간 또한 오염으로부터 스스로를 보호하는 공간이다. 칸막이로 나뉜 네 명의 여자들의 관계도 서로에게 밖이 된다. 지연은 래경이 심각한 성병에 걸렸을 것이라 생각하고 래경으로부터 '전염'되지 않기 위해 조심하며, 그 병이 무엇인지 알고 싶어 한다.

밖의 사람들이 가건물 안을 강압적으로 들여다보고자 하듯이, 지연은 래경의 가방을 강제로 열고 래경의 보건증 안에 쓰여 있는 내용을 확인하고 싶어 한다. 이처럼 그린벨트로부터 래경의 보건증까지 여러 겹에 걸쳐 안으로 들어가는 단계는 깨끗한 것으로부터 더러운 것으로의 이동처럼 보인다. 그리고 이 더러움으로부터 자신을 보호하기 위해서, 더러움의 정체를 밝히고 싶어 하며, 이를 위해 폭력적으로 변화한다. 물론 그린벨트 내의, 오염되지 않기를 바라고 사회적으로 선망을 받는 이웃이 사실은 이 불법 가건물보다 더 큰 불법 개축 모텔의 주인이라는 점을 생각한다면, 그리고 래경은 실제 성병에 걸린 것이 아니라는 것을 생각한다면, 안을 의심하는 밖이 도리어 더 더러운 것임을 간파하는 것은 어려운 일이 아니다. 안을 들여다보기 위해서는 그러므로 밖이 자기 스스로의 더러움을 인식하고 제 눈을 닦아 내야만 한다.

스스로가 더럽다는 것은 밖의 자리에서 행하던 폭력을, 안의 자리에서 경험할 때 인식할 수 있다. 지연이 스스로를 "쌍년"이라 규정할 때만 래경을 이해할 수 있으며, 더러운 밤의 경험을 공유한 후에야 비로소 윤미가 네 여자를 이해할 수 있고, 마을 사람들에게 맞아 본 후에야 승길은 네 여자에 대한 윤미의 태도 변화를 이해할 수 있다. 이처럼 밖이 안의 자리에 놓인다는 것은 '당신은 누구입니까?'라는 질문을 '나는 누구인가?'라는 질문으로 바꾸는 것과 같다. 그리고 무대 공간적으로 안과 밖이 자리를 바꾸어 보는 경험을, 김낙형은 가건물 안의 인물들이 가건물 밖으로 나오는 것으로 처리한다.

그런데, 이와 같은 화해는 가건물 안의 인물들 사이에서만 이루어진다. 가건물 밖의 이웃들의 폭력성은 오히려 증폭된다. 김낙형은 이웃 1, 2를 맡았던 배우들을, 수금하러 온 래경의 남편 일행으로 재등장시킴으로써, 성매매 종사자들에 대해 사회 일반의 도덕성에 근거하여 비판하는 이들이, 성매매 종사자를 착취하는 이들과 동일한 폭력성을 지니고 있음을 말하고 싶어 한다. 그들은 여전히 안쪽을 향하여 '너희들 뭣 하는 것들인가?'라는 질문을 던지고 있지만, 정작 자신이 누구인지를 질문하지 않는다. 그들은 경찰의 옷을 빌려 입고, 제 이름이 아닌 이름표를 달고 있는 익명의 시민이며, 한 인간으로서의 이름 대신 '원숭이'의 동업자 '개고기'라 스스로를 칭하는 자들이다.

가건물 안의 사람들이 모두 화해한 이후에, 마을 사람들의 난입으로 극은 다시 절망적인 반전을 겪는다. 마약에 취한 은영이 자신의 머릿속을 보여 주겠다고 하면, 무대 뒤편에서 호객하는 지연과 래경이 나타난다. 이는 가리고 싶어 했던 자신들의 모습이며, 극의 사건 이후에도 되돌리지 못하고 계속될 그들의 삶의 모습, 몸 파는 여인의 모습이다. 그런데 김낙형은 이 순간 이 두 배우를, 이제껏 무대 위에서 보여 주었던 그들의 모습과는 다른 모습으로 등장시킨다. 더 이상 천박하지 않은, 마약으로 찌들지 않은 그들은 팔기 위해 내놓은 몸뚱이가 아니라 아름다운 '사람들'이다. 결국 소영이 말했듯이 이 안에는, 무대 위에는 '사람'이 살고 있다. 무대 밖에서 지켜보는 관객이 이제 말할 때이다. '나는 누구인가?' 관객이 스스로를 '개'나 '원숭이'가 아니라 '사람'이라고 대답하기 위해서 지연과 승길의 대사를 참고해야 할 것이다.

"나는 쌍년입니다." "더 때리세요. 저는 좀 맞아야 하거든요."

\<보이체크\> 모자이크: 장면 겹치기

　　뷔히너의 \<보이체크\>는 연출가라면 꼭 한 번 다루어 보고 싶어 하는 매력적인 작품이다. 그런데 그 매력은 역설적이게도 \<보이체크\>가 완성되지 않은 작품이라는 점에서 비롯된다. 단편화된 필사본 유작을 문헌학자들이 나름의 근거를 가지고 순서를 잡고 중복된 장면을 삭제하면서 출판한 까닭에, 종종 장면과 장면의 연결 논리가 확연하게 드러나지 않는다. 그런데 이처럼 덜 쓰인, 혹은 일부러 숨겨 놓은 텍스트는 그 이면을 읽어 내고자 하는 욕망을 부추긴다. 모자이크를 이루는 조각 단위들과도 같은 장면들을 어떻게 이어 붙이는가에 따라 완전히 다른 그림을 그릴 수 있다는 점은 자신만의 그림을 원하는 연출가를 유혹한다.

　　조각난 단편을 이어 붙여 하나의 모자이크를 완성할 때, 작업의 순서는 우선 밑그림을 그려 보고, 여러 색의 조각 중 비슷한 색의 조각들을 분류해 내어 적절하게 배치하는 것이다. 윤곽을 강하게 구분시키고 싶을 때는 그 경계에 대비되는 색들을 배치해야 하며, 하나의 공간을 채워 나갈 때는 비슷한 색들을 배치해야 한다. 그런데 이 모자이크를 이루는 단위가 색종이가 아니라 언어일 때는 하나의 언어 덩어리와 또 다른 언어 덩어리를 유사하고, 대비되는 것으로 구분해 내기가 쉽지 않다. 문헌학자들이 제공한 판본의 밑그림을 지워 내면서 언어 덩어리들을 흩어 버리고 다시 맞추어 보는 작업을 통해서 새로운 밑그림이 그려진다.

두 덩어리의 충돌은 어느새 새로운 윤곽선을 만들어 낸다. 언어의 덩어리들을 충돌시켜 윤곽선을 그려 내는 작업은 단지 단편들의 순서를 재배열하는 것에 국한되지 않는다. 하나의 자리에 겹쳐 붙여진 두 개 혹은 그 이상의 단편들의 충돌은 전혀 예기치 않던 명암을 만들어 낸다. 단편으로 쪼개진 <보이체크>의 구성은 장면 전환에 맞추어 제시된 단위들보다 더 작은 단위로도 조각낼 수 있으며, 이 미세해진 조각들은 모자이크를 더욱 섬세하게 치장한다. <보이체크>의 유혹에 빠진 두 연출가 백은아, 임도완의 작업은 이처럼 겹쳐 읽고, 겹쳐 보여 주는 연출의 해석을 제시한다.

죄와 구원: 백은아 연출

극단 거울의 연출가 백은아는 <보이체크>(극단 거울, 마당세실극장, 2005. 9. 14.~10. 2.)를 3명의 배우로만 표현하고자 한다. 마리, 보이체크, 그리고 일인 다역의 해설자 3인으로 작품을 응축했다는 것은 연출가가 이미 이 수수께끼 같은 작품의 결을 자신만의 방식으로 매만질 수 있다는 자신감의 표현이다. 또한 다양한 배역과 군중 장면을 요구하는 <보이체크>

를 3명의 배우에 의해서 구현하고자 한다는 것은 보이체크라는 인물을 둘러싼 사회적 요인들을 의도적으로 걷어 낸다는 것을 말한다.

　　백은아가 보고 싶은 <보이체크>는 사회적 존재로서의 개인이라기보다는 개인의 내면성이다. 부제를 '마리를 죽인 남자'라 명명하였듯이 '보이체크 내면의 무엇이 그로 하여금 사랑하는 부인을 살해하게 했을까'라는 질문이 백은아가 관심을 두는 지점이다. 이때 내면의 동기란 심리적 동기 이상의 것을 말한다. 질투, 분노 등 심리적 동기는 치정살인사건으로 이극의 해석 방향을 한정 지을 우려가 있다. 연출가의 관심은 원작을 무대에 위치시키는 방식에서 직접적으로 드러난다.

　　실제 보이체크 살인사건 재판과정에서 정신감정을 시행했다는 점을 주목한 연출가는 이 정신과 의사의 자리에서 인간 보이체크의 내면을 관찰한다. 살인사건이 배경이 되는 작품에서 종종 쓰이는 이러한 방식은―박정희 연출의 <하녀들>에서도 사건을 담당한 형사의 시선으로 작품을 재배열한다―해석자를 극으로 끌어들이고 그의 시선 하에서 사건을 재구성함으로써 작품에 대해 질문하는 연출가의 존재를 직접적으로 노출한다.

　　감옥에서 누구도 만나지 않겠다고 대화를 차단하는 인물 보이체크가 정신과 의사에게 도전의 대상이듯이, 작품의 매력만큼이나 쉬운 접근을 허용하지 않는 <보이체크>는 연출가에게 도전의 대상이다. 무엇이 이 인물로 하여금 살인을 저지르게 했는가 하는 정신과 의사의 질문은 연출가에게는 과연 무엇이 이 작품 <보이체크>의 본질인가 하는 질문과 같은 것이다. 그러나 연출가가 작품에 대해 던져 보는 질문이 직접적으로 노출되어 있다는 점은, 조각난 단편들을 붙여 갈 밑그림을 너무 일찍 확정했음을 알게 한다. 조각 하나하나가 겹쳐짐으로써 전체 윤곽이 서서히 드러날 모자이크가 미리 그려진 밑그림과 일치하지 않을 우려가 있다.

정신과 의사가 사이코 드라마 형식으로 보이체크 사건을 재구성하면서 스스로 대위, 악대장, 의사 역할을 수행하는데, 그는 보이체크가 내면을 열도록 자극을 주는 위치에 있다. 다시 말하면 연출가는 자신의 작품 해석의 행위에 있어서, 정신과 의사의 여러 역할인 악대장, 대위, 의사를 통해서 자신이 본질적으로 여기는 작품의 의미를 준비하고 있는 것이다. 아직 그 의미를 완전히 드러내지 않은 채, 대위가 말하는 '선함'이라는 단어와 의사가 말하는 '의지'라는 단어가 겹쳐진다. 극중극에서 악대장과 마리가, 정신과 의사와 간호사가 춤을 출 때 보이체크가 극 상황과 현실을 혼동하고 발작을 일으키는 장면에 이르면, 보이체크는 이 사건을 현재형으로 직접적으로 겪게 된다. 연출가가 이 지점에서 흐름을 한번 끊어 준 것은 이제껏 펼쳐진 모든 것을 기초로 극이 새로운 단계로 나아갈 것임을 짚어 주는 방식이다. 정신과 의사가 이제 연극 놀이를 끝내야 할 지점에 이르렀다고 말하듯이, 이제부터는 여전히 연극 놀이를 펼치고 있는 것이라 할지라도, 보이체크에게는 연극적 형식을 빌려 단지 과거 사건을 재현하는 것이 아니다. 이제는 현재형으로, 보이체크가 과거의 사건의 의미를 드러내는 순간이다.

보이체크의 내면으로 들어가면서 연출가 백은아는 원작의 수수께끼 같은 옛날이야기 한 토막에 주목한다. 옛날이야기는 모두가 죽어 버린 땅을 떠나 하늘로 무엇인가를 찾아 떠난 아이의 이야기이다. 백은아가 파악하는 이 작품의 본질은 '죄, 고통스러운 죄의식 그리고 구원'의 문제이다. 구원이라는 문제는 이미 제기된 '선함' '의지'와 결합하여 '자신의 의지에도 불구하고 선하게 살지 못하는 죄인으로서의 인간이 어떻게 구원에 이르는가'라는 주제를 드러낸다. 결국 마리의 죄를 사하여 다시 순결하게 하기 위한 행위가 보이체크가 행한 살인이며, 이를 부각하기 위해 백은아는 독립된, 순차적인 두 장면을 동시적인 것으로 겹쳐 놓는다.

마리가 성경책을 읽는 장면과 보이체크가 그의 소지품을 정리하는 장면이 그것이다. "가서 다시는 죄를 짓지 말라"는 성경 구문을 읽고 "주님 저는 그렇게 할 수 없어요"라고 절규하는 마리가 무대의 한쪽에 있고, 또 다른 한쪽에는 보이체크가 십자가, 성모상, 성경책 등 자신의 유품을 정돈하며 "어머니는 손에 햇볕만 닿아도 고통스러워했지"라고 말한다. 마리가 앉아 있는 공간이 보이체크가 갇혀 있던 쇠창살 속이라는 점은 겹쳐진 이 장면의 상징성을 공간적으로 설명하고 있다. 보이체크는 마리를 가두고 있는 쇠창살을 거두고 그녀를 무대 중앙으로 이끈 후 그녀를 살해한다. 죄의 고통 속에서 마리를 구원해 주는 것이 바로 보이체크가 마리를 살해한 이유이며, 바로 그것이 백은아가 파악하는 작품 <보이체크>의 의미이다.

그런데 한 가지 의문이 남는다. 이처럼 파악된 작품의 의미가 연출가 자신에게 또다시 무슨 의미를 주고 있는가? 이런 질문을 하는 것은 연출가가 선택한 작품의 형식이 그 질문에 대한 자신의 답을 제시해야 하는 형식이기 때문이다. 연출가는 정신과 의사와 간호사라는 인물을 통해서 보이체크를 바라보는 시선을 극 안으로 끌어들이고 있다. 그러므로 보이체크의 내면 동기를 바라보는 이들 두 사람은 그들이 관찰하는 바에 대해 설명할 것을 요구받는다. 다시 말해서 정신과 의사와 간호사는 그들이 악대장, 마리 등의 배역을 맡아 연극 놀이를 행하는 중에, 즉 동일한 시간성 속에서 극중극 배역으로서의 자신과 극 중 현실의 자신, 이 두 배역을 동시에 표출해야 한다. 그러나 이들은 극중극 배역과 극 중 현실을 완전히 구별해서 연기한다. 결국 텍스트를 겹쳐 읽는 방식을 보여 주었지만, 자신이 제시한 연극 형식 속에서 배역을 겹쳐 보는 방식에는 도전하지 않은 것이다.

그 결과 <보이체크-마리를 죽인 남자>의 엔딩은 공허해진다. 정신과 의사는 자신이 지나치게 보이체크를 몰아세워 그가 자살하게 했다며 씁쓸해한다. 죄의식과 구원의 주제가 관찰자의 시선 속에서 사라진 채 생경한 해설로 작품이 끝나는 것이다. 미리 그려진 밑그림이 완성된 모자이크 밖으로 비죽 튀어나온 셈이다. 백은아의 <보이체크>에서 가장 주목할 만한 것은 시간성의 중첩이다. 마리의 살해가 이미 극의 시간성 속에서 과거에 행해진 것이라면, 현재형으로 재현되는 살해와 그 준비로서의 독백은 자신의 자살을 위한 것이다. 정신과 의사를 동원한 밑그림이 진실로 자기 형식에 충실하기 위해서는 서로 다른 시간성에 위치한 이 두 죽음을 중첩해야 할 것이다.

동물 속에 고립된 인간: 임도완 연출

백은아가 작품을 개인의 내면으로 수렴시킨다면, 임도완(사다리움 직임연구소, 사다리아트센터, 2005. 9. 27.~10. 3.)은 개인을 둘러싼 모든 것으로 확장시킨다. 인물 보이체크는 임도완에게는 마치 소용돌이의 가운데 빈 구멍과도 같은 것이다. 그를 둘러싸고 어지럽게 도는 것 그것은 한 개인이 감당할 수 없는 적대적인 사회의 모습인 동시에, 그것을 바라보며 환각으로 빠져드는 개인의 내면 풍경이기도 하다. 임도완은 그 무엇보다 이 소용돌이와 그 안에 고립된 보이체크의 이미지를 만들고자 한다.

가운데에 철저하게 고립된 보이체크가 있다면, 그를 둘러싼 모든 것은 코러스로 표현된다. 이때 코러스는 단지 군중을 뜻하는 것이 아니다. 코러스는 보이체크가 아닌 모든 것이다. 그것은 때로 바람에 흔들리는 나무들을 표현하기도 하며, 착란을 겪는 보이체크의 눈에 보이는 하늘의 불빛이기도 하다. 대위도, 의사도, 심지어 마리조차도 코러스의 일부이다. 안드레스, 백치, 할머니, 가설극장의 사회자, 유대인 상인, 견습공, 칼 등의 배역들도 굳이 구분할 필요가 없다. 그들 역시 코러스이다. 결국 임도완에게 이 작품에는 보이체크와 보이체크가 아닌 것이 있을 뿐이다.

이처럼 보이체크와 보이체크가 아닌 것을 구분 짓는 소도구가 의자이다. 극이 시작되면 허공에 매달린 빈 의자가 보인다. 이 의자를 코러스가 조각내어 나누어 갖는다. 보이체크만이 그 조각을 나누어 갖지 못한다. 그는 의자를 갖기는커녕 남들에게 허겁지겁 의자를 날라다 주어야 한다. 휴식과 지위의 상징으로서의 의자를 지니지 못한 보이체크는 고립된다. 임도완의 연극이 몸과 움직임, 이미지 등 시각적인 것을 강조한다고 하지만 그는 항상 언어로부터 출발한다.

위에 살펴본 이미지가 '서두르다' '빙글빙글 돈다'라는 표현을 이미지화하는 방식이었다면, 할머니의 옛날이야기를 사용하는 방식은 임도완이 같은 장면을 백은아와 어떻게 달리 파악하고 활용하는지를 보여 준다. 동일한 이야기가 백은아에게서는 구원의 문제와 관련 있는 것이었다면, 임도완에게는 보이체크의 고립과 관련된 이야기이다. 일렬로 배치된 의자들의 끝에 홀로 앉아 있다. 이때 들려오는 옛날이야기는 동일한 이야기임에도 불구하고, 장면의 연출에 의해서 마지막 구절이 유독 강조되어 들린다. "주위엔 아무도 없고, 아이는 주저앉아 엉엉 울고 있었단다. 혼자서 말이야."

이처럼 고립된 보이체크의 이미지를 만들어 내면서 임도완은 텍스트를 보다 적극적으로 해석하기 시작한다. 이는 보이체크와 보이체크가 아닌 것들로 구분 지어지는 각항의 의미를 구체적으로 설명하는 작업이다. 백은아 연출에서 살펴본 것처럼, 독립된 장면들을 겹치는 방식은 매우 효과적으로 해석 행위를 돕고 있다. 우선 가설극장 장면에 대한 임도완의 해석을 살펴보자. 원작에서 마리와 보이체크가 가설극장에서 동물 쇼를 구경하는 장면은 <보이체크>를 무대화할 때 가장 까다로운 장면이다. 왜 냐하면 말과 카나리아를 빗대어 이성과 본능에 대한 철학적 담론을 펼치는 이 장면이 자칫 18세기 철학에 대한 주석이 되거나, 관념적인 독백으로 흐를 염려가 크기 때문이다.

보셨습니까, 이 고도의 이성을? 이것이 바로 짐승의 형상을 한 인간의 모습입니다. 네, 이 말은 결코 짐승처럼 어리석은 존재가 아닙니다. 다시 말해서 인간이라 할 수 있죠. 인간, 동물적 인간이다 이겁니다. 하지만 짐승은 짐승이죠… 자고로 이런 말이 있습니다. 인간은 자연의 소산이라고. 그대는 먼지요, 모래요, 오물이니라. 그 대가 먼지와 모래, 오물보다 더 낫기를 원하는가? 여러분, 이 이성적 존재를 보십시오!

그러나 임도완은 이와 같은 철학적 사변을 관념 그대로 놓아두지 않는다. 그는 이 장면을 장면 내부로부터 설명하려 하지 않으며 악대장과 마리의 밀애 장면과 겹쳐 해석한다. 그는 카나리와 말 대신 마리와 악대장의 성애의 서커스를 보여 준다. 결국 보이체크가 아닌 인물들은 동물일 뿐이며, 보이체크만이 유일한 인간임을 임도완은 이 장면을 통해 설명하고 있다.

대위를 면도하는 장면, 의사의 실험 대상이 되는 장면, 그리고 의사와 대위의 설전 장면 또한 임도완은 한 단위 속으로 겹쳐 놓는다. 대위의 멜랑콜리한 성격, 의사의 괴팍함 등 인물의 성격이나 이를 부각하는 대사에 임도완은 관심을 두지 않는다. 면도사로서의 보이체크의 직업에도 관심이 없다. 대신 그는 우선 인물의 대비에 관심을 둔다.

무대 한쪽에는 의자에 비스듬히 앉아 튀어나온 배를 매만지는 대위가 있고, 다른 한쪽에는 두 개의 의자 등받이에 머리와 다리를 올려놓은 채 허공에 떠 있는 보이체크가 있다. 팽팽히 당겨진 보이체크의 복근과 축 늘어진 대위의 배, 긴장과 이완의 극단적인 대비는 원작에서 의사의 대사처럼 '그로테스크'하다. 중대장과 대비되고 있는 보이체크는 동일한 순간 의사의 실험 대상이기도 하다. 자율신경을 통제하는 인간 의지에 의해 소변을 생산해 내기를 강요하는 의사와 착한 인간이 지녀야 할 도덕을 강요하는 대위가 겹쳐지면서, 이 두 인물은 표면적으로 서로 싸우고 있지만 하나의 이미지를 갖고 있음이 드러난다. 그들은 인간적 가치를 강요하면서도 인간을 동물로 다루는 자들이며 그렇기에 스스로 동물이기를 선택한 자이다.

보이체크는 마치 짐승을 가두는 우리처럼 그를 에워싼 의자에 갇혀서 꼼짝하지 못한 채, 마리의 외도를 폭로하는 대위의 폭력에 시달린다. 장면 겹치기의 방식으로 임도완의 해석이 빛을 발하는 것은 여기까지이다. 유일하게 인간적 존엄을 지키는 보이체크의 고립과 무기력 그리고 그를 둘러싼 동물적 존재들의 폭력이 바로 그가 이 작품의 주제로 그려 보고 싶어 했던 바이므로 자기 해석의 목표를 충분히 달성했다.

그러나 이처럼 달성된 목표는 위협받는 인간의 가치를 지키기 위한 최후의 수단으로서의 마리의 살해를 충분히 강조하지 못하는 아쉬움을 남긴다. 임도완은 살해 장면과 이후 관리들이 현장을 답사하는 장면을 겹쳐 놓는다. 무대 뒤쪽을 향한, 그러므로 여전히 보이체크를 외면한 자세로 의자에 앉아 있는 코러스들은, 의자 없이 자신의 남루한 외투를 펼쳐 놓고 앉은 보이체크와 여전히 대비된다. 보이체크가 마리를 살해할 때 코러스는 '아주 훌륭한 살인이야. 진정한 살인'이라 말한다. 결국 보이체크와 보이체크가 아닌 것들, 인간과 동물적 인간의 대립은 해소되지 않았음을 이 장면은 말해 준다.

그런데 그의 해석은 이 작품을 비극적인 사회적 드라마로 한정한다. 그가 '비극' 장르에 고유한 코러스라는 장치를 사용하기를 원했다면, 이 작품 속에서 피의 희생을 통해 인간의 가치를 지니는 보이체크의 승화를 보다 적극적으로 표현해야 했다. 물론 그는 마리의 기도, 보이체크의 기도 장면 등을 통해 이를 보여 주었다. 그러나 이를 장면 겹치기를 통해 적극적으로 표현하지 않았다. 만일 마지막 살해의 장면에서 보이체크의 기도가 겹쳐졌더라면 어떠했을까?

"고통은 모두가 하나님께서 주신 것이요, 고통은 나의 하나님에 대한 경배로다. 주여 당신의 육신이 상처받고 피로 물들었듯이 내 마음이 항상 그러하게 하여 주옵소서."

욕하는 세 가지 방식, <선착장에서>

추상적 욕과 구체적 욕

창작 활동의 단위로서 극단을 한 그루의 나무에 비유한다면 나무가 씨앗을 날려 또 한 그루의 나무로 증식해 가듯 극단 또한 이와 같은 증식이라는 생명 활동을 영위한다. 박근형과 극단 골목길은 극단76이라는 최초의 나무로부터 증식해 간 새로운 나무의 이름이다. 그런데 골목길이 극단76으로부터 파생되었다고 정의 내릴 수 있는 근거는 단지 극단76에서 배우, 조연출 등의 과정을 겪었다는 구성원들의 개인사적인 측면에 한정되는 것은 아니다. 그것은 그들이 하나의 종자임을 증명하는 유전자, 즉 연극과 세상을 사유하고 만들어 감에 있어 그들에게 체화된 공통된 인자가 있기 때문이다.

그런데 사실 이 공통점은 쉽게 드러나지 않는다. 기국서 혹은 극단76의 대표작으로 기억되는 <고도를 기다리며> <관객모독> <햄릿> 시리즈 혹은 최근작 <로베르토 쥬코>와 박근형의 <청춘예찬> <삼총사> 등이 과연 무슨 공통점이 있겠는가? 전자가 번역극이며 관념성을 추구한다면 후자는 창작극이며 사실성을 집요하게 추구하는 작품이 아닌가? 그러나 이 차이는 박근형이 극단76이라는 나무의 여러 갈래의 줄기로 남지 않고 스스로 독립된 개체를 이루게 되는 이유일 수는 있으나 그들 사이의 근본적인 혈연관계를 부정하는 차이는 아니다. 박근형은 기국서로부터 파생된 돌연변이라 할 수 있는데, 최초의 유전자가 새로운 환경 속에서 진화하는 과정을 지켜보는 것을 매우 흥미로운 일이다.

기국서에게 세상은 모순된 것이었으나 그 모순은 그것을 볼 수 있는 소수자들의 관념 속에 존재하는 개별적인 것이었다. 그는 기존의 연극을 벗어나는 형식을 찾기 위해, 그리고 세상의 모순에 길들여진 관객을 깨우기 위해 그들을 향해 물을 끼얹고 신랄한 욕을 해댔지만 정작 그가 욕하는 자들의 사회적 정체가 무엇인지를 명백하게 말하지는 않았다. 그들은 단지 부르주아지 관객이라는 추상적인 이름을 갖고 있었고, 그 때문에 그들을 향한 욕설은 극장 안에서만, 연극적 맥락 안에서만 유효했다. <관객모독>의 욕설은 분명히 그보다 몇 년 뒤 공연된 극단 연우의 <칠수와 만수>가 광고탑 위에서 그 아래 세상, 즉 단지 객석이 아니라 1980년대라는 보다 구체적인 세상을 향해 직접 내던지 절망적인 욕설과는 의미를 달리한다.

사회적 의미를 기국서는 형식을 통해 우회한다. <햄릿> 시리즈를 통해 1980년대의 정치 사회적 맥락에 대해 집요하게 발언하지만, 기국서는 직접화법이 아니라 은유를 통해서 1980년대의 폭력을 의미화했다. 그러나 극단 76의 힘은 추상적이고 관념적, 은유적인 세계를 적어도 무대 위에서만은 자신의 삶을 여과하는 구체적이고 진실한 것으로 만든다는 점이다. 그리고 그 결과 극단 76의 배우들은 그들 자신의 가난하지만 치열한 삶을 담은 무대의 한 전형을 제시한다. 결국 세상을 모순된 것, 부조리한 것으로 파악하는 관점과 그것을 사실적인 방식으로 구현해 내는 것, 이 두 가지 특성이 극단 76의 연극적 유전자라 한다면, 이것은 흔히 박근형 연극의 기본적 특성이라고 지적되는 '부조리와 사실주의의 결합'과 동일한 것임을 확인할 수 있다. 그리고 이러한 특성은 박근형뿐만 아니라 극단76의 직간접적인 영향을 받고 성장한 김낙형 등에게서도 발견된다.

박근형이 기국서와 차이를 보여 주는 지점은 부조리한 세계에 대한 인식을 점차 일상화, 구체화하고 있다는 데 있다. 다른 방식으로 말한다면 기국서에서는 사실주의가 부조리한 세계를 구현하는 방식이었다면, 이제 박근형에게서는 사실적인 세계 인식과 접근에 의해서 역으로 세계의 부조리함이 드러나는 것이다. <쥐>에서는 여전히 이 부조리한 세계가 허구적인 성격을 지니고 있었지만 <청춘예찬> <삼총사>를 거치면서 은유로 표현될 필요가 없는 자신들의 삶 자체 즉 소외된 자들의 삶을 부조리한 세상의 모순과 연결 짓고 있으며, <대대손손> <선데이 서울>을 통해서는 한 개인 혹은 가족의 테두리를 넘어서 그 모순의 원인을 역사적인 맥락, 사회적인 현상과 조심스레 연결 짓고 있다.

그리고 <선착장에서>(삼일로창고극장, 2005. 5. 28.~6. 12.)를 통해서는 마침내 현재형으로서의 우리의 삶이 정상적인 모습을 지니지 못하게 하는 모순의 사회적 원인에 대해 구체적으로 직시하고 있음을 보여 준다. 박근형의 이러한 변화는 극단 골목길의 변화이기도 하지만 보다 중요하게는 1980년대 극단 연우의 전성기 이래 오랫동안 닫혀 있던 연극의 사회적 발언이 새로운 문제의식을 지니고 다시 시작되고 있음을 알린다는 점에서 주목할 만하다.

욕하는 자와 욕먹는 자의 전도

<선착장에서>의 주 극 공간은 선착장이 아니라 선착장을 바라보는 다방 안이다. 다방 밖에는 폭풍우가 몰아치고 있고 그 피해로 섬 전체가 야단법석이다. 이 난리로부터 안전한 피신처인 다방에서 밖을 내다보면서 부동산업자 엄 사장은 중얼거린다.

그래 난리다. 난리. 부서지고 뒤집히고 뽀개지고. 아이고마 잘 됐다. 이참에 구암 터널도 무너져 버리고 추산가는 일주도로 다 유실돼 버리고 다 쓸어가 뿌리라 마. (…) 봐라 봐라. 그래 말쎈기라 남편이 마누라하고 처자식 다 쳐직이고 자식새끼가 아버지 패는 세상 아이가… 어린 새끼들이 나라꼴 다 망쳐부니까니 하늘이 돌아부렸다. 다 그냥 팍팍 쓸어버려야 한다. 하늘이 안 노했나?

술 먹고 선착장을 배회하는 규회를 발견한 엄 사장의 목소리는 커져가고, 입담은 거칠어진다.

저저 규회 저시끼 봐라. 저 시끼… 지 엄마가 나물캐가꼬 번 돈으로 대낮부터 취해 가가… 저… 저저… 넘어지네. 저시끼… 아이고… 저 시끼… 안경도 떨어뜨리고 (…) 저 새끼 저 그물에 걸렸다. 봐라 봐라 디비진다! 넘어질라칸다. 에이 개시끼!

주 극 공간이 선착장이 아니고 다방이라는 것은, 이 작품의 중심 극행동이 명숙의 장례를 둘러싼 규회의 저항이 아니라 다방 밖을 향하여 계속되는 엄 사장의 욕설임을 짐작하게 한다. 그러므로 당연히 주인공은 규회가 아니라 엄 사장이다. 엄 사장이 바라보는 무대화되지 않는 공간 즉 폭풍우가 몰아치는 선착장과 그 위를 비틀거리는 규회의 자리에는 관객이 위치한다. 무대 위에서 인물들이 바라보는 세계가 그들의 욕설의 대상이 된다는 점에서 이 작품은 <칠수와 만수>와 유사한 상황을 창출한다. 그러나 누가 누구를 바라보면서 하는 욕설인가를 생각해 본다면 이 두 작품의 던지는 시선과 욕설의 방향이 상반된다는 것을 관찰할 수 있다.

<선착장에서>의 무대 공간으로 설정된 울릉도의 한 다방이 의미하는 바에 우선 주목해 보자. 울릉도라고 하는 극 공간은 뭍으로부터 멀리 떨어진 외딴곳이다. 그러나 그곳은 '애국가 나올 때 병풍처럼 지나가던 바위'가 있는 곳이며 그렇기에 바로 대한민국을 상징하는 곳이다. 다시 말해 이곳은 대한민국을 대변하는 중심이면서 동시에 변방인 곳이다. 게다가 이곳은 폭풍으로 난리가 난 섬의 피해를 수습하는 재해 대책 본부의 역할을 하면서 동시에 커피뿐만 아니라 몸을 파는 다방이기도 하다. 이처럼 다층적인 의미를 지닌 공간 인식을 통해서 박근형은 대한민국은 지금 그 중심과 변방 모두가 정상적이지 않으며, 마치 이 다방의 경영주가 경찰인 것으로 보아 짐작할 수 있듯이 인간의 가치를 자본의 가치보다 열등한 것으로 여기는 천박한 자본주의적 속성이 권력과 결탁한 곳임을 말하고자 한다. 더 나아가 섬인 이곳은 뭍으로부터 들어오는 것이 없다면 아무것도 할 수 없는 경제적으로 외부에 철저하게 예속적인 공간으로 규정되고 있다. 그런데 애국가가 나올 때 병풍처럼 지나가던 바위가 있던 이곳을 바라보면서 1980년대에 황지우는 새조차 살지 못하고 떠나가는 곳으로 노래했지만, 이 극의 인물들에게는 선착장에 폭풍우가 몰아쳐 난리가 난다고 하더라도, 사람 살기에 '누가 무락해도 최고'인 즐겁고, 행복한 공간이다.

두 번째로 주목할 것은 이처럼 이곳에서 행복한 엄 사장과 그 무리의 정체에 관한 것이다. 부동산업자 엄 사장과 관광안내원 영필, 경찰관이면서 다방 경영도 하는 김 사장, 황 마담, 레지 향숙이, 김 순경 등의 인물들이 우리 사회의 지배계층을 울릉도라는 하나의 전형적인 공간에서 은유적으로 형상화하고 있는 것은 아니다. 그들은 주변 계급적인 성격과 지배 계

급적인 성격을 모두 지니고 있다. 그들은 대한민국이라는 경제 단위가 산출해 내는 이득의 최우선적인 수혜자가 아님에도 불구하고 지배계급의 경제적 이데올로기에 자발적이고 실천적으로 참여하는 이들이다. 박근형은 바로 이 지점에서 예리한 관찰을 보여 주고 있는데, 그것은 천박한 자본주의적 논리가 이미 대한민국의 다수의 논리로, 아니 신념으로 자리 잡고 있다는 것이다. 다시 말해서 우리 사회의 소시민들이 더 이상 지배 이데올로기의 수동적인 수신자가 아니라 매우 적극적인 재생산자로 탈바꿈했다는 것이다.

<칠수와 만수>에서 빌딩 아래에서 그들을 바라보던 군중은 공권력에 수동적으로 통제되는 존재였으며, 만일 칠수와 만수의 목소리를 들었더라면 그들에게 화답할 수도 있었던 존재였다는 점에서 엄 사장 일행으로 대표되는 우리 시대의 소시민과 구분된다. 엄 사장과 그의 무리들은 항상 무대를 거의 독점하고 있으며 끊임없이 떠들어 대면서 자신들의 신념을 반복해서 증식시키고 있다. 그들에게 윤리란 자기 행위에 대한 반성에 의해 설정되는 것이 아니라, 단지 그것을 믿는 사람들의 숫자에 근거한다. 이 신념은 배타적이며 그렇기 때문에 매우 공격적이며 그리하여 '욕'이라는 형태로 표출된다. 또한 이 신념은 논리적 근거를 갖지 않기에 우스꽝스러운 코미디의 형식으로 표출된다. 하지만 동시에 현재 우리 사회 구성원들 대부분이 이 신념의 공유자이기 때문에 우리의 눈에 매우 자연스러우며 현실적으로 다가온다. 엄효섭을 중심으로 극단 골목길의 배우들은 이처럼 공격적이며 우스꽝스러우면서도 자연스러운 연기를 충실하게 보여 준다.

극의 서술적 진행을 이끌어가는 인물임에도 불구하고 규회는 주인공의 자리를 엄 사장 일행에게 내어 주고 그의 표현대로 '독일군'의 역할로 전락한다. 그는 '문제적' 인물이기는 하지만 '문제적 주인공'은 되지 못하는 것이다. 규회에게서 발견되는 특이성은 그가 윤리적인 차원에서는 물론 물리적으로도 엄 사장과 그 무리를 제압할 힘을 지니고 있다는 점이다. 무대 행위에서 드러나듯이 '칼자루'를 쥐고 있는 것은 규회이다.

규회의 이러한 특성은 <칠수와 만수>의 주인공들과 비교해 볼 때 두 작품이 다루고 있는 시대의 사회적 차이를 보여 준다. 칠수와 세상과의 거리는 그가 올라선 빌딩의 높이만큼이나 멀다. 만수와 세상 사이의 거리도 그가 떠나온 시골 마을과 서울의 거리만큼 먼 것이었다. 그들은 페인트 통을 떨어뜨린 작은 실수 하나 때문에 목숨을 던져야 할 만큼 빌딩 아래서 그들과 대치하는 공권력에 대해 공포심을 지니고 있다. 반면에 규회가 대치하고 있는 상대는 그와 함께 자라 온 마을 청년들이다. 공권력을 상징하는 경찰조차 이웃의 일부분일 뿐이다. 결국 이러한 차이는 정치적 민주화를 거치면서 사회가 정치적으로는 수직적 관계로부터 수평적 관계로 변화했음을 보여 준다. 그럼에도 불구하고 규회와 엄 사장 일행을 대립하게 하는 것은 무엇인가? 그리고 이 대립 속에서 규회가 그의 물리적 우위에도 불구하고 그토록 무력한 것은 무엇 때문인가? 이는 결국 우리 사회에서 정치적 민주화를 이루어 낸 주체들이, 비록 정치 권력을 장악한 듯이 보인다고 할지라도 여전히 무력할 수밖에 없는 상황과 동일한 것이다. 결국 그들을 무력하게 만드는 것은 경제적 민주주의에 반발하는 신자유주의라는 이름의 배타적 신념이다.

사건 진행의 차원에서 규회는 엄 사장과 그 무리가 저지른 죄, 즉 그들이 실성한 명숙이를 범했다는 사실을 밝혀내며, 이를 응징하기 위해 엄 사장을 찌른다. 그러나 엄 사장은 곧 쾌유될 것이며, 실질적으로 규회의 행위는 그들에게 어떤 타격도 입히지 못한다. 왜냐하면 그들의 죄는 이제껏 누구도 발설하지 않았을 뿐 모든 이들이 이미 알고 있는 것이기 때문이다. 규회의 역할은 그들의 죄를 밝혀내는 것이 아니라 이제껏 코믹해 보이는 외관 속에서 은폐되어 온 엄 사장 일행의 비윤리성, 뻔뻔스러움이 한순간 강하게 표출되도록 유도하는 것에 집중되어 있다.

엄 사장: 그래 이 패륜아 같은 세상에서 목사라도 될라꼬? 찔러라 찔러!

규회: 니 말 다 했나?

엄 사장: 아직 더 남았다. 이 개새끼야. 그래 내 명숙이 따뭇다. 선착장에서 침 질질 흘리고 헤 웃으면서 배고프닥 케서 김치찌개 사주이까 좋아서 다리 헤 벌리이니까네. 내가 부동산 사무실에서 따뭇다. 개새끼야! 박씨, 너 따묵었제? 몇 번 묵었나? 김 사장! 너도 따묵었제 내 다 안다. 이 새끼야. 영필이. 너 니 봉고차 뒤에서 따묵은 거 다 안다. 이 섬에서 명숙이 젖통 안 빨아 본 놈 있으면 나와 봐라 케라! 와 니는 못 따묵었나? 병신새끼! 와? 찌를라꼬? 그래 찔러라 찔러.

고립된 공간에서 한 명의 실성한 여인을 그 사회 구성원 모두가 범한다는 설정은 김기덕 감독의 영화 <해안선>과 유사하다. 그러나 <해안선>은 엔딩 장면에서의 얼굴 없는 시체가 말해 주듯이, 그리고 시내 복판에서 주인공이 군중을 향해 총검을 휘두르는 것으로 파악할 수 있듯이 보편화한 폭력의 익명성에 초점을 맞추었다. 그리고 이때의 폭력은 군중으로서의 인간이 전체주의적 환경 속에서 분출할 수 있는 잠재적인 본성이었다. 게다가 그들의 폭력과 죄는 폭력이 계속된다고 하더라도 자랑할 만한 것이 아닌 숨겨야 할 것이었고, 나름의 질서를 위해 처벌되어야 할 것이었다. 그러나 박근형에게 있어 폭력을 행사하는 주체는 그저 익명화된 군중이 아니라 우리를 포함한 우리의 이웃이라는 매우 구체적인 모습을 하고 있으며, 그들은 자신의 폭력성에 대해 명확히 인식하고 있을 뿐 아니라 위에서 살펴본 바와 같이 어떤 죄의식도 없이 그것을 드러내는 존재들이다.

실체가 없기 때문이 아니라 모든 이를 상대해야 하므로 규회의 싸움은 절망적이다. 규회의 사망 이후, 폭풍우도 잠들고 이제 섬은 '난리'를 벗어난 듯하다. 그러나 관객은 난리와 말세가 사실 엄 사장의 시각으로 본 선착장의 풍경이 아니라, 관객의 눈앞에 펼쳐지는 다방 안의 풍경이라는 것을 알게 된다. 그리고 그 난리를 일으키고 있는 주인공들의 신념이, 그들의 욕이 그들 사이에서 더욱 증폭되고 기세를 올리고 있음을 목격한다.

향숙: 저리 안 가나? 좇마니 개새끼들아. 동심을 잃지 마라 개새끼들아. 내 너 같은 새끼들 때매 일의 능률이 안 올라. 이 씹새끼들아. 개새끼들, PC방 개새끼들.

엄 사장: 아이고 걸다. 걸어. 가시나 성깔하고는 일루 와 바라….

향숙: 바빠요. 아이고 아직도 환자고마. (…) 언니야. 내 저런 PC방 개새끼 같은 놈들 때메 내 일에 보람을 못 느낀다. 개새끼. 씹새끼. PC방 개새끼들.

영필: 아이고마. 개새끼들. 아~ 나 이 개쌔끼들. 더러븐 새끼들. 돈도 좋지만 짜증이 나가 오늘은 그만 할랍니더. 내 차 정원이 25명이 아닌교? 근데 표를 세 봤더니 표가 스물네 장밖에 없는기라. 그래마 내 그 새끼 찾아낸다고 쌩쑈 안 했는교?

1980년대의 <칠수와 만수>는 광고탑에 올라 그 아래 세상을 향해 그들의 절망을 욕설로 대신했다. 이제 <선착장에서>는 비유하자면 칠수와 만수가 올라섰던 그 광고탑 위에 모든 사람들이 제 이득을 찾고 '광고'하기 위해 올라선 형국이다. 이 광고탑에 오르지 못한 자는 엄 사장의 말처럼 명숙이를 따먹지 못한 병신일 뿐이다. 욕을 하는 주체와 욕을 받는 객체가 뒤바뀐 셈이다. 살려달라는 절규로서의 욕설이 제 한 몸 잘 먹고 잘살기 위한 이기적인 욕설로 바뀌는 데는 20년의 세월이 걸렸다. 그 사이 우리 사회는 정치적으로 민주화되었다. 그럼에도 불구하고, 우리는 더 형편없는 '말세'를 살고 있다. 만일 엄 사장의 욕을 웃음으로 그저 소비한다면, 관객은 스스로 이 욕의 생산자임을 인정하는 것이 되고 말 것이다. 물론 작가는 무대에 실재하지 않는 PC방 사람들을 다방 레지 향숙과 대립시킴으로써 엄 사장 무리와의 싸움의 일부를 네티즌들이 담당하고 있음을 암시한다. 그러나 PC방의 사람들이 이 연극 속에 실체가 없는 것을 주목해야 한다. 이제 관객이 자신의 실체를 가지고 세상에서 엄 사장을 향해 욕을 할 차례이다.

"말세다. 사람도 아닌기라!"

작가를 믿지 않는 연출가의 미덕
<그린 벤치>

테니스장에서 한 여인이 자녀와 합세하여 자신의 젊은 애인을 살해했다. 그들은 왜 이 남자를 살해한 것일까? 그런데 이런 질문에 대해 우리는 고민할 필요가 없다. 왜냐하면 작가 자신이 매우 친절하게도 그 이유를 정신분석학적으로 이미 분석해 주고 있기 때문이다. 유미리의 <그린 벤치>는 겉이 안으로 들어가 있고 안이 바깥으로 나와 있는, 다시 말해 분석과 극 상황의 자리가 뒤바뀐 작품이다. 욕망은 흔히 일상적 삶의 단단한 표피 속에서 보호받고 있는 것임에도 불구하고, 이 작품에서는 그 욕망의 내용물이 숨지 않고 오히려 크게 소리치며 표면 속으로 떠올라 있다. 아버지와 딸의 육체적 관계, 누나를 향한 동생의 사랑, 아버지와 동일시하여 나이 많은 남자와 결혼하기를 원하는 딸, 자신이 사랑했던 어머니와 동일시하여 나이 많은 여자를 사랑하는 젊은 남자 등등 이 작품의 인물들은 이미

작가에 의해 낱낱이 정신분석되어 우리에게 제시된다. 이는 마치 환자가 정신분석가 앞에 앉아서 프로이트에 입각하여 자신을 분석하고 있는 형국이다. 만일 작가가 표면으로 끌어올린 이 분석을 연출가가 그대로 믿는다면, 그는 환자의 자기분석을 그대로 받아들이는 의사와 다를 바가 없을 것이다.

연출가 이성열이 10년 만에 이 작품에 다시 접근하면서(문예회관 소극장, 2005. 5. 18.~22.) 보여 준 가장 큰 변화는 유미리가 제시한 분석이 미끼이고 함정이라는 것을 알고 있다는 점이다. 작가에 대한 이러한 불신은 연출가로 하여금 도리어 작품에 보다 가까이 다가서게 만든다. 10년 전에 비해 인물과 사건에 덜 파괴적인 이미지를 부여한 것은, 겉으로 드러난 이미지를 부각시키는 방식으로부터 그가 텍스트의 심층으로 들어가 스스로 납득할 수 있는 보편적인 해답을 찾으려 했음을 알려 준다.

만일 겹겹이 에워싼 근친상간의 경험이 이 가족의 불행의 숨겨진 진실이라면, 작품의 이야기는 너무도 예외적인 것으로 머물고 만다. 프로이드가 분석하는 욕망이 보편적인 것으로 받아들여지는 까닭은 그것이 개인 삶의 구체적 경험으로 발현되는 것이라기보다는 잠재태인 상태로 억제되며 이 억제가 빚어내는 갈등에 초점을 맞추기 때문이다. 이성열은 표면으로 발현된 리비도가 아닌 혼란스럽게 흔들리는 타이코의 내면의 풍경과 테니스장의 사건을 겹쳐 놓는 방식을 사용한다. 타이코의 의식이 흔들리면, 그 의식에 포착되는 사건들은 발설되지 않은 어떤 근원적 비밀의 단서로서가 아니라 단지 뒤틀려 왜곡된 상상의 이미지에 불과한 것이 된다.

예를 들어 딸 요코와 남편의 관계에 대해 작가는 연출가가 이 두 사람의 관계를 실제적인 근친상간으로 연관 지을 수 있을 만큼 충분한 맥락을 제공한다. 연출가는 이처럼 주어진 맥락을 쉽게 읽어 낼 수 있고, 이를 위해 아버지를 매개로 대립하는 두 모녀의 질투 심리를 포착해 낼 수 있을 것이다. 그리고 이와 같은 추론의 연장선상에서 이 작품을 타이코와 요코의 갈등의 장으로 만들어 갈 수 있을 것이다.

그러나 연출가 이성열과 타이코 역의 예수정에게 이 인물은 이미 의식과 감정의 연결점을 놓쳐 버린 분열된 인물이다. 그렇기에 그들이 만드는 타이코는 그녀의 대사 그대로 "요코를 질투하지 않는다." 이성열의 연출에서 극의 모든 요소들은 타이코를 중심으로 일관되지 않은 상태로 제시된다. 이렇게 타이코의 분열이 분열 그 자체로 드러나면 극의 언어는 표피적이고 작위적인 정신분석적 상황의 기괴함을 뛰어넘어, 타이코의 입을 통해 말의 원래의 무늬를 띄고 관객의 귀에 들리기 시작한다. 이 작품에서 두드러진 이성열 연출의 힘은 바로 여기에 있다. 대사를 어떤 근원적 사건에 다가서는 직접적인 단초로 인식하기보다는 분열된 여인의 왜곡된 독백으로 인식한다. 이 독백은 심리적이기보다는 무의식적이며, 그러므로 타이코가 좋아한다는 샤갈이나 모네, 고흐보다는 차라리 마그리트의 초현실적인 풍경을 닮았다.

한여름 하늘에는 도톰한 작은 구름 한 점만이 떠 있고 그 아래 흰색 울타리가 지어진 테니스장에는 커다란 나무 한 그루 서 있지만 그늘 하나 드리우지 못한다. 그 곁에 피어난 꽃들은 작렬하는 햇빛 아래 소리를 키워 가는 매미 소리만큼이나 현란하다. 그리고 녹색 나무 벤치. 엄마가 지켜보는 가운데 오누이는 존재하지 않는 공을 좇아 열심히 랠리를 계속한다. 정겨워 보이는 한 가족의 어느 오후 풍경은 그러나 뿌리 없이 그저 무대 바닥에 붙여진 꽃들처럼 현실감이 없다. 행복의 한 전형 같은 이 그림 속에서 인물들은 햇살에 짓눌리고 있다.

테니스공 없이 테니스를 치고 있는 것은 물론 무대적 제약을 해결하는 흔한 연극적인 방식이지만, 존재하지 않는 공을 치는 이와 같은 놀이는 타이코의 분열된 의식 속으로 관객을 안내하는 장치이기도 하다. 그녀의 의식 속에는 마치 작가 유미리가 장을 나누며 장마다 붙인 제목 <색의 파편> <색의 범람>처럼, 현실성을 상실한 언어가 '파편'이 되어 '범람'한다. 보이지 않는 테니스공이 되어 이 언어는 무대의 공간인 이곳 테니스장과 남편과 함께 재결합하여 살고 싶은 미도구리의 땅 사이를 오간다. 한 번도 이곳 테니스장에서 테니스를 쳐보지 못했던 것처럼, 타이코는 남편 그리고 아이들과 함께 그곳 미도구리 땅에 집을 짓고 단란한 삶을 결코 영위하지 못할 것이다.

그녀가 불행한 것은 이 가족에게 숨겨야 할 근친상간적 기억이 있기 때문이 아니라—이것은 한낱 함정에 불과하다—자신이 동경하던 삶과 자신에게 부여된 삶의 조건들의 거리를 인정하지 못하기 때문이다. 남편이 아닌 다른 남자와 달아나 살다가 버림받은 중년을 넘긴 한 여인, 자식들은 그녀의 바람대로 자라 주지 못했다. 이 간격 사이에서 타이코는 분열한다. 서류상으로 혼인 관계를 유지하던 남편이 이혼을 요구한 것, 이 사건은 타이코에게 이제는 분열된 의식 속에서조차 안전하지 않음을 알게 해준다. 그녀는 아름다운 집, 테니스장에서의 단란한 가족 나들이가 한낱 허상이라는 것을 인정하지 않을 수 없다.

허구의 도피처에서 분열된 채로 안전했던 자아가 완전히 파괴된다. 다니구치의 살해, 그것이 실제 일어난 사건인가 아닌가가 중요한 것이 아니라 바로 이 지점에서 타이코가 자신의 허상의 세계를 완전히 파괴하는 폭력을 행사한다는 점을 주목해야 한다. 다니구치 살해를 계기로 이 세계가 완전히 파괴된 것이라면 사실상 3막 <불시착의 낙원—화려한 묘지>는 작가가 달아 놓은 사족에 불과하다. 이 불필요하게 덧쓰인 부분을 위해 이성열이 테니스장의 울타리를 허물고, 나뭇가지를 부러지게 만들기 위해 그토록 긴 암전을 줄 필요는 없었을 것이다. 애써 물리적으로 허물기 이전부터 모든 것은 파괴되었기 때문이다.

유미리의 <그린 벤치>는 그것이 작가의 허위의식의 발로이든지, 아니면 극작의 기교이든지 간에 정신분석적 요소라는 의미론적 방해물로 가득하다. 이 방해물을 걷어 내고, 한 여인의 분열된 의식의 세계를 우리에게 섬세하게 들려준 백수광부와 함께 2005년 서울연극제는 풍성한 결실을 거두었다.

가수 김광석은 왜 죽었을까? <그때 각각>

프리뷰를 위해 <그때 각각>(정보소극장, 2005. 5. 11.~15.)의 대본을 읽는다. 술자리 장면 대화의 지겨움이 독서 행위의 실제로 다가올 무렵, 극 중 한 인물의 대사가 귀에 쏙 박힌다. "김광석이 왜 죽은 줄 알아, 아냐구, 새꺄!" 혹시 김광석이 왜 죽었는지에 대한 그럴듯한 추론을 찾을 수 있을까 하는 마음에 대본 넘기는 속도가 빨라진다. 극 중 주인공의 선배가 취기가 잔뜩 올라 다시 한번 김광석을 입에 담는다. "김광석이는 니가 죽인 거다, 새꺄… 왜 그런지 알어, 새꺄?" 그러고는 왜 그런지 답이 없다. 술자리의 대화가 늘 그렇지만 뜬금없는 김광석 타령에 그것이 취기의 객담인 줄 알면서도 왜 귀가 솔깃했을까?

더디 오는 봄날을 재촉하는 비가 내리는 날 밤, 혜화동의 한 연습실에서는 <그때 각각> 연습이 한창이다. 공연까지는 아직 한 달하고도 며칠

이 더 남은 기간이지만, 연습의 진도를 가늠해 보니 난감하지 않을 수 없다. 아직도 작품을 분석하고 있다. 배역조차 아직 확정되지 않았다. 그렇다고 연습 일정에 문제가 있었던 것도 아니다. 비 오는 날밤, 형광등 불빛 아래 희뿌연 담배 연기가 지나가는 실내에서 검은 선글라스를 쓰고 앉은 연출가 장우재는 그러나 초조한 기색도 전혀 없이 배우들에게 대본 해석을 위한 기초적인 질문을 웃음을 담은 얼굴로 던지고 있다.

헤어지자던 여자친구가 불쑥 남자친구에게 남해안 일주 여행을 떠나자고 말하는 부분이다. 헤어질 것을 요구하는 여자의 대사로서는 분명 생소한 것임이 사실이지만, 그렇다고 도무지 이 여자의 심리를 이해하지 못할 것도 없는 장면이다. 하지만 장우재는 방금 낭독을 한 남녀 배우에게 이 대사를 실마리로 해 앞선 장면 모두를 설명해 보기를 집요하게 요구한다. 배우 구성을 달리하여 동일한 장면을 다시 읽어 보고, 같은 질문을 반복한다. 다소 비효율적인 것 같은 이러한 연습 과정에 조금은 지쳐 보이는 배우들은 하지만 여전히 성실하게 그의 요구에 대한 답을 찾으려 노력하고 있었다.

연습에서 늘 볼 수 있는 과정으로 여겨질 수 있지만, 문제시되는 장면들이 지극히 평범한 장면들이라는 점, 그리고 이 작품의 작가가 연출가 자신이라는 점을 생각할 때, 여기엔 어떤 과도함이 있다. 이것은 작가의 의도와 연출가 해석의 독립성이라는 원론적인 자세를 넘어서는 과도함이다. 바로 이 과도함이 연출가 장우재의 세계, 그리고 우리가 곧 무대에서 만나게 될 서울연극제 공식참가작 <그때 각각>을 풀 수 있는 열쇠이기도 하다.

장우재가 연극이라는 삶을 함께 나누었던 이들의 울타리를 넘어, 대학로 관객에게 친숙해지기 시작한 것은 2003년 발표되어 2004년까지 넓게 사랑받았던 <차력사와 아코디언>을 통해서다. <차력사와 아코디언>은 그 제목이 암시하듯 세상의 중심에서 밀려난 싸구려 인생에 관한 이야기이다. 대부분 싸구려 인생에 관한 이야기는 이야기를 풀어내기도 전에 이미 강한 휴머니즘을 풍긴다. 이 작품 역시 제목을 처음 듣는 순간, 약장수의 너스레, 불 뿜으며 괴력을 보여 주는 차력사, 아련한 아코디언 반주 등 더 이상 존재하지 않지만 우리의 기억에서 그리 싫지는 않은 것으로 남아 있는 것들을 꺼내어 적당히 우리 앞에 제시하리라는 추측을 하게 한 작품이다.

그러나 사실 <차력사와 아코디언>에는 그러한 기대의 순진함과 그 반대 항으로서의 냉소적 시선을 넘어서는 그 무엇이 있다. 그것은 아련함을 아련함 자체가 아니게 느끼도록 하는 것인데, 기국서의 말을 따른다면, 수컷 암컷의 진한 몸 냄새 같은 것이다. 달리 말하면 그것은 거짓을 진실로, 비열함을 정직함으로, 쇼를 삶으로 만드는 힘 그 자체였다. 연출가 장우재는 이 힘을 어디서 가져왔을까?

사실 작가 장우재의 세계에 들어서기 위해 열쇠 같은 것은 필요하지 않다. 그의 작품 세계는 열린 문으로 그저 들어서기만 하면 누구나 그 안의 모습을 속속들이 알 수 있는 그런 세계이다. 그 안에는 구조적인 뒤틀림도 반전의 묘미도 감추어진 주제도 없고, 추상적 관념의 알레고리도 없다. 그 안에는 그저 평범한 언어들이 비루한 인간들의 입에 살고 있다. 아니 때로 그의 작품은 상황과 이미지의 진부함을 고집스럽게 담고 있기조차 하다. 이 평범한 혹은 진부한 언어들은 문장과 문장 사이에 의사소통을 가로막는 방해물을 가지고 있지 않다.

그런데 이처럼 즉각적인 의사소통을 위한 문장들 사이에 그는 행간으로서의 삶을 놓아두려 한다. 언어가 조작되어 있을 때는 문장과 문장 사이로 비집고 들어가기가 역설적으로 용이하지만 이 경우에는 작가가 남겨 놓은 삶을 포착하고 다시 살아 내는 작업이 쉽지 않다. 왜냐하면 그것은 사람들이 흔히 아무 생각 없이 말해 버리는 것들 속에서, 다시 말하면 아무 생각 없이 살고 있는 그런 시간 속에서 의미를 건져 올리는 작업이기 때문이다. 일상성의 무의미성을 말하는 것은 얼마나 쉬우며 세련된 일인가? 하지만 하루하루의 비루함을, 상투적인 이미지와 언어 속으로 비집고 들어가서 있을 법하지도 않은 의미를 굳이 끄집어내려는 작업은 얼마나 거칠며 절박한가? 이 절박함은 연출가 장우재로 하여금 작가로서의 자신이 행간 속으로 밀어 넣은 삶을 배우 스스로 찾고 만들어 내도록 집요하게 요구하는 것이다. 그리고 그것이 온전하게 배우 개인의 삶이게 하기 위해 작가로서의 답을 제시하지 않는다.

<그때 각각>은 열두 명의 배우를 필요로 하는, 배우의 수로 보아서는 제법 규모가 클 것 같은 작품이지만 등장인물들을 모두 아우르는 갈등의 축도 거창한 사건도 없는 작품이다. 선배 내외와 함께 술을 마시고 있는 1990년대 초반 대학을 다닌 30대 초반 한 남자의 기억 속 사건들이 줄거리의 전부이다. 그와 그의 여자친구가 대학 시절 선후배 관계로 처음 만나던 날의 벤치, 그리고 여자가 졸업하여 취직한 후 여전히 대학원생 신분으로 학교에 남아 술 마시며 지내던 시절, 어느 날 여자친구의 집 앞 골목길, 취직한 후 습관처럼 여자친구와 드나들던 여관방, 헤어지자는 말을 듣던 날 카페의 장면이 시간을 거슬러 역순으로 펼쳐진다.
이처럼 선배와 함께 하는 술집 장면, 즉 현재의 시간 속에 과거의 시간이 교차해서 개입되는 단순한 구성의 끝에, 이제껏 잘 정돈되었던 기억 속 각 시기의 사건들이 마구 섞여 들며 극은 새로운 국면을 맞는다. 아마도

술기운이 올라 기억들이 뒤죽박죽 비논리적으로, 그리고 때로 정상적인 의식 속에서 억제되었던 기억의 파편까지도 수면으로 떠오르며 섞이는 것일 것이다. 길게 정돈했지만, 단순하게 말하면 술자리에서 옛 여자 생각이 하나씩 떠오르다가 취기가 오르면서 그 기억이 뒤엉켰다는 이야기일 뿐이다.

그런데 이처럼 단순한, 그리하여 극적인 것이라곤 조금도 없을 것 같은 이야기로부터 연극이 살아 숨쉬기 시작하는 것은 그 뒤섞인 기억의 단편들이 현재형으로 주인공의 삶에, 그리고 관객의 삶에 직접 다가와 고통 속에서, 그리고 취기의 희열 속에서 부딪히기 때문이다. 뒤섞인 기억들은 순차적인 것이 아니라 동시다발적으로 개입한다. 그러므로 각각 다른 시간으로부터 넘어오는 기억의 파편을 현재의 시간 속 주인공이 홀로 무대 위에서 동시에 구현해 낼 수는 없다. 다시 말해서 기억의 파편들은 단순한 플래시백의 형태로 구현될 수 없다는 것이다. 여러 층위의 시간 속에 위치하는 주인공의 기억 속의 삶이 동시에 무대에 들어서기 위해서 주인공이 아닌 몸, 주인공 역 배우가 아닌 배우들을 통해서만 실현될 수 있다.

그런데 이처럼 주인공이 아닌 배우들에 의해서 연기되는 과거의 시간은 타인의 몸을 빌렸기에 주인공 자신의 과거에 한정되지 않는다. 과거 기억의 사건들은 주인공의 시간이기도 하지만, 타인의 것이며 그렇기에 서로 독립적인 별개의 사건이기도 하다. 결국 이러한 설정에 의해 개인적 경험을 보편적 경험으로 확장하려는 것이 작가의 생각일 것이다.

연출가는 과거 기억 속의 각 장면에 해당하는 네 쌍의 배우를 정해야 한다. 그런데 장우재는 이 네 쌍의 배우들에게 자신이 속하는 시간의 장면만을 연습시키지 않는다. 그들은 이 네 장면의 삶을 모두 연습하도록 요구받는다. 게다가 이 네 쌍의 배우들이 만들어 낼 장면들은 미리 합의된 지점이 있는 것도 아니다. 네 쌍이 만들어 갈 이야기는 서로 다른 해석에 기반할 것이며, 그러므로 서로 다른 삶의 내용으로 채워질 것이다. 결국 연출가 장우재는 이처럼 같으면서도 다른 삶을 충실히 복원하기 위하여 더딘 속도로 연습하는 것이다.

그런데 이들이 복원할, 같으면서도 다른 삶이란 과연 어떤 모양을 띠고 있을까? 그것은 되돌아가고 싶은 첫 만남의 풋풋함도 아니며, 거창하게 논할 이상과 현실의 대립 또한 아니다. 그것은 아주 자질구레한 것으로부터 어긋나 버리는 두 사람의 삶이며, 풋풋한 진실을 담은 듯하면서도 거짓인, 용기 있는 듯하면서도 비겁한, 이상을 이야기하면서도 현실로 숨어버리는, 큰 척하면서도 한없이 작은, 격정적인 듯하면서도 기계적인 삶이며 한마디로 말하면, 별것 아닌 삶 그 자체이다. 그 안에서 항상 안전하고 대충 아프고 대충 바쁘며 모든 것이 대충 진실한 그런 삶이다. 이처럼 열거한 두 항의 어긋남이 바로 '그때 각각'이며 이 어긋남이 두 연인을 멀어지게 함은 물론, 과거를 현재로부터 멀어지게 하고 마침내 자신의 삶으로부터 스스로를 소외시키고 있다.

'김광석'이란 그저 더 이상 우리와 함께하지 못하는 한 명의 가수 이름이 아니다. 그 이름은, 실제의 한 가수의 노래와 삶과는 별개로, 이 작품에서는 우리가 현재 삶 속에 의미를 지닌 채 존재할 수 있었던, 그러나 잃어버리고만 하나의 가능성이다. 우리가 그처럼 온전한 삶을 지니지 못했다면, 고유명사가 아니라 진실한 삶의 동의어로서의 '김광석'을 죽인 것은 우리 자신이다. "김광석이는 니가 죽인 거다, 새꺄!"

<차력사와 아코디언>에서 거짓을 진실로 변화시키는 연기를 구현해 냈다면, 이제 <그때 각각>에서 배우들은 그와는 반대로 외면상으로는

그저 어쩔 수 없는 선택들로 보이는, 그러므로 매 순간 진실한 것처럼 보이는 과거 삶의 단편들 속에서 과연 거짓이 어디에 숨어 있는지를 찾아내야 한다. 다시 말해 그들이 언제, 어떻게 김광석이란 이름의 삶을 죽였는지를 보여 주어야 한다. 그리고 무대를 둘러싼 관객에게도 그들의 삶 또한 의미 없는 껍데기뿐임을 고통스럽게 각인해 주어야 할 것이다. 이처럼 거짓 삶의 순간을 복원할 때만이 '그때 각각' 흩어져 있던 삶 속에서, 어긋나 있던 파편들이 다시 삶을 진실한 방식으로 살고자 하는 의지를 가지고 한 조각씩 과거에 선택하지 못했던 방식으로 이어질 것이다.

극 후반부, 과거의 기억 속 네 쌍의 대사가 뒤엉켜 무대를 난무할 때, 과거의 '그때' 의미 있는 듯하면서도 제'각각'으로만 존재하던 말들이 '지금 함께' 다른 의미를 만들어 가면서 즐거운 노래와 춤이 된다. 그것은 취기 속의 환각일 뿐일 테지만, 그리고 취기 속에 이제 다시 시작해 보자는 부질없는 결심일 뿐이겠지만, 어느 날 그것이 서른 즈음이건 마흔 즈음이건 간에 술에 취해 김광석의 노래를 흥얼거릴 때, 그 순간 우리는 죽어 있는 현재에 다시 삶을 불어넣을 수 있다. 죽은 삶이 다시 살아나는 것은, 아마도 가짜 키토산 원액의 효력을 믿고 노파가 병석을 떨치고 일어날 용기와 믿음을 갖게 되는 <차력사와 아코디언>의 결말처럼 신파적인 것일 것이다. 그렇지만 장우재는 이 신파를 믿는다. <그때 각각>의 성패는 관객들에게 그의 신파를 믿게 할 수 있는가에 달려 있다.

소름 끼치는 두 가지 경험:
<거기> <차력사와 아코디언>

『그림 동화』에 '소름을 찾아 나선 소년'이라는 에피소드가 있다. 조금 모자란 이 소년은 소름 끼친다는 것이 어떤 느낌인지를 몰라 그것을 알기 위해 여행을 떠난다. 하지만 교수대에 매달린 시체들 곁에서 잠을 자도, 귀신의 성에서 하룻밤 동안 온갖 귀신들에게 시달려도 도무지 소름 끼치는 경험을 할 수가 없었다.

"소름이 끼치지 않아. 여기서 아무리 오래 지내도 소름 끼치는 법을 배우진 못할 거야." 소년이 그 말을 하자마자 유령처럼 보이는 어떤 사람이 들어왔습니다. 그 늙은이는 소년에게 소리쳤습니다. "이 악당 놈아! 이제 소름이 뭔지 알게 될 거다. 너도 죽을 때가 가까웠으니까." 소년이 말했습니다. "이렇게 빨리 죽는 건 싫어. 날 죽이려면 먼저 나를 이겨야 할걸." 그러자 늙은이가 말했습니다. "걱정 마. 널 이길 테니까." "입만 나불거리는군. 허풍 그만 떨어! 난 너만큼 강해. 아니, 더 강할지 몰라."

연극을 보고 평하는 것이 직업이 되는 사람은 사실 이 바보 소년과 비슷하다. 평론가의 머릿속에 가득 찬 미학적 기준과 연극적 지식, 그리고 이미 앞서 보았던 수많은 국내외의 걸작들에 대한 기억은 어떤 공연을 대한다 하더라도 쉽게 감동을 허용하지 않을 만큼 그를 강하게(?) 만든다. 그가 감동하지 않는 것은 때로는 공연이 귀신들처럼 소름 끼치는 경험을 애써 강요하기 때문이다. 귀신 이야기에서 늘 반복되는 몇 가지 모티프처럼, 일반적으로 감동을 강요하는 연극은 정서적 요소들을 이미지의 차원에서 그리고 서술과 연기의 차원에서 나열하며 과장하곤 한다. 평론가는 이런 '값싼, 속임수 휴머니즘'에 저항하기 위해 스스로 강해지고자 한다. 하지만 속지 않고자 하는 의지는 때로 평론가 자신을 기만하기도 한다. 극의 소재나 제목, 연출가에 대한 편견 때문에 그는 감동할 기회를 외면하는 것이다. 공연장을 나서며 평론가는 마치 귀신의 성에서 생존하여 왕의 사위가 된 바보 소년처럼 여전히 이렇게 속으로 되뇔 것이다. "소름 좀 끼쳐 봤으면! 소름 좀 끼쳐 봤으면 좋겠어!" 평론가는 아마 이 바보 소년처럼 감동적인 것이 무엇인지 처음부터 모를지도 모른다. 그러던 어느 날 바보 소년이 소름이 무엇인지 마침내 알게 되었듯이 평론가 앞에 소름 끼치는 경험이 행복하게도 예기치 못하는 곳에서 나타날 것이다. 바보 소년 이야기의 결말은 이러하다.

그날 밤 젊은 왕이 잠들었을 때 그의 아내는 이불을 걷어 내고 차가운 물과 잉어가 가득 든 양동이를 그의 몸 위에 엎어 버렸습니다. 그러자 그 작은 물고기들이 그의 몸 위에서 펄떡펄떡 뛰기 시작하는 바람에 젊은 왕은 잠에서 깨어나 소리쳤습니다. "오, 소름 끼친다! 소름 끼쳐! 이제 알았소, 부인. 소름이 뭔지를."

귀신 이야기 <거기>

2004년 서울국제공연예술제에 초청된 극단 차이무의 <거기>(이상우 연출, 10. 14.~19.)는 강원도 어느 바닷가의 맥줏집이 배경이며 이곳에서 인물들이 나누는 귀신 이야기가 극의 주요 모티브로 활용된다. 그렇다고 그 귀신 이야기가 관객에게 그리고 극 중의 다른 인물에게 강한 공포심을 심어 주기 위한 것은 전혀 아니다. 오히려 차분하게 그렇다고 정적을 일부러 자아내려고 하지도 않으면서 등장인물들이 귀신 이야기를 차례로 꺼낼 때 관객은 오싹하며 돋아나는 소름을 느끼면서 적지 않게 당황해야 했다. 어떻게 이 연극은 관객의 정서적 경험을 신체적 반응으로까지 이끌고 갈 수 있는가? 이 소름 끼치는 경험은 애초에 이 작품이 '生'연극 시리즈의 제1탄이었다는 것과 무관하지 않다. 살아 있는 연극은 바보 소년의 침대 위에서 펄떡 뛰는 물고기 같은 것이기 때문이다.

한 작품을 살아 있는 것으로 만드는, 그리하여 결과적으로 관객에게 살아 있는 경험을 주는 방식은 여러 가지가 있을 것이다. <거기>의 방식은 우선은 사실적인 연기에 있다. 그렇다고 그 사실성이 귀신 이야기를 실감 나게 하는 방식에 있는 것은 아니다. 귀신 이야기에 만일 관객이 정서적이고 동시에 신체적인 반응을 나타낼 수 있었다면 그것은 귀신 이야기뿐만 아니라 그 이야기를 감싸는 작품 전체의 연기가 세밀한 부분에 이르기까지 매우 사실적이었기 때문이다. 게다가 사실적 연기는 단지 연기 양식이라기보다는 배우들이 이 작품의 주제를 파악하는 방식을 보여 준다는 점에서 흥미롭다. 작품은 '거기'라는 미지의 공간을 제목으로 삼고 있지만 그 주제는 미지의 대상이 아닌 구체적인 인간들의 관계에 관한 것이다. 배우들의 연기는 등장인물 간의 관계를 세밀하게 부각하는 데에 초점이 모인다. 장우, 병도, 진수, 춘발은 부채골이라는 바닷가 작은 마을에 사는 선후배들이며 어린 시절부터 긴 세월을 함께한 이들이다. 그들 사이에는 함께 지내 온 시간만큼 두터운 우정이 쌓여 있기는 하지만 또 그 우정을 늘 되풀이되는 일상 속에서 환기하지 못할 만큼 무심하기도 하며 때로는 질시하거나 반목하기도 한다. 그런데 우정, 무심함, 반목과 질시라는 감정은 그들의 삶 속에서 확연하게 구분되는 것이 아니다. 실상 이 감정들은 자질구레한 행동 안에 복합적으로, 도드라지지 않게 박혀 있다. 도드라지지 않은 이 복합성을 다시 도드라지지 않게 섬세하게 드러내는 것 바로 이것이 <거기>의 연기 방식이다.

　　작품의 도입부에서 병도의 맥줏집에 장우가 들어와 자리 잡는 장면은 이들의 관계를 잘 보여 준다. 주방에 있는 병도는 밖을 내다보지 않고도 그것이 장우임을 알고 있다. 맥주를 마시며 신문이나 뒤적이는 장우와 주방에서 나온 병도는 대화를 이어 갈 때 서로 시선을 자주 마주치지 않는다. 병도는 휴지통에 비닐봉지를 새로 끼워 넣거나 대걸레질을 하며 대화를 이어 간다. 간혹 춘발을 욕할 때나 그들은 의기투합한다. 진수가 등장해도 마찬가지이다. 연로하신 진수 어머니의 안부를 묻는 장우에게 진수는 시선을 신문에 파묻은 채 건성으로 대답한다. 따뜻한 이야기는 이처럼 무관심한 태도 속에서 서로의 마음을 덥히지 못한 채 지나가고 만다. 새로 서울에서 이사 온 여자 김정과 춘발이 등장하면서 이 무관심한 일상은 다른 국면으로 접어든다. 김정에게 소개되는 각각의 인물들에 대한 묘사는 사실상 그들이 무대에서 보여 주는 실제의 모습과는 다소 동떨어져 있다. 장우는 남의 말은 죽어도 듣지 않는 변덕이 심한 괴팍한 사람으로, 춘발은 '실리콘 바세린'이라는 별명과 함께 돈 많은 바람둥이 유부남으로, 진수는 외모와는 판이하게 매우 계산이 빠른 블랙잭의 귀재로 소개된다. 극단 차이무의 배우들은 텍스트의 일차적 독서가 제기하는 이와 같이 확연해 보이는 인물의 전형성을 오히려 중립화시키는 방식으로 성격을 구축해 간다. 진수는 사실 49살의 노총각이 보일 수 있는 범위 내에서만 조금 괴팍하며, 춘발은 노총각인 다른 인물들에 비해서는 유연하지만 '실바'라는 별명에 걸맞지 않게 조금은 순진하며 때로 거들먹거리기도 하지만 밉지 않은 모습이다. 그 때문에 '유 벤득이'와 '실바' 사이에서 오가는 빈정거림은 빠르고 가파르게 두 사람을 대립시키지 않는다. 인물의 전형성을 강조하고, 대립의 폭을 강하게 부각하는 것이 극을 더욱 생생하게 만들 수 있다고 생각하기 쉬우나 차이무는 이처럼 대립의 각을 취중의 웃음 속에서 흘려버리려고 애쓰는 것이다. 이런 분위기는 사실 우리가 늘 겪는 술자리의 풍경이다. 이 술자리의 분위기의 사실다움은 때로 배우들의 자질구레한 실수조차도 그 장면이 요구하는 자연스러운 요소로 받아들여지게 할 정도이다. 그리고 이 넉넉해 보이는 자연스러움에 의해 본격적으로 귀신 이야기가 전개될 때 관객이 귀신 이야기를 경청할 수 있는 분위기가 형성된다. 그렇다고 이들의 연기가 절제된 사실적 연기에 머무는 것은 아니다. 김정에게 첫인사를 할 때나 김정이 와인을 주문했을 때 등의 장면에서는 일상적인 사실성을 잠시 떠나 과장된 캐리커처를 만들어 내기도 한다. 이러한 장면의 장점은 웃음이 상황의 과도함 때문에 유발되는 것이 아니라 앞선 장면 속에서 확보된 인물들의 사실적인 심리적 기저를 관객이 이 장면에서 명확하게 확인할 수 있기 때문이다.

귀신 이야기는 결국 장우와 춘발의 싸움으로 이어진다. 하지만 장우와 춘발의 싸움을 연출가는 극 흐름 속에서 절정에 위치시키지 않는다. 그 때문에 이 싸움은 그리 큰 소란으로 이어지지는 않는다. 장우, 춘발, 진수의 귀신 이야기 그리고 그들 간의 대립은 결국 김정의 귀신 이야기를 끌어

내기 위해서였다. 그리고 그 이야기는 앞의 이야기와는 다르게 김정의 삶의 가장 큰 상처와 닿아 있다. 결국 김정을 소개받음으로써, 그리고 그녀에게 귀신 이야기를 함으로써 그들 간에 무심함과 질시와 대립이 서서히 드러났다면, 이제 김정의 이야기를 통해서는 그들 간의 화해가 이루어지게 된다. 그리고 더 나아가 이 낯선 외지 여인의 삶을 그들의 삶 속에서 받아들이게 된다. 장우가 김정에게 자신의 첫사랑 이야기를 하는 것은 김정이 드러내 보여 준 그녀의 삶에 대해서 자기 삶의 내용으로 화답하는 것이었다. 장우가 이 과정에서 이제까지의 연기 흐름을 여전히 이어가고 있음은 물론이다. 장우의 고백은 실연 이후 많은 시간이 흐른 만큼 담담하게 이야기되며, 그 이야기가 김정의 상처를 치유할 만큼 드라마틱한 것은 아니다. 장우가 김정을 '좋은 사람'이라고 부르게 되는 것처럼, 그의 마음속에 춘발과 진수와 병도가 좋은 친구들로 적어도 오늘 밤만은 남게 될 것이다. 그리고 이제 이웃이 된 김정은 이 맥줏집에 간혹 들러 조금씩 세상이 살만한 것이라고 느끼게 될 것이다. 이와 같은 삶 그 이상도 이하도 아닌 것이, <거기>를 차이무가 구현하는 '잔잔하면서도 소름 끼치는' 방식이다. 박진영, 김승욱, 민복기, 오용, 전혜진은 일자형 테이블에 극 대부분을 앉아 있으면서도 사실성과 연극성의 가느다란 틈새 속에, 외지인과 현지인 사이에, 무심한 일상의 친구들 사이에, 그리고 무대와 객석 사이에 살아 있는 삶이 돋아나게 한다.

<차력사와 아코디언>

차이무와 그 연출가 이상우의 곁에 장우재와 극단 이와삼을 논하는 것은 이 두 연극이 판이한 형식을 보여 주고 있음에도 불구하고, 정서적 반응을 신체적 반응으로까지 끌어올리는 비슷한 연극적인 경험을 제공하기 때문이다. <거기>가 소위 '극적인 것'의 허구를 제거해 내면서 일상의 진실성으로부터 출발하고 있다면 <차력사와 아코디언>(서울국제공연예술제, 2004. 10. 8.~14.)는 속임수로부터 출발한다는 점이 두 작품의 가장 큰 차이점이다.

연극 무대 위에 차력을 끌어들이는 것은 효과를 극대화하겠다는 일종의 속임수로 여겨질 수도 있다. <차력사와 아코디언>이라는 제목은 더 이상 우리 곁에서 함께하지 않는 것에 대한 아련한 기억을 떠올리게 한다. 그렇기 때문에 이 소재는 값싼 휴머니즘과 즉각적인 환호와 눈물을 자아내고자 하는 연극일 것이라는 의구심을 갖게 한다. 그럼에도 불구하고 극이 시작되자 관객은 자신이 쌓아 둔 의심의 벽이 얼마나 허약한지를 경험하게 된다. 올대로 대못을 강목에 박아 넣는 차력사의 목과 가슴 근육이 팽팽하게 긴장하고 그의 몸에서 땀이 솟아나는 것을 보면서 관객은 숨을 멈추고 차력사의 긴장을 자신의 몸으로 받아들인다. 그는 이제 연극에 속임수를 더하기 위해 무대로 올라온 차력사가 아니다. 그는 한 명의 배우이고, 그의 속임수는 허구에 진실의 살을 입히는 연극적 환상일 뿐이다. 차력의 묘기가 지나칠 정도로 생생하다면 그것은 관객에게 주는 경험을 더욱 자극적인 것으로 만들기 위해서가 아니라, 그것이 차력사-배우의 삶이기 때문이다. 차력사와 떠돌이 약장사는 어차피 속임수를 쓰지 않고는 존재할수 없다. 하지만 동시에 차력사와 약장사는 이 속임수를 사람들이 믿게 하지 않고는 존재할 수 없다. 차력사에게 구경꾼이 환호하는 것은 그가 항상 조마조마한 극한의 상황에서 자신의 묘기를 완수하기 때문이며 그의 속임수의 진실성은 이처럼 극한적 경험을 자아내는 것에 있다. 아니 구경꾼들에게 자아내는 것뿐만 아니라 이 극한적인 경험을 차력사 자신의 삶으로 삼기 때문일 것이다. 그는 자신의 속임수에 의해 다칠 수도 있으며 그리하여 속임수를 쓰면서 도리어 자신이 초조하다. 그리고 바로 그러한 이유로 관객은 조마조마한 것이다.

차력사와 함께 이 극을 이끌어 가는 것은 약장사 아코디언이다. 그가 파는 키토산 원액은 완전히 가짜이며, 그렇기에 그는 완전히 사기꾼이다. 약장사 역의 윤상화는 이 가짜를 완벽하게 연기한다. 그러나 정작 그에게 요구되는 것은 이 사기꾼의 비열함을 완벽히 재현해 내는 것보다 훨씬 어려운 것이다. 그것은 이 가짜 약과 거짓말투성이의 삶에, 그리고 더 이상 존재하지 않을 법한 이 거짓말 같은 차력사와 아코디언의 이야기에 진실성을 부여하는 것이다. 그것은 과장된 휴머니즘을 진정한 휴머니즘으로 바꾸어 놓는 매우 어려운 작업이다. 써니 역의 염혜란은 윤상화와 함께 이 어려운 임무를 가능한 것으로 만들어 낸다. 그러나 배우 염혜란은 윤상화와는 전혀 다른 방식으로 그것을 구현해 낸다. 윤상화가 사기꾼을 완전하게 사실적으로 재현했다면 지적 장애 연기를 하는 염혜란은 배우가 배역을 연기하는 과정을 관객에게 은밀하게 노출하는 방식을 취한다. 그리고 바로 그러한 연기 형식에 의해서 아코디언의 거짓말들이 써니에게 진실로 받아들여지는 단계를 관객이 목도하도록 유도한다. 아코디언이 하는 말을 따라 하면서 써니가 자신이 벌레가 아니라며 흐느끼는 장면이 이 작품에서 가장 감동스러운 장면으로 기억되는 것은 그녀의 연기에 의해서 관객들 역시 아코디언의 말 속에 혹시 그가 의도하지 않았더라도, 그가 여전히 사기꾼이라 할지라도, 진실이 숨어 있음을, 아니 진실이라고 믿게 하는 힘이 있음을 보았기 때문이다. 이렇게 드러난 진실은 이제는 도리어 거짓이라고 우겨도 그것이 거짓으로 받아들여지지 않을 만큼 자명한 것이 된다.

아코: 그거 다 거짓말이야. 참말이어도 인제 못 하고.

써니: 저 잘할게요. 나한테 진심으로 나도 살 가치 있다 해준 이는 아저씨가 첨이에요. 그건 거짓말 아니죠.

아코: 거짓말이야.

써니: 거짓말이야.

아코: 아니요. 그게 거짓말이에요.

아코: 우리 앞으로 나갈 돈도 없어. 뒤론 빚더미가 산더미고… 우리 인제 다 그만둘 거야.

써니: 그러니까 계속할 거잖아요. 앞으로도 못 가고 뒤로도 못 가니까 그러니까 계속 돌아다닐 거잖아요. 그게 참말이잖아요.

　　속임수와 진실의 관계는 이 작품의 주제로 확장된다. 양숙이 차력사의 사랑을 믿을 수 있는가, 삼류 배우인 양숙이 스스로를 믿을 수 있는가, 농촌 총각이 차력사의 복강 내 비기 흡입술을 어떻게 믿게 되는가, 그리고 총각의 노모가 가짜 약 키토산 원액의 효력을 어떻게 믿게 되는가, 배에 칼을 진짜로 맞아야만 완전한 거짓이 성립되는 것은 무슨 연유인가…. 이 작품은 이처럼 온통 속임수가 삶의 진실로 변화되는 과정에 관한 연극이다. 하지만 이 작품이 조금은 거칠게 느껴지는 것은 진실로 변화되지 못한 거짓이 여전히 섞여 있기 때문이다. 농촌 청년과 병든 어머니의 연기는, 특히 병들어 누운 어머니를 그가 수발하는 장면은 이 연극 속에 여전히 남아 있는 가짜이다. 그것은 우리가 이 연극을 믿지 못해서가 아니라 연출가이며 작가인 장우재가 스스로를 믿지 못해 만들어 낸 가짜이다. 이 장면은 단지 희화화되었기 때문에 가짜라 불리는 것이 아니라—이 연극 속에 희화된 진실이 얼마나 많은가?—그것이 희화화될 이유를 가지지 못했기 때문이다. 그럼에도 불구하고 <차력사와 아코디언>은 바보 소년에게 장우재와 이와 삼의 연극을 소름 돋을 만큼 진실한 것으로 믿게 해주었다. 그들 식으로 되물어 본다.

"연극의 힘은 어디서 오는가?"

\<제9요양소\>
권력의 이름—백만 송이 장미

　한 요양소에서 환자 한 명이 죽었고, 또 다른 환자 한 명이 아이를 낳았다. 그리고 얼마 후에 한정석 실장을 제외한 요양소의 모든 간부가 살해당하는 사건이 일어났다. 6457호 환자가 왜 죽었으며, 6459호 환자의 아이의 아버지는 과연 누구인지, 그리고 또 왜, 누구에 의해서 간부들이 살해되었느냐는 질문과 탐색이 작품의 틀을 이루고 있지만, 이에 대해서 확실한 답은 주어지지 않는다. 어찌 보면 답이 명확해 보일 수도 있다. 말단 직원 양순남은 아이 아버지라는 누명을 쓴 것이고, 한 실장의 보고처럼 소장이 6457번 환자의 살해자이며 6459 환자의 아이 아버지일 수 있다. 그리고 간부들의 살해는 환자들의 폭동 결과로 제시된다.

　하지만 작품은 이와 같은 간단한 해답을 가로막는, 의도적인 방해물로 가득 차 있다. 한 가지 분명한 것은 그곳에서 "무언가 정의 내릴 수 없는 어떤 일이 벌어졌다는 것" 뿐이다. 그렇다면 원작인 해럴드 핀터의 <핫 하우스>는 이처럼 정의 내릴 수 없는 어떤 것을 극작이라는 방식으로 정의해 내는 시도이고, 연출가 박장렬과 연극집단 反의 <제9요양소>(2003. 3. 20.~30.)는 이를 자신들의 방식으로 다시 정의해 보고자 하는 시도이다. 이 작품을 '권력유감'이라는 페스티벌의 일환으로 기획했다는 것은 공연집단 반이 생각하는 '권력'이란 것이 이 작품이 보여 주듯 '사회를 움직이게 하고, 갈등하게 하고, 옥죄어 종국에 전복시키는, 정의 내릴 수 없는 그 어떤 것'과 관련됨을 짐작하게 한다. 정의 내릴 수 없는 것을 정의하는 그들의 방식을 이해하기 위해서는 그들이 원작을 읽어 나가고, 무대 위에서 구체화하는 과정을 조심스럽게 따라가야 한다.

정의해 낼 수 없는 것은 우선 원작이 제공하는 사건의 모습이자 텍스트의 구성 그 자체이다. 이제 정의해 낼 수 없는 것으로서의 권력을 정의하기에 앞서서, 연극집단 반은 정의해 낼 수 없는 텍스트를 먼저 이해하고 설명하기를 시도한다. 그들은 정확한 번역과 미세하면서도 적절한 변형을 통해서 그리고 텍스트의 한 줄 한 줄, 한 장면 한 장면의 논리적 연결점을 찾아가면서 빠른 독서로 쉽게 걷어낼 수 없는 불투명한 텍스트의 내용물들을 투명하게 만들고자 했다.

표면적으로 작품의 기본적인 대립구조는 우리/저들의 관계이다. 우리의 자리에는 일차적으로 요양소의 직원들이, 저들의 자리에는 요양소의 환자들이 위치한다. 우리는 권력을 가진 자고 저들은 권력을 가지지 못한 자로 규정할 수 있을 것이다. 이 관계는 다시 한 소장을 정점으로 하는 서열 관계 속에서 미분된다. 간부들과 말단 직원으로 우리 안의 우리/저들 관계가 다시 설정된다. 그리고 전근원 소장, 그리고 소장에게 아부하는 후배 주정남, 그리고 이들과 대립하는 비서실장 한정석이 나뉜 우리 안에서 또다시 우리와 저들로 미분된다. 만일 권력이란 투쟁하여 쟁취하는 것이며, 항상 피해자가 가해자에 대해서, 혹은 가해자 집단 내부의 새로운 세력에 의해서 대체되는 어떤 실체가 권력이라고 파악한다면, 그리하여 한정석의 욕망의 대상이 권력이라고 파악했다면, 연극집단 반의 작업은 한정석의 성격을 보다 야심 찬 것으로 그렸을 것이며, 한정석이 환자들의 폭동을 조장한 듯한 복선을 깔아 놓으려고 노력했을 것이다.

위계와 전통, 질서를 강조하지만, 위압적으로 그려지지는 않은 전근원 소장, 그리고 비굴하지만 밉살스럽게 보이지 않는 주정남 차장, 그리고 냉정하고 이성적이지만 야심을 숨기는 음험한 인물로는 그려지지 않은 한정석 실장 사이에는 실제로 권력을 둘러싼 대립은 존재하지 않는다. 그렇기 때문에 크리스마스 밤 소장의 집무실에서 벌어지는 이들의 갈등은 첨예해지지 않고 취기 속에서 희화되며, 세 사람의 칼싸움은 외부로부터 오는 긴 한숨 소리 같은 것에 의해 멈춘다. 이처럼 우리와 저들로 대변되는 인물 간의 권력 다툼이 텍스트의 중심을 이루고 있지 않을 때, 연극집단 반의 작업이 이 장면을 증폭하고 강조하는 데 초점을 모으지 않은 것은 당연한 일이다.

그렇다면 이 연극의 초점은 어디에 놓일까? 권력이 놓이는 자리에 그 초점이 있다면 권력은 어디에서 어떤 모습으로 드러나는가? 아니 숨겨져 있는가? 이 작품의 작가와 연출가에게 권력은 과연 무엇인가? 결론부터 말한다면, 권력은 6457번 환자이며, 동시에 6459번 환자이고, 전 소장이며 한 실장이고 주 차장이고 모든 등장인물이다. 뜬금없는 이 말을 풀어보자면 적어도 이 작품 속에서 권력의 실체는 "정의될 수 없는 것이며", 권력은 단지 여러 가지 다른 이름들 속에서 반복적인 담론의 형태로만 드러난다는 것이다. 더욱 알 수 없는 이 말을 설명하기 위해서 다음과 같은 예문을 들어 보자. 칼을 들고 싸우다 멈춘 전 소장과 한 실장의 대화이다.

정석: 무언가 일어나고 있습니다. 소장님. 불길합니다. 무언가… 정의 내릴 수 없는 일이 진행되고 있습니다.

근원: 자네가 그런 말을 하다니, 참으로 희한하구만. 방금 전에 나도 똑같은 말을 하고 있었어.

여기서 중요한 점은 정의되지 않는 어떤 것이 이들을 둘러싸고 있다는 것이 아니라, 바로 그것이 똑같이 반복되고 있다는 점이며, 나아가 똑같이 반복되어 말해지고 있다는 점이다. 여기서 권력의 속성이 드러난다. 권력은 소장실에 걸려 있는 사진의 주인공, 이 요양소의 설립자 장대풍 이래로 그의 후임들, 그리고 전 근원 소장에게 밀려난 소장의 선임자, 그리고 전 소장이 살해된 이후에 그 자리를 차지하는 한 실장에게로 계속 반복될 것이다.

심지어 희생자인 양순남과 그가 한 번도 만나본 적도 없는 그의 전임자에게까지 권력과 맺는 관계는 반복된다. 마치 6459호 환자가 직원 모두와 관계하였기 때문에 그 아버지를 찾는 것이 불가능한 것처럼 권력은 등장인물 모두와, 그리고 심지어 무대에 등장하지 않는 인물들 모두와 관계되면서, 반복적으로 자신의 간단한 한 가지 담론을 확장한다. 그것은 전 소장의 대사에서 반복되듯이 "전통과 질서, 그리고 공동체에 대한 신념을 가지라"라는 것이다. 누군가 이 신념을 공유하지 않을 때, 이 신념에 대해 혼란을 겪을 때, 권력은 그를 위험한 인물로 규정하고 다시 그를 반복되는 담론의 안으로, 공동체의 안으로, 전 소장의 말을 빌자면 '세상의 질서 안으로' 끌어오기를 원한다. 양순남이 실험실에서 전기 충격 실험을 통해 고백하도록 강요받는 것은 바로 "공통된 가설 위에 공통된 원칙이 준수하는 그런 집단에 소속되어 있다는 신념"인 것이다.

크리스마스 날, 전근원 소장은 한 아이가 태어났다는 소식을 접한다. 이전에 한 번도 이 요양소에서 아이가 태어난 적이 없기 때문에 이는 반복되는 질서, 혹은 질서라는 이름으로 반복되는 권력에 대한 도전이며 혼란이다. 소장은 이 혼란을 수습하기 위해 일련의 조치를 취할 것이다. 그런데 중요한 것은 이 혼란이 전 소장의 내면으로부터 시작된다는 사실이다. 그는 날짜를 혼동하며, 앞선 시간과 현재에 단절을 느끼고, 그가 일주일 전에 한 일을 기억하지 못한다. 그는 전임자가 만들어 놓은 환자들의 호명 방식—숫자의 반복—에 이의를 제기한다. 혼란이 커질수록 방은 더워져만 가고, 혼란은 그가 질서를, 그러니까 반복되는 것을 거부할수록 더욱 커지며 그와 동시에 그의 권위는 떨어져만 간다.

정남: 뜨겁습니다. 소장님.

근원: 이제야 더운 이유를 알겠구만.

정남: 오늘 밤은 따뜻한데요. 선배님. 눈이 질퍽하게 녹았습니다.

근원: 그 말은 스무 번도 더 들었다구!

정석: 사실입니다. 소장님. 제가 직접 확인했습니다.

근원: 사실이건 아니건 그건 상관할 바 아니야. 한 말하고 또 하고 그게 싫다는 소리야! 누가 들으면 귀머거린 줄 알겠구만 그래. 눈이 질퍽하게 녹았습니다. 이미 들었단 말이야. 알아들었다구. 이젠 그만 해.

이러한 혼란 속에서 그는 이제껏 매년 반복해 오던 크리스마스 연설을 하기를 주저한다. 반복을 거부하기 때문에 그는 반복되는 것에 대한 살인자이며, 혼란을 가져온 아이의 아버지인 것이다. 양순남이 전기 실험을 당하며 고백했듯이, 그도 이 위험한 혼란 끝에 "신념을 가져라"라고 목청껏 높이 외치며 연설을 해야만 한다. 그리고 양순남이 실종되었듯이, 혼란에 빠진 전 소장은 한 실장으로 대체되어야만 한다. 결국에 표면적인 줄거리인 살인사건의 안쪽에는 권력의 본질을 꿰어 본 전 소장의 혼란에 빠진 내면의 드라마가 있다. 그가 혼란으로부터 다시 권력의 담론을 받아들이는 과정이 이 작품의 실제 극 행동인 셈이다.

연극집단 반은 한 실장이 아니라, 전근원 소장에게 초점을 맞춤으로써 그리고 전 소장의 내면이 표출되는 리듬을 점증적으로 증폭되게 조절함으로써 또한 전 소장의 절규와 양순남의 고통을 가장 강렬한 두 개의 이미지로 포개어 놓음으로써 극 행동을 효과적으로 부각했다. 권력이란 백만 가지의 이름 속에서, 그리고 모든 이에게 동일한 담론을 강요하면서 자신을 끝없이 반복한다. 마치 무궁화처럼. 백만 송이 장미처럼.

6부 책 속의 미로:

♦

누모위의 책

◆

무대를 찾아서

A BOOK ON STAGE

오지를 향하여:
안치운의 『연극, 몸과 언어의 시학』

안치운의 책을 늘 가방 속에 넣고 다닌 시절이 있다. 자투리 시간이 날 때 꺼내 보곤 하던 그 책은 연극에 관한 책은 아니었다. 『옛길』은 여행기였다. 그런데 그 책은 그가 여행했던 곳에 대해서 별반 알려 주는 것이 없었다. 나는 그 책을 꺼내 읽을 때마다 이어 읽지 않고 늘 새 페이지를 열었다. 그가 향하는 곳은 그곳이 경상도이건, 전라도이건 간에, 그곳의 구체적인 이름이 중요한 것이 아니었기에 불연속적인 독서가 책을 읽어 나가는 것을 방해하지 않았다. 그의 여정과 글은 목적지를 향해 곧장 나아가지 않았다. 그는 길이 막히면 둘러 갔고, 또 길이 끊기면 다른 길을 찾기까지 한참을 헤맸다. 걷고 헤매면서 그는 줄곧 자신이 가는 곳과 자신이 현재 살고 있는 세상 사이의 간극을 그의 걸음으로, 그리고 걸음과 동반하는 사유로 메워 보려 애썼다. 여행을 한다는 것은 애초에 바로 출발지와 목적지

'사이'에 존재하는 것이다.

그에게 걷는 것과 생각하는 것 혹은 그 생각을 글로 옮기는 것은 구분되는 것이 아니었다. 몸과 언어는 잇닿아 있었다. 여행의 목적지의 고유명사로서의 이름보다는 그는 그가 향하는 곳을 일반명사로 불렀다. 그가 향하는 곳은 '오지'였다. 고유명사에서 일반명사로 옮겨 가면 단 하나의 그곳은 이제 복수형의 가능성을 품은 곳이 된다. 오지란 그의 표현대로는 "멀리 떨어진 곳이며, 깊숙한 땅"이며 "내 안이 아니라 바깥이다." 또한 오지의 특성은 '여기-없음'이며 '거기-있음'이다. 오지는 그러므로 여기와 거기 사이, 있음과 없음의 경계에 있다. '땅'이라는 구체적인 물성과 더불어 '없음'의 속성을 함께 지닌 이 특별한 단어는 안치운을 설명하는 가장 핵심적인 단어이다. 자신의 삶을 지속시키기 위해 그는 자기 밖의 먼 지점으로 향하고 있었으며, 그 지점에서 항상 죽은 삶을 내려놓고, 새로운 생명을 얻어 가기에 그는 끊임없이 이 죽음-생명의 공간으로 되돌아가려고 했다. 구체적인 좌표가 존재하지 않는 오지는 그가 향하는 방향 그 자체이다. 자신의 바깥에 있으나 안의 삶을 지속하게 하는 원초적인 되돌아감의 지점이 그가 향하는 오지인 것이다. 오지에는 화전민이 살았다. 산림을 불태우고, 밭을 만들어 새로운 생명이 자라는 땅이 오지이다. 점차 화전민들은 사라져 갔다. 오지는 이제 망각 속의 흔적이 되었다. 안치운이 그곳으로 되돌아가려는 것은 사라짐을 기억하기 위해서이다.

오지와 기원

『연극, 몸과 언어의 시학』은 『추송웅 연구』(1992)로 시작된 그의 비평적 글쓰기의 7번째 결실이다. 매우 예외적으로 구체적 연극 작품들에 대한 짧은 단상으로 구성된 『연극과 기억』(2007)을 제외한다면, 안치운은 공연 리뷰 쓰는 것을 즐기지 않는다. 『연극제도와 연극읽기』 『한국 연극의 지형학』 『연극 반연극 비연극』 등의 제명에서 알 수 있듯이, 그는 연극이라는 장르의 본질을 사유하고, 한국 연극의 현재가, 비평이, 배우가 연극의 본질을 과연 구현하는가를 자문해 보는 작업을 해왔다.

그의 신작 『연극, 몸과 언어의 시학』은 이와 같은 작업의 연장선에 있으면서도 '연극이란 몸과 언어의 시학이다'라는 그의 연극관, 혹은 비평관을 그 어느 때보다도 명확하게 천명하는 저작이다. 대상에 대한 질문으로부터 사유를 시작하고, 그 질문에 대한 답을 찾기 위해 스스로 미로를 구축해 가는 그의 글쓰기 방식에 견주어, 이처럼 명확하게 연극관을 미리 답으로 제시하는 방식은 매우 이례적인 것이다. 다시 말해서 이 저작에서 안치운은 자신의 연극론을 이제까지와는 달리 구체적이고 종합적으로 드러내고 있다. 이와 같은 변화는 슬프게도 이 책을 이루는 글들이 집필된 2000년 이후의 시기에 그가 바라본 세계의 풍경이, 그리고 그 세계의 한 부분으로서의 연극이 그 어느 때보다 절망스러운 모습을 하고 있었기 때문이다. 신자유주의의 광포한 자본의 지배로부터 세월호의 비극에 이르기까지 고통으로 점철된 시대에 연극에 대한 글쓰기가 향해야 할 방향에 대해 그는 고독하게 사유한다. 그러나 그의 고독은 타인들과 소통하고자 하는 그의 절박한 의지와 다른 것이 아니었으며 그 때문에 이와 같은 '너른 연대를 지향하는 글'이 가능한 것이다.

안치운에게 연극 비평은 '오지'라는 개념을 연극적 맥락으로 다시 정의하는 것과 같다. 오지를 향해서 그가 걸었듯이, 오지를 연극이라는 맥락에서 규정하는 것은 연극과 함께 그의 글쓰기가 나아가야 하는 방향을 정하는 것과 같은 것이다. 초기 평론집 『공연예술과 실제비평』(1993)에서부터 그는 연극을 "사라짐으로써 완성되는 나약한 예술"이며 "연극 비평은 공연이 남긴 허물어진 조각들의 더미를 가지고 새롭게 연극의 언어를 건축하러 허무의 길을 나선다."[56]라고 천명한다. 이후의 비평집에서 '사라짐'은 '죽음' '부재'(『연극제도와 연극읽기』) '폐허'(『한국 연극의 지형학』)라는 용어들로 계열적 집합을 구성한다. "비평은 죽어 가는 것을 기록하며, 죽음에의 절차와 과정을 분석"[57]하는 것이며, 또한 "비평은 근원적으로 연극의 현존이 아니라 연극의 부재로부터 시작"하는 것이다.[58]

『연극, 몸과 언어의 시학』에서는 '기원' '근원'이라는 개념을 제시하는데, 오지라는 단어가 공간적 표현이었기에 기원, 근원이라는 또 다른 공간적 표현은 안치운의 글쓰기가 향하는 방향을 보다 구체적으로 가늠할 수 있게 해준다.

> 그러므로 우리 시대, 연극은 단도직입적으로 생겨난 대로, 유일한 연극으로, 최초의 연극으로, 사라진 연극으로 되돌아가야 하는 연극이다. 변질되지 않는 원천을 찾아 그것을 영원하게 만드는 연극이어야 한다. 과거의 연극을 황홀하게 바라보고, 실천하면서 오늘을 살도록 하는 연극에 관한 것이어야 한다. 연극에 심연이 있다면, 연극 저 밑바닥에 샘과 같은 근원이 있다면, 그곳으로 내려가려는 연극이어야 한다. 끝이 없는 것은 미래가 아니라 과거이다. 연극은 과거의 예술이다.[59]

오지 혹은 기원은 공간적으로는 '밖'에, 시간적으로는 '과거'에 속한다. 그러므로 안치운의 비평은 '지금·여기'라는 시공간적 지표에 기초하지 않는다. '지금·여기'는 현상 그 자체이며 아직 사라지기 이전의 찰나의 이 순간, 이곳과 관련된다. 안치운이 보기에 현존의 세계에 연극은 없다. 현재를 채우는 연극은 타락한 연극이며, 항상 새로운 형식을 찾아 미래로 향하는 연극은 시간에서 시간으로 나아가면서 늙어 가는 연극, 낡은 연극이다. 아니, 보다 근본적으로 그는 현재라는 시간의 존재성을 믿지 않는다. 끝없이 과거가 되는 시간성 속에서 모든 것은 사라짐의 시간인 과거에 속한 것이다. 그러므로 시선이 닿은 것은 되돌아봄과 미래를 향하는 시선뿐이다. 안치운은 언제가 도달할 피안으로서의 미래가 아니라, 이미 일어났으며, 소멸하였고, 그리하여 다시 도래하는 과거의 시간을 향한다. 이 시간성은 미래로의 움직임을 과거에서 찾는 전미래의 시간이다. 이미 일어난 미래, 그것은 원천이면서 아직 이르지 못한 시간이며, 끝없는 되돌아감의 시간이다. 데리다의 표현에 따르면 "연극의 미래는 출생 전야로 거슬러 올라가는 두어 반복에 의해서만 열린다."[60]

몸

근원으로서의 시간에, 최초에 무엇이 있었을까? 연극의 기원에는 찢긴 몸이 있었다. 그것은 디오니소스에게 바쳐지는 제물이기도 하면서, 디오니소스 그 자신이기도 하다. 찢긴 몸은 헤라의 질투 때문에 갈기갈기 찢겨 죽었으나 다시 살아난 디오니소스의 몸이다. 디오니소스란 어원적으로 '두 번 태어난 자'이다. 삶의 전제 조건으로서 몸의 찢김, 죽음이 선행되는 자가 디오니소스인 것이다. 더불어 그는 무한자 제우스와 유한자 세멜레의 결합체로서 존재론적으로 찢긴 자이다. 그는 유랑하는 신이기에 그의 몸은 그곳에 있었으나 이미 그곳에 있지 않다. 이처럼 연극의 기원에는 사라지는 '몸'의 고통이 있었다. 그리고 그 찢긴 몸의 고통이 황홀한 기쁨으로 바뀌는 곳이 바로 극장이다. 디오니소스를 따르는 여인들의 취기의 광란, 그리고 찢긴 인간의 고통을 통해 카타르시스를 겪는 관객들의 황홀이 바로 그것이다. 디오니소스처럼 관객은, 죽음으로부터 다시 삶을 되찾는 황홀을 경험한다.

안치운 연극론의 핵심을 이루는 '몸'의 개념은 단지 신체로 축약되지 않는다. 흔히 연극적 논의에서 몸이란 언어의 대립 항으로 제시된다. 언어의 연극에 대립하여 몸의 연극을 내세우는 것이다. 그리고 이러한 입장은 문학에 대비하여 공연을 중요시한다. 텍스트 대신 신체 혹은 물질적 요소들의 중요성을 내세우는 포스트드라마가 근거하는 논의가 바로 이와 같은 것이다. 이때의 몸은 지속이며, 미래를 향하며, 이와 같은 연극은 새로움을 표방한다. 안치운은 『연극 반연극 비연극』에서 이와 같은 연극을 연극이 아닌 연극, '비연극'이라고 정의했으며, 『연극, 몸과 언어의 시학』에서는 '잉여와 과잉의 연극'이라 의심한다.

안치운의 몸의 개념을 이해하기 위해서는 데리다의 '문자학 Grammatologie'의 개념을 통과하는 것이 도움이 될 것이다. 몸과 언어를 대립시키면서 몸을 중요시하는 관점은 음성언어와 문자언어를 대립시키면서 음성언어를 옹호해 온 서구의 인식과 궤를 함께한다. 데리다는 이와 같은 서구 인식의 전통에 대항하여 문자의 중요성을 강조한다. 그렇다고 해서 데리다가 소쉬르적인 이항 대립을 옹호하는 것이 아니다. 데리다의 방식은 말/문자의 이원론적 대립 항을 뛰어넘는다. 문자는 말의 대립 항이 아니라, 문자 속에 다수의 말들을 품고 있는 복수의 목소리의 가능태이다. 안치운은 데리다처럼 이항 대립을 무화시킨다. 몸은 없음의 대립으로서의 있음이 아니다. 몸은 사라지는 있음이다. 몸은 말처럼 사라진다. 그렇다면, 사라진 말들은 어디에 있는가? 사라진 몸은 어디에 있는가? 사라진 것의 자리를 흔적이라 일컫는다.

언어

이 흔적들을 통해서 사라진 몸을 상기하는 것이 기억이다. 문자는 사라진 몸과 말을 기억하고 증거한다. 사라진 몸의 흔적을 기억하는 문자, 그것이 바로 글쓰기이며, 비평인 것이다. 그러나 문자는 사라진 몸을 그대로 복원하는 것이 아니다. 안치운은 사라진 몸을 기록하는 것, 공연이 끝난 후에 그것을 기록하고, 묘사하고, 판단하고 해석하는 행위를 연극 비평이라 칭하지 않는다. 그는 이러한 글쓰기를 묘비명, 에피탑이라 부른다. 그것은 죽음을 향한 글이 아니라 죽은 글이라는 것이다. 흔적은 단지 방금 무대에 있다가 사라져 버린 배우의 몸의 흔적일 뿐만 아니라 디오니소스의 찢긴 몸의 흔적이기도 하다. 데리다는 이를 원-문자라고 부른다. 그것은 원초적인, 기원의 문자이다. 결국 기억이란 이처럼 비표상적인 타자, 절대적인 타자를 지시하는 것이다. 흔적은 절대적 타자의 흔적이다. 그렇기에 안치운은 연극을 '고인돌'에 비유한다. 이 자리에 지금은 없지만, 한때 몸이 있었으며, 그 몸의 사라짐을 기억하기 위해, 아니 사라짐으로써 존재하는 몸을 기억하기 위해 고인돌처럼 '세워 놓는 것', 그것이 연극이다.

바로 그 때문에 안치운은 연극을 '제도'라 부른다. 안치운이 사용하는 의미에서 제도는 권력을 지칭하는 것이 아니다. 그것은 '세움'과 관계되는 건축적인 용어이다. 제도(institution)는 안에(in) 세우는 것(statuere)이다.[61] 고인돌을 세우는 것,[62] 그것이 연극이라는 제도이다. 그리고 기억하는 행위로서의 글쓰기 또한 제도이다. 비평가는 연극이라는 제도에 균열을 내기 위하여, 자신의 입장을 '세워야' 하는 것이다. 언어는 세워진 몸이 된다. 그의 방식대로 단어를 쪼개 본다면 기억(remember)이란 다시(re), 사지(member)가 돋아나는 것이다.

문자로 세워진 이 몸은 여전히 디오니소스의 찢긴 몸이다. 사라진 몸의 흔적으로부터 글쓰기의 행위는 나에게 타자와 접촉한 다른 몸을 만들어 낸다. 그리고 물론 비평의 언어 또한 사라진다. 연극이라는 제도가 있던 자리를 지시하기 위해 비평이라는 제도가 자리한다. 몸이 있던 자리에 언어가 자리한다. 그리고 이 언어는 다시 몸에 자리를 내어 준다. "비평이 연극의 육체"[63]가 되어야 하는 것이다. 몸과 언어는 표시되면서 동시에 말소되고, 구조화되면서 동시에 탈구조화되는 과정을 겪는다. 언어에 자신을 내어 주는 몸과 몸이 되는 언어의 관계는 몸, 말, 문자, 이미지로까지 확장되며 동일한 관계를 형성한다. 그리하여 그는 여전히 연극의 기원을 향하여 멈추지 않고 묻는다. "몸에서 말로, 말에서 글로, 글에서 이미지로 이어지는 연극 언어란 무엇인가?"[64]

기억 앞의 책임

비평집을 한 권 한 권 더하면서, 안치운은 같은 말을 다른 방식으로 계속 반복한다. 그에게 연극에 대한 글쓰기란, 연극의 기원과 자신이 맺는 관계로부터 비롯된다. 원초적 문자를 찾는 매번의 시도가 낳는 차이가 그로 하여금 글을 쓰게 하는 필연성이라는 점에서 안치운의 글쓰기는 명백히 윤리적이다. 항상 그래 왔지만 『연극, 몸과 언어의 시학』을 집필하면서 더욱 심하게 겪었던 현실과 현실 속의 연극에 대한 환멸에도 불구하고, 그는 '기억'에 대해 회피할 수 없는 무한책임을 느낀다. 오지, 기원, 원초적 연극, 혹은 찢긴 몸을 지닌 자들의 고통을 향하며 그는 신음한다. 신음 소리에 신음으로 화답하는 것, 그것을 안치운은 '그리움'[65]이라고 말한다. 비평이란 그 그리움의 대상에 가닿는 것이다.

장-뤽 낭시는 몸과 글쓰기에 대한 그의 저서 『코르푸스』에서 안치
운적인 사유를 '밖/갖'이라는 개념을 통하여 사유한다. 부재하는 몸에 대
한 사유로서 글쓰기는 자기 밖의 몸의 살갗에 가닿는 것이다. 낭시는 주
체가 자신을 드러낸다는 뜻의 엑스포지시옹exposition이라는 단어를 변
형한다. 그는 살갗(peau)이라는 단어가 지니는 동음성을 활용하여 밖/갖
(expeausition)이라는 신조어를 만들어 낸다.[66] 자신의 몸, 살갗을 뜯어내
고, 그리움의 대상의 몸에 가닿고자 하는 것, 그것이 글쓰기이다. 그것은
상처를 내는 행위를 필수적으로 동반한다. 그리움은 정서적인 표현이라기
보다는 감각적이다. 그리움은 가닿는 접촉의 필연성과 관련된다. 그가 『옛
길』의 개정판을 『그리움으로 걷는 옛길』이라고 명명한 것은 아마도 이와
같은 이유일 것이다.

매번 반복되는 글쓰기는 차이를 반복하고 데리다가 말하는 차연, 울
타리를 이룬다. 연극이란 무엇인가, 비평이란 무엇인가를 자꾸 반복해서
질문하면서 그는 다다를 수 없는 경계를 자신의 삶-몸으로 밀고 나가는 글
쓰기를 하고 있는 것이다.

안치운의 『연극, 기억의 현상학』을
함께 읽기 위한 메모

2015년 『연극, 몸과 언어의 시학』에 이어 2016년, 안치운은 또 다른 책 『연극, 기억의 현상학』 내놓았다. 두 책의 제목에서 알 수 있듯이 그는 항상 연극을 정의하고자 한다. 안치운이 '연극'을 정의하는 방식은 '연극'이라는 단어 그리고 개념을 잘게 부수어 버리는 것으로 시작한다. 항상 단어를 쪼개어 덧대어진 말들을 헤집고 최초의 단어, 어원의 흔적을 찾듯이 8편의 평론집을 쓰면서 항상 안치운은 연극의 기원을 찾고자 한다.

그런데 연극의 기원을 찾는 여정은 순탄하지 않다. 그 길은 독백으로 가득 찬 외로운 길이며, 앞서간 이의 발자국이 없어 헤매고 제자리를 맴돌게 되며, 때로 기원이라는 그곳이 정말 있는지 확신이 서지 않는 회의의 길이기에 멈추어 서고 주저앉게 된다. 멈추어 설 때마다 안치운은 자신의 앞을 위해서가 아니라, 뒤를 위해 이정표를 세운다. 뒤를 위한 이정표는 자신이 헤매고 헤매어 크게 돌아온 길, '정처 없음'의 마디들, 그 기억이다. 그렇기에 뒤에 오는 자에게 안치운의 이정표는 앞으로 나아갈 길을 찾는 데에 도움이 되지 않는다. 가는 곳의 위치를 자신도 모르기에 그는 타인에게 유용한 길 찾기의 정보를 주지 않는다. 안치운은 지도를 그리는 자가 아니다. 60세에 이르러 백발이 가득한 안치운은 가닿지 못하는 기원을 향해서, 광야를 맴돌며, 자신을 향한 말들을 중얼거리고 있다. 광야에서 자신이 가야 할 곳이 어딘지 모른 채, 헤매는 늙은 한 사람의 말에 귀 기울이면, 그는 이렇게 오이디푸스의 한 구절을 중얼거리고 있다.

"그토록 오래 묵은 죄의 희미한 자취를 이 넓은 천지 어디에서 찾으란 말인가?"

안치운은 수수께끼를 푼 현자가 아니라, 광야를 떠도는 자, 고통스러운 몸으로서의 오이디푸스가 되기를 원한다. 윤영선에 대한 글에서 안치운 자신이 인용한 한 구절을 다시 차용해서 이렇게 말할 수 있을 것이다. 연극의 기원을 찾아가는 글쓰기의 도정 속의 안치운의 "가방 속에서 책이 나온다. 또 책이 나온다. 계속 나오는 책에는 모두 핏자국이다." 보다 정확하게 말하면, 안치운의 책에는 핏자국도 남아 있지 않다. 그가 세운 이정표는 일종의 무덤이다. 핏자국이 사라진, 주검이 흔적으로만 남아 있는 무덤이다. 그의 표현을 따른다면, 그것은 고인돌이다. 무덤 혹은 고인돌은 '죽음'을 '기억'하는 자리이다. 책의 목차를 잠시 본다면 '기억의 현상학'이란 죽음을 기억하는 방식임을 알 수 있다. 「오류에서 진실로, 죽음에서 삶으로」 「죽음과 애도의 글쓰기」 「한국 현대 연극과 죽음의 언어」.

기억한다는 것, 그것은 망각과 사라짐에 대항한 싸움이다. 죽음을 기억하는 것, 그것은 그러므로 모순적인 조합의 단어들이다. 죽음 자체가 사라짐이기 때문이다. 그가 죽음이라 명하는 것은 '죽은 것'과는 다른 것이다. 죽은 것은 썩어 없어지는 것, 물질성을 지닌 것이다. 그러나 죽음은 물질성이 아니다. 안치운이 여러 편의 책을 쓰면서도, 작품 리뷰가 극히 제한적인 것은 그는 하나의 작품의 생성과 소멸을 기록하고, 해설하기를 원하지 않기 때문이다. 그것은 죽은 것에 관한 기록이다. 죽은 것과 달리 죽음은 하나의 개념이다. 죽음은 부재이다. 그런데 부재를 통해서 존재를 가리키는 것이다. 그것은 반대 항으로서의 삶을 지시하는 것이 아니라, 부재-존재의 한 쌍의 개념이다. 부재함은 마치 부활한 존재가 남긴 무덤과 같은 것이다. '그는 여기에 없다'는 것, 그것은 그의 있음을 증거하는 것이다.

죽음에 대해 안치운이 적은 몇 구절을 인용해 보자. 이 구절을 함께 읽는 것이 우리가 안치운의 글을 다시 '기억'하는 데 도움이 될 것이다. 아울러 그가 죽음을 통해서 기억하고자 하는 것이 무엇인지 짐작하는 데 도움이 될 것이다.

> 윤영선은 삶과 책과 그리고 연극이 휘발되어 가는 지금, 여기, 이 야만의 시대에, 죽이는 사람이 그대로 있고, 죽이는 공간인 도살장이 형태와 이름만 바뀐 채 도서관 또는 극장이 되고, 그 안에서 죽음을 당하는 대상(책과 연극, 그리고 삶)은 날로 늘어난다고 말하는 것이다. (「죽음과 애도의 글쓰기—윤영선 희곡연구」, p. 297)

연극 속 죽음이란 인물들이 죽어 다시 이 세계에 내던져지는 것과 같다. 일상에서의 죽음이 영원히 문을 닫아 버리는 것이라면, 연극 속 죽음은 죽음의 제의이면서, 이를 통한 죽음의 현존이다. 죽음이든 재현된 죽음이든 그것은 결여의 상태를 뜻한다. (…) 연극 속 죽음은 움직이지 않아 고정된 것이기도 하고, 중단된 움직임이기도 하다. 그것이 연극의 순간이다. 죽을 운명을 타고난 메두사의 입을 크게 벌린 얼굴처럼, 공포로 울부짖는 죽은 신의 얼굴처럼, 일상의 아름다운 삶이 자유로움과 살아 있다는 행복의 사이라면, 죽음은 그 정반대, 즉 어둠 속에 빠지는 일이다. 연극 속 죽음은 인물들이 자신의 어떤 '사각지대'에 빠지는 일이다. 그때 인물은 비로소 절대적인 '혼자'가 된다. 기국서가 다시 의식을 붙잡고 연극할 때는 언제인가? 연극으로 다시 제 죽음을 증거할 때는 언제인가? (「한국 현대 연극과 죽음의 언어—기국서 연구1」, p. 315)

없으면서 있는 '죽음'은 안치운에게는 연극과 등가의 것이다. 연극은 허구이면서 실제이고, 있으면서 다시 사라지는 것이다. 죽음과 등가의 것으로 연극을 기억한다는 것은 과연 무엇을 의미하는 것인가? 죽음을 기억하는 것은 죽지 않기 위한 것, 불멸을 쟁취하는 것이 아니다. 영원히 사라지지 않는 것을 위한 기록을 안치운은 비명이라고 부른다. 비명은 죽은 자에 대한 글이며, 죽은 글이다. 안치운이 원하는 것은 차라리 죽는 것을 계속 반복하는 것이다. 기억의 '현상학'이라 제목을 붙인 것은 죽음-연극이라는 것의 본질에 다다르는 인식과 관련되기 때문이다.

죽음은 빛으로부터 멀어지는 것이다. 연극이 조명과 환호 속에서 살아가려 할 때, 연극은 빛의 허구 속에 빠져든다. 그것은 죽은 것들이 살아 있는 것을 대치하는 좀비들의 연극이 된다. 시각적인 것이 강조되는 연극이 바로 그것이다. 시각적인 자극을 통해 감정을 고양시키는 연극 또한 허구를 삶이라고 주장하는 연극이다. 연극은 한때 빛나던 허구들을 어둠 속으로 넣는 것이며, 그 어둠 속에서 아무것도 아닌 것이 된 삶을 만나는 것이다. 빛처럼 타오르다가 아무것도 아닌 것으로 남지만, 그 사이 무엇인가 존재론적인 변화를 겪는 것이 연극이다. 연극의 이와 같은 과정을 '제의'라 부른다. 죽음을 거치지 않는 제사란 존재하지 않는다.

죽음을 기억하는 행위를 공간화한다면, 그것은 '귀향'이다. 죽음의 공간은 안치운의 어휘 속에서는 무덤, 광야, 오지, 기원 등으로 지칭된다. 무덤을 위의 인용문에서 안치운은 '사각지대'라고 불렀다. 사각지대는 무덤의 구멍이며, 관이며, 사각의 블랙박스인 극장이다. 동시에 그곳은 사원이다. 그가 찾는 것은 결국 제의로서의 연극, 사원으로서의 극장이다. 부재-현전의 공간을 향해 가는 운동성, 그것이 '귀향'이다. 부재-현전의 지점이 기원이며 오지이다. 안치운이 베르나르 마리 콜테스의 작품 속에서도 특히 『사막으로의 귀환Le Retour au désert』을 좋아하는 이유를 짐작할 수 있다. 기원은 현실 너머에 존재하는 것이지만, 광야 혹은 사막의 밖에 존재하는 것이 아니다. 귀향하는 곳, 그곳이 사막, 광야이다. 기원으로 가는 길은 돌아가는 길이다. 그것은 직선이 아니라 곡선으로 이루어지고, 반복하는 움직임이다. 또한 기원으로 가는 길은 그로부터 도래했으므로 이미 알고 있지만, 아직 한 번도 가보지 못한 미지의 지점이다. 과거인 미래의 시간이며, 겪지 않았지만 기억 속에서 끄집어내야 하는 것이다. 위치가 없는 이곳, 이제는 사라진 연극, 죽음으로서만 자신을 증명하는 연극으로 되돌아가는 행위가 안치운의 글쓰기이다.

다시 오이디푸스를 만난다. 눈멀어 앞은 보이지 않고 그는 지팡이에 의지하고 길을 걷는다. 곪은 발로, 내딛는 한 걸음 한 걸음은 고통스럽다. 그의 가방에서 책을 한 권씩 꺼낼 때마다 우리는 안치운의 아픔과 만나는 것이다.

> 내 안에 있으면서도 바깥 외딴곳처럼 여겨지는 사각지대는 기억을 저장하는 장소이며, 기억을 보는 장소이다. 보는 것, 보는 장소—여기서 보는 것은 생각하는 것. 그리스어로 노에시스인데, 이 단어는 되돌아간다는 뜻의 그리스어 노스토스와 어원이 같다. 노에시스, 즉 생각하다, 인식하다. 그것은 아쉬워하다, 기억하다라는 뜻이다. 이 단어들의 공통점은 눈앞에 없는 것을 보고자 하는 것이다. 없는 것을 환각으로 볼 때 고통(algos)과 굶주림이 생긴다. 향수(nostalgie)란 되돌아가는(nostos) 아픔(algos)이다. (「연극치료에서 기억의 문제—기억공간과 극장공간」, p. 502)

또 한 권의 책
안치운의 『연극비평의 미래』

    안치운이 또 하나의 비평집을 내놓았다. 한 권 한 권이 쌓여 가며, 그의 책들은 탑을 이룬다. 권수가 많아져 쌓이는 높이 때문에 탑이 되는 것은 아니다. 탑은 그저 돌덩이에 불과하지만 동시에 부처의 몸을 담는, 그리고 그 몸이 되기 위한 염원의 공간이다. 연극이 안치운에게는 궁극의 몸과 관계되는 것이므로, 그 궁극의 몸에 대한 글쓰기는 이미 탑을 쌓는 행위이다. 절대를 현전화하는 돌덩이 앞에서, 충만과 부재의 간격 속에서 그의 비평의 화두는 이런 것이다.

  아무것도 말하지 않지만 침묵하지도 않는 연극이라고 불리는 이 언어는 무엇인가
  (p. 338)

    『연극비평의 미래』(푸른사상, 2020)는 안치운의 시간 개념을 고려

해 볼 때 다소 의외의 제목을 가지고 있다. '미래'라는 시간이 안치운에게서는 선형적 시간 속에서 현재보다 뒤에 오는 시간이 아니기 때문이다. 그러므로 이 책은 10년, 20년 등 물리적인 시간들 속에 위치할 연극의 미래에 대한 진단이나 당부를 담은 비평이 아니다. 미래란 안치운에게는 '원archi'의 시간을 통과해야 도달하는 시간이다. '원'의 시간은 기원의 시간이며 과거, 아니 가장 앞선 과거, 시간이 배태되는 순간에 속한다. 이처럼 안치운의 시간은 거꾸로 흐른다. '원형'의 시간은 '절대'의 시간, 궁극의 시간이다. 그러므로 미래란 궁극의 시간을 향하는 것이며, 연극 비평의 미래란 이 궁극의 시간을 향하는 글쓰기를 말하는 것이다. 연극이, 그리고 연극을 매개로 하는 글쓰기가 이와 같은 절대의 시간과 관계를 맺는 방식은 무엇일까?

안치운에게 비평은 분석이 아니다. 주어진 대상을 관찰하고, 그 구성과 작동의 원리를 해명하는 것, 그리하여 작품의 의미작용을 밝히는 것에 그는 관심이 없다. 재현된 결과물, 무대 위에 시각화된 삶을 그는 이미지라 부른다. 그리고 이와 같은 이미지를 분석하는 것은 연극에 대한 인식을 확장할 수 없으며, 결과적으로 여기에 머물러 있는 한 연극에 관한 담론, 즉 연극 비평이 존재하지 않는다고 그는 말한다. 그리고 이것이 한국 연극 비평의 문제점이라 지적한다.

> 관객은 연극에 대한 이마주와 개념을 혼동한다. 다시 말해 사물, 그러니까 연극에 대한 이마주를 곧 인식으로 여긴다. 이것은 한국 연극에 관한 깊은 담론이 생성되지 않는 이유가 될 것이다. (p. 48)

개념(concept)은 이 단어의 동사형인 concevoir가 알려주듯 어원상 알을 낳듯이, 사물과 현상에 응축된 이름을 새롭게 부여하는 것, 그리하여 사물과 현상의 이해를 가능하게 하는 것이다. 그러므로 개념을 제시하는 것으로서의 비평은 무엇보다 정의하는 것이다. 그렇기에 그의 연극비평은 수많은 정의들로 채워진다. 그리고 그는 정의를 대상의 속성을 아우르는 것이 아니라, 대상의 본질, '원형'과의 관계 속에서 찾는다. 그것은 대상이 원형을 찾아가는 올바른 방향 속에 있는가와 관련된다. 프랑스어에서는 '의미'를 나타내는 단어 sens가 '방향'이라는 뜻을 동시에 갖고 있다. 안치운에게서는 작품이 어떤 방식으로 구조화되는가라는 의미작용(signification)보다는 작품이 기원이라는 '방향'을 향해 가고 있는가 하는 의미(sens)가 더 비평이 관심을 두어야 할 영역인 것이다. 그의 말을 옮긴다면, "근거가 없다고 하는 이들에게 연극의 뿌리와 연극의 고향을 지닐 수 있도록"(p. 286)하는 것이 비평이다. 예를 들어, 정은영의 <변칙 판타지>나 이연주의 <이반검열>, 김재엽의 <생각은 자유>에 대한 비평에서 그가 보는 것은 작품이 기원, 원천과 맺는 관계이다.

> 사라진 여성국극이 과거에 어떤 모습을 지녔는지, 배우들의 연기는 어떠했는지를 궁금하게 여기며, 사라진 이 **연극의 원천**을 기대한 관객들은 <변칙 판타지>에 크게 실망했을 것이다. 이 작품은 **기원, 출생**과 아무런 관계가 없다. (<변칙 판타지>, p. 304)

> 말의 연극이라고 할 이 공연은 한 사회가 말살한 작은 사회를 말로 구축한다. 우리 사회의 편견을 체계가 장악하고 있는 오래된 검열의 허상을 드러낸다. 죽은 자들이 다시 살아온다. 그리하여 말의 연극은 **원천의 연극**이 된다. (<이반검열>, p. 308)

> 말을 하지 못하는 어린 아들에게 연극을 좇아낸 세상을 보여 주고, 연극이 꿈꾸는 세상을 학습하게 한다. **오래된 예술의 기원**이 그곳에 있다. (<생각은 자유>, p. 312)

연극이라는 언어를 원천과의 관계 속에서 다시 언어로 정의하려고 하는 것이 그에게 비평이다. "연극이란 무엇일까?"라는 질문을 던지고 그는 "삶 속에 놓여 있는 쓸쓸한 비탈길"(p. 20), "우리들 사이에 존재했던 그것"(p. 21)이라고 답한다. 연극에 대한 정의 이외에도 『연극 비평의 미래』는 '정의들'로 가득 차 있다. 춤은 "삶의 바람"(p. 97)이며, 극장이란 "삶과의 격리이고 삶과의 연결"(p. 80)이다. 그리고 연극 비평은 "절망적 시도"(p. 95)이다. 이처럼 그는 연극을 삶과 관련짓지만, 그 삶은 충만한 것을 향한 것이 아니라 쓸쓸하며, 바람 같은 것이고, 격리되고, 절망적인 것이다. 충만한 삶은 '있음'의 삶 즉, 현전의 삶이다. 이 현전은 개별자의 구체적 삶의 현전이 아니다. 그에게 현전은 절대적 현전이다. 그러므로 그 현전은 있음이지만 눈에 보이지 않는다. '몸'이라는 단어를 사용할 때, 그가 사용하는 방식 속에서 몸은 퍼포머의 신체를 일컫지 않는다. 안치운에게서는 퍼포머의 몸을 몸으로 인식할 때, 몸이 사라진다. 그것은 "몸의 존재가 몸의 부재로 이행"(p. 71)하는 것이다. 절대의 몸은 보이지 않는 몸이다. 그러므로 이 몸은 반대로 몸의 부재가 몸의 존재로 이행한다. 시각적 차원에서 정의할 때 '보이지 않지만 보이는 이 현전'은, 위에 언급한 청각적 방식으로 정의하면 "아무것도 말하지 않지만 침묵하지도 않는 연극이라고 불리는 이 언어"가 된다. 그런데 이 충만이 현실 속에서 이처럼 감지되지 않기 때문에 연극은 부재 속에서 이 현전을 감각하게 만드는 것이다. 감각이라는 단어 또한 의미, 방향의 뜻을 지닌 단어 sens와 동일어이다. 부재의 공간인 극장에 찰나처럼 빛이 켜지고(빛이여 있으라!) 현전을 감각하는 시간이 그에게 연극인 것이다. 그것은 죽음 속에 삶을 찰나적으로 경험하게 하는 것이며 그 찰나적 경험이 끝나면 다시 죽음 속으로 사라지는 것이다. 그리하여 항상 찰나 뒤로 사라져 버렸으므로, 과거형으로 존재하는 것이다. 안치운이 연극을 정의하는 한 방식으로 라틴어 Fuit hic라는 표현을 사용하는데 이는 '그것이 있었다'라는 '과거형으로서의 현전'을 지시하며 안치운은 이를 "우리 사이에 있었던 그것"(p. 21)이라 번역한다. 그러므로 삶과 현전을 이야기하기 위한 기초에 반드시 부재와 죽음이 있다.

> 한국 현대 연극의 미학, 그 구경(究竟)은 존재하는 연극이 아니라 부재하는 연극에 관한 것이어야 한다. (p. 341)

> 우리나라 연극은 죽음과 동떨어져 있다. 속절없이 삶을 노래하는데 그 주조는 날렵한 희망이다. 그것을 노래하고 춤추는 공연이 허다하다. (…) 연극의 공간은 죽음의 체험이자, 죽음의 공간에로의 끊임없는 불가능한 접근이다. (p. 94)

사라진 것을 돌에 새기는 작업, 그리하여 사라진 것을 기억하게 하는 방식이 연극 비평이다. 그런데 그가 생각하는 연극 비평은 사라지기 전의 충만한 현전을 기록하는 것이 아니다. 그것은 부재로부터 찰나적 현전이 발생하였다가 다시 부재로 향하는 이 운동성에 대한 기억이다. 그것은 죽음으로부터 삶이 태동하고 다시 죽음 속으로 사라지는 과정에 대한 기억이다. 그런데 죽음, 삶, 죽음 이 과정을 실상 한마디로 우리는 삶이라고 부른다. 삶과 죽음이, 그리고 현전과 부재가 사실 하나이고, 광희문과 시구문도 하나인 것이며, 그 둘은 함께 사유되어야 한다. 그리고 이렇게 함으로써만이 과거형으로 존재하는 현전을 현재화하며, 다시 그것을 미래라는 시간을 향하게 할 수 있다. 미래를 향하기 위해서는 반드시 이처럼 과거와 싸우며 "빙빙 돌아"가야 하는 것이다. 이처럼 부재와 현전이라는 대립적인 것들이 하나를 이루는 것, 그 관계 속에 연극과 연극 비평이 있다.

> 연극이 문안으로 들어가는 삶, 삶을 향한 시선이라면, 비평은 문 바깥으로 나오는 죽음, 부재하는 삶과 연극을 향한 시선이라고 할 수 있습니다. (p. 258)

연극이 아무것도 없는 공간 속에서 찰나의 삶을 보여 준다면 비평은 이 삶이 저 먼 부재 속으로부터 온 것임을, 아니 부재하는 현전으로부터 온 것임을 지시한다. 안치운 식으로 말하면 보이지 않는 것을 보이게 하는 것이 연극이라면 "보이는 것을 보이지 않는 것으로 변화시키는 작업"(p. 93)이 비평이다. 안치운은 이 관계를 모순어법이라 부른다. 모순된 두 이미지를 하나의 표현 속에서 엮어 내는 시적 은유의 방식이다. 부재하는 현전을 기억하는 그의 언어 또한 자기 대상의 속성을 담는 모순어법적 언어일 수밖에 없다. 그러므로 안치운의 언어는 직접적인 의사소통의 방식보다는 불투명한 은유적인 방식을 따른다.

높이 쌓은 탑 위에 흔들리지 않게 조심스럽게 다시 『연극 비평의 미래』라는 돌을 올린다. 때로 이해받지 못하면서도, 그는 이 "절망적 시도"를 계속 이어 간다. 연극의 기원을 향한 그의 글쓰기는 데리다가 말하는 현전이 불가능한 흔적으로서의 원-글쓰기(archi-écriture)를 향한다. 그의 바람은 자신의 삶이 연극에 대한 글쓰기라는 행위 속에서 책이 되는 것이다. 연극과 책과 몸과 탑은 그에게 동의어이기에. 여기에 책이 있다. 쓰이지 않는, 그러나 항상 쓰고 있는, 부재하며 현전하는 그것을 기억하기 위한 글쓰기가 있다. Ecce liber.

에필로그:
낯선 아름다움 연극 비평을 위한 소론 2

연극에 대한 글쓰기는 무엇을 위한 것인가? 연극 비평은 누구를 위해 글을 쓰는 것일까? 오늘날 비평은 모든 장르에서 주변으로 밀려나고 있다. 문학 비평은 문학 소비자를 위한 안내 글로서의 서평에 자리를 내주고, 한때 활발히 문화 담론을 이끌던 영화 전문지들이 사라졌다. 뮤지컬은 홍보기사가 아닌 '평론'의 필요성을 애초부터 전혀 느끼지 못한다. 문학 평론이나 영화평처럼 화려한 과거의 한때조차 누리지 못한 이 소박한 장르인 연극에 대해 글을 쓴다는 것은 과연 무엇을 위한 것일까?

혹자는 연극 평론의 임무는 작품을 객관적으로 평가하는 것이라고도 한다. 글쓰기로서의 비평의 목적이 대상의 미학적 심급을 평가하는 것은 분명 아니다. 하지만 관객의 선택을 위한 최소한의 근거를 준다는 이유로 스스로 성실하고, 준엄한 판단자를 자임하기도 한다. 그런데 연극 비평이 관객에게 판단의 기준을 제공하기에는 우리 공연환경 속에서 한 작품의 공연 기간이 너무도 짧다. 공연평이 관객에게 인지되고, 입소문을 탈 즈음이면 이미 공연은 막을 내린다. 그렇다면 이와 같은 상황 속에서 연극 비평은 과연 누구를 독자로 삼는 것일까? 평론가는 종종 창작자와 대화한다. 창작품으로서의 공연을 매개로 평론가는 창작자와 대화한다. 그러므로 비평의 가장 진지한 독자는 창작자들일 수 있다. 하지만 창작자와 평론가의 대화는 서로를 마주하지 않는다. 그들은 서로의 말의 수신자가 아니다. 그들은 같은 자리에서, 같은 대상을 향해서 질문한다. 빛이 밝아졌다 꺼지는 그 짧은 순간에 무대 위에서 무엇을 만나야 하는 것일까? 이 질문의 수신자는 누구일까?

　아름다움이란 무엇인가? <스트레인지 뷰티>(2022. 9. 1.~9. 18., 국립극단 소극장 판)는 이처럼 크고도 근본적인 질문을 던지는 작품이다. '뛰다'라는 이름으로 20년의 시간을 몸과 이야기 그리고 연극하는 삶을 연결 짓고자 했던 배요섭, 황혜란은 얼마 전부터 '궁리소 묻다'라는 이름으로 이전과는 다른 방식으로 그들의 작업을 지속하고 있다. 공연창작집단 '뛰다'가 어떤 이야기를 어떤 방식으로 구현할 것인가에 관심을 두었다면, 리서치그룹 '궁리소 묻다'는 몸, 우주, 생명, 진리 등의 개념에 대해 예술적인 방식으로 질문하는 장이 되고자 한다. 국립극단이 벨기에 리에주극장과 공동제작한 <스트레인지 뷰티>에는 연출가 배요섭과 배우 겸 드라마터그 황혜란 외에 콩고 태생의 조형 예술가, 브라질 출신의 안무가, 벨기에 배우와 사운드 디자이너, 그리고 최용석 영상감독 등 다양한 문화적, 장르적 배경을 갖는 예술가들이 참여하였다. 배요섭이 참여 예술가들에게 제시한 것은 '아름다움이란 무엇인가?'라는 질문과 그 답을 선불교의 수행 방식인 공안 즉 선문답의 형식 속에서 찾는 것이었다. 이들은 불교 서적 『무문관』에서 12개의 공안을 읽고 이를 즉흥 연기로 풀어 가는 방식으로 연습하였다고 한다. 선문답은 질문과 답 사이에서 언어적 기호 연결의 합리성이 제거된 형식이다. 그렇기에 선문답을 곁에서 듣고 있으면 의미를 밝히는 데 관심이 없는 무상의 놀이처럼 보인다. '진리에 대한 질문'과 '답으로 들어 올린 손가락' 사이에서 깨달음을 얻기 위해서는 명확한 의미의 영역이 아니라, 들뢰즈가 말하듯 "기호의 어둡고 깊은 곳"으로 들어가야 한다. <스트

레인지 뷰티>의 배우들은 관객에게 한국어는 물론 프랑스어로, 플랑드르어로, 포르투갈어로, 콩고어로 말을 건네 온다. 그러나 그 말을 이해하는 것이 이들이 찾아가는 여정에 적극적으로 참여하는 데 도움이 되지는 않을 것이다. 극장에 들어가는 것, 연극을 해석하고 그것에 대해 글을 쓰는 일은 이처럼 어둡고 깊은 기호의 세계로 들어서는 것과 같다. 그리스 신화의 영웅 테세우스처럼 미궁의 어지러운 에움길 속으로 깊이 내려가야 한다.

그런데 어두운 기호의 세계로 내려가는 것이 종국에 의미를 명확하게 해석해 내기 위해서일까? 의미를 해석하는 것은 모호한 기호의 세계를 이해하고 설명할 수 있는 명확한 개념을 찾는 것이며 그리하여 낯설고 어두운 미로로부터 익숙한 빛의 세상으로 탈출하는 지도를 그리는 것이다. 그것은 아리아드네가 테세우스에게 건네준 실타래를 따라가는 것이다. 모호한 작품을 명확히 해석하고 의미를 규명하는 존재로서 비평가를 인식한다면 비평가는 아리아드네의 실을 지닌 테세우스처럼 탁월한 자로 여겨질 수도 있다. 그는 선문답처럼 모호한 말을 쓰지 않는다. 명확한 언어로 그는 작품을 판단하며, 미적 가치의 등급을 부여하며, 작품의 사회적, 윤리적 의미를 확정 짓는다. 그는 혼란스러운 작품의 여러 요소를 하나의 구조로, 하나의 개념으로 포괄하여 설득력 있게 설명해 낸다. 하지만 미궁에서 테세우스가 한 일은 미노타우로스를 죽이는 것이라는 점을 잊어서는 안 된다. 인간도 아니고, 소도 아닌, 어둠 속의 이 모호한 기호를 제거하는 것이 테세우스의 임무이다.

<스트레인지 뷰티>에 참여한 예술가들은 각기 실타래를 들고 있다. 그리고 무대 벽에는 짧은 단어로 쓰인 메모지가 가득 붙어 있다. 그들은 이 실타래를 풀어 풀어진 실의 끝을 바닥과 무대 위 구조물 위에 고정한다. 그

리고 펼쳐진 실 위에 단어를 적은 메모지를 붙인다. 그런데 각자가 풀어놓은 실타래가 늘어나면서 거미줄처럼 실타래가 이들을 감싸고 옥죄어 종국에는 움직일 수 없게 만들어 버린다. 실타래 하나는 하나의 개념에 대응한다. 그러나 실타래에 붙인 개념은 어둠 속에서 아름다움을 찾는 그들의 길을 안내할 수 없다. 「아리아드네의 비밀」이라는 짧은 글에서 들뢰즈는 테세우스와 디오니소스 중 아리아드네를 결국 차지한 것은 디오니소스임을 지적한 바 있다. 테세우스는 아리아드네의 실의 도움으로 미궁을 탈출하지만 그는 아리아드네를 버린다. 미궁을 빠져나온 테세우스는 그의 아버지 아이게우스, 부인 페드라 그리고 아들 히폴리투스의 죽음을 보아야 하는 가장 비극적 존재이기도 하다.

아리아드네를 차지한 것은 디오니소스이다. 테세우스에게 낙소스섬에서 버림받고 절망한 아리아드네에게 디오니소스가 나타나 그녀에게 왕관을 씌워 준다. 그리고 디오니소스는 왕관을 하늘로 던져 별이 되게 한다. 이처럼 디오니소스는 아름다움의 소유자이며, 아름다움의 창조자이다. 황소를 타고 오는 디오니소스의 그림자는 반은 인간이며, 반은 황소인 미노타우로스와 닮았다. 미노타우로스는 제거해야 할 기호가 아니라 모호한 어둠 속에서 더듬어 만져 보아야 할 기호이다. 미로는 빠져나가야 하는 위험이 아니라 미노타우로스를 향해 안내하기 위해 있다. 미궁은 미노타우로스의 집이다. 모든 것이 미노타우로스를 향하며 동시에 그에게서 벗어나지 못하게 하는 혼돈의 기호가 미궁이다. 그리하여 미궁은 미노타우로스 그리고 디오니소스와 동의어이다. 깊은 어둠 속에서 미노타우로스에게 가기 위해서는 손으로 벽을 더듬어야 한다. 보이지 않는, 이 낯선 세계에 가닿아야 한다.

<스트레인지 뷰티>의 배우들은 몸부림친다. 그리고 그 몸부림치는

몸을 벽에 부딪치며, 몸에 바른 물감이 벽에 무늬를 만든다. 벽을 더듬는 손의 자국이 그림이 된다. 물감은 이 접촉의 궤적을 시각화한다. 아름다움이란 무엇인가? 그들은 아름다움에 가닿았는가? 선승의 손가락은 무엇을 지시하는가? 미궁 안의 존재를 누가 보았을까? 누가 미노타우로스를 보았을까? 누가 디오니소스를 보았을까? 디오니소스를 찬양하고 경배하는 것이 연극의 시작이라면, 그는 어떤 방식으로 무대 위에 존재할까?

미궁은 빛 속에서 형상을 드러내지 않는 곳이며 그렇기에 지도를 그릴 수 없는 곳이다. 아니 미궁은 지도가 필요 없는 곳이다. 왜냐하면 미궁은 빠져나가기 위해서 존재하는 것이 아니라, 끝없이 제자리를 맴돌게 하는 황홀한 어지러움의 공간이기 때문이다. 미궁은 빠져나가는 곳이 아니라 몸으로 겪는 공간이다. 미궁은 미노타우로스의 몸을 유폐시킨 공간이 아니라 미노타우로스의 몸이 드러나는 자리이다. 미궁은 그 자체가 하나의 몸이다. 그 몸은 인간과 짐승, 이성과 욕망, 의식과 무의식, 빛과 어둠이 뒤섞인 몸이다. 장-뤽 낭시는 이를 몸이라 칭하기도 하고 무대라 칭하기도 한다. 연극은 이 낯설고 아름다운 몸, 디오니소스를 향한다. 그리고 연극에 대한 글쓰기로서의 비평 역시 이 몸을 향한다. 이 몸은 배우의 구체적인 몸이 아니며, 극장의 물리적 공간으로서의 무대가 아니다.

<스트레인지 뷰티>에 대한 비평은 그들이 만들어 놓은 결과의 의미를 해독하는 것으로 이루어지지 않는다. 무대 예술가들이 그렇듯이, 평론가도 역시 무대라는 이 낯설고 아름다운 몸을 향한다. 그는 아리아드네의 실을 버리고, 어둠 속에서, 비평의 대상이 되는 작품을 만들어 낸 창작자들이 내려간 그 어둠 속으로 내려간다. 그 어둠 속에서 평론가는 그들이 더듬은 궤적을 따라가기보다는, 자기 자신의 궤적을 그려 나간다. 그는 이 낯선 몸, 바깥으로부터 자신에게 도래하는 몸, 라캉식으로 말하면 '그것Ça'과

접촉한다. 선문답에서처럼 언어로 표지되지 않지만, 들어 올린 손가락처럼 '그것'과 선택된 기호 사이의 거리에도 불구하고 평론가는 손가락 하나를 들어 올린다. 손가락은 '그것'을 만져 보았다는 그리하여 기존에 가지고 있었던 모든 의미가 파열되었음을 드러내는 기호이다. 비평은 대상이 되는 작품에 대한 글쓰기가 아니라 대상이 되는 작품이 향하는 바에 대한 글쓰기이다. 그렇기에 비평가가 접촉하는 그것과 창작자가 접촉하는 그것은 다르면서도 같은 것이다.

<스트레인지 뷰티>의 마지막 장면에서, 무대의 어둠 속에서 벽이 열리고 밖으로부터 밝은 빛이 들어온다. 실타래가 없이도 미궁은 열린다. 연극은 끝난다. 그리고 한 편의 연극이 끝나면, 다음 날에 다시 연극이 시작된다. 작품의 이름은 아리아드네, 페드르 등등으로 변화할 것이다. 연극에 대한 글쓰기는 하나의 이름으로 고정될 수 없는 '그것' 그 '몸'에 한순간 가닿았음을 기억하기 위한 행위이다. 애초에 디오니소스는 찢어져 조각조각 난 몸을 제우스가 하나로 모아 다시 탄생시킨 존재이다. 매번 다른 조각의 이름으로 불리지만 결국 디오니소스라는 이름으로 하나가 되는 이 '낯선 아름다움'에 가닿기 위해 말을 건네는 것, 그것이 연극을 하는 그리고 연극에 대해 글을 쓰는 이유일 것이다.

1 김성희, 「고통과 구원 : 모성과 재생의 상상력」, 『연극평론』, 2004년 봄호, 『인류 최초의 키스』 재수록, p. 371.

2 ＜인류 최초의 키스＞, 1막 3장.

3 ＜인류 최초의 키스＞, 1막 2장.

4 김윤철, 「고연옥 현상에 대하여」, 『한국연극』, 2006년 6월호, 『인류 최초의 키스』 재수록, p. 380.

5 ＜칼디의 열매＞, 5장.

6 ＜내 이름은 강＞, 3장.

7 ＜일주일＞, 11장.

8 ＜지하생활자들＞, 13장.

9 ＜칼집 속에 아버지＞, 2장.

10 ＜칼집 속에 아버지＞, 1막 2장.

11 ＜칼집 속에 아버지＞, 2막 8장.

12 ＜칼집 속에 아버지＞, 1막 5장.

13 ＜발자국 안에서＞, 3막 14장.

14 ＜발자국 안에서＞, 3막 13장.

15 ＜칼디의 열매＞, 7장.

16 ＜백 중사 이야기＞, 2막 9장.

17 ＜백 중사 이야기＞, 1막 1장.

18 ＜백 중사 이야기＞, 2막 12장. (금자 : "너는 왜 시간을 붙들고 사니?")

19 ＜칼집 속에 아버지＞, 7장.

20 ＜인류 최초의 키스＞, 2막 2장.

21 ＜주인이 오셨다＞, 3막 12장.

22 ＜칼디의 열매＞, 7장.

23 ＜주인이 오셨다＞, 3막 13장.

24 ＜백 중사 이야기＞, 2막 9장.

백 중사 : 난 이 집을 얻기 위해 5년 동안 매일 산을 두 개씩 넘어 다니며 일했어.

영자 : 당신은 왜 이 집에 살지 않아? 왜 옷을 벗고 눕지 않아?

25 ＜백 중사 이야기＞, 2막, 12장.

26 ＜웃어라 무덤아＞, 2막 1장.

27 <주인이 오셨다>, 3막 13장.

28 장성희, 「순정과 위악은 인간의 조건―장우재의 극작 세계」, 『차력사와 아코디언』, 연극과
인간, 2012, p. 397.

29 조르조 아감벤, 『장치란 무엇인가』, 난장, 2010, p. 72.

30 Antonin Artaud, *Le théâtre et son double*, Gallimard, 1958, p. 53.

31 Philippe Lacoue-Labarthe, Jean-Luc Nancy, *Scène*, suivi de *dialogue sur le dialoque*,
Christian Bourgeois, 2013, p. 68.

32 위의 책, p. 69.

33 Lacoue-Labarthe, Nancy, 앞의 책, p. 73.

34 안톤 체호프, 「벚나무 동산」, 4막, 『체호프 희곡전집 III』, 연극과인간, pp. 282~283.

35 질 들뢰즈, 『차이와 반복』, 민음사, 2004, pp. 41~42.

36 위의 책, p. 44.

37 질 들뢰즈, 『들뢰즈가 만든 철학사』, 이학사, 2007, p. 495.

38 위의 책, p. 486.

39 알랭 바디우, 『들뢰즈―존재의 함성』, 이학사, 2001, p. 106.

40 『차이와 반복』, p. 465.

41 여러 권의 저서를 공저로 발표한 두 철학자의 공저 중 우리말로 번역 출판된 것은 『문
자라는 증서』가 유일하며, 『숭고에 대하여』에는 낭시의 「숭고한 봉헌」과 라쿠-라
바르트의 「숭고한 진실」이 수록되어 있다. 최근 조금씩 번역되기 시작한 낭시의 저작
중에서는 『코르푸스』 『무위의 공동체』 등이 있다.

42 『무대』, 문학과지성사, 2020. (Philippe Lacoue-Labarthe, Jean-Luc Nancy, *Scène*,
Christian Bourgois, 2013.)

43 책으로 엮으면서 앞부분은 「무대」로 뒷부분은 「대화에 대한 대화」라고 다시 이름 지
었다.

44 Rabah Ameur-Zaïmeche감독, <망드랭의 노래Les chants de Mandrin>, 2011.

45 필립 라쿠-라바르트, 「숭고한 진실」, in 『숭고에 대하여』, 문학과지성사, 2005, p. 168.

46 『숭고에 대하여』, p. 172.

47 장-뤽 낭시, 「숭고한 봉헌」, 『숭고에 대하여』, p. 86.

48 스타니슬라스 노르데는 2011년 내한하여 국립 오페라단에서 <카르멜회 수녀들의
대화>를 연출한 바 있으며, 2012년 서울국제공연예술제에 참가한 <사랑을 끝내다>

에서는 배우로 출연하였다.

49 전소정 작가는 조만수, 김혜주, 방혜진 등 8인의 평론가에게 작품에 앞선 비평을 의
   뢰하여 critique의 철자를 거꾸로 한 Euqitirc를 출판하였다. (『Euqitirc』, 시청각, 2016.)

50 셰익스피어, 『햄릿』, 2막 2장, 민음사, 1998, p.70.

51 들뢰즈, 『차이와 반복』, p. 465.

52 위의 책, p. 44.

53 Gérard Genette, *Fiction et diction*, Seuil, 1991, p. 17.

54 soi-meme comme l'autre에 대한 번역어 '타자로서의 자기자신'이 의미상 오해의 여지
   가 있다고 여기는 불문학자 김한식은 '남 같은 자기 자신'이라고 번역한다.

55 작가와 연출의 이견을 조정하는 역할을 드라마터그가 역임할 수 있다. 하지만 프러덕
   션 내에서 드라마터그는 연출의 스태프로 기능하며, 이번 프로덕션에서 고선웅 연
   출은 드라마터그의 역할을 내부 관객으로서의 역할로 한정 지었다. 작가와 연출의 이
   견을 중재할 때, 연출이 원하지 않는 방식으로 극장드라마터그 혹은 극장의 책임자
   가 개입하는 것은 작품에 대한 연출의 예술적 권한을 침해할 소지가 있으며 이는 남
   산예술센터가 경계하는 바이다. 벽산희곡상의 심사위원으로서, 그리고 남산예술센
   터의 극장드라마터그로서 이 작품의 선정과 제작에 연루되어 있음에도 불구하고 작
   품과 관련된 비평문을 쓰는 것은 제작 과정에서 도출된 문제점들을 성찰하고 기록하
   고 비평하는 것이 극장드라마터그 역할의 일부이기 때문이다.

56 『공연예술과 실제비평』, 문학과지성사, 1993, p. 3.

57 『연극제도와 연극읽기』, 문학과지성사, 1996, p. 53.

58 『한국 연극의 지형학』, 문학과지성사, 1998, p. 18.

59 『연극, 몸과 언어의 시학』, 푸른사상, 2015, p. 160.

60 데리다, 『글쓰기와 차이』, 동문선, 2001, p. 367.

61 『한국 연극의 지형학』, p. 32.

62 『연극 반연극 비연극』, 솔, 2002, p. 84.

63 『연극, 몸과 언어의 시학』, p.163.

64 위의 책, p. 5.

65 『연극제도와 연극읽기』, p. 283.

66 장-뤽 낭시, 『코르푸스』, 문학과지성사, 2012, p. 36.